# 新时代中国教师队伍建设的顶层设计

## 《关于全面深化新时代教师队伍建设改革的意见》
## 解读三十二条

朱旭东　宋萑　等

著

北京师范大学出版集团
BEIJING NORMAL UNIVERSITY PUBLISHING GROUP
北京师范大学出版社

# 写作团队

（按姓氏笔画排序）

| | | | |
|---|---|---|---|
| 王　军 | 毛　菊 | 史志乐 | 付　钰 |
| 乐先莲 | 朱旭东 | 庄榕霞 | 杜瑞军 |
| 李　娜 | 李　琼 | 李廷洲 | 李秀云 |
| 李育球 | 杨玉春 | 吴会会 | 邱化民 |
| 宋　萑 | 陈思颖 | 赵　英 | 赵　荻 |
| 赵　萍 | 赵明仁 | 袁　丽 | 徐知宇 |
| 高　鸢 | 康晓伟 | 梁文艳 | 靳　伟 |
| 廖　伟 | 薛二勇 | 戴伟芬 | |

# 序　言

## 新时代中国教师队伍建设的顶层设计

十九大报告明确提出"加强师德师风建设，培养高素质教师队伍，倡导全社会尊师重教"的要求，为此中共中央、国务院发布了《关于全面深化新时代教师队伍建设改革的意见》（以下简称《意见》），再次提出"到 2035 年，教师综合素质、专业化水平和创新能力大幅提升，培养造就数以百万计的骨干教师、数以十万计的卓越教师、数以万计的教育家型教师。教师管理体制机制科学高效，实现教师队伍治理体系和治理能力现代化"的目标。为了达到这个目标，《意见》客观分析了我国教师队伍建设面临的形势和问题。中国教师队伍建设面临着前所未有的复杂形势，这种复杂形势表现在，一方面教师队伍建设关系到中华民族伟大复兴的目标能否实现，另一方面教师队伍建设又关乎中国社会的不平衡发展状态；一方面教师队伍建设需要满足新技术革命和信息技术革命所带来的教育发展形态的变革，另一方面教师队伍建设又要面对传统势力对教育改革的阻力；一方面教师队伍建设要迎接快速的城镇化发展所带来的教育的扩展，另一方面教师队伍建设又要解决乡村社会变化而导致的日益萎缩的教育问题；一方面教师队伍建设要服务于常态化的教育发展，另一方面教师队伍建设又要满足国家重大战略的需要所提出来的教育发展新战略。中国教师队伍建设也面临着一系列问题，这些问题包括教师地位不高，教师培养和培训体系有待进一步完善，适应新时代需要的教师教育体系尚未建立，提升教师培养质量的供给侧结构性改革措施不力，教师管理制度的综合性、协同性和创新性不足，落实"高度重视农村义务教育"的十九大精神的教师队伍建设措施还不得力，教师地位、义务、责任和待遇相互关联的权利体系尚未建立。为此，《意见》对新时代的教师队伍建设进行了前瞻性的谋划，体现出新时代教师队伍建设的顶层设计。

**第一，《意见》确立了教师地位的超优先性。**

《意见》确立了教师地位的超优先性主要表现在：一是"第一资源"价值性。《意见》首次提出教师是教育发展的第一资源的价值论断，"教师承担着传播知识、传播思想、传播真理的历史使命""肩负着塑造灵魂、塑造生命、塑造人的时代重任"，是"国家富强、民族振兴、人民幸福的重要基石""兴国必先强师"。二是"党管教师"的政治性。党管教师的政治地位的确立是前所未有的，教师的"第一资源"性决定了教师工作的党的领导权的确立和政治方向性。《意见》明确提出，"确保党牢牢掌握教师队伍建设的领导权，保证教师队伍建设正确的政治方向"。为此，《意见》指出要加强教师党支部和教师党员队伍建设，提出了"双带头人"工程和"双培养"机制。三是"教师工作"优先性。它是指将教师工作置于教育优先发展的优先地位。《意见》指出，"把教师工作置于教育事业发展的重点支持战略领域，优先谋划教师工作，优先保障教师工作投入，优先满足教师队伍建设需要"。四是"师德位置"的首要性。师德既体现在教师的思想政治素质，又表现在职业道德水平。《意见》认为，要"把提高教师思想政治素质和职业道德水平摆在首要位置"，落实"四有好老师""四个引路人""四个相结合"的教师"以德立身、以德立学、以德施教、以德育德"的德治精神。

第二，《意见》构建了高素质专业化创新型教师的培养和培训新体系。

《意见》构建了高素质专业化创新型教师的培养和培训机构及其质量保障体系。培养和培训机构体系包括两个部分：一是培养机构体系。培养机构体系由师范院校体系和高水平综合化大学的教师教育学院体系构成。《意见》明确指出，要"建立以师范院校为主体、高水平非师范院校参与的中国特色师范教育体系，推进地方政府、高等学校、中小学'三位一体'协同育人"。同时，《意见》创新性提出要"创造条件，推动一批有基础的高水平综合大学成立教师教育学院，设立师范专业，积极参与基础教育、职业教育教师培养培训工作"。二是培训机构体系。培训机构体系是由国家"互联网＋"培训体系和地方区县教师培训体系构成的。国家"互联网＋"培训体系是"推动信息技术与教师培训的有机融合，实行线上线下相结合的混合式研修"的体系，为此，要"推行培训自主选学，实行培训学分管理，建立培训学分银行，搭建教师培训与学历教育衔接的'立交桥'"的培训管理机制；地方区县教师培训体系是"建立健全地方教师发展机构""实现培训、教研、电教、科研部门有机整合"的体系。为此，国家将"继续实施教师国培计划"，建立幼儿园教师全员培训制度，切实提升幼儿园教师科学保教能力，鼓励师范院校与幼儿园协同建立幼儿园教师培养培训基地。

教师培养培训的质量保障体系包括机构建设标准和专业认证标准体系。《意见》将全面地制定教师质量保障体系，这个体系包括教师教育机构的建设标准，师范专业办学认证标准，师范生生源质量保障的公费、提前批次和二次选拔的政策，教师教育的学科制度，包括教育硕士、教育博士学位授予单位及授权点的倾斜政策，教师教育的师资队伍建设。

**第三，《意见》提出了提升教师培养质量的供给侧结构性改革的一系列措施。**

我们从《意见》中可以发现，教师培养质量的供给侧结构性改革涉及幼儿园教师培养、义务教育学校教师培养、高中阶段教育学校教师培养、职业教育师资培养、高等学校师资培养、国家重大战略需要的国际师资培养等。《意见》指出：（1）"办好一批幼儿师范专科学校和若干所幼儿师范学院，支持师范院校设立学前教育专业""大力培养初中毕业起点的五年制专科层次幼儿园教师"。（2）"为义务教育学校侧重培养素质全面、业务见长的本科层次教师，为高中阶段教育学校侧重培养专业突出、底蕴深厚的研究生层次教师"，这也是由教师资格条件决定的，"逐步将幼儿园教师学历提升至专科，小学教师学历提升至师范专业专科和非师范专业本科，初中教师学历提升至本科，有条件的地方将普通高中教师学历提升至研究生"。（3）"加强紧缺薄弱学科教师、特殊教育教师和民族地区双语教师培养。"（4）"大力推动研究生层次教师培养，增加教育硕士招生计划，向中西部地区和农村地区倾斜。"（5）"支持高水平学校和大中型企业共建双师型教师培养培训基地，建立高等学校、行业企业联合培养双师型教师的机制。"（6）"搭建校级教师发展平台，组织研修活动，开展教学研究与指导，推进教学改革与创新。加强院系教研室等学习共同体建设，建立完善传帮带机制。"（7）"结合'一带一路'建设和人文交流机制，有序推动国内外教师双向交流。支持孔子学院教师、援外教师成长发展。"

**第四，《意见》制定了一系列综合化、协同型、创新性的教师管理制度。**

《意见》面对东部和西部、城市和乡村、传统和现代、信息技术和人工智能技术发展等教师队伍建设的错综复杂背景，制定了综合化、协同型、创新性的教师管理制度。

其一是综合化的教师管理制度。教师是教育发展的"第一资源"，问题是如何管理和使用好"第一资源"？要采取综合管理，问题是如何采取综合管理？什么是综合管理？所谓综合管理是指对教师地位、编制、资格、招聘、任用、专业发展、职称、荣誉、薪酬、评价、奖惩、法律纠纷等领域进行政府的多部门复杂性管理。如教师的公务员、政府雇员、专业人员等的法律地位由全国人民代表大会决定，编制由中央和地方编办提供，教师资格由教育管理部门、国家考试中心、高校开展"三位一体"管理，人力资源部门把控职称资源，财政部门决定教师薪酬，教育部门管理教师的任用、荣誉、评价、奖惩等。

其二是协同型的教师管理制度。协同型的教师管理制度主要是教师编制的协同管理。这既表现在中央和地方编制部门与教育部门的协同，《意见》指出，"向教师队伍倾斜，采取多种形式增加教师总量，优先保障教育发展需要"；又体现在教育部门在城乡之间、学段之间和学科之间、特殊教育学校教职工的统一、协同编制。《意见》提出，"编制向乡村小规模学校倾斜，按照班师比与生师比相结合的方式核定"。

其三是创新性的教师管理制度。首先是编制管理创新。"创新编制管理，加大教职工编制统筹配置和跨区域调整力度，省级统筹、市域调剂、以县为主，动态调配。""实行教师编制配备和购买工勤服务相结合"。其次是聘任管理创新。《意见》创新性地提出"实行义务教育教师'县管校聘'"的聘任管理。推行中小学校长职级制改革，拓展职业发展空间，促进校长队伍专业化建设。配合外国人永久居留制度改革，健全外籍教师资格认证、服务管理等制度。

**第五，《意见》贯彻落实了"高度重视农村义务教育"的十九大精神。**

《意见》通过提出切实措施来落实"高度重视农村义务教育"的十九大精神。高度重视农村义务教育首先要高度重视农村义务教育学校的师资队伍，要解决师资队伍存在的编制严重不足、师资质量不高、乡村教师数量不足、乡村教师待遇不高和吸引力不强等问题。

首先要解决乡村教师编制严重不足问题。《意见》提出："落实城乡统一的中小学教职工编制标准，有条件的地方出台公办幼儿园人员配备规范、特殊教育学校教职工编制标准。""编制向乡村小规模学校倾斜，按照班师比与生师比相结合的方式核定。"

其次要解决乡村学校校长、师资质量不高问题。通过轮岗交流和走教制"推动城镇优秀教师、校长向乡村学校、薄弱学校流动"。"将中小学教师到乡村学校、薄弱学校任教1年以上的经历作为申报高级教师职称和特级教师的必要条件。""实行学区（乡镇）内走教制度""大力推动研究生层次教师培养，增加教育硕士招生计划，向中西部地区和农村地区倾斜""实施校长国培计划，重点开展乡村中小学骨干校长培训和名校长研修"。

再次要解决乡村教师数量不足问题。通过"特岗计划"和"三定向"培养政策解决乡村教师数量不足问题。扩大"特岗计划"实施规模，实施"适时提高特岗教师工资性补助标准"和"鼓励优秀特岗教师攻读教育硕士"的优惠政策。以"定向招生、定向培养、定期服务"的"三定"方式为乡村学校及教学点培养"一专多能"教师。"加强紧缺薄弱学科教师、特殊教育教师和民族地区双语教师培养。"《意见》还要求实施银龄讲学计划，鼓励支持乐于奉献、身体健康的退休优秀教师到乡村和基层学校支教讲学。

最后要解决乡村教师待遇不高和吸引力不强的问题。通过特殊津贴、特殊补助、周转房、向青年教师倾斜等政策来提高乡村教师的待遇和增强吸引力。《意见》要求："认真落实艰苦边远地区津贴等政策，全面落实集中连片特困地区乡村教师生活补助政策，依据学校艰苦边远程度实行差别化补助，鼓励有条件的地方提高补助标准，努力惠及更多乡村教师。""加强乡村教师周转宿舍建设，按规定将符合条件的教师纳入当地住房保障范围""在培训、职称评聘、表彰奖励等方面向乡村青年教师倾斜"。

第六，《意见》构建了教师地位、义务、责任和待遇的相互关联的权利体系。

《意见》在教师地位、义务、责任和待遇的权利体系构建上达到了新高度。《意见》不仅确立了教师地位的超优先性，而且"明确教师的特别重要地位"。这种"特别重要地位"是由"教师的政治地位、社会地位、职业地位"和"主体地位"构成的，更重要的是，"确立公办中小学教师作为国家公职人员特殊的法律地位"，进一步地说，这种"法律地位"为"公办中小学教师要切实履行作为国家公职人员的义务"奠定了法理基础。教师法理义务就是"教师承担的国家使命和公共教育服务的职责"，尤其要"强化国家责任、政治责任、社会责任和教育责任"。教师地位、义务、责任的权利体系构建表明教师作为准公务员身份的职业公共属性，明确了教师的权利和义务。因此，要求"各级党委和政府要切实负起中小学教师保障责任"，从而达到"吸引和稳定优秀人才从教"的目标。当然，教师地位、义务和责任的权利根本上还需要待遇作为保障，因此《意见》提出要"确保中小学教师平均工资收入水平不低于或高于当地公务员平均工资收入水平""核定绩效工资总量时统筹考虑当地公务员实际收入水平"，显然明确了教师的准公务员身份的待遇。《意见》特别提出了"维护民办学校教师权益"的政策，"依法保障和落实民办学校教师在业务培训、职务聘任、教龄和工龄计算、表彰奖励、科研立项等方面享有与公办学校教师同等权利"。这也是第一次在教师政策制定上的"维护民办学校教师权益"。《意见》还提出教师的主体地位，主体地位的实质是民主权利，也就是"建立健全教职工代表大会制度，保障教师参与学校决策的民主权利"，"落实教师知情权、参与权、表达权、监督权"的主体地位。

总之，《意见》对新时代我国教师教育队伍建设进行了顶层设计，回答了健全的教师培养培训体系是什么、畅通的教师职业发展通道是什么、事权人权财权相统一的教师管理体制是什么、教师待遇提升的保障机制是什么、科学高效的教师管理体制机制是什么、教师队伍治理体系和治理能力现代化是什么、教师如何主动适应信息化和人工智能等新技术变革诸多关键问题。当然，我们还需要进一步揭示和解决教师队伍建设的主要矛盾，也就是高素质、专业化和创新型教师队伍的需求与不充分不平衡发展之间的矛盾，还需要进一步满足心理健康教育、生涯教育、走班制等对教师队伍提出的要求，更要关注高中教师的发展，尤其要重视教师教育底部体系的建设，构建区县教师教育体系，同时还要充分反映教师研究、教师教育研究的学术前沿，努力构建与国际教师教育发展中芬兰现象学模式、新加坡模式、比利时洋葱模式、英美临床模式等相匹配的中国模式。

朱旭东

2018 年 7 月

# 目　录

# 为中华民族伟大复兴奠基：加快教师队伍建设

中共中央、国务院于 2018 年 1 月 20 日出台了《关于全面深化新时代教师队伍建设改革的意见》（以下简称《意见》）。《意见》明确提出，"百年大计，教育为本；教育大计，教师为本。为深入贯彻落实党的十九大精神，造就党和人民满意的高素质专业化创新型教师队伍，落实立德树人根本任务，培养德智体美全面发展的社会主义建设者和接班人，全面提升国民素质和人力资源质量，加快教育现代化，建设教育强国，办好人民满意的教育，为决胜全面建成小康社会、夺取新时代中国特色社会主义伟大胜利、实现中华民族伟大复兴的中国梦奠定坚实基础"。《意见》还明确指出："教师承担着传播知识、传播思想、传播真理的历史使命，肩负着塑造灵魂、塑造生命、塑造人的时代重任，是教育发展的第一资源，是国家富强、民族振兴、人民幸福的重要基石。"可见，加快教师队伍建设是实现中华民族伟大复兴的中国梦的需要。为什么中华民族伟大复兴需要加快教师队伍建设？如何加快教师队伍建设？下面尝试分析回答这两个基本问题。

## 一、中华民族伟大复兴的中国梦的基本内涵

加快教师队伍建设为中华民族伟大复兴奠基，首先

要理解中华民族伟大复兴的中国梦的基本内涵。党的十九大明确指出,实现中华民族伟大复兴是近代以来中华民族最伟大的梦想。中国梦即中华民族伟大复兴梦。"中国梦的基本内涵是国家富强、民族振兴、人民幸福,可以具体阐释为政治大国梦、经济强国梦、文化兴国梦、天下大同梦、美丽中国梦。"①"实现国家现代化、复兴中华文化、贡献人类社会是实现中华民族伟大复兴中国梦的三个重要维度。"②中国梦是经济、政治、文化、社会、生态文明建设的五位一体发展,是国家繁荣昌盛、社会和谐文明、人民富裕幸福、生态健康文明的有机统一。如果没有国家富强,人民的幸福就失去了根本保障;如果没有社会和谐文明,人民的幸福与生态健康也难以得到保证;如果没有人民的幸福,中国梦将失去根本意义;如果没有生态文明,中国梦也将难以为继。因此,国家富强、人民幸福、社会和谐与生态文明是中国梦相辅相成、有机统一的基本要素。

## 二、中国梦首先要实现教育梦

要实现中华民族伟大复兴的中国梦首先要实现中国教育梦。不论是国家综合实力的强大,还是社会的文明进步,或是人民的幸福指数提高,抑或生态的持续健康与文明发展,都离不开教育的发展。因此,中国梦与教育梦息息相关。中国梦既离不开教育梦,也离不开教育强国,更离不开教育的助力。而教育是追求真理、传播知识与先进思想、弘扬优秀文化、创新时代文化、立德树人的伟大事业。从这个角度说,中国教育梦就是要实现中国知识创新与先进思想传播,实现中国精神弘扬与中国文化的复兴,实现中国人才培养升级与人才事业的兴旺发达。中国教育梦既是中国梦的重要组成部分,也是中国梦真正实现的重要基础。中国梦的实现需要中国教育梦奠基。

### (一)中国梦的实现需要以中国知识创新为基础

国家要富强、民族要振兴,知识创新是基础。信息与知识经济时代,

① 张书林:《试论民族复兴中国梦的理论建构》,载《学习与实践》,2013(6)。
② 宋俭:《论中华民族伟大复兴的三个重要维度》,载《学校党建与思想教育》,2017(7)。

知识创新日趋激烈，日益成为国际竞争的核心竞争力。谁在知识创新方面抢占了制高点，谁将取得国际竞争的优势。中华民族要屹立于当今世界民族之林，如果没有知识创新作为基础，将难以想象。古有四大发明，助推中华民族传统科技文化闻名于世；今则更需大力加强知识创新为中国梦的实现奠定智力基础。那么，何为中国知识创新？它具有两方面的基本内涵：基于中国的知识创新与为了中国的知识创新。基于中国的知识创新，主要指基于中国的特定历史与现实的知识创新，或者说基于中国本土知识的知识创新，它彰显出知识的历史境遇性与开放包容性。为了中国的知识创新，主要指为了促进中国发展和实现中国梦的知识创新，它体现出知识创新的价值取向。中国知识创新为实现中国梦提供强大的科技基础。中国知识创新，促进中国经济发展方式从粗放型向集约型发展，助推中国经济结构转型与升级；中国知识创新，促进中国社会文明进步，促进中国民生不断改善，促进人民生活方式的文明升级，促进自然生态良序开发与有力保护。中国知识创新，反对西方知识霸权，倡导国际知识生态良性发展，它彰显中国气度，既有利于提升中国知识话语权，又为世界与人类共同发展贡献出中国智慧、中国方案。概言之，中国知识创新，为国家的富强昌盛、社会的文明进步、人民的幸福生活、生态的健康发展，提供了有力的智力基础和智慧供给。

**(二)中国梦的实现需要以中国精神弘扬为动力**

中国梦的实现不但要以中国知识创新为重要基础，而且要以弘扬中国精神为不竭动力。那么，何为中国精神？中国精神是民族精神与时代精神的融合统一。它孕育于中华古老文明传统，积蕴于现代中华民族建设富强国家，致力于民族伟大复兴，是中国模式精神内涵的集中体现，是实现中国梦的重要精神支撑。[①] 中国精神可概括为"爱国奉献、开拓创新、坚忍顽强、兼容并包"[②]。其中，爱国主义精神是民族精神的核心，改革创新精神是时代精神的核心。以爱国主义精神为核心的民族精神彰显了价值理性精神，以改革创新精神为核心的时代精神体现了工具理性精神。因此，中国

---

① 王泽应：《论中国精神对民族复兴的伟大意义》，载《齐鲁学刊》，2014(3)。
② 公方彬：《中国精神：中华民族伟大复兴的呼唤》，载《党建》，2012(10)。

精神是价值理性精神与工具理性精神的有机统一。

中国精神为何能为实现中国梦提供不竭动力？首先，中国精神为中国知识创新提供了动力之源。爱国主义精神为中国知识创新提供了强大的驱动力。也就是说，爱国主义的价值理性，会激发强劲的中国知识创新动力，因为爱国主义致力于国家的富强、民族的振兴，而实现这种国家富强与民族振兴，知识创新是重要基础，因此需要不断加强知识创新。甚至可以说，中国知识创新本身就是一种爱国主义精神的体现，因为它彰显知识报国的精神。周恩来总理的"为中华之崛起而读书"就是知识报国的最好诠释和最鲜活的例子。其次，中国精神与中国知识创新存在内在一致性。中国知识创新既是基于中国，又是为了中国，既是以爱国主义精神为核心的民族精神体现，也是以改革创新为核心的时代精神彰显。最后，中国精神为实现中国梦提供了强大的凝聚力和向心力。它把千千万万的中华儿女的智力、智慧凝聚到中华民族伟大复兴的伟业中去。

### （三）中国梦的实现需要以中国文化复兴为依托

文化复兴既是中国梦的重要组成部分，也是实现中国梦的重要依托。如果没有中国文化的复兴，那么即使国家经济实力再强大，也难以说是真正的中华民族的伟大复兴。如果说，国家的独立摆脱了挨打的命运，国家的富强结束了挨饿的遭遇，那么文化的复兴则彻底结束了挨骂的境况。中国文化的复兴能大大提升中国在国际舞台上的感召力和软实力。中国文化复兴须"坚持以优秀传统文化为底蕴、以传承革命文化和弘扬社会主义先进文化为主导、以外来健康有益文化为借鉴的发展向度"[①]。中国文化复兴是一种有根的、开放的、包容的复兴。有根性，指中国文化复兴须扎根优秀的中国传统文化，而绝不是自我文化阉割或全盘西化，它反对西方文化霸权的殖民。但有根性的中国文化复兴，不是简单复制传统文化，也不是排斥外来文化，故步自封，而是开放性的复兴。开放性，指中国文化对外来文化开放、对时代文化开放。也就是说，它既不盲目排外，也不墨守成规，而是以世界的眼光、本土的特色、历史的情怀与时俱进。中国文化复兴同

---

① 李先明：《全球化背景下中华文化复兴的基本向度与内在进路》，载《南京社会科学》，2018(1)。

时也是包容性的，它充分尊重其他民族文化，以平等、开放的姿态与他者文化交流互鉴。

### （四）中国梦的实现需要以中国人才培养为支撑

中国梦的实现，归根结底需要中国人才去实现。因此，中国人才的培养具有极其重要的意义。那么，何谓"中国人才"？为什么需要培养中国人才？简言之，中国人才是指致力于实现中华民族伟大复兴的各级各类人才。中国人才虽然是五花八门、多种多样的，但具有共同的品性，即中国人才是德才兼备、德艺双馨的人才。"德"集中体现在，中国人才具有中国精神，以实现中国梦为己任，具有强烈的复兴中华的神圣使命感。"才"集中体现在，中国人才具备中国知识创新能力。只有培养一批又一批充足的、高质量的中国人才，才能够真正支撑起中国梦的实现。值得注意的是，中国人才并不排斥解决国际问题和人类世界问题的人才，它与国际人才并不矛盾，因为中国梦与他国梦并不冲突矛盾，相反它是世界梦的重要组成部分，所以从某种意义上来说，中国人才也是世界人才的重要组成部分。中国梦充分体现了人类命运共同体精神，它彰显了和平、共建、共享、美美与共的精神。中国人才不但具有解决中国问题的能力，而且具有为他国、为世界、为人类贡献中国知识、中国智慧、中国方案与中国力量的能力。

## 三、奠基中国梦的教育梦需要筑梦人教师的队伍建设

中国教育梦为中国梦奠基，而中国教育梦的实现则需要大力加快推进教师队伍建设。教师队伍建设是社会主义新时代下教师强国的重要内容。教师是发展教育的第一资源，教师强国是建设教育强国的第一要义和关键所在。"强国要以强教为支撑，强教要以强师为保障。"[①]建设教育强国是中华民族伟大复兴的基础工程，也是实现中国教育梦的具体方略。新时代教育强国具有本体论与价值论双重内涵。本体论内涵指教育的平衡发展与全面强盛。它包括基础教育强国、高等教育强国、教师教育强国等。价值论

---

① 朱旭东：《新时代教师队伍建设的新价值》，载《中国教师》，2018(2)。

内涵指教育的四大重要价值，即普遍惠民的民生价值、助推转型与升级的经济价值、提升创造力的科技价值与增强文化自信的文化价值。[①] 不仅为实现中国教育梦方略的教育强国，需要大力加快推进教师队伍建设，而且中国教育梦的四大要义本身（中国知识创新、中国精神弘扬、中国文化复兴、中国人才培养）也与教师队伍建设密切相关，因此，教师队伍建设对中国教育梦的实现具有重大意义。故而，奠基中国梦的教育梦需要筑梦人教师的队伍建设。

### （一）中国知识创新需要建设创新型的教师队伍

中国知识的创新是实现中国梦的智识基础。而中国知识的创新能力与教师队伍的创新能力密切相关。一个国家的教师创新能力越强，往往该国的知识创新水平也就越高。教师队伍的创新能力与国家知识创新水平往往成正比。因此，中国知识创新需要建设创新型的教师队伍。何谓创新型教师？有学者认为创新型教师是具有丰富想象力和好奇心，具有创新思维和创新行动，具备对教育实践的元反思能力和较强问题解决能力，具有教学特色风格等特点的教师。[②] 这些特点深刻地揭示了创新型教师的本质内涵。中国梦呼唤下的创新型教师，不仅需要这些基于心理学认识的创新型教师内涵的建构，也需要基于中国梦内涵的创新型教师内涵建构。也就是说，创新型教师需要基于中国历史与现实的创新能力，需要致力于实现中国梦的教育实践改革与创新能力。这种创新型教师队伍，有助于中国知识创新水平的提高。虽然在教育领域的知识创新，更多谈的是大学的教师，但中小学教师也充当着重要角色。从事基础教育的教师不仅仅传播知识，而且创造知识。只是基础教育教师更多创新的是实践性知识，而这种实践性知识的创新也是中国知识创新的重要内容。

### （二）中国精神弘扬需要建设高素质的教师队伍

中国精神弘扬是实现中国梦的重要动力。只有高素质的教师队伍，才能完成中国精神弘扬的历史使命。中国精神包括以爱国主义精神为核心的

---

① 朱旭东、李育球：《新时代教育强国的新内涵建构》，载《重庆高教研究》，2018(3)。
② 朱旭东：《"高素质、专业化和创新型"教师内涵建构》，载《中国教师》，2017(11)。

民族精神，以改革创新精神为核心的时代精神。这两种精神在教育领域的弘扬，离不开高素质的教师队伍。这里的"高素质"包括两方面的内涵，即"德高"与"艺高"。"德高"既包括一般意义上的教师高尚的品德，也特指中国梦视域下的师德，即具有中国梦之必需的"中国精神"，具备社会主义核心价值观等。"艺高"既包括一般意义上的立德树人的教育技艺，也特指弘扬中国精神的技艺。因为只有具备"德高"的教师，才会把弘扬中国精神作为立德树人的历史使命；也只有具备"艺高"的教师，才知道如何在学生面前弘扬中国精神，如何把弘扬中国精神落到实处。具体来讲，中国精神的弘扬需要教师具有以爱国主义精神为核心的民族精神和以改革创新精神为核心的时代精神，需要教师把这两种精神深深地渗透、融入教师的教育生活中去，并化为一种高超的教育实践智慧和有效的教育行动力。

### （三）中国文化复兴需要建设文化自信的教师队伍

实现中国梦需要以中国文化复兴为依托。教师在中国文化传播与复兴进程中充当着极其重要的角色。教师在立德树人的具体实践中，可以充当重要的文化叙事者。从某种意义上来说，"建设文化强国，就是民族复兴的文化叙事过程"[1]，因此教师在文化叙事过程中促进了中国文化的伟大复兴。教师在文化叙事中，需要有文化自信，而文化自信是民族复兴的精神支柱。因此，中国文化复兴需要教师的文化自信。教师应增强文化的主体意识，用包容并存的态度对待多元文化竞争，并着眼长远发展。[2]教师只有对中国文化充满了文化自信，才能激发和培养学生的文化自信，才能推进中国文化伟大复兴。假如教师对中国文化都没有自信，何来学生的文化自信？如果教师没有文化自信，那么教师在教学实践中碰到民族文化问题时，往往就会误入崇洋媚外或妄自菲薄的歧途；如果教师没有文化自信，那么教师在文化传播过程中，也难以真正保持平等、开放、包容、交流互鉴的文化心态，难以把民族文化主体间性落到实处。

### （四）中国人才培养需要建设专业化的教师队伍

实现中国梦需要以中国人才培养为支撑。人才培养是教师的第一要务，

---

① 韩震：《中华民族伟大复兴的文化叙事》，载《人民论坛》，2017(36)。
② 靳凤林：《文化自信：民族复兴的精神支柱》，载《道德与文明》，2011(5)。

也是教师的天职。教师在中国人才培养方面，具有举足轻重的作用。只有专业化的教师，才能有力地培养实现中国梦的中国人才，才能无愧于中国梦"梦之队"的筑梦人光荣称号。"今天的学生就是未来实现中华民族伟大复兴中国梦的主力军，广大教师就是打造这支中华民族'梦之队'的筑梦人。"①教师的专业化是教师精神的专业化、学习专业化、学科专业化与教授专业化四个方面的有机统一。②教师精神的专业化，主要指教师精神不同于一般的职业道德，它需要有高尚的教育情操情怀，热爱教育、关爱学生，要有坚定的教育信仰和科学的育人精神。教师的学习专业化，主要指教师具有深刻理解与灵活运用科学的健全的学生发展观和学习规律的专业知识的能力。教师的学科专业化，主要指教师系统掌握学科知识并用于开发课程的能力。教师的教授专业化，主要指在教师精神专业化、学习专业化和学科专业化基础上教的能力。只有具备这四位一体的专业化，才是真正的教师专业化，才是中国人才培养需要的专业化的教师队伍建设，才能完成筑梦人的历史使命。

## 四、加快高素质、专业化、创新型教师队伍建设的基本路径

全面深化新时代教师队伍建设改革，目的是培养和造就党和人民满意的高素质、专业化、创新型教师队伍，以推进中华民族伟大复兴的中国梦的实现。培养高素质、专业化、创新型教师队伍主要有以下三条基本路径。

### (一)个体内在路径

该路径强调教师的专业发展一定是教师精神、心理等个体内在层面的专业发展。具体来讲，为完成筑梦人的历史使命，教师应努力提升自身思想和理论修养，深刻领悟中国梦的内涵与自身的筑梦人角色，增强筑梦人的神圣使命感、历史责任感，增强教师的筑梦人的身份认同感和全专业意

---

① 胡浩：《打造中华民族"梦之队"的筑梦人（砥砺奋进的五年）》，载《人民日报》，2017-09-10。
② 朱旭东：《"高素质、专业化和创新型"教师内涵建构》，载《中国教师》，2017(11)。

识①，努力提升自身的教师专业精神境界，不断提升自身的专业发展水平，把中国精神以教师存在的方式融入自身教育生活的方方面面。

### （二）制度外部路径

该路径强调良善的教育制度对教师队伍建设的重要意义。具体而言，为加快教师队伍建设，应全面推进和完善现代教师制度。这其中既包括宏观层面的现代教师治理体系、现代教师教育体系等，也包括中观层面的学校教师制度建设等，还包括微观层面的班级日常教学生活的教师制度等。制度外部路径，致力于高效、有针对性地解决教师队伍建设中的重要现实问题。例如教师的法律地位和有尊严、体面的教育生活保障问题，农村教师待遇制度问题，区县教师教育体系建构等问题。

### （三）文化融合路径

相对个体内在路径与制度外部路径而言，文化融合路径体现了融合的特点，它具有把教师个体内在提升与外部制度建设两种重要力量凝聚起来、协同起来，形成合力的优势。它强调从教师社会文化、制度文化与生活文化三个方面加快教师队伍建设。社会文化方面，重点是营造一种尊师重教的可持续发展的社会良好风气，推进彰显社会主义新时代"梦之队"特色的教师文化建设；制度文化方面，重点是凸显正义、公平、人性化的教师制度文化；生活文化方面，要关切教师本真生活，重点是培育有助于增强教师效能感、获得感，提升教师幸福感和对"筑梦人"身份的认同感，促进教师自主发展的校园文化。

（李育球）

---

① 朱旭东、李育球：《论教师全专业意识的内涵及其唯物主义基础》，载《云南师范大学学报（哲学社会科学版）》，2018(1)。

# 加快建构现代化国家与教师的共生关系：
# 明确教师的特别重要地位

作为中华人民共和国成立以来党中央出台的第一个专门面向教师队伍建设的里程碑式的政策文件,《关于全面深化新时代教师队伍建设改革的意见》（以下简称《意见》）坚持"兴国必先强师"之理念,对教师的战略地位做了前瞻性把握。《意见》不仅要求明确教师的特别重要地位,凸显教师职业的公共属性,强化教师承担的国家使命和公共教育服务的职责,而且首次提出了公办中小学教师作为国家公职人员的特殊法律地位。尤其是聚焦于中小学教师权利与义务之议题,通过不断提高教师的政治地位、社会地位与职业地位,强化与保障教师的合法权益;通过强化国家责任、政治责任、社会责任和教育责任,指出公办中小学教师要切实履行作为国家公职人员的义务。

关于"国家公职人员"的表述,是对公办中小学教师身份地位的政策表达,成为《意见》非常抢眼的内容。此规定一出,立即引起人们对于教师公务员地位的热烈讨论。然而,国家公职人员与公务员是否可以等同呢?此规定能够改变中小学教师的法律地位吗?如果不能,这对教师而言又究竟意味着什么?其政策意义何在?可以通过哪些具体措施实现预期的政策目标呢?对上述问题的回答，是明确教师的特别重要地位必须要厘清的。

　　事实上，教师身份及其社会经济地位的发展变迁历程，较为清晰地概况了国家与教师之间的深层次关系，体现出公共性与国家性的特点。从国家—社会关系的变化、教师职业的公共属性出发审视我国教师的法律地位，可以发现它是国家教育战略与教育活动公共属性的逻辑延伸与作用结果，背后蕴含了深刻而生动的公共性价值内涵。新时代教师队伍建设的宏观布局与深入推进，亟须加快建构现代化国家与教师的共生关系，在完善"国家使命"视角的同时，形成"教师责任"的视角，更多关注教师的权益，以真正保障教师的特别重要地位。那么，《意见》是如何阐释并体现教师的特别重要地位的？教师的特别重要地位的法律基础是什么？教师与现代化国家的共生关系何以体现出教师的特别重要地位？又该通过哪些路径加快建构教师与现代化国家的共生关系呢？基于此，本文将从政策释义、法治坐标、理论内涵和路径选择四个方面对上述问题进行一一回答。

## 一、《意见》关于明确教师的特别重要地位的政策释义

　　《意见》对公办中小学教师作为国家公职人员的地位设置表明，教师职业的公共属性将在既有"承担教育教学职责的专业人员"的基础上进一步深化。仔细研读不难发现，为明确教师的特别重要地位，《意见》对教师职业的公共性、专业性及其公共责任进行了突出强调，有亮点、有回应、更有要求。

### （一）凸显教师职业的公共属性成为《意见》中的政策亮点

　　根据《意见》的基本思路，确立公办中小学教师国家公职人员特殊法律地位的目的在于，整合教师职业的专业属性与公共属性，推动教师专业化发展与教师管理规范化的统一。可以说，对教师法律地位的探讨实际上始于提升和保障教师政治地位、职业地位和社会地位的良好愿望。这不仅是对实践中教师队伍建设困局的回应，而且也是对教师工作具有复杂性、示范性和科研创新性等特点的重视，有利于保障教师的合法权益。与以往停留在学术探讨层面不同的是，此次通过作为政策载体的行政规范性文件直

接对教师的特别重要地位予以强调，在以往的教师管理中并不多见。毋庸置疑，在《中华人民共和国教师法》制定多年且教师法律制度体系尚不健全的背景下，《意见》从政策层面予以规定具有重要意义。它关系到国家的教育责任如何体现，教育现代化如何实现；关系到如何保证教育的公平、公益与合理；关系到如何稳定中小学校的师资队伍，促进我国基础教育事业健康发展；还关系到教师能否完成作为新时代教育"梦之队"之"筑梦人"的神圣使命，以及如何培养高素质、高质量的师资队伍。

教师作为履行国家公共教育职能的人员，除在聘任、工资待遇、排课与工作环境等方面得到充分保障外，还应当享有包括福利待遇权，退休金获得权，受抚恤权，保险权，职位保障权，出差、请假及休假权，生活津贴获得权，年终考核晋级加薪权，获奖励权等公务员所享有的权利。[①] 然而需要强调的是，虽然《意见》中关于"国家公职人员"的提法将教师与普通劳动者或者自由职业者相区别，更加凸显了教师职业的公共性，但还不是从法律制度层面对教师法律身份的重新定位，实际上也并不代表教师的法律身份即为公务员。《中华人民共和国公务员法》仅将公务员界定为在各级国家行政机关中执行公务的人员，教师并不位列其中。在关于义务教育阶段教师法律身份争议多年而未决的情况下，《意见》尽管目前仍无法改变教师作为专业人员法律身份的窘境，但这一新鲜提法无疑是国家对教师职业公共性的高度肯认与再次彰显，也必将为未来通过制定新法或者修订现行的《中华人民共和国教育法》《中华人民共和国教师法》《中华人民共和国义务教育法》等相关条款，重新对中小学教师身份进行定位，提供了有益的政策参照与一定的政策基础。

**（二）强调教师的特殊法律地位是《意见》对教师职业专业性的政策回应**

《意见》在"国家公职人员"后加上"特殊"二字，并非政策制定者随意为之。该规定充分体现了教师在具有国家公职人员公共属性的同时，因与学校、教育的密切关联而具有特殊性。"教师是具有组织性、学术性与公共精神的专门性职业，其伦理要求是对自己的学生应有爱心，在接受学生家长

---

① 余雅风、劳凯声：《科学认识教师职业特性　构建教师职业法律制度》，载《教育研究》，2015（12）。

的委托下，与家长之间保持高度的信任关系。"①除享有国家公职人员享有的一般性权利之外，还应享有教学权、评价权以及必要的惩戒权等专业性权利。

就教师与国家的关系而言，公共性是国家介入教师及其教育工作的正当理由，但国家对教师的规范同时必须顾及对教师作为专业人员职业特殊性与专业性权利的维护，在教师聘任、职务评定、考核奖惩、培养培训与责任承担等方面则应做出专门性的规定。如此，通过公共性与专业性交融的规定阐述，旨在为教师履行职责使命创造相对稳定的制度环境。就教师与学校的关系而论，教师聘任关系是表征双方权利义务内容并与教师特殊法律地位紧密相关的现实议题。教师法律地位的特殊性，也意味着可以把教师聘任关系界定为以行政性质为主的特殊的复合型法律关系。即，教师与学校之间既不是一般的民事法律关系，也不是典型的行政法律关系，而是兼具民事法律关系与行政法律关系的双重特点。这一特殊性质决定了教师聘任制的实施不仅应适用公法予以规制，体现教师职业的公共性特点，而且还应与教师申诉及诉讼这些特殊的教师权利救济制度相适应。②

**（三）强调公共责任是《意见》对现代化国家管理教师事业做出的政策要求**

明确教师的特别重要地位不仅仅需要突出公共性或者回应专业性，而且还应对公共责任予以强调，使之成为对现代化国家管理教师事业提出的政策要求。正是由于教师职业兼具公共性与专业性，教师在享有特殊权利的同时，也必须承担特殊的义务。基于此，《意见》明确了教师的角色职责，对教师应当履行的国家责任、政治责任、社会责任和教育责任等公共责任进行强调，形成了立体化的教师责任体系，并将此理念贯穿文件始终。其中，国家责任涉及严守国家秘密、服从并执行国家命令等，要求教师不得侵害国家利益、不得破坏国家安全；政治责任体现在培养中国特色社会主义事业的合格建设者与接班人上，社会责任涵盖了教师为促进人类社会的文明进步所应承担的伦理性规约，教育责任则包括遵守特定的教师职业道德，在具体的教育教学行为中尊重并保障学习者的受教育权利，对学校发

---

① ［日］神田修：《学校教育と教职员の权利》，133 页，学阳书房，1978。
② 劳凯声：《义务教育阶段的教师应当规定为公务员》，载《中国教师报》，2014-09-24。

展、教育发展产生积极的促进作用。

目前，《意见》对教师责任的规定实际上是对教师法律责任的进一步拓展补充，体现了教师职业内在规定性与外在规定性的统一，是现代化国家管理教师事业的重要政策依据。对教师责任的全方位规定，既类似于教育发达国家的共性做法，也是对教师职业公共性与专业性双重属性的回归。当然，随着经济社会的不断发展，教师的身份角色将会发生深刻的转变，这要求通过政策调适对教师责任做出新的规定，以持续而有力地体现新时代赋予教师的不同责任，以避免产生教育的负面效应。

## 二、确认教师的法律地位是明确教师的特别重要地位的法治坐标

作为一种制度选择与价值追求，教师的特别重要地位的明确必然需要具有相应的法律基础、遵循相应的法治坐标，并可通过确认教师的法律地位而体现。我国公立学校教师的法律地位是一个处在改革与变化中的复杂问题，涉及如何确定教师的身份，如何设置教师的权利和义务，以及如何处理政府、学校与教师三者之间的关系等问题。作为国家教育责任的承载者和执行者，教师尤其是公立中小学教师因其所从事教育教学活动与场所的国家性而内嵌着鲜明的公务属性。考察国家现代化历程中的教师法律地位变迁历程，需要将之放置于教师职业的内在要求与品质，以及教师职业法律制度中予以考察。教师法律地位作为教师职业法律制度的重要观察窗口，体现了教师职业公务属性与专业属性的交融趋势，因此成为考察教师的特别重要地位的法治坐标，并通过价值坐标、法律基础、权利和义务内容予以呈现。

### （一）教师职业的公共性是明确教师的特别重要地位的价值坐标

由于现代教育在很大程度上是一种由国家举办、管理和监督的公共事业，教师根据法律规定的培养目标和教育标准实施教育活动，执行的是国家的教育公务①，教师职业在与国家的互动关系中体现公共性。因此，无论

---

① 劳凯声：《教师职业的专业性和教师的专业权力》，载《教育研究》，2008(2)。

是德国、法国、日本等大陆法系国家将教师定位为国家公务员或教育公务员，还是美国、英国、澳大利亚等英美法系国家将教师定位为公务雇员，抑或欧洲部分国家直接将教师定位为雇员，都是对教师职业公共属性的极大肯认与重视。从教师职业的内在要求与品质来看，这种公共性主要源于"教师教育是整个教育系统中的内循环，它的资源来自教育系统，它的产品也回到教育系统，它补充、维持、增强着教育系统本身的活力"[①]，从而成为国家介入并规范教师事业的理由。

从中华人民共和国成立到 1993 年《中华人民共和国教师法》（以下简称《教师法》）制定之前，我国教师职业长期被定位为国家工作人员（干部），在任用、晋升、工资、福利、奖惩、退休等方面一直适用国家干部管理的相关政策法规，教师与国家直接构成了一种隶属型行政法律关系，权益由国家保障，并接受国家的指导监督，具有比较明确的权利和义务[②]，具有鲜明的公共性。随着计划经济体制向市场经济体制的转轨，出于减少公务员数量的考虑，1993 年《教师法》并未确立教师的公务员身份，而是在第三条规定"教师是履行教育教学职责的专业人员"，从法律层面将专业性因素纳入教师身份与地位的影响因素。然而，这并不意味着对教师公职性质的排斥，更不是对教师职业公共属性的否定。相反，教师职业的公务属性与专业属性呈现出交融的趋势。例如，《教师法》第二十五条和第二十九条即对教师和公务员做出了比照式的规定，同时《教师法》第四条"全社会应当尊重教师"之表述同样反映了教师职业具有公共属性。

### （二）不同层次的法律法规综合规定了教师的法律地位

从法律制度生成理论的视角看，通过确立教师的法律地位继而建构教师与现代化国家的共生关系不能仅通过《教师法》的规定即可实现，而是需要完整的教育法律法规体系从不同层次、不同视角予以综合规定。从我国法律的效力等级来看，包括《中华人民共和国教育法》《中华人民共和国义务教育法》《教师法》等法律，《教师资格条例》《国务院关于贯彻实施〈中华人民

① 谢安邦：《论师范教育的特性》，载《教师教育研究》，1994(2)。

② 蔡海龙：《学校法律地位变迁中的教师身份与教师社会经济地位》，见劳凯声：《中国教育法制评论》第 6 辑，北京，教育科学出版社，2009。

共和国教师法〉若干问题的通知》等教育行政法规,《〈教师资格条例〉实施办法》等教育部门规章以及地方教育法规在内的教育法律体系共同保障了教师权利义务的实现。从纵向上,各层次的法律规定动态互嵌,逐步深入细化,有利于保障教师法律地位的落实;从横向上,上述法律规定分别在不同层面、基于不同的侧重点对教师的法律地位辅以补充性规定,从广义上涵盖了政治地位、经济地位和社会地位等教师职业地位的方方面面。由于教师的专业身份和职责使命是确定教师法律地位的内在决定因素,因此教师法律身份的确定不仅要考察教师与政府、学校等不同主体形成的法律关系,而且也要着重考虑教师的社会经济地位,同时还应将教师的职业使命和功能提升至由法律进行规范的高度。《教师法》第一条和第四条开宗明义地提出"保障教师的合法权益,提高教师的社会地位"①,以及第三条"承担教书育人,培养社会主义事业建设者和接班人、提高民族素质的使命"之表述,即是对广义上教师法律地位的呼吁与保护。

**(三)权利和义务内容是表达教师法律地位的重要体现**

由于法律是以权利和义务为机制调整人的行为和社会关系的②,教师法律地位天然地可以通过对教师权利义务体系的建构而得到表现。意指,基于实现教师的职业使命和功能,体现教师职业的公务性和专业性,教师依法所享有的权利以及与之相对应的义务。就教师权利而言,具体包括实施某种行为的积极权利,要求义务人履行特定义务的消极权利以及当合法权益受到侵害而寻求救济的权利;教师义务则指涉为实现职业使命教师而必须以作为或者不作为的方式履行法律规定的职责,否则就需要承担相应的法律责任。③ 该权利义务体系是教师法律地位的外在表现,其内容的协调性、形式的一致性,直接影响教师法律地位的实现程度。其中,在立法规范教师权利义务时,应考量在保障教师与学习者基本权利的最大满足的情况下,使教师职业的公共性得以维持,促进教育的多元化和教育品质的提

---

① 蔡海龙:《学校法律地位变迁中的教师身份与教师社会经济地位》,见劳凯声:《中国教育法制评论》第6辑,北京,教育科学出版社,2009。
② 张文显:《法理学》,86页,北京,高等教育出版社,1999。
③ 程雁雷、廖伟伟:《教师权利义务体系的重构:以教师法律地位为视角》,载《国家教育行政学院学报》,2006(6)。

升，最终使公民的学习权和受教育权得到充分实现。[①]　在实践中，随意解聘教师、惩戒权力缺失、专业权力保障不力、有偿家教以及教师流动困难等现象，均反映出我国中小学教师的法律身份有待进一步明确、法律地位有待进一步提高。

## 三、明确教师的特别重要地位须加快建构教师与现代化国家的共生关系

教师与现代化国家关系的变迁发展是一个历史性过程，教师主体和现代化国家自身所具有的特质决定了教师队伍建设改革的价值坐标和内涵趋向。如何从逻辑上准确地把握其内涵，既是回归教师职业的公共性的理论起点，也是贯彻落实《意见》关于"教师的特别重要地位"之论述的重要理论任务。

### (一)教师与现代化国家的共生关系的概念解析

要理解教师与现代化国家共生关系的内涵，首先要厘清的是何为现代化国家、何为共生关系。其中，对现代化国家的理解要建立在对"现代化"这一动态的历史概念理解的基础之上。现代化反映了人类社会从建立在自给自足的自然经济基础上的传统农业社会向建立在发达的市场经济基础上的现代工业社会发展的历史剧变特征。它是一种全球性的时代发展趋势，也是世界各国、各地区发展的必经之路。中华人民共和国成立以后，现代化一直是社会主义建设的奋斗目标。[②]　在此意义上，现代化国家既包括了"硬实力"的现代化，也急需"软实力"的现代化，同时更加需要以法治作为制度条件来保障现代化实践的推进。

"共生"的概念及其相关理论是由生物学领域发轫并被引至社会学领域的。其基本要义是一种关系的思维方式，即不但承认自我，还要肯定他者的独立价值以及自我与他者之间不容忽视的相互依存关系。[③]　如今，"共生"

---

① 余雅风：《从教师职业的公共性看教师的权利及其界限》，载《教师教育研究》，2006(3)。

② 莫纪宏：《国家治理体系和治理能力现代化与法治化》，载《法学杂志》，2014(4)。

③ 孙杰远：《论自然与人文共生教育》，载《教育研究》，2010(12)。

作为一种视角已渗透至教育领域。就此而言，教师与现代化国家共生关系的内涵更多体现的是一种价值追求与发展取向，即教师的职业特质与现代化国家变迁、发展之间的逻辑统一性与需求互补性关系。如何在适应教师职业特性的基础上，将教师队伍建设的改革发展融入教育现代化目标的实现，并进而契合现代化国家战略目标的要求，是建构教师与现代化国家共生关系的紧迫任务。

### （二）教师与现代化国家的共生关系的内涵阐释

教师与现代化国家的共生关系实质上融入了共生哲学[①]的理念，所追求的应是教师职业的公共性与自主性相互平衡且相互促进的理想状态。教师与现代化国家的共生关系有两个层面的含义：一是教师与现代化教育的共生，即形成教师与现代化教育的共生系统；二是教师与现代化国家的共生，即教师职业的公共性与现代化国家属性之间形成的共生系统。即这种关系是在理解并尊重教师职业专业性的基础上建立起的教师与现代化国家之间的和谐、互惠与共进关系。质言之，建构教师与现代化国家的共生关系天然包含了从法律层次对教师法律地位的观照，从管理体制层面对教师权益保障与国家规范约束关系的考量，以及在政策层面对现代化国家与教师行为进行规范需形成的制度链。

## 四、加快建构教师与现代化国家的共生关系的路径选择

此番《意见》对教师的特别重要地位的强调，初步奠定了建构教师与现代化国家的共生关系的政策基础。在未来，国家需要进一步运用技术手段，通过完善教育法体系、推进教师管理体制变革以及重视政策反馈等综合路径，体现教师基于职业使命对自身权利与义务的基本诉求，并积极回应教师职业的公共属性。

---

① 共生哲学，代表着一种关系的思维方式，不但承认"自我"，还要肯定"他者"的独立价值，以及"自我"与"他者"之间不容忽视的相互依存关系，即"自我"或"自我"所在的群体，与周围的一切生命或非生命存在，以及与之建立的关系联结，在接纳异者、相互碰撞、相互共容、共同生长中形成一个互利、平衡、发展的整体。参见孙杰远：《论自然与人文共生教育》，载《教育研究》，2010(12)。

### （一）完善教育法体系，确认、保障、实现教师的特殊法律地位

教师特殊法律地位的实现是一项系统工程，而完善的教育法制体系作为现代化国家的意志载体，无疑是保障教师特殊法律地位实现的重要条件。随着现代化国家建设进程加快，教师与政府、学校与学生的关系日益表现出公法、私法法律关系的交融，以及不同类型权利义务结构体系的重叠，这也将进一步加剧当前我国教师法律地位模糊不清的窘境。尽管《意见》对教师特殊法律地位的肯认一定程度上体现了国家重视教师队伍建设的力度与决心，但是该政策文件显然无法对教师与政府、学校与学生之间的权利义务关系予以明晰，更没有使教师突破当前身份模糊的困局而获得与其法律地位相称的法律身份。但不可置否的是，《意见》对教师职业公共性的彰显，可能或已经对教师身份地位的制度环境产生了冲击。

未来应以《教师法》的修订为契机，将公共性作为立法价值规范，吸纳教育现代化目标与理念催生出的新的权利义务内容，从根本上厘清教师的法律地位，完善相应的权利义务结构体系。具体而言，可依据公共性理论，对因隶属不同教育阶段、不同教育类型而具有不同公共性强度的教师赋予差别化的法律地位规定，确认教师作为国家公职人员的身份保障权利、细化教师权益救济的法律条文规定，同时也应完善教师解聘、流动等相关法律规定。例如，公共性最强的义务教育阶段教师可立法赋予国家公务员身份并采取职位聘用制，严格依照《中华人民共和国公务员法》进行管理；学前与高中阶段教育教师可以赋予教育公务员身份，以强化学前和高中教育的公共性；高校和民办学校教师则可定位为雇员，主要依据聘用合同和教育法律法规进行管理①，从而有利于对教师特殊要求的实现。

### （二）推进教师管理体制变革，实现保障教师权益与规范约束的动态平衡

作为现代化国家与教师之间的动态博弈过程，要突破教师的身份地位困局，亟须进行教师管理体制变革及制度化建构，将对教师个体的权益保障统一于教师队伍建设和教育事业发展的系统之中。除却上述法律确权之路径外，也可依据教育法体系提供的参照与指引，将教师的法律地位真正贯

---

① 余雅风、劳凯声：《科学认识教师职业特性　构建教师职业法律制度》，载《教育研究》，2015(12)。

彻落实体现于各个层次、各个环节、各个领域的教师政策之中。

《意见》提供了教师管理体制变革的初步方向，为中小学教师未来可能具有公务员身份释放了信号。为进一步突出教师职业的公共性，应保障教师作为国家公职人员享有的权利，包括：福利待遇权，退休金获得权，受抚恤权，保险权，职位保障权，出差、请假及休假权，生活津贴获得权，年终考核晋级加薪权，获奖励权等①；还应确立并保障教师作为专业人员享有的教育权，激发教师投身教育事业的热情。同时，强化教师规范的约束力，在招聘、录用、晋职、考核、奖惩、交流、离职等不同方面强调政府的适度干预和引导，以使教师个体在国家现代化的进程中获得更为广阔的发展空间。唯有依法依规对教师进行管理，才能在保障教师合法权益的同时促使教师有效地履行职责，也才能确保教师在充满复杂的多元价值冲突的现代化国家中保持公共性与专业性相结合的法律地位，不再受身份地位不明朗所带来的困扰。

### (三)重视政策反馈，形成规范现代化国家与教师行为的制度链

为改变教师职业地位与其职业特征不匹配的困境，除需要从立法层面构建符合教师职业特点的基本法律制度外，政策层面也当有所作为。从制度生成的环节与内涵看，除了需要关注《意见》作为政策文本的制度"输入"与"输出"，其实还需要关注作为制度生成最后一个环节——"反馈"。政策反馈通过"自上而下"的政策执行得以实现，并通过"自下而上"的信息回流过程反过来影响制度本身。一方面，政策反馈会直接影响《意见》的政策输出情况与效果，影响教师职业地位的真实状况；另一方面，政策反馈会刺激产生新的政策需求。若此番《意见》颁布得到高度认同与有效执行，教师职业的公共性越发彰显，反馈《意见》作为制度规范的有效性。假如《意见》关于教师地位或者责任的规定只是停留于行动倡议层面，则反馈该政策文件的功能失效，从而产生完善配套政策内容的客观需求。从此意义上，建构国家与教师主体行为制度链的过程，也必将同时是政策输入、政策加工、政策输出与政策反馈的循环改进过程。

---

① 余雅风：《从教师职业的公共性看教师的权利及其界限》，载《教师教育研究》，2006(3)。

　　《意见》诞生于教师职业地位与责任使命发生转变的新时代，体现了现代化国家与教师共生关系的进一步深化。为充分发挥其作为政策的灵活性与动态性功能优势，充分利用政策反馈对规范国家与教师关系的正向效果，有必要高度重视《意见》执行中的各方反馈，通过不断完善与教师地位相关的政策制度，进一步规范国家与教师的主体行为，从而形成现代化国家与教师共生关系的制度链。

　　总之，随着我国教育改革步入"深水区"，科学认识教师职业特性，构建符合教育规律的教师职业法律制度，促进教师管理体制变革，形成规范国家与教师主体行为的制度链，已成为社会普遍关注的重要议题。为彰显教师作为"国家人"的身份属性，必然要加快建构现代化国家与教师的共生关系。这种共生关系体现在国家对教师法律身份的确认、对教师社会地位的确立以及对教师合法权益与法定责任的保护与强化上。一方面，应增强教育法体系与以《意见》为代表的政策体系之间的良性互动与优势互补；另一方面，鉴于教育活动与教师职业的特殊性，国家在实施法律规制或政策规制手段对教师进行规范管理时，应当保持适度的克制与谦抑，需要格外注重公共性、专业性与自主性的动态平衡。如此，造就"梦之队"的"筑梦人"图景必定值得期待！

（吴会会）

# 中国教师的政治思想及道德使命的担当

"百年大计，教育为本；教育大计，教师为本。"2018年1月20日，中共中央、国务院印发《关于全面深化新时代教师队伍建设改革的意见》（以下简称《意见》）。作为中华人民共和国成立以来党中央出台的首个专门针对教师队伍建设的政策文件，《意见》将教师工作提到了前所未有的政治高度，具有里程碑式的战略意义。值得指出的是，《意见》对新时代教师专业发展的核心问题——师德师风建设进行了顶层专项设计和总体部署，要求新时代教师队伍建设应"着力提升思想政治素质，全面加强师德师风建设"。问题是，《意见》对提升教师思想政治素质和加强师德师风建设做出了哪些规定和指示？当下为何要提升教师思想政治素质及加强师德师风建设？如何在教育实践中有效地提升教师思想政治素质和加强师德师风建设？以下将主要围绕这三个问题进行分析，以期有助于理解并落实《意见》及其精神。

## 一、"着力提升思想政治素质，全面加强师德师风建设"之提出及意涵

《意见》强调全面深化新时代教师队伍建设改革必须坚持的五项基本原则之一是突出师德，要求把提高教师

思想政治素质和职业道德水平摆在首要位置。要求把社会主义核心价值观贯穿教书育人全过程，突出全员全方位全过程师德养成，推动教师成为先进思想文化的传播者、党执政的坚定支持者、学生健康成长的指导者。

围绕以上新时代教师队伍建设改革的指导思想和基本原则，《意见》进一步提出"着力提升思想政治素质，全面加强师德师风建设"。其基本意涵主要涉及加强教师党组织队伍建设、提高教师思想政治素质、弘扬高尚师德三个方面。首先，"着力提升思想政治素质，全面加强师德师风建设"意味着要求加强教师党支部和党员队伍建设。《意见》从推进全面从严治党的角度要求每个教师党支部把党的政治建设摆在首位，用习近平新时代中国特色社会主义思想武装头脑，充分发挥教师党支部教育管理监督党员和宣传引导凝聚师生的战斗堡垒作用，充分发挥党员教师的先锋模范作用。加强教师党员队伍建设要求坚持党的组织生活各项制度，创新方式方法，增强党的组织生活活力。例如，加强教师党支部书记和党员发展工作，配齐建强高等学校思想政治工作队伍和党务工作队伍。其次，"着力提升思想政治素质，全面加强师德师风建设"意味着提高教师的思想政治素质。《意见》强调要加强理想信念教育，深入学习领会习近平新时代中国特色社会主义思想，引导教师树立正确的历史观、民族观、国家观、文化观，坚定"四个自信"。引导教师准确理解和把握社会主义核心价值观的深刻内涵并带头践行社会主义核心价值观。同时，《意见》提出加强中华优秀传统文化和革命文化、社会主义先进文化教育。此外，《意见》指出提高教师思想政治素质需要创新教师思想政治教育工作方式方法，增强思想政治工作的针对性和实效性。最后，"着力提升思想政治素质，全面加强师德师风建设"要求弘扬高尚的师德。《意见》明确要求健全师德建设长效机制，引导广大教师以德立身、以德立学、以德施教、以德育德。实施师德师风建设工程。同时，《意见》强调要注重加强对教师思想政治素质、师德师风等的监察监督。

## 二、"着力提升思想政治素质，全面加强师德师风建设"之价值意蕴

《意见》强调"着力提升思想政治素质，全面加强师德师风建设"，为新

时代教师的培养和专业成长提出了新要求、指明了新方向，对于促进国家富强及民族复兴、引领社会道德风尚以及引导学生健康成长皆具有重大价值及现实意义。同时，教师道德作为跨越私域道德、公域道德和职域道德三大道德领域的综合要求为这些价值的实现提供了可能。

**（一）"着力提升思想政治素质，全面加强师德师风建设"有利于促进国家富强及民族复兴**

兴国必先强师。教育是国家发展和民族振兴最根本的事业，教育质量的高低很大程度取决于教师的科学文化素质和道德水平。当前，我国开启了全面建设社会主义现代化国家的新征程，教育和教师的地位和作用日益凸显。大力推进素质教育，关键在大力提高教师素质；创建世界一流大学和学科，关键在有世界一流的教师；满足社会发展和人民群众不断增长的对更多优质教育的需求，关键也在培养更多的高素质教师。可见，建设一支品德高尚、业务精湛的教师队伍是关乎教育改革和国家发展的根本大计。[①] 因此，《意见》立足国家战略层面对教师的使命和职责赋予了更深刻的内涵和更深远的价值——教师承担着传播知识、传播思想、传播真理的历史使命，肩负着塑造灵魂、塑造生命、塑造人的时代重任，是教育发展的第一资源，是国家富强、民族振兴、人民幸福的重要基石。

强师的关键在于教师思想政治素质的提升及专业道德的发展。教师整体道德水平关涉国家整个教育事业的兴衰。儒家有言："道得众则得国，失众则失国。是故君子先慎乎德，有德此有人，有人此有土，有土此有财，有财此有用。德者本也，财者末也。"其中的"以德为本"同样适用于教师群体。换言之，教师需要对自身有正确的道德角色定位，始终坚持把道德放在最根本的位置，首先有德行的发展，然后才有技艺和能力的提升。无独有偶，日本教育思想家小原国芳亦指出，"教育的关键问题是教师。对于教育，兴之抑或亡之，在于教师。……根本问题，是教师精神，是全人教养，是教师之道，是根性、是灵魂。"[②]

---

① 袁贵仁：《大力加强新形势下的师德建设》，载《求是》，2004(17)。
② ［日］小原国芳：《小原国芳教育论著选》，由其民等译，46～47页，北京，人民教育出版社，1993。

同时，教师通常被各民族国家列为具有道德示范作用的特殊群体。具体而言，教师不仅在私域道德方面具有良好的个人德行修为和生活自律，成为个人修养和生活的标杆，而且在公域道德方面亦能成为公平公正的代表和诚信守法的模范。① 由此，教师道德的高度综合性为其实现促进国家富强及民族复兴的价值奠定了基础。

**（二）"着力提升思想政治素质，全面加强师德师风建设"有利于引领社会道德风尚**

一方面，教师的整体道德水平在全社会的道德建设中具有特别重要的作用。"师者，人之模范也。"学校通常被当作社会道德建设的示范区，而教师更是其中的领头羊和辐射源。因此，广大教师应该率先垂范，做先进生产力和先进文化发展的弘扬者和推动者，做青少年学生健康成长的指导者和引路人。进言之，教师承担着传播人类文化、开发人类智慧、塑造人类灵魂的神圣职责，而履行这些职责的前提在于其自身应具备过硬的思想政治素质和优秀的师德师风。正所谓"教书育人，教书者必先强己，育人者必先律己"。因此，教师的思想政治素质和道德修养应当走在社会的前列，引领社会道德风尚。

另一方面，社会大众对教师的道德期待通常是"教师应该是道德卓异的优秀人物"②。由于人们对于社会生活中不同群体"代理"社会道德风气的程度持有不同期待，被期待具有较高"代理性"的群体通常会被认为是集中显露社会道德风气状况的人群。③ 教师便是典型的"集中显露社会道德风气的人群"。作为道德示范群体，教师通常被期待在德行修为、职业垂范、公正为民、依法行事以及生活自律等各方面充分发挥模范作用。换言之，教师在公域道德领域亦应起到标杆的作用。因此，教师应该成为社会道德风尚的引领者和社会风气的匡正者。可见，教师道德的公域性为其引领社会道德风尚的践行提供了可能。

---

① 何云峰：《教师道德：期待与角色定位》，载《伦理学研究》，2015(4)。
② ［苏］苏霍姆林斯基：《和青年校长的谈话》，赵玮等译，2 页，上海，上海教育出版社，1994。
③ 何云峰：《教师道德：期待与角色定位》，载《伦理学研究》，2015(4)。

### （三）"着力提升思想政治素质，全面加强师德师风建设"有利于引导学生健康成长

教师是一个承载着道德的职业。教师的整体道德水平对于学生的健康成长、全面发展具有特别重大的影响。学校是青少年学生思想道德教育的主阵地，教师是其中重要的组织者和实施者。而且，青少年学生通常可塑性大、模仿力强，极易受到他人和环境的影响。教师的言行举止显然会对学生产生教育引导作用。正如苏霍姆林斯基所言："一个精神丰富、道德高尚、智力突出的教师，才能尊重和陶冶自己的学生的个性，而一个无任何个性特色的教师，他培养的学生也不会有任何特色，他只能造成精神的贫乏。"①

《意见》第一次以国家政策文件的形式对教师的职业地位和身份进行了显著提升和明确规定，强调教师是"塑造灵魂、塑造生命、塑造人"的时代重任的承担者和完成者，同时是国家公职人员。古人云："德不配位，必有灾殃。"意即人们自身的德行及福报要与各自所处的社会地位及享受的待遇相一致，如果违背自然规律行事则会受到相应的"报应"。因此，新时代教师的德行、素养和作为亦要与其地位和身份相匹配。正如中国教育学会名誉会长、北京师范大学资深教授顾明远先生指出的，一名教师，首先要认识到教师在教育事业中的重要地位，坚定政治信仰和理想信念，然后才能通过提高自己的业务水平、教书育人能力，真正实现以身作则、以德施教。由此，教师要自觉加强道德修养，率先垂范，全心全意做学生锤炼品格、学习知识、创新思维、奉献祖国的引路人。

同时，与其他职业群体相比，教师的职域道德要求和社会道德期待通常会相对较高。教师职业活动的独特性内含特殊的职业道德要求。② 教师职业通常会被认为应具有崇高的敬业精神，应能够对教育教学工作和学生发展持有高度热情、责任感和一丝不苟的态度，具有良好的工作作风并形成显著的教书育人的成果等。显然，教师这些职域方面的道德要求及期待对

---

① ［苏］苏霍姆林斯基：《和青年校长的谈话》，赵玮等译，93页，上海，上海教育出版社，1994。

② 王淑芹：《教师道德：正当性、价值及特征》，载《道德与文明》，2015(4)。

于促进青少年学生的健康成长将起到助推作用。

## 三、"着力提升思想政治素质，全面加强师德师风建设"之实践路径

"着力提升思想政治素质，全面加强师德师风建设"的关键是在教育实践中加以贯彻和落实。我们认为，立足《意见》提出的"着力提升思想政治素质，全面加强师德师风建设"主要意涵，可以着重围绕加强教师党支部和党员队伍建设、提高教师思想政治素质、弘扬高尚师德三条基本路径实施相应的具体实践举措。

### （一）大力加强教师党支部和党员队伍建设

新时期教师队伍建设要坚持党管干部、党管人才，充分发挥党委（党组）的领导和把关作用，确保党牢牢掌握教师队伍建设的领导权，保证教师队伍建设的正确方向。因此，"着力提升思想政治素质，全面加强师德师风建设"的首要路径是加强教师党支部和党员队伍建设。具体的落实举措主要包括以下几个方面。

第一，选优配强教师党支部书记。其一，在各级学校党组织中，优先选拔党性强、业务精、有威信、肯奉献的优秀党员教师担任教师党支部书记，实施教师党支部书记"双带头人"培育工程。其二，办好各层级教育党校，定期开展教师党支部书记轮训，以及以提升组织力为主题的基层党建高级研修，推进全面从严治党要求落实到每个教师党支部和党员干部。

第二，健全主题党日活动制度，加强党员教师日常管理监督。具体而言，充分发挥基层党组织作用，将教师思想政治教育作为党建工作重要内容，推进"两学一做"学习教育常态化制度化，开展"不忘初心、牢记使命"主题教育。同时，以党支部活动、党日活动为载体，大力推进并充分运用学校官方微信理论学习平台、微论坛等新媒体平台，以及书记、校长信箱、座谈问卷等方式让教师思想政治工作更有抓手、更接地气，从而更好地引导党员教师增强政治意识、大局意识、核心意识、看齐意识，自觉爱党护党为党，敬业修德，奉献社会，争做"四有"好教师的示范标杆。

第三，重视做好在优秀青年教师、海外留学归国教师中发展党员工作。

一方面，学校在招聘教师的过程中，要把政治标准放在首位，严格教师准入制度，对新入职教师的思想政治、品德学风进行综合考察把关。另一方面，可以将新入职的优秀青年教师及海外归国教师的培训与学校及学院的专业教育培训相结合，根据教师的不同情况有针对性地分层次、分阶段开展理想信念教育、诚信教育、礼仪风范教育等；同时，可以实行青年教师导师制，通过导师的言传身教，提高青年教师的思想政治素质和业务素质。此外，健全把骨干教师培养成党员，把党员教师培养成教学、科研、管理骨干的"双培养"机制。

第四，配齐建强高等学校思想政治工作队伍和党务工作队伍。通过完善选拔、培养、激励机制，形成一支专职为主、专兼结合、数量充足、素质优良的思政和党务工作力量。把从事学生思想政治教育计入高等学校思想政治工作兼职教师的工作量，作为职称评审的重要依据，从而进一步增强教师开展思想政治工作的积极性和主动性。同时，在优秀教师团队培养以及骨干教师、学科带头人和学科领军人物培育中深入开展理想信念、形势政策、师德、法治和心理健康教育等，通过构建"学、讲、研、用"学习体系，强化高校思政和党务教师的思想理论教育和价值引领。

**（二）着力提高教师思想政治素质**

第一，加强理想信念教育。理想信念是好教师的不竭动力。习近平总书记指出，正确理想信念是教师教书育人、播种未来的指路明灯。新时代教师要建立道路自信、制度自信、理论自信、文化自信，关键在于树立理想信念。因此，要在教师培养和培训中积极加强理想信念教育，开设专门课程，引导教师树立正确的历史观、民族观、国家观、文化观，坚定"四个自信"，坚定职业信仰。要把解决"为谁培养人""培养什么人""怎样培养人"等根本问题与具体的教育教学改进的要求融合推进。在具体的践行举措方面，学校可以采取"走出去、请进来"以及"点面结合"等多种方式。例如，学校可以与纪念馆、博物馆等机构签署全面合作协议，建立教育基地，分期分批组织党员干部、骨干教师等开展相应的活动，开展各种革命传统及时代精神进校园以及专场宣讲等系列活动。同时，在落实《意见》要求时，应注重挖掘重要时间节点的教育功能，可以开展一系列生动活泼、影响广泛的主题教育活动，从而引导广大教师牢固树立中国特色社会主义理想信念、牢固树立终身学习理念、牢固树立改革创新意识，为发展具有中国特色、世界水平的现代教育做出贡献。

第二，加强社会主义核心价值观教育。社会主义核心价值观是对整个社会主义核心价值体系的高度概括和凝练，加强社会主义核心价值观教育是提升教师思想政治素质的有效路径。其一，注重把社会主义核心价值观教育融入教师专业成长的物质文化环境。例如，通过校园的绿化美化、宣传橱窗的布置、办公室的设计等体现核心价值观的思想主题，让教师置身于积极健康的校园工作环境中熏陶自身的言行。其二，可以将社会主义核心价值观纳入教师专业成长的制度文化环境。即将社会主义核心价值观的基本内涵和深刻意蕴纳入师德师风建设的相应制度。例如，将"平等、公正"等观念纳入激励机制，给予教师公平参与竞争、提升自我的环境和条件；将"爱国、敬业、诚信、友善"等价值纳入评价体系，形成有效评价教师表现的重要标准；将"民主、自由"的价值取向体现到育人机制中，给予教师更多自由选择的空间。其三，将社会主义核心价值观渗入教师专业成长的行为文化环境。例如，在教学行为文化中充分尊重学生的主体地位，将显性教育和隐性教育相结合，激发学生自主学习的积极性；在科研行为文化中鼓励教师勇攀科学高峰，坚持不懈地解决研究难题，以开放的心态听取同行专家的意见和建议等。[①] 此外，可以鼓励教师积极面向农村、企业、社区等，组织开展道德实践活动、公益活动、文化节庆活动等，推动社会主义核心价值观不断转化为社会群体意识和人们自觉行动。[②]

第三，加强中华优秀传统文化和革命文化、社会主义先进文化教育。其一，在教师职前培养和在职培训阶段开发、拓展相应的中华优秀传统文化和革命文化、社会主义先进文化教育类课程，使之成为提升教师人文素养和文化素养的重要载体。其二，加强优秀传统文化学科专业和研究平台建设。充分利用优秀传统文化优势学科和相关科研力量，深入开展研究优

---

① 田仁来：《以社会主义核心价值观引导青年教师师德师风建设探究》，载《学校党建与思想教育》，2015(11)。

② 庞丽娟：《用社会主义核心价值观引领师德建设》，载《光明日报》，2015-09-11。

秀传统文化教育教学研究工作；指导学校和教师开展优秀传统文化教育教学工作，积极开展论文评选和优质课评选活动，重点培育一批先进典型，组织多种形式的展示、观摩和交流活动，发挥其示范引领作用。

第四，创新教师思想政治工作方式方法，开辟思想政治教育新阵地。思想政治理论课教师应进一步转变教学观念，进一步加强调查研究，大胆创新个性化教学方式，提高教学水平和科学研究能力。将思想政治理论课用学生喜闻乐见的方式延伸到网络，利用新媒体教学平台创新教学内容与教学方法，利用红色文化资源充实和丰富思想政治理论课的教学，用新的话语体系和表述方式贴近学生心灵、走进学生实际，抢占并巩固互联网思想政治理论课阵地。积极拓展"移动式"思想政治理论课课堂活动，将思想政治理论课课堂搬到田间地头、红色文化区、厂矿企业，解析时代热点难点、解除学生思想困惑，加强学生对中国特色社会主义理论与实践的认识，强化思想政治理论课教学实际效果。

### （三）积极弘扬高尚师德

第一，健全师德建设长效机制，推动师德建设常态化长效化。学校可将师德建设列入学校发展的总体规划，成立专门的师德建设工作领导小组，坚持把《教育部关于建立健全中小学师德建设长效机制的意见》《教育部关于建立健全高校师德建设长效机制的意见》为师德长效机制建设的工作准则，同时根据自身情况制定《建立健全师德建设长效机制的实施方案》《师德师风建设立项书》等文件，统筹推进师德师风建设。在此基础上，学校应注重抓好部门联动，构建多部门参与的沟通协调机制，形成党政一把手亲自抓、相关部门密切配合的联动工作机制，确保师德建设有效落实。

第二，实施师德师风建设工程。开展教师宣传国家重大题材作品立项，推出一批人民群众喜闻乐见、能够产生广泛影响、展现教师时代风貌的影视作品和文学作品，发掘师德典型、讲好师德故事，加强引领，注重感召，弘扬楷模，形成强大正能量。同时，积极开展教师身边的榜样教育，大力宣传教师中的"时代楷模"和"最美教师"等来发挥示范引导作用。开展教学名师、教学成果奖等奖励和评选表彰机制，以及为从教多年的老教师专设"教师奉献奖"、授予突出贡献教师终身教授荣誉称号等，引导教师争做立德树人的表率。

第三，注重加强对教师思想政治素质、师德师风等的考评和监察监督。强化师德考评，采取量化评价与质性评价相结合等方式，体现奖优罚劣，推行师德考核负面清单制度，建立教师个人信用记录，完善诚信承诺和失信惩戒机制，着力解决师德失范、学术不端等问题。需要指出的是，对教师思想政治素质及师德的规范应以法律形式将教师的权利与义务加以具体细致的规定。对师德的监督可以充分发挥家长以及各种社会力量，从而形成良好的监督反馈机制。

总之，教师思想政治素质和道德是教师队伍建设的灵魂。《意见》为新时代教师思想政治素质的提升以及师德师风建设指明了总体方向及具体实践路径。新时代教师队伍建设应在《意见》及其精神的全面指导下，采取师德建设和专业提升并举的"双轮驱动"策略，以培养德艺双馨的高素质专业化创新型教师。

（乐先莲）

# 造就党和人民满意的高素质专业化创新型教师队伍

2018 年 1 月 20 日，中共中央、国务院印发了《关于全面深化新时代教师队伍建设改革的意见》（以下简称《意见》），这是中华人民共和国成立以来党中央出台的第一个专门面向教师队伍建设的政策文件，是全面规划新时代教师队伍建设的思想纲领和行动指南，是推动我国新时代教育改革发展的重大战略举措，同时也是中国 1500 万名教师在新年伊始收到的一份有获得感、幸福感、尊严感的特别礼物。《意见》的出台将我国教师队伍建设工作提升到了前所未有的新高度，意味着我国教师队伍建设迎来了前所未有的历史机遇期、我国广大教师迎来了又一个春天，而这必将在我国教育发展史上产生里程碑式的重要意义和深远影响。

《意见》就教师队伍建设的战略意义和总体要求、全面加强师德师风建设、大力振兴教师教育、深化教师管理综合改革、不断提高地位待遇以及政策落实保障等方面的内容进行了深入细致的阐述，对全面深化新时代教师队伍建设改革做出总体战略部署。《意见》在教师队伍建设目标方面，提出"造就党和人民满意的高素质专业化创新型教师队伍""到 2035 年，教师综合素质、专业化水平和创新能力大幅提升，培养造就数以百万计的骨干教师、数以十万计的卓越教师、数以万计的教育家型教师"。从中可以发现，不同于以往的相关政策文件中"培养合格教师""提高教师素质""培养具有良好思想道德素质和业务素质的教师"等提法，《意见》明确提出要造就和培养的是"高素质、专业化、创新型"的教师，这是在当前中国特色社会主义进入新时代，面对新方位、新征程、新使命，国家对教师提出的高标准和新要求。我们需要从本体、价值和途径三个方面来回应高素质专业化创新型教师队伍建设命题。

## 一、高素质专业化创新型教师队伍的内涵

教育现代化是中国教育由大变强的根本路径，也是建设人力资源强国、创新型国家、学习型社会的必由之路。中华人民共和国成立以来，我们就一直探索具有中国特色的教育现代化之路，改革开放更是为我国教育现代化带来巨大推力，让教育事业发展进入改革增速期，在教育普及水平和公平程度方面取得了历史性突破。但是中国教育在整体发展程度上尚处于世界中上水平，与先进国家相比，我们在教育的高水平公平、高质量供给上还存在不小的差距。可以说，目前中国教育现代化进程进入攻坚阶段，要建成"具有中国特色、世界水平的"现代化教育强国，我们必须从教育内涵发展上做文章，既要回应国家社会经济发展的需要，更要满足人民群众的期待，着力提供惠及全民的高质量教育，为人力资源强国建设、科技创新强国、学习型智能社会建设奠定基础。从先进国家教育现代化发展经验来看，硬件层面现代化实现速度相对较快，但软件层面的现代化难度高，且需要做前瞻性的准备，这其中最关键的就是教师队伍。换言之，实现教育现代化的前提就是率先实现教师队伍的现代化，因此我们今天提出的"高素质、专业化和创新型的教师队伍"建设要求，正是站在2030年实现教育整体现代化和2050年实现教育全面现代化的战略目标基础上的。

高素质的教师队伍要求教师是社会主义核心价值观的首要践行者，是学生思想政治教育的第一责任人，更是立德树人的引路者。教师要遵守和维护中华人民共和国的法律，切实履行教育法、义务教育法、教师法、未成年人保护法。中国教师应当具备深厚的传统文化基础，掌握中国传统文化的经典文献；应当具有广博和扎实的科学文化知识；应当拥有较丰富的

中国和世界艺术素养，要有欣赏、体验和创作中国艺术的能力，尤其是书法和绘画；同时还应当具备较广阔的国际视野，较强的国际理解、跨文化能力。高素质的教师队伍要求教师具备较高的学术阅读、写作和报告能力；具有能够运用多种方式开展人际交往沟通能力；具有共同体的组织协调的领导能力；具有不断适应数字技术和互联网技术变革的信息技术能力；更重要的是具有终身学习的能力。

专业化的教师队伍要求教师是教育教学的专业人员，是教会学生学习、育人和开展社会服务的专业工作者。教师要具有丰富的教育情怀和情操，热爱学生、热爱教育事业，具有终身从教的坚定信念，对教育工作具有深刻的专业认同感，拥有科学育人的专业精神；教师应该熟悉学生认知和情感发展、道德和公民性发展、个性与社会性发展的特点和规律，自觉运用学习科学和学习理论掌握学生学习规律，有效展开学生的学习设计、学习设施和学习评价；教师应当掌握系统的学科知识，具备较强学科能力，理解学科本质，能够运用学科方法和思想，基于学生学习规律开展教材内容重构，运用跨学科思维和知识开发、实施和评价融合课程和校本课程；教师要基于学生学习和学科知识形成指导、引导、辅导、启发、帮助学生学习的教授或教导路径，有效开展备课、授课、说课、议课和研课等活动。

创新型的教师队伍要求教师是教育规律的发现者和创造者，是教育思想和理论的创新者。教师要具有教育实践的丰富的想象力和好奇心；具有教育实践的创新思维、创新意识、创新行动和反思能力；具备较强的问题解决能力；形成教育教学特色风格，具备教育教学思想的研究能力。

## 二、高素质专业化创新型教师队伍是强国之本

党的十九大报告明确提出中国正在进入全面建设社会主义现代化强国的新时代，而教师肩负着为新时代塑造灵魂、塑造生命、塑造人的历史责任，必须走向高素质专业化创新型之路。一支高素质专业化创新型教师队伍是建设人力资源强国、科技创新强国、数字智慧强国的必然要求。

### （一）建设人力资源强国需要高素质专业化创新型教师队伍

2017年1月世界经济论坛发布了《在第四次工业革命中实现人力潜能》

白皮书[①]，开篇就指出"为未来而准备的教育生态系统的核心特质"之一就是教师人力资源的专业化，提出高质量的教师专业才能在第四次工业革命中发挥关键使命的作用。中国要建设人力资源强国，要在第四次工业革命中占领桥头，也必须从高素质专业化创新型教师队伍建设入手。

一方面，人力资源强国的主要硬性指标都指向高素质专业化创新型教师队伍。一般而言，人力资源强国的主要硬性指标包括劳动力总数、平均受教育预期年限、高等教育人口占比、每百万人口研究人员占比、高等教育毛入学率、成人文盲率等。郭宏和张华荣的研究[②]指出，目前我国与发达国家在上述指标方面的差距还很大：一是在正向指标上，我国的平均受教育预期年限、高等教育毛入学率、高等教育人口占比、每百万人口研究人员占比等较为落后；二是在负向指标上，我国成人文盲率高，居全球第二位。究其直接原因，仍在于我国目前教育人口规模大，西部及农村地区普及义务教育难度大，学前、特教、中职教育缺口大等客观因素；但其深层次原因，还是在于师资队伍供给结构性短缺，农村教育、学前教育、中职教育和特殊教育合格师资仍普遍缺乏。[③] 而且正如联合国教科文组织总干事伊琳娜·博科娃在《全民教育全球监测报告 2013—2014》序言中所表示的："缺乏受教育机会已不是发展中国家教育事业唯一的危机，教育质量太差使得一些有机会上学的人也学不到什么东西。"[④]所以，目前我国在建设人力资源强国的过程中，必须从高素质专业化创新型教师队伍建设抓起，重点推进农村教师、学前教师、中职教师和特教教师的培养和发展工作。

另一方面，人力资源强国的内涵建设急需一支高素质专业化创新型教师队伍。人力资源强国不只是硬性指标数据的提升，更是要在内涵上体现出人力资源的质量高、结构合理，从而实现从"人口红利"走向"人才红利"。目前我国人力资源对经济增长的贡献率不高，只有 26%，而发达国家则达

---

① World Economy Forum, *Realizing Human Potential in the Fourth Industrial Revolution：An Agenda for Leaders to Shape the Future of Education，Gender and Work*，WEF，2017.

② 郭宏、张华荣：《我国人力资源强国建设的现实基点及路径选择》，载《东南学术》，2014(6)。

③ 参见朱旭东、李琼、宋萑：《中国现代教师教育体系构建研究》，北京，北京师范大学出版社，2014。

④ UNESCO，*Teaching and Learning：Achieving Quality for All（EFA Global Monitoring Report 2013/4）*，Paris：UNESCO，2014.

到 70％。瑞士管理学院"国家竞争力"报告，我国合格工程师的数量和整体质量在参与排名的 55 个主要国家中列第 48 位。[①] 所以有学者指出，目前存在的主要问题是我国人力资源开发能力不足[②]，需要重点强化对人力资源的道德品质和社会责任感、跨学科问题解决能力、自主创新能力、信息技术能力、终身学习能力、管理与领导能力、国际交往能力的开发。要解决这一问题，必须从人力资源开发主体——教师队伍质量转型——入手，因为只有教师首先具备这些能力，并具备培养这些能力所需要的专业知识和技能，才能培养一流的人才资源。事实上回顾美、德等国的人才强国道路，无不是在人力资源开发上入手发力，德国高级技能人才资源丰富离不开其强大的职业教育，更离不开其一流的"双师型"师资；美国高等教育发达，离不开其吸引全球优秀人才到美国高校任教的师资人才战略。唯有一流的教师，才能成就一流的人才。

**(二)建设科技创新强国需要高素质专业化创新型教师队伍**

研究显示，要迈入科技创新强国行列，至少应具备以下四个条件：一是创新投入高，国家的研发投入占 GDP 的比重一般在 2％以上；二是科技进步贡献率达 70％以上；三是自主创新能力超强，国家的对外技术依存度指标在 30％以下；四是创新产出高。[③] 实际上，这个四个条件合在一起，就是需要一大批掌握核心技术的创新型人才。而在最新一份《2016—2017 年度全球竞争力报告》[④]中，中国排在第 28 位，但技术竞争力排名仅仅排到第 74位，其中核心项目"前沿技术供给"更是排到第 81 位；虽然创新竞争力排名较为靠前(第 30 位)，但其中核心项目"创新能力"却只排到第 45 位。这些数据也显示出，我国在竞争力上的短板还是缺乏掌握核心技术的创新人才，这阻碍了我国由投资拉动经济发展到科技创新推动经济发展的转型之路。

虽然很多学者都指出，教育是创新型人才和创新精神培养的摇篮，要

---

① 楼世洲、薛孟开：《人力资源强国目标下教育发展的三次战略转型》，载《教育发展研究》，2015(5)。

② 国家教育发展研究中心专题调研组：《跨越门槛：进入人力资源强国行列——2015 年人力资源强国竞争力评价报告》，载《国家教育行政学院学报》，2016(3)。

③ 任青：《创新型国家建设：优先发展教育是前提》，载《中国教育报》，2011-03-21。

④ World Economy Forum, *The Global Competitiveness Report* (2016—2017), WEF, 2016.

为创新型人才的成长打基础，为创新型国家的持续发展打基础。然而正如"钱学森之问"——为什么我们的学校总是培养不出杰出的人才？当然，这个问题的答案肯定涉及很多方面，但是一个根本性症结还是在教师身上。一个缺乏创新精神和创新能力的教师，一个不重视学生创新精神和创新能力培养的教师，绝对不可能培养出创新型人才。而且科技创新强国不是需要十个、百个创新型人才，而是需要数以百万计、千万计的创新型人才，因此我们不只是需要个别学校、个别教师的创新，而是需要整个教育领域的教师队伍走向创新、拥抱创新、培育创新。教师首先要以身示范，在教育教学中勇于创新，善于发现和解决实践中的新问题、新矛盾，而且创新型人才培育本身就是一个全新领域，充满各种新现象、新挑战，教师唯有创新才能培育创新，积极转变为创新型教师；教师更要了解创新的规律，要善于培育创新的环境，要呵护学生的好奇心和创造力，要运用多元方法、技术、策略去支持学生创新能力和精神的发展，成为懂得培育创新型人才的专业化教师；教师还需要更为广博的素养储备，当下创新越来越强调面向实际、面向未来，需要跨越学科的界限，要支持和帮助学生走创新之路，教师不仅要有一桶水，而且要有多处源头活水，成为博采众长、持续学习的高素质教师。

### （三）建设数字智慧强国需要高素质专业化创新型教师队伍

早在 1968 年，美国教育家哈钦斯就提出学习型社会这一划时代的概念构想，在他眼中，学习型社会是一个以所有人的全面发展和潜能充分发挥为目的的社会，且所有社会制度的存在和发展都以此为中心。而数字国家和智慧社会则是近年来随着人工智能、大数据、社会计算等新型技术发展而逐渐兴起的概念，其通过信息技术、物联网和互联网的跨界融合应用，实现产业智能化、服务精准化、知识自动化、管理智慧化。[①] 事实上，数字—智慧越来越成为未来社会的主要特质，一方面新兴信息技术为全民学习、终身学习的学习型社会带来了可能，唯有智能化社会才能保障每个人

---

① Pentland, A., *Social Physics：How Good Ideas Spread*，New York：Penguin Press，2014；王飞跃、王晓、袁勇、王涛、林懿伦：《社会计算与计算社会：智慧社会的基础与必然》，载《科学通报》，2015(5-6)；汪小帆：《智慧社会：社会物理学与网络科学》，载《中国信息化》，2015(4)；刘远彬、丁中海、孙平、柏益尧、左玉辉：《两型社会建设与智慧产业发展研究》，载《生态经济》，2012(11)。

学习的公平；另一方面，数字国家—智慧社会通过技术革新来实现人的解放，其最终目的是让人（以及人工智能、信息网络）实现深度学习、自主学习，从而保障智能社会的可持续发展。换言之，数字智慧强国的核心就是学习这一智能，而学习型社会的基础则是智能及其相关技术，数字智慧强国最终要实现从知识经济向学习经济的转型，"以学习求发展"[①]。

同样，数字智慧强国的建设既离不开高质量教育，也离不开高素质专业化创新型教师。首先，数字智慧强国要求教师必须具备较高的信息技术素养，掌握多种信息技术手段。随着信息技术装备在我国大中小学中的广泛应用，教师必须要具有有效运用这些新装备、新技术的能力，并能应用于教育教学以及自身专业发展之中；其次数字智慧强国要求教师要超越传统课堂教学，理解当前儿童学习的弥散性、网络性和多元性，理解在信息技术背景下学生学习的新特点、新规律，为学生创设丰富、多元和拓展的学习环境，并开展有效的整合信息技术的教育教学，因此不少学者都指出，当前的教师尤其要具备整合技术的学科教学知识（Technological Pedagogical Content Knowledge）[②]；再者数字智慧强国需要教师成为基于数据的教育创新者，在学习型智能社会中会形成海量量的关于学生学习的行为、心理和环境数据，为个体化学习和创造性教学提供了数据基础，教师需要具备设计、采集、分析数据的能力，并能基于此来了解不同学生的多元化学习需求和不同发展可能，从而设计出差异化和创造性的教育教学。同时能够基于数据来评估学生的学习和自己的教学，分析现存的问题及其原因，进而调整教育教学策略。

## 三、高素质专业化创新型教师队伍建设之路

要建设现代化强国，教育要先行，教师队伍建设更要走在前面。只有建设一支高素质专业化创新型教师队伍，才能培育更多国家和社会所需的

---

① 顾明远、石中英：《学习型社会：以学习求发展》，载《北京师范大学学报（社会科学版）》，2006（1）。

② Koehler，M. J.，Mishra，P.，Cain，W.，"What Is Technological Pedagogical Content Knowledge（TPACK）?"，*Journal of Education*，2013，193（3），pp. 13-19.

丰富且高素质的人力资源，才能培养更多的创新型人才，进而推动科学技术的进步，才能逐步建成人人学习、终身学习、智慧学习的学习型智能社会。高素质、专业化和创新型是现代化教育强国对我国教师队伍提出的新要求，也是新挑战，教师教育这一工作母机必须为此进行持续的改革转型。一是在教师职前培养上，变革培养目标，转换培养思路，重视师范生的素质教育、专业教育和创新教育，着力打造职前培养的价值养成、实践依托、指向决策、技术参与和数据支持五位一体创新平台；二是在教师专业发展上，打通讲座培训、网络研修、校本教研之间的壁垒，精准把握教师专业发展差异需求，在素质能力拓宽、专业技能提升和数据创新等方面着力，帮助教师成为专业发展、终身学习的主体；三是在教师管理与保障上，通过地位提升、待遇提高、专业尊重等路径着力增加教师工作的吸引力，让最优秀的人才进入教师行列。

### （一）五位一体创新教师职前培养思路与模式

要建设一支高素质专业化创新型教师队伍，必须从教师队伍的供给侧入手，创新教师职前培养的内容与思路。一方面要根据高素质专业化创新型师资的新要求，修订培养方案，革新培养内容。既要从宽基础的角度重视师范生的素质教育，涵盖传统文化、人文艺术、国际理解、学术思辨、技术前沿等多元内容；也要从育人指向上强化师范生的专业教育，在继续巩固学科知识、教育知识学习的基础上，融入脑认知科学、学习科学等新兴内容，强化教育教学技能训练，着力提升师范生的科学育人能力；同时要从服务创新上增加师范生的创新教育，增设教育教学创新、技术支持教育创新、实践反思等课程，开发创造心理学、创新学习指导、学习环境营造等培养师范生进行创新教学能力的课程。

另一方面更为重要的是，从培养思路和模式上打破目前师范教育一直存在的樊篱，创造性地解决培养过程中师德养成短板、理论与实践脱节、技能培养不足、专业认同不高等顽疾。一是立足社会主义核心价值观来重塑师德养成，将价值教育贯穿培养全过程，改变以往单纯依靠传授、讲座进行师德教育的单一形式，积极引入体验学习、游学参访、两难判断、伦理反思等多元形态。二是以面向基础教育为旨归，充分依靠中小幼一线，形成多元参与的培养共同体，让优秀的一线教育工作者进入教师教育者行列，全面参与师范生遴选、培养方案设计、培养课程开发、课程实施与评价、培养项目管理与改进，在与大学教师教育者的团队协作中实现理论与实践的联结。三是以服务未来教师的专业判断决策为重点。教师专业工作中最大的挑战就是在复杂多变的实践领域中进行判断和决策的能力[1]，在这一过程中，教师需要将理论和研究性的知识转变为实践所需的临床知识，同时要加诸道德伦理的考量来适时做出教育教学行动决策。因此在教师培养的理论课程和实践学习中应增加专业决策的元素，形成以理论知识为原型、以基于实践的流动反应性审慎推理为机制的临床学习—实践知识管理循环。四是要着力打造教师培养的信息技术平台，将微课、翻转课堂、云计算、虚拟技术、认同智能与线下课程、实践学习整合一体，借助信息技术打破学习的时空界限，实现师范生的泛在学习，让师范生在信息技术培养环境中增强数字能力和创新意识。五是建设教师培养的大数据系统和基于数据的项目评估—改进机制，预先设计大数据采集框架、多元数据终端和数据采集方式，建设数据集成和数据库系统，通过多元终端对培养全过程进行大数据采集—集成—分析，依托大数据对教师培养进行诊断评估，同时辅以抽样数据和行动研究，实现对教师培养项目的实时监测和不断改进。

**（二）指向学习共同体的教师发展生态重建**

时值信息时代，国培—省培—地培—校培四级培训体系与线上—线下立体培训网络为中国教师提供了丰富多元的培训资源，但是培训低效、培训转化不力等问题却一直存在。究其症结，仍在于培训脱离实践需求，未能对教师教育教学提供有力支持；同时没有为教师践行培训所学提供支持和空间。其实富兰和哈格里夫斯早在1992年的《理解教师发展》一书中就指出传统培训未能有效支持教师工作，因此教师专业发展需要走向新范

---

① 参见[美]舒尔曼：《实践智慧：论教学、学习与学会教学》，王艳玲等译，上海，华东师范大学出版社，2014。

式——生态取向①，即教师专业发展不能限于知识和技能的学习，而是要建立教师发展的有机生态，让教师在实践—反思—分享—合作中不断获取滋养、不断贡献智慧。

高素质专业化创新型教师队伍建设更为迫切需要重建教师发展生态，这一生态不限于学校场域内，更需要将各级各类培训资源纳入，形成一个基于学校教育教学实践的开放式学习系统。教师专业发展的内容需要嵌套于教师实践之中，以解决问题为重点，以学生学习为焦点，教师是在实践探究和协作反思过程中持续学习。②首先要建立教师专业发展大数据，依托教师信息数据平台，纳入专业发展数据，同时依托大数据分析，精准把握教师专业成长的"最近发展区"；其次要实现包括四级培训项目和各类教研、科研活动在内的教师专业发展项目之间互通互联，从供给侧对接教师专业发展需求，避免重复培训、低效培训，通过菜单式供给和推送式服务，支持教师依靠多元培训资源对接实践问题和发展短板；再次要在教师专业发展的"最后一公里"上下功夫，花大力气推进目前的教研机构和教师进修学校的整并，变行政性指导为服务性指导，为教师专业发展提供本地化服务；最后要建立学校内部和校际学习共同体，强化学校的教学领导，为教师转化培训所学提供更多空间，让教师能在安全、支持的氛围中推进教学改革，并创设教师实践知识外化、分享平台，推动校内外教育教学知识互动和创新。

### (三)重塑教师专业尊严的教师保障和管理改革

建设一支高素质专业化创新型教师队伍，更需要从重塑师道尊严上营造全社会尊师重教的环境氛围。缺乏条件保障和职业吸引力的专业工作是注定无法吸引优秀人才进入教师行业的。芬兰、德国等国教师的福利待遇好、社会声望高正是其吸引优秀学子从教的重要因素。经合组织报告显示，中国教师入职半年后起薪工资在 14 类专业工作中排名倒数第四(中小学教

---

① Hargreaves, A., Fullan, M., *Understanding Teacher Development*, London: Cassell; New York: Teachers College Press, 1992.

② Borko, H., Jacobs, J., Koellner, K., "Contemporary Approaches to Teacher Professional Development," *International Encyclopedia of Education*, Elsevier, 2010, pp. 548-556.

师)和第三(幼儿园教师),远低于财务、销售、人力资源等专业人员的工资水平。① 加上教师的工资待遇"虚高实低"、住房福利"倒退明显"、医保待遇"杯水车薪"、新教师生活压力大等问题突出,整个社会对教师工作呈现出"低尊重、高要求"矛盾态势,而政府和教育行政部门的一系列矛盾问题都导致教师职业吸引力不高,难以吸引大批优秀人才从教,特别是到农村地区从教,无法做到"下得去、留得住、教得好"。

重塑教师专业尊严,一方面要强化教师保障机制改革,多措施并举切实提高教师工资待遇,改革健全教师基本工资增长机制,提高教师住房和医疗保障水平;另一方面要从制度和机制上确立教师作为专业工作者的地位。首先建议在教师法基础上出台《保护教师依法履行专业职责规定》,明确教师法定专业职责范围,地方教育行政部门和学校有权拒绝任何单位或者个人安排教师从事超出法定专业职责范围事务的要求。其次要把教育教学工作摆在教师专业工作的首位,即便是迎检迎评、督导检查、扶贫创城等重要任务,都不能以冲击教师教育教学本职工作为前提。只有教师钻研教育教学,不断突破创新,才能保障其专业性持续常新。再次要建立省级专项督查,对违规安排教师从事非法定专业工作、挤占教师教育教学时间、擅自借调教师等部门和单位进行严肃处理,并追究其所在学校、地方教育行政部门的领导责任。只有从制度上保障教师工作的专业自主性,让教师安心做好本职工作,才能让教师获得专业尊严,才能让教师在专业道路上越走越好。

(宋　崔　朱旭东)

---

① OECD, *OECD Economic Surveys*: *China*, OECD, 2015.

# 教师是教育发展的第一资源

"百年大计，教育为本；教育大计，教师为本。"中共中央、国务院《关于全面深化新时代教师队伍建设改革的意见》(以下简称《意见》)非常明确地将教师作为"教育发展的第一资源"，体现了国家对教师工作的高度重视，体现了教育发展规律的要求，抓住了当前深化教育改革的关键。把教师称为教育发展的"第一资源"，显然包含了三层重要的含义：首先，肯定了"教师"这一要素在影响个体发展和整体教育发展过程中发挥了关键性的、不可替代的重要作用；其次，揭示了"教师"这一专业身份所包含和涉及的丰富、复杂的内涵与关系；再次，表达了要给予教师更多的关注与支持的政策上的态度与立场，故而，原国家教育部教师工作司司长王定华的发言①也表明要充分认识教师工作的极端重要性，把加强教师队伍建设作为重大政治任务和根本民生工程摆上重要议事日程，优先谋划、优先支持、优先投入。那么，教师作为教育发展第一资源具有怎样的内涵？从资源开发与利用的角度来看，教师资源具有怎样的特点？教师资源应具有怎样的专业属性？我国当前教师队伍建设作为"第一资源"的发展与挑战如何？如何培育并实现教师的"第一资

---

① 王定华：《谋划教育发展方略　建好教育第一资源》，载《中国教育报》，2017-12-08。

源"价值？以下主要就这几个问题进行阐述。

## 一、教师作为教育发展"第一资源"的内涵

### （一）教育发展资源的概念解析

"资源"作为一个源自经济学领域的概念原指人类赖以生存和发展的全部自然条件的总和，资源的利用是人们在一定历史发展阶段，运用了掌握的科学知识和劳动技能通过资源取得生存发展资料的过程。这一概念在发展过程中越来越多地延展到了社会学、管理学、教育学、心理学等领域，并从"自然条件"的所指逐渐扩展为一国或一定地区内拥有的物力、财力、人力等各种物质要素的总称。在对资源概念理解的基础上，采用"种加属差"的方式，进一步厘清影响教育发展的资源的构成及特质，其主要包括三个方面：第一是人力资源，第二是物力、财力等物化资源，第三是文化、制度、技术、信息等非物化资源。在这三部分构成当中，人力资源是利用、整合、体现其他部分价值的核心要素。广泛意义上的人力资源是指劳动生产过程中，可以直接投入的体力、智力、心力总和及其形成的基础素质，包括知识、技能、经验、品性与态度等身心素质。教育发展资源中的人力资源有其特定性，从构成的类型成分上来看，主要包括三个部分：教师（具有教师资格与身份的人员）、教育行政人员、教辅人员（包含社区及社会其他机构中从事或促进教育事业发展的人员），其中，教师在数量上占有大多数，并发挥着核心的作用，具有被称为"第一资源"的内涵。从资源构成的层次来看，教师资源本身就是一个包括了国家教师队伍建设宏观层面和教师个体专业发展微观层面的综合体系。

### （二）教师作为教育发展"第一资源"的内涵分析

对于经济社会发展来说，在人力资源、自然资源、物质资源（资本投资）三大资源中，自然资源具有不可再生性，物质资源和资本的投入具有折旧性，唯有人力资源具有存量和增量的可再开发性，且可转化为其他社会财富。因此，人力资源是第一资源，只要持续不断地投资与开发，就能不断得到更新，使之能力更强，贡献更大。我国总体实现小康的历程和经验也证

明，只有把人力资源作为第一资源，才能促进中国经济社会长期稳定和持续增长。[①] 同样的道理，教育发展资源中，人力资源发挥着核心的作用，而教师作为教育发展资源当中人力资源的首位概念，在促进教育发展的过程中具有"重中之重"的意义。

一是从资源的基本属性来看，教师是教育发展资源中的再生性因素，具有高度的可再开发性。

在促进教育发展的资源当中，相比物力、财力等物质性资源以及文化、制度、技术、信息等非物质性资源，人力资源的投入具有高度的可再开发性，教师资源尤其如此。

第一，从存量的角度来看，我国当前各级各类学校共有专任教师1500多万人，教师队伍的整体质量还有很大的提升空间，因此在职教师的能力提升是当前教师队伍建设的一项重要工作。同时也需要认识到，任何资源向能力的转换都需要一个过程，在这个过程中发挥关键作用的是人的能动性，而激发教师资源的高度可再开发性的关键是调动起教师专业发展的能动性。

第二，从增量的角度来看，我国教师队伍的更新与补充工作，随着我国教师教育体系改革的深化以及教师教育政策的推行特别是教师资格国家考试制度的发展得到了进一步的完善并系统化。在这个过程当中，逐渐形成国家教师后备力量的"蓄水池"，并在"入口"阶段提升教师从业者的基本素养和专业水平。

二是从资源的内部关系来看，教师是教育发展资源中的核心部分，既是其他部分工作结合的对象，也是其他部分价值发挥作用的重要载体。

第一，教师是教育发展物质性资源的利用者和发挥者，是使物质性资源价值最大化的关键因素。

就客观存在性而言，教育的资源特别是物质性资源的存在，本身只能说明具有一定价值性的潜能，而这些潜能能否发挥作用及其发挥作用的程度，以及转化为教育的物质财富及其转化的比例，则取决于与人力资源的结

---

① 中国教育与人力资源问题报告课题组：《从人口大国迈向人力资源强国》，8～10页，北京，高等教育出版社，2003。

合及其结合的程度。因而，在认识、开发和利用教育资源的过程中，必须寻求和实现资源同教育者的结合，才能利用有限的教育资源，创造出更多的教育财富，并保持长期的资源优势，达到永续利用。近年来，越来越多的实践与研究关注并深入解析教师作为物质性资源的利用者所发挥的作用与产生的价值，找寻因果关系，从而解读教师在学校教育与办学质量变化中发挥的核心要素的意义。以往按照简单的线性思维的方式，把在教育教学过程中的投入，例如学校硬件建设的投入与学生的学业成绩和身心健康发展联系起来，而较少细致考量学生全面发展的整个过程是如何发生的，缺乏细致地研究这些投入是如何通过学校教育中不可或缺的一个重要因素——教师——的影响，而转化为学生的发展的。针对这种缺失，研究者们开始更多地关注教师的作用，注重研究学校组织系统中各种教育资源，特别是物质性资源如何通过教师这一中间变量，而对学生学习成绩等发展产生影响。有不少的研究发现，如果教师对学校组织有较强烈的认同，那么，教师就会产生非常强烈的责任感，会有效地利用教育资源，提高学生的学习成绩；同时，如果教师参加一定的专业团体，那么这种组织特征也能够促使教师在教学活动中有比较多的创新，包括帮助学生提高解决问题的能力和实践能力，等等。由此可见，越来越多的研究充分肯定了教师在提高学校办学水平与学生发展过程中的直接、积极的作用，而其他的投入因素常常都需要通过教师这一高度关联性变量而发挥其边际效应。

第二，教师是教育发展非物质性资源的体现者和创造者，是使非物质性资源良好实现的关键因素。

从资源的特性来看，教育发展资源当中的那些非物质性资源，例如文化、制度、技术、信息等，往往是无形的，需要通过有形的载体以潜移默化的方式得到实现。如同一枚铜板的正反面一样，无形的非物质性资源和人是不可分割的，非物质性资源只有通过运行这些资源的人才可能激发出能动性，使有形资源与无形资源相互作用，从而形成能力。[①] 教师就是教育的无形资源的重要载体，这些资源正是通过教师来得以具体地体现并取得

---

① 参见［日］伊丹敬之：《新经营战略的理论——无形资产的作用》，上海，上海社会科学院出版社，1990。

良好实现的可能。习近平总书记在与北京师范大学师生座谈时深刻指出："教师重要，就在于教师的工作是塑造灵魂、塑造生命、塑造人的工作。"教师的根本任务是教书育人，大量教育实践和研究充分表明，教师的育人能力高低直接关系到学生能否健康成长成才。国家义务教育质量监测几年来的结果显示，教师积极的育人行为能显著提升中小学生的主观幸福感、亲社会行为、语文成绩和数学成绩，并明显降低他们的抑郁水平、孤独感、攻击行为和违法行为。与此同时，教师良好的育人行为还有助于调节、修正不良家庭背景对学生发展的消极影响，缩小城乡教育差异。而教师的育人行为往往就是通过教师作为文化、精神、情感等非物质性资源的载体，并且使这些资源在教师的形象与行动上得以体现而发挥作用的。因此，教师是教育资源不可替代的载体，教师的育人能力的提升不仅能有效解决学生发展的各类问题、促进学生全面健康发展，也是促进教育公平与社会和谐发展的重要举措。

从管理学的视角来看，由于人的行为的不确定性和道德风险等因素的存在，要保证无形资源与有形资源按组织预期形成能力，必须制定一定的制度和组织流程对有形资源与无形资源的相互作用并转化成能力的标准和过程进行管理，保证和提高资源向能力转化的效率，培养组织的文化，人在这一过程中起到关键作用。在教育资源的领域当中，教师，特别是那些隐含着经验性能力的教师，一方面积极培育并承载了教育组织（例如学校）内部的制度与文化，从而进一步形成了高度再生性的新的教育资源，成为教育资源的创造者；另一方面，尽管教育组织的文化体现为组织知识而非存在于个人之中，但是，文化对教育组织的人才资源具有高度的依存性，尤其是以具有领导力的教师为载体，因此培育并壮大教师队伍中的骨干力量就显得至关重要。

## 二、资源管理视角下教师资源的特点

教师资源作为教育发展资源中人力资源的核心部分，是一种"活性"资源，不仅具有前文所论及的高度的再生性，同时，从资源管理的角度来看，也具有一系列不可替代的特性。认识到这些特性有助于理解如何培育并发展教师资源,从而充分促进其"第一资源"价值的实现。

### (一)生成过程的时代性与差异性

作为教育资源的一部分,国家教师队伍在其形成过程中是受到时代条件制约的。首先作为人力资源其本身就是既定的生产力和生产关系的产物,基本体现当时社会发展对人才培养所能达到的基本素质水平。教师是在时代为之提供生产力和生产关系的前提下,努力发挥作用的。这一时代背景不仅仅是指社会经济水平的发展为教师培养所提供的物质基础,也包括历史进程当中所形成的教师形象对当时教师培养的文化影响①,国际领域教师教育目标、模式等的影响与借鉴,以及国家教师教育政策体系的即时与延时影响等。因此,教师资源的呈现无一不是时代背景下的发展与变革,这一点本文随后将会在我国教师队伍建设的发展与挑战中继续论及。同时,由于区域间社会经济发展水平不同,教师资源的素质也会呈现出差异性。这一时代性与差异性为我们思考如何有计划、分步骤地推进教师教育改革,有策略、分层次地实施教师教育政策提供了前提条件。

### (二)存在过程的能动性与抗逆性

自然资源在其存在过程中,完全处于被动的地位,而人力资源则不同,具有能动性,被称为"活性资源"。对其能动性调动得如何,直接决定着开发的程度和达到的水平。教师资源的存在性表现亦是如此。从个体的角度来说,能动性常常体现为对教师身份的认同、积极的从教行为、对专业发展的追求等,从群体的角度来看有较高的归属感、积极的合作文化等。这里的所谓抗逆性主要是指个体教师在职业和专业发展过程中呈现出的信念、情感、行为等方面并非自始而终的稳定性,会表现出职业倦怠、挫折抗逆力等。因此,对教师资源的管理,需始终保持较高的关注度,关注教师个体与群体在不同阶段、不同节点上的发展需求,关注激发其能动性的因素,关注协调其倦怠与抗逆的策略。

### (三)开发过程的持续性与战略性

从持续性的角度来看,一方面,与物质性资源一般只有一次或两次开

---

① 袁丽:《中国教师形象及其内涵的历史文化建构》,载《教师教育研究》,2016(1)。

发不同，教师作为一种人力资源被"使用"的过程同时也是被"开发"的过程，而且这种开发具有持续性，甚至超越狭义意义上的教师职业生涯（例如教师退休后仍然从事教育理论研究及教育实践活动，或在教师专业群体中发挥领导力作用等）。另一方面，从教师自主开发"自我专业能力"的层面来说，教师专业的自我发展随着"自我效能感"的激发而具有一定的持续性。因此，在教师资源管理中如何合理激发教师专业发展的自我能动性是一个重要课题。

从战略性的角度来看，教师作为人力资源如若被储而不用或用之不当（错用、误用、过度使用等）都会出现教师个体或群体的资源错位、浪费、衰竭的可能。后果当然是直接指向教育教学的质量与效果，影响受教育者的成长与发展。因此，有研究开始关注如何在教师专业成长的最佳时期、最佳阶段，包括其生理阶段、心理阶段，以及社会性角色发展的不同阶段（例如女性教师生育阶段）做出合理的教师资源的配置与管理，以期发挥教师资源的最佳效益。

## 三、教师资源应具有的专业属性

作为一种教育资源，教师不同于其他教育资源的根本意义在于教师能够能动地发挥其"专业性"，同时，如前文所述，激发教师资源的高度可再开发性的关键是调动起教师专业发展的能动性。因此，解读教师的专业性并促进教师的专业性发展，是提升教师作为"第一资源"的品质在微观层面上的一项不可回避的重要工作。笔者认为，当前对于教师专业性内涵的探讨当中，教师"全专业属性"的概念有助于充分理解教师"第一资源"的根本意义。

### （一）教师"全专业属性"的内涵

朱旭东教授认为[①]，以往对于教师专业性内涵的探讨有一定的缺失，事实上，对于教师的研究一直以来重视教师教的专业性和学科的专业性，而

---

① 朱旭东：《论教师的全专业属性》，载《教育发展研究》，2017(10)。

不太重视教师学的专业性，这与长期以来主张"学生主体、教师主导"的"学与教"二元论的基本假设有关。在这种二元关系中，"学"仅仅指向学生，而与教师无关，即使有关，也存在于教师"教"的关系建构中。殊不知，在教师的全专业属性中，教师学的专业性是一种内在规定性，教师必须具备学的专业性，教师要懂得学习理论，要能够运用学习理论开展学科专业和教的专业工作；教师还需要具备学习设计、学习实施、学习评价的能力。尤其是在"互联网＋"时代，教师在微课、翻转课堂等现代信息技术环境下的课堂转型中，还要具备学习技术开发和使用的能力。因此，教师的全专业属性包括三个部分，即教师学的专业性、教的专业性和学科专业性。只有具备了这三个部分专业属性才能称得上教师这个角色和身份的专业性。

### (二)培育教师"全专业属性"的意义与路径

重建教师专业内涵，让教师资源具备"全专业属性"，不仅是以促进教师专业发展为目的和路径的，也是一条现代学校内生发展的路径与方向。教师全专业属性概念，是基于教师专业地教会学生学习的内涵而提出来的，也是由现代学校建设的基本价值观所决定的。为此，现代学校需要开展教师全专业属性的队伍建设，由此使教师具备学、教以及学科的专业性。

没有学的专业性的教师，在中小学只是学科专家，在大学只是科学家，而不能成为教育家。因此，现代学校建设教师队伍，要着重开展教师学的专业性的提升活动，无论是新入职教师的培养，还是成熟教师的专业发展，甚至是优秀教师的专长形成，都要掌握学习理论、学习科学、学习技术。现代学校需要在教师的全专业属性条件下加强教师队伍建设，从而实现现代学校教育中的学生学习和发展的基本价值观。

## 四、教师队伍建设作为"第一资源"的发展与挑战

如前文所述，国家教师队伍的建设关系到教育资源的质量，关乎整体教育质量的水平，进而关系着国家的整体建设。我国教师队伍的建设经历了不同的发展阶段，积累了一定的具有中国特色的经验，具有了长足的进步，但是，当前我国教师队伍建设仍然未能匹配"第一资源"的根本诉求，

面临着诸多问题与严峻的挑战。

首先，回顾 20 世纪 80 年代至 21 世纪初，我国教师队伍的建设经历了三个重要阶段。第一个阶段是 80 年代教育百废待兴的初创阶段，教师"数量不足，质量不高，队伍不稳"，其中最突出的问题是数量不足，教师紧缺是重要矛盾。第二个阶段是 90 年代教育改革转轨阶段，随着改革开放、体制转轨、财政改革，整个教育资源配置的方式发生了很大的变化，以往国家对师范生的"三包"（包学费、包分配、包就业）政策被打破，引入了培养与就业的竞争机制，同时也无法回避市场竞争的自发性与教育的公共性、教师职业的特殊性之间的矛盾。全国各地普遍发生拖欠教师工资问题，各级政府进行了不懈努力，"保安全、保运转、保工资"，解决拖欠教师工资问题，建立教师工资的保障机制。第三个阶段是进入 21 世纪初的提升质量阶段，教师数量和保障问题仍然存在，但主要矛盾发生了变化，提高质量成为发展的核心问题。这一期间，师范生与非师范生的培养收费并轨，招生与就业也在并轨，师范生与非师范生差距缩小，师范专业对学生的吸引力降低。此时，新的规则还没有建立，老的办法已经不适用。解决这一系列矛盾的关键是建立保障机制，其中包括：优秀毕业生报考师范专业的保障机制，培养教师的保障机制，补充师资队伍的保障机制，鼓励师范生到中小学任教、农村任教的保障机制，教师工资的保障机制，以及教师培训的保障和补偿机制等。近十年来，教师队伍建设发展取得了明显成效。教师数量不足、质量不高、待遇偏低、队伍不稳的状况总体上逐步改善，教师的地位待遇逐步提高，教师职业的吸引力逐步增强，教师资源配置逐步改善，教师队伍的总体规模逐步扩大。以开放体系、提高层次和教师培养培训一体化为显著特点的教师教育改革取得积极进展，部属师范大学实行师范生免费教育的示范作用初步显现。包括教育硕士、教育博士、顶岗实习、特岗计划、国培计划、乡村教师定向培养、教师资格国考等一系列教师教育的制度与政策创新迈出新的步伐。教师资格制度全面实施，教师人事制度改革逐步深化。教师队伍的建设发展为教育改革发展提供了人才保障。

尽管在过去的几十年间我国教师队伍的建设已经取得了长足的进展，但是，从未来我国教育发展的总体趋势和目标要求来看，教师队伍建设还面临着诸多问题和挑战，特别是农村师资力量薄弱问题还没有从根本上得到解决。① 首先，教师地位待遇仍然偏低，难以真正吸引优秀人才长期从教，中小学教师职业的法律地位尚需明确。其次，教师队伍整体素质还有些偏低，教育教学能力亟待提高，特别是学前教育教师的专业素养亟待确立并得到保障。再次，教师资源配置不够合理，结构性失调的矛盾特别突出，中小学教师城乡分布不均衡，余缺难以互补，教师补充困难重重。同时，教师管理体制机制不完善，严重影响教师资源的合理配置和队伍建设，教师资格制度虽已初步建立，但还需要进一步完善认定程序，完善国家教师资格考试机制，强化综合素质和教育教学能力的考察。另外，教师教育还存在一些问题，构建现代教师教育体系迫在眉睫，特别是在经过了 20 世纪末师范教育体系转型过程中优质教师教育资源流失、师范院校体系受到较大冲击面临边缘化、弱化的背景下，重构开放体系下的教师教育的专业体系和保障机制也是迫在眉睫的历史使命。

## 五、教师作为"第一资源"价值的战略性培育措施

教师作为"第一资源"的价值需要通过战略性的培育而得到更广泛和深入的实现。教师资源本身是一个包括了国家教师队伍建设宏观层面和教师个体专业发展微观层面的综合体系，因此有必要从宏观和微观两个视角来分析教师资源的培育措施。

### (一)宏观政策层面要做到优先谋划、优先支持、优先投入

在当前的宏观政策层面，教师工作的极端重要性通过《意见》当中对于教师作为"第一资源"概念的确立凸显了出来，国家通过重要文件的出台把加强教师队伍建设作为重大政治任务和根本民生工程摆上重要议事日程。教育部教师工作司的各项政策改革都指向对于教师资源的充分、合理开发及发挥其价值的战略性意义，优先谋划、优先支持、优先投入已经成为实施或酝酿实施的战略性措施的指导思想，主要措施可体现在以下四个

---

① 第九战略专题调研组、张天保、史宁中：《一流教师 一流教育》，载《教育研究》，2010
(7)。

方面。①

第一，要吸引优秀人才从教。鼓励办学条件好、教学质量高的院校师范专业提前批次录取，提升生源质量。对符合政策要求的采取到岗退费或公费培养、定向培养等方式，吸引和选拔优秀青年就读师范专业。完善教育部直属师范大学师范生公费教育政策，调整履约任教期限。

第二，要提高教师培养质量。研究启动教师教育振兴行动计划，加大师范院校支持力度，适时提高师范专业生均拨款标准，重点建设一批师范教育基地，办好师范院校和师范专业，支持高水平综合大学开展教师教育，建立以师范院校为主体、高水平非师范院校参与的中国特色师范教育体系。

第三，要促进教师专业发展。统筹推进国培项目，分级分层分类开展培训，集中支持中西部乡村教师提升整体素质，教师素质提高计划重点提升职业院校教师实践教学技能，高校国培项目注重提升西部青年教师教学能力。推动信息技术与教师培训有机融合，实行线上线下相结合的混合式研修，引领青年教师快速成长。通过领航工程、领雁计划等举措，鼓励教师大胆探索，创新教育理念，改进教学方法，努力成为新时代教育名家。

第四，要特别加强师德师风建设。在重大历史交汇期，必须提升教师思想政治素质，开展师德师风建设工程。弘扬民族精神和时代精神，坚定"中国特色社会主义道路自信、理论自信、制度自信、文化自信"。讲好师德故事，弘扬高尚精神，把榜样力量转化为广大师生和人民群众的生动实践，营造崇德向善、见贤思齐、德行天下的浓厚氛围。

**(二)微观管理层面要基于教师资源特点培育教师的全专业属性**

通过前文的讨论，我们得出一个基本观点，即教师的全专业属性体现为教师的学习专业、教授专业和学科专业，只有三者同时具备的时候才能称得上真正的教师专业。基于我国教师"半专业属性"的现实表现，培育教师全专业属性的基本路径是开展教师学的专业性的提升活动。② 这一路径上的培育，根据教师资源管理学意义上时代性、能动性、持续性等特点，可以把握以下两项重要的培育措施。

---

① 王定华：《谋划教育发展方略　建好教育第一资源》，载《中国教育报》，2017-12-08。
② 朱旭东：《论教师的全专业属性》，载《教育发展研究》，2017(10)。

第一，从职前的培养到在职的培训，需要始终培育教师以人为本的学习科学的素养。教师资源的生成具有时代性，而教师资源的利用过程却是一个较长的周期。尽管学习科学本身所具有的基本内涵和特性是具有稳定性的，但是随着时代的发展和科学技术的进步，人类对于学习科学本身的认识也会更趋于系统和丰满。因此，教师只有不断地补充与跟进有关学习科学的理念与实践，才有可能达成自身学习专业的成熟。

第二，反思单向培训式的教师发展范式，探索教师学习的理念，形成教师终身学习的实践模式，激发教师学习的动机。教师资源存在的能动性启示我们一切被动地促进教师发展的举措都很难具有可持续性，随着基础教育改革的深入推进，传统的没有从教师主体意义以及真实工作场域意义确立教师学习合法性的外部培训和教师发展方式已经不能满足教师及教育的变革需求。因此，有必要对教师发展的举措和研究从向教师提供教育和培训，转向激励教师产生学习需求；从有计划、有组织、有限度地提供教师培训的机会，到不限时间、场域、形式和对象，通过教师自主学习实现其自身发展；从满足教师数量需求，到关注教师专业素质提升和可持续成长环境的创设。教师学习的时空、内容、方式与主体性反映了教师资源的样态，关注教师学习意味着对教师资源可持续性开发的理解与尊重。

（袁　丽）

# 教师队伍建设的超优先地位

党的十九大报告明确提出，建设教育强国是中华民族伟大复兴的基础工程，必须把教育事业放在优先位置。教育是实现中华民族伟大复兴中国梦的基石，教师则是这块基石的奠基者。习近平总书记提出"要全面贯彻党的教育方针，落实立德树人根本任务，发展素质教育，推进教育公平，培养德智体美全面发展的社会主义建设者和接班人"。在"立德树人"的目标号召下，所有教师都要具备"守好一段渠，种好责任田"的意识，为中华民族复兴、社会主义建设培养德才兼备之人。因此，教师队伍建设应当是教育事业发展的重点支持"战略"领域，教师队伍建设应该具有超优先地位。《关于全面深化新时代教师队伍建设改革的意见》（以下简称《意见》）是教师队伍建设的纲领性文件。保障教师队伍建设的超优先地位可以从以下几方面理解与操作。

## 一、教师队伍建设存在的突出问题

第一，教师资源配置的结构性失衡依然存在。所谓教师资源配置的结构性失衡是指教师资源在不同地区、学校及学科之间配置不均，导致即使在教师总量充足的情况下某些地区、学校、学科教师仍然短缺，仍然无法满足教育发展需要的现象。① 具体表现在，与城市相比，农村教师缺编和素质不高的现象仍然存在；经济发展水平不同的省份，教师资源差异明显；不同类型的学校之间教师资源配置失衡，尤其是幼儿园教师数量不足；就一所学校而言，普遍存在音乐、体育、美术等学科教师数量不足。第二，教师队伍质量不均衡。当前农村教师队伍整体状况令人担忧。一是相当部分农村教师教育观念陈旧，知识老化，方法落后，难以适应教育改革发展的需要，这一问题在新一轮基础教育课程改革中已充分暴露出来。二是学历达标与能力达标存在较大落差。我国中小学教师第一学历合格率本来就低，农村教师第一学历合格率则更低。经过近年来大规模的学历补偿教育和在职培训，小学、初中、高中专任教师的学历达标率已经分别由 1989 年的 71.36%、41.29%、43.94% 提 高 到 2001 年 的 96.81%、88.81%、70.71%。② 农村教师学历达标率虽有大幅提高，但由于培训质量低和其他多方面原因，不少教师实际教学能力和整体素质并没有得到同步提高。③ 第三，教师地位与其在国家发展中的重要性之间存在差异。教师地位包含两层意义：经济地位和社会地位。从经济地位的角度讲，我国虽然规定教师的工资不低于甚至高于公务员工资，也确实在不断提高教师工资，但教师工资待遇还是不尽如人意。尤其是农村教师工资拖欠现象依然严重。近年来，在党和政府的关怀下，农村教师工资拖欠问题得到了一定程度的缓解，但在不少地方仍存在旧账未了新账又添的现象。特别是实行农村税费改革后，取消了教育费附加和教育集资，原有的教育经费来源渠道没有了，而新的教育经费投入机制和转移支付机制在不少地区尚未建立起来，使得原有的教育经费短缺的矛盾进一步凸显，拖欠教师工资情况进一步恶化。④ 从教师的社会地位而言，一方面社会对教师还存在很多不良评价，有些教师的德行败坏了教师在人们心中的形象；另一方面我国在保障与提高教师地位、营造尊师重教的氛围等方面还应做更多工作。整体上，教师地位仍不高。

---

① 李均：《我国教师资源配置结构性失衡现象考察》，载《深圳大学学报（人文社会科学版）》，2008(1)。
② 教育部：《跨世纪中国教育》，207 页，北京，高等教育出版社，2002。
③ 田慧生：《关于农村教师队伍建设问题的思考》，载《教育研究》，2003(8)。
④ 同上。

## 二、教师队伍建设超优先地位的意义

### (一)为教育留住"优秀人才"提供希望

很长时间以来，师范院校的生源质量都不是最好的。为了吸引更多优秀的人才进入师范教育，我国多次实施"免费师范生"政策。当然，这对吸引优秀人才产生了积极影响。但是，要解决此问题，更关键、重要的关注点还应该在成为教师的人群。《意见》中关于"教师队伍建设的超优先地位"的各项内容给了现在的教师以及即将成为教师的人巨大的希望。当各项政策逐一落实后，《意见》会为教师队伍吸引、留住更多优秀人才提供重要保障，为优化教师队伍质量注入动力。

### (二)有利于促进我国教育公平

《意见》中"教师队伍建设的超优先地位"必然意味着国家要以教师队伍现存的重点问题、难点问题为切入点、突破口，如此才能真正保障教师队伍的发展。而教师资源配置是其中一个重点问题。此问题的解决有利于促进我国教育公平：有利于城乡、东西部、各学科、不同教育层次类型教师资源的优化配置。教师是人才培养的关键，随着教师资源配置的优化，教育质量必然会提高，教育公平也会逐渐显现。

### (三)为我国成为人力资源强国提供可靠保障

当下，各国的竞争主要是科技的竞争，而科技的竞争就是人才的竞争。近些年，我国经济快速发展，但与发达国家相比还有很大差距。为了保证我国各方面持续快速地发展，必须依赖良好的人力资源作为后盾。而教育是为国家提供良好人力资源的重要土壤。作为一个人口大国，中国只有成为人力资源强国，才能在科技、经济、文化等方面找到解决问题的路径。因此，教师队伍建设的超优先地位，是改善我国教育质量的关键，显然也是把我国建成人力资源强国的关键，为其提供可靠的保障。

## 三、教师队伍建设超优先地位的实施意见

### (一)与时俱进,以"立德树人"为引领,进行教师队伍建设

所谓教师队伍建设的超优先地位,首先是整个教师队伍建设要与时俱进,甚至具有引领性,教师的素质、专业要过硬。"立德树人"既是在新的历史时期国家对教育理论和实践的指引性方针,也是对教师意识与能力的时代诠释与强调。教师是立德树人的关键践行者。习近平总书记在两次教师节重要讲话中均强调,党和国家事业发展需要一支师德高尚、业务精湛、结构合理、充满活力的高素质、专业化教师队伍,需要一大批优秀教师。结合历史、现实以及教师的职业特性,本文认为当下教师立的是"民族复兴"之德。习近平总书记指出立德树人中所指的核心价值观,"承载着一个民族、一个国家的精神追求,体现着一个社会评判是非曲直的价值标准"。他强调,"国无德不兴,人无德不立"。教师身为人师,既要严格要求自己,还是以何种价值观影响学生道德成长的重要"系扣人"。当前国际形势复杂、文化多样、信息网络发达,青少年极易失去自我、陷入迷茫。教师必须代表广大人民群众都认可的价值观,影响青年一代的成长。十九大报告指出,青年兴则国家兴,青年强则国家强。……中华民族伟大复兴的中国梦终将在一代代青年的接力奋斗中变为现实。每一代青少年都是实现中华民族伟大复兴中国梦的重要积蓄力量。教师的启蒙精神是"立德树人"的核心立足点,在任何时候都应该坚持。习近平总书记提出近代以来最伟大的中国梦是中华民族的复兴。而教师作为培养人的工作必须肩负民族复兴的使命,拥有启蒙精神,开明启智、家国天下情怀不仅是此时也是任何时代教师都应该发扬、恪守的精神;"立德树人"树的是"全人",立德树人必须关注人的全程发展、全面发展、和谐发展、持续发展和终身发展。培养全人的"全人教育是充分发展个人潜能以培养完整个体的教育理念与模式"[①]。党的十八届五中全会着重提出:深化教育改革,把增强学生社会责任感、创新精神、实践能力作为重点任务贯彻到国民教育全过程。这散发着强烈的人文

---

① 高青兰:《试论我国基础教育确立全人教育观的必要性》,载《西华师范大学学报(哲学社会科学版)》,2008(4)。

气息。教师是树人的工作，在以人为指向的事业中，必须要对人的终极问题有所思考，在视学生为人的理念下教育教学，如此才能在符合人的发展规律及存在意义的引领下开展高质量的教育，这是教师人文精神的体现。全人教育的实现要求教师必须具备人文精神。而启蒙精神、人文精神的展现都要依托在教师的专业之上。在全社会对教育质量的要求日益提高的背景下，追求专业的卓越是教师的使命。教师为了精湛的业务而孜孜不倦地学习，教师为了创新教育而锐意改革，都是不断超越专业局限、精益求精，并将为自己职业的不懈努力看作志业、信仰，这是教师职业"工匠精神"的体现。以启蒙精神、人文精神、工匠精神为基础建构当下教师"立德树人"的意义，是在新的历史时期国家强调"立德树人"而对教师的精神召唤与文化引领。由此可见，教师立德树人的核心包含三层意义：启蒙精神、人文精神、工匠精神。

第一，启蒙精神。启蒙经历了"从认可人的精神世界到肯定社会价值再到凸显存在价值的变化过程"。它反映了启蒙精神是对人类解放的追求，是对人自身理性与公共理性的宣扬。因此，教师作为学生的启蒙者，必须具备理性批判精神，应当成为实践反思者。因为，"启蒙精神的本质在于对时代精神的批判"[①]。对教师而言，一方面启蒙精神要求他们成为实践反思者；另一方面教师要唤醒学生的理性批判精神，它兼具个体与社会启蒙的双重任务，从而达成不断"解放"的目的。这也是时下民主公正的社会价值导向下公民应当具备的品质。再者，教师是知识人，要具有勇于突破传统、勇于挑战惯习的革命精神。启蒙若想实现"解放"，内涵革命的意义。面对瞬息万变的社会及各不相同的教育情境，如何为学习者创设适宜的教育教学环境，都需要教师的革命精神，让自我不断跳出"舒适地带"，从而让学习者"成人"。

第二，人文精神。在工具价值占主导的时代，实用性成为衡量教育的重要指标，教师的工具价值被尽可能放大，由此势必导致教师人文精神的低落与遮蔽。知识、技能、分数等一系列可见且实用的存在物成为教育竭尽所能要实现的目标。然而，教育却以唤醒人的心灵、提升人的存在意义、实现生命的完善与超越为本真追求。联合国教科文组织在《反思教育：向

---

① 陈文旭：《启蒙精神的现代维度》，载《中国特色社会主义研究》，2013(5)。

"全球共同利益"的理念转变?》中再三强调"人文主义价值观"是突破异化的、商品化学习的重要原则,其中"批判性思维、独立判断、解决问题,以及信息和媒体素养是培养变革态度的关键"①。教师是社会知识分子的一个重要组成部分,是社会变革的调节器,变革时代需要培养具有变革态度的人而不再以"考试""成绩"为出发点与最终指向。教师的人文精神是教育复归人性的体现。"当代人文精神是以人本世界观为核心的自然观、社会观、人生观、价值观,是以人的整体、全面、长远和根本利益为最高价值和终极关怀的态度和追求。"②具体而言,教师人文精神的核心就是尊重人的生命、促进全人发展、使人成人。

第三,工匠精神。提到工匠精神,我们首先想到的是对从事技术工作的匠人的描绘。但是,"'工匠精神'不能被简单地理解为只与技术、经济有关""专业精神是工匠精神的原点""信仰是工匠精神的灯塔""卓越是工匠精神的追求"。③ 因此,做好本职工作是教师的本分,能把工作做到极致就是教师工匠精神的体现。很多人批评把教师比成"教书匠",但是这过于片面,我们反对的是机械教学的教书匠,而要大加提倡体现工匠精神的教书匠。工匠精神远远超越对教师的道德要求。教师工匠精神主要包含把工作看作志业,教师工作不仅是为了谋生,它有与利益无关的根本价值,是个体对教师工作投入的意愿与渴望;把从教看作信仰,它是教师不惧面临何种困难、挫折,而坚定不移地走下去、钻进去的力量;把卓越视为工作追求,不断追求教育教学的完美、超越自我。

**(二)以"教师教育体系改革"为支撑,促进教师队伍建设的超优先发展**

若让教师能够获得与时俱进的发展,就必须改变教师教育,促进教师队伍建设的超优先发展。我们必须清醒地认识到,我国的教师教育还存在师范生生源质量有所下降、培养层次规格明显落后、课程内容与教学方法相对陈旧、师范专业与师范师资建设较为薄弱、培养培训体系不够完善等突出问题,已滞后于教育事业发展对高素质专业化师资的需求,成为我国

---

① 联合国教育、科学及文化组织:《反思教育:向"全球共同利益"的理念转变?》,38 页,2015。
② 郝文武:《当代人文精神的特征和形成方式》,载《教育研究》,2006(10)。
③ 许纪霖:《从文化角度解读"工匠精神"》,载《新华日报》,2016-09-21。

教育进一步改革和发展的瓶颈。① 若要实现教师队伍建设的超优先发展，教师教育的系列改革势在必行。第一，把好生源入口，保障教师教育的生源质量。当下，我国正在进行新一轮的高考改革，它将直接影响教师教育的专业设置等。教师教育需要把握此次高考改革的机会，针对教师教育专业设定加入面试等环节，确保生源质量。另外，很长时间以来，我国采取免费师范生等优惠政策吸引优秀人才进入教师行列。对教师而言，职业认同是师范生愿意从教、能够教好的重要前提。因此，要切实实施"大类招生，二次选拔"的方式分流出愿意学习教师教育专业、乐意从教的大学生，为教师队伍注入主动发展的活力。切实落实"师范院校为主体，高水平非师范学院参与的中国特色师范教育体系"，加大对师范院校的支持力度，并从高水平大学中选拔人才进入师范专业。第二，建立教师教育专业。学生分流后，只有进入教师教育专业才能获得系统的培养，这也迫使教育学科逐渐摸索、形成并为各级各类师范生提供其他专业无法取代的知识系统。这是教师教育专业获得认可的基础，也是教师职业具有吸引力的保障。不仅如此，教师职后培训也才能更专业。第三，加强师范生探究能力的培养。在教师专业的背景下，探究能力是教师的必备能力。教师教育本来具有较强的实践性，但是正如杜威所言，"准教师对理论知识学习可以培养教师在未来的教学实践中进行独立探究的精神和能力"②。尤其是反省性思维的培养，它是探究能力的重要组成部分。因此，不论是教师教育的课程设置，还是教学方式都需要发生变化。第四，对教师教育者要有更高的要求。要保障教师队伍建设的超优先地位，对教师教育者理应有更高的要求。培养教师候选人的教师教育者必须熟悉教育实践，有一线教育实践经验，才能加深对教育理论与实践的理解，更好地搭建教育理论与实践的桥梁，充分发挥教育理论的作用。然而，目前高校教师教育者具备一线教育经验的较少，在师范生培养过程中难免脱离实践，囿于理论，从而也减弱了师范专业的吸引力、实用性。第五，非师范生考取教师资格证修习教师教育的学分要求。

---

① 王定华：《切实加强基础教育教师队伍建设》，载《教育科学研究》，2017(1)。

② 转引自张华军：《论理论性学习在教师培养中的作用——基于杜威思想的讨论》，载《教育学报》，2012(2)。

教师资格证是踏入教师行业的基本门槛，也是筛选教师候选人的重要内容，是提高教师队伍质量的基本指标。教师队伍建设的超优先地位也体现在师范生、师范专业受到重视。当师范生与非师范生都以大致相同的要求考取教师资格证时，师范专业、师范生会感觉不公平，没有受到应有的重视。因此，为了逐渐确立师范专业的专业性、师范生的地位，应当要求非师范专业人员修习一定的教师教育学分，方能参加教师资格证考试。当然，这同样要以教师教育学科知识的专业性为前提条件。因此，在高呼学生发展的核心素养时代，教师教育专业的知识基础仍是需要优先深入研究的重要课题。第六，给予教师专业自主权。专业自主权是专业的重要特征。教师作为专业，只有拥有了专业自主权才能有更大的创造空间。"独立地创造，是人的生命存在的本质方式。"[1]当教师仅以"工具"的方式存在，把工作当作饭碗时，既无法真正体味到做教师的价值，也不可能进入教师职业的高阶生命境界，从而在单一枯燥的循环中度日。相反，教师的"创造"，能够建立职业与生命的关联，可以给教师带来高质量的职业生活甚至影响教师的日常生活。每一次课堂的精彩，每一位学生的成长，每一次教师生活的重构，每一次专业发展的跃迁，都彰显着教师"创造"的力量。教师职业的内在生命意义在不断创造与超越中实现。

虽然教师教育的改革是一个漫长的过程，但它确实是教师队伍建设超优先地位必须要考虑的重要问题。教师队伍建设超优先地位也必然要体现在对教师教育改革的高度重视。

### （三）分层分类突破重点问题，保障教师队伍建设的超优先地位

目前我国各级各类教师队伍建设中，存在不同的突出问题。保障教师队伍建设的超优先地位首先是要发现这些不同层级的教师队伍中存在的突出问题，根据轻重缓急，投入主要精力解决重点问题。目前农村教师队伍建设中存在的突出问题有：教师待遇不高的问题，在民族地区的乡村体现得更明显；教师数量短缺，流失率较高，教师素质不高，结构不合理。目前幼儿园教师队伍建设存在的突出问题有：绝大多数学前教育专业学生不

---

① 叶澜：《教育学原理》，289页，北京，人民教育出版社，2007。

愿从教；幼儿园教师待遇低。基础教育阶段，"教师的人力资源需求的区域性弹性变动与教师编制的刚性管理模式之间的矛盾日益突出""教师绩效工资在处理新的教育公平与效率关系过程中的效能有待提高，特别是其激励作用需要进一步加强""封闭的师范教育培养体制已经不能适应教育事业发展的新要求"。① 优化教师队伍建设，首先要重点解决这些问题。从整体上而言，教师的职业认同、职业信念是目前各级各类教师所存在的普遍问题，在乡村学校和幼儿园中表现得尤为明显。教师教育机构必须把此融入培养体系、校园文化，营造从教光荣的氛围。其次要提高教师待遇。最后要逐步将教育人力资源的管理方式从编制管理转变为预算管理，在加大支持偏远农村基础教育的基础上，根据各地区的学生数量以经费预算来控制基础教育教师队伍规模。② 从教师本身的类型来讲，要花大力气抓校长（尤其是乡村校长）队伍的建设，俗话说"一位好校长，就是一所好学校"；要培育一批在幼儿园、基础教育中有影响力的教师，通过这些教师引领学校的发展；教师培训应由学员集中授课逐渐转向专家驻校的校本教师专业发展模式；除了常规的教师培训，应重点抓住各级县、市教师进修学校的教师教育者、教研员，通过对他们的影响转而影响一线教师，为教师的长久持续发展提供一批可靠的辅助力量，从而逐渐形成以专家引领、当地教师教育者力量为主帮助当地教师发展的形式，优化教师队伍建设。

### （四）提升教师地位，优先保障教师队伍建设各项投入

为了确保教师队伍建设的超优先地位，国家、社会必须提高教师地位。教师地位主要包括两个方面：经济地位、社会地位。从经济地位而言，健全中小学教师工资长效联动机制，核定绩效工资总量时统筹考虑当地公务员实际收入水平，确保中小学教师平均工资收入水平不低于或高于当地公务员平均工资收入水平。确保乡村教师的生活补贴等各项补助政策落到实处。逐步扩大农村教师特岗计划实施规模，适时提高特岗教师工资性补助标准。③ 经济收入是吸引优秀人才进入教师队伍的重要保证，可以使教师成

---

① 项贤明：《当前我国基础教育教师队伍建设中的若干问题探析》，载《中国教育学刊》，2017(5)。
② 同上。
③ 同上。

为让人羡慕的职业。除此之外，也许还有别的因素更加重要。例如在芬兰，教师的经济收入并不是很高，但是却有很多优秀人才争相进入教师行业，其中人们对教师职业的尊重这一深刻的社会根源直接影响人们对教师职业的观念。因此，切实营造社会对教师的认可、尊重是教师获得职业幸福感的重要源泉，也是长久吸引优秀人才进入教师职业所需建构的文化氛围。从社会地位而言，遵循教育规律和教师成长发展规律，加强师德师风建设，培养高素质教师队伍，倡导全社会尊师重教，形成优秀人才争相从教、教师人人尽展其才、优秀教师不断涌现的良好局面。可以采取一些具体的措施，如凭教师工作证可以享受公园甚或景点门票免费、打折，教师买火车票有专用通道等，在细微之处体现国家、社会对教师的重视与尊重，重塑"国将兴，必贵师而重傅"的观念。

（毛　菊）

# 建构教师队伍治理体系和治理能力现代化

教师队伍治理是教师队伍建设走向科学化与规范化的必要规约与重要组成部分。中共中央、国务院于2018年1月20日出台的《关于全面深化新时代教师队伍建设改革的意见》（以下简称《意见》）明确提出到2035年要达到"教师管理体制机制科学高效，实现教师队伍治理体系和治理能力现代化"，这一目标任务为教师队伍治理明确了方向。不难发现文件中对于这一目标任务的表述并没有用我们日常所说的"教师队伍管理"而采用了"教师队伍治理"这一概念。从"教师队伍管理"到"教师队伍治理"这一话语体系转向有何动因？教师队伍治理体系和治理能力现代化有着怎样的内涵？未来建构教师队伍治理体系和治理能力现代化有哪些基本路径？对于这些问题的回答有助于我们全面把握《意见》所提出的新时代教师队伍建设的新方向与新要求。

## 一、从"教师队伍管理"转向"教师队伍治理"的动因

### （一）新时代的社会发展要求"管理"向"治理"转向

社会主义市场经济和社会主义民主政治是我国新时代社会发展的基本标志，在经济高速发展与公众需求日

益多样化的大背景之下，垂直体系的政府管理体制很难解决中国社会矛盾凸显期的诸多问题。① 在教育领域，传统的自上而下单一向度且以效率为本的教师队伍管理体制往往由于信息的不对称，导致部分地区教师区域、学科配置不合理，教师流动难以满足基层教育实际需要等诸多问题。单纯的政府调配与市场调节都无法有效解决上述问题。20 世纪 90 年代以来，西方国家为应对政府失灵和市场失灵的问题提出了一套以共同目标和多元主体支持为典型标志的治理理论。② "治理"（governance）作为超越"统治"（government）与"管理"（management）意涵的新概念逐渐得到我国社会的关注。

党的十八大后"治理"这一概念逐渐进入我国政治话语体系，为教师队伍治理概念的提出奠定了重要的政治基础。2013 年中国共产党十八届三中全会颁布的《中共中央关于全面深化改革若干重大问题的决定》明确提出"全面深化改革的总目标是完善和发展中国特色社会主义制度，推进国家治理体系和治理能力现代化"。"治理"这一概念正式上升为党和国家的治国理政新思想，是我们党重大的理论创新，体现了我们党对于社会政治发展规律的新认识。③ 习近平总书记在十九大报告中指出，我国已经进入中国特色社会主义新时代，到 2035 年基本实现国家的社会主义现代化，而国家治理体系和治理能力现代化正是社会主义现代化的基本标志。2018 年《意见》所提出"实现教师队伍治理体系和治理能力现代化"无疑是中共中央将教师队伍治理体系纳入国家治理体系进行通盘考虑的重要举措，体现了我们党将教师队伍治理提升到国家战略这一前所未有的政治高度。国家要实现现代化，就要率先实现教育现代化④，而教师是教育队伍的主力军并且是打造中华民族伟大复兴"梦之队"的"筑梦人"，教师队伍治理体系和治理能力的现代化是教育现代化与国家现代化的重要基石，直接关乎"两个一百年"奋斗目标能否实现，具有重要的时代意义。

---

① 郑言、李猛：《推进国家治理体系与国家治理能力现代化》，载《吉林大学社会科学学报》，2014(2)。

② 陈明明：《治理现代化的中国意蕴》，载《人民论坛》，2014(10)。

③ 俞可平：《推进国家治理体系和治理能力现代化》，载《前线》，2014(1)。

④ 袁贵仁：《深化教育领域综合改革 加快推进教育治理体系和治理能力现代化》，载《中国高等教育》，2014(5)。

### （二）教师队伍建设的现实困境呼唤"管理"向"治理"转向

现阶段我国教师队伍建设面临着诸多的现实困境，对此党和国家也有着清晰的认识。例如《意见》明确指出当前我国教师队伍治理存在"教师城乡结构、学科结构分布不尽合理，准入、招聘、交流、退出等机制还不够完善，管理体制机制亟须理顺"等多方面的治理问题。然而这些问题并非源于基层一线的校长与教师，而是教育管理部门、人社部门、社会环境等多方面多种因素所共同形成的，需要各方在教师队伍治理的前提下共同协商加以解决。

以教师编制问题为例，2016 年我国各级各类学校共有专任教师 1579 万人①，比 2012 年增加了 116 万人。然而 2012 年以来全国各级各地政府严格执行财政供养人员只减不增的刚性要求，导致大量新增教师只能是编外聘用。由于待遇得不到有效保证，这些新增教师的工作稳定性与教育质量受到了很大影响。但是编制的安排属于人社部门的管辖范畴，传统的依赖单一教育部门的教师队伍管理体制很难解决这一困境，因此在党和政府的主导下，由教育部门和人社部门协同治理，从其他部门向教育部门抽调编制，成为解决这一问题的有效举措。这一点在《意见》中所提到的"盘活事业编制存量，优化编制结构，向教师队伍倾斜"得到集中体现。

## 二、教师队伍治理体系和治理能力现代化的内涵

教师队伍治理体系和治理能力现代化既是一个奋斗目标也是一个历史进程，其以现代性作为价值导向。准确把握教师队伍治理体系和教师队伍治理能力的内涵是实现二者现代化的先决条件。

### （一）教师队伍治理体系的内涵

教师队伍治理体系是以提高教师队伍质量为目的，以多元主体民主参与协商、合作为方式，规范教师队伍基本构成与日常行为的一系列制度体系。有效的教师队伍治理涉及三个基本问题：谁来治理？如何治理？治理

---

① 《各级各类学校校数、教职工、专任教师情况》，http://www.moe.gov.cn/s78/A03/moe_560/jytjsj_2016/2016_qg/201708/t20170823_311669.html，2018-02-20。

的效果怎样？这三个问题实际上关涉的是教师队伍治理的三大要素，即教师队伍治理主体、教师队伍治理机制和教师队伍治理效果评估。

教师队伍治理主体的多元化是教师队伍治理体系现代化的重要标志。传统的教师队伍管理思维将教师队伍治理主体窄化为单一的教育行政部门，这就必然导致一种自上而下缺乏横向沟通的低效率管理体制，教师队伍建设过程中所显现的日益繁杂的诸多问题也是单一教育行政部门有限的行政资源所难以应对和解决的。以共治求善治是教育治理的重要价值追求①，因此教师队伍治理的主体应包括以教育行政部门为主体的政府、教师教育机构和教师个体三个部分。此时的教育行政部门可以依赖政府统筹协调财政、人社、宣传等多部门协同解决长期影响教师队伍社会地位的待遇低、入编难、负面新闻多等问题，有效提升教师队伍对人才的吸引力。作为承担教师职前培养与职后培训重要职能的教师教育机构是提升教师队伍质量的主力军，也应被纳入教师队伍治理的主体中。多元民主的教师队伍治理体系同样不能缺少教师个体的参与，保障教师的参与权、知情权、监督权是教师队伍治理体系现代化的重要保证。

分权共治的教师队伍治理机制是教师队伍治理体系现代化的显著特征。多元主体参与的教师队伍治理体系必然要求传统的政府单一主体向教师教育机构和教师个体让渡部分权利，保证多元主体可以有效地协商互动。传统教育行政部门集权式的教师队伍管理机制往往会忽略教师教育机构和教师个体这两大群体利益诉求的表达，使得部分教师队伍建设政策的出台"不接地气"，甚至限制了教师队伍的专业化发展。而政府的适度放权可以赋予其他主体促进教师专业化发展的自主性与积极性，同时政府也可以在与其他主体沟通协商的过程中及时对教师队伍所面临的突出问题做出有效反应，更好地满足教师个体发展与教师队伍质量提升的需求。

有效评估是教师队伍治理体系现代化的重要保障。教师队伍治理效果的优劣需要一系列的标准与工具进行科学有效的评估，并以评估结果所提供的反馈信息与关键问题作为教师队伍建设下一阶段的主攻方向。教师队伍治理评估体系既是教师队伍治理体系现代化的衡量工具，也是现代化进

---

① 褚宏启：《教育治理：以共治求善治》，载《教育研究》，2014(10)。

程中动态纠偏的调节器。对教师队伍治理效果的有效评估可以有效打通教师队伍治理体系上下级的沟通渠道，避免由于错误的教师队伍治理政策得不到及时纠正而导致的治理失灵。

### （二）教师队伍治理能力的内涵

教师队伍治理能力是指在教师队伍治理体系的框架下，多元治理主体运用国家制度管理教师队伍建设进程中各方面事务的能力。教师队伍治理能力不仅仅是指对既有制度的执行能力，还包括对制度的理解能力和创新能力。教师队伍治理能力直接决定着教师队伍治理的最终成效，其现代化的水平也直接影响着教育现代化的进程。

理解能力、执行能力和创新能力在教育治理能力结构中是一种递进关系的存在。[①] 对于教师队伍治理能力而言，多元治理主体首先应能够准确理解国家既有的教师队伍治理制度，在准确把握相关体制、机制的基础上做到心理认同与行动维护。执行能力是教师队伍治理能力的核心，只有对制度坚定不移地执行才能够将国家教师队伍治理制度由文本转化为现实，将振兴教师队伍建设的国家意志转化为提高教师队伍质量的实际成效。然而治理主体单向度的理解与执行无法体现现代化的关键要义，因为古今中外都不存在永恒完美的制度，随着社会政治经济的不断发展，教师队伍建设必将面对一系列新问题、新挑战，这就需要治理主体在学习中外先进制度的基础上对既有的教师队伍治理制度进行调适与创新。

治理体系和治理能力构成了教师队伍治理的"筋骨"和"血肉"，在推进教师队伍治理体系和治理能力现代化的过程中二者不可偏废，有着辩证统一的关系。教师队伍治理体系规定着整个教师队伍治理机制的价值取向与治理能力的发挥空间，而教师队伍治理能力作为教师队伍治理体系发挥作用的途径和方法，决定着教师队伍治理体系能否得到有效落实。治理能力的提高可以有效推动治理体系发挥更大的作用，而治理体系的优化也有助于治理能力得到充分施展。[②] 二者相辅相成，共同构成了教师队伍治理的有机整体。

---

① 陈金芳、万作芳：《教育治理体系与治理能力现代化的几点思考》，载《教育研究》，2016(10)。
② 徐艳国：《关于教育治理体系和治理能力现代化建设的分析》，载《中国高等教育》，2014(17)。

## 三、建构教师队伍治理体系和治理能力现代化的基本路径

教师队伍治理体系和教师队伍治理能力现代化是一项系统工程，其得以有效实现的基本路径涉及治理主体民主化、治理机制法制化、治理工具信息化、治理评估问责化等多个方面，未来教师队伍治理需要对这几个着力点进行深入探索。

### (一)政府主导，多元主体民主化参与教师队伍治理

多元利益相关主体共同参与教师队伍治理是民主化社会的必然要求，然而教师队伍治理体系的多元主体虽然强调政府权力的让渡与分权，但是在教师队伍治理的进程中政府依然需要居于主导地位。由于我国长期实行计划经济体制，教师教育机构和教师个体等利益相关主体的自主合作、民主管理能力较弱，过于强调分权合作则会导致多元主体间责任不清，而多元主体的多元化价值诉求也容易使政策协商决策过程陷入无休止的博弈，削弱多元主体治理效能。① 党和政府作为教师队伍建设的领航员与公共利益的代言人无疑应主导教师队伍治理进程，有效发挥政府的控制力和影响力。

凸显政府的主导作用并不意味着政府可以依赖过往经验单纯依靠行政命令来开展教师队伍治理，这极有可能会由于政府的盲目自信而落入"能力陷阱"②，阻碍教师队伍治理的民主化与现代化。政府主导，多元主体民主化参与教师队伍治理本质上要求多元主体各司其职，合作善治。战国末期思想家荀子就提出"明分职，序事业，材技官能，莫不治理，则公道达而私门塞矣，公义明而私事息矣"③。政府、教师教育机构和教师个体一方面需要在各自岗位上各司其职，确保各自治理能力得到最大限度的发挥。另一方面要构建多元主体集体决策制度体系，让政府所制定的教师队伍治理政策能够充分反映多元主体的价值诉求，切实解决一线教师队伍所面临的实际问题。

---

① 褚宏启、贾继娥：《教育治理中的多元主体及其作用互补》，载《教育发展研究》，2014(19)。
② 陈良雨：《教育治理现代化视阈下政府能力陷阱研究》，载《教育发展研究》，2015(12)。
③ 王先谦：《荀子集解》，239 页，北京，中华书局，1988。

### (二)缔结契约，促使教师队伍治理机制走向法制化

多元主体的教师队伍治理体系中多主体由于利益诉求不同而进行博弈协商是一种正常现象，然而缺乏规范的博弈协商很有可能导致低效的推诿扯皮与治理混乱，因此通过契约来规范政府、教师教育机构和教师个体之间的关系、明确各方权责就显得十分必要。[1] 在契约体系中教师个体可以工作协议的方式与政府签订契约，承诺个体的教学科研任务与个体专业发展目标，政府则依法为教师提供应有的经费与编制待遇，并依据相应的教师专业标准与契约协议对教师个体进行考核评估。教师教育机构可以项目合同的方式与政府签订契约，承诺本机构培养、培训教师的成效目标，政府则依法为教师教育机构所开展的教师质量提升项目提供必要的经费与政策支持，并依据教师教育机构资质标准与项目合同对教师教育机构进行考核评估。政府则应通过适时修订完善《中华人民共和国教师法》《中小学教师专业标准》，制定《教师教育机构认证标准》《教师培训质量标准》等方式，使教师队伍治理机制有法可依、有据可循。

"特岗教师"制度是教师与政府通过缔结契约而使教师队伍治理机制走向法制化的优良典范。自 2006 年教育部协同财政部、人事部、中央编办实施"特岗计划"以来，截至 2015 年，十年时间全国共招聘特岗教师 50.2 万人，极大地缓解了乡村教师短缺问题，同时这样一支年轻的教师队伍也极大地提升了我国乡村教育质量。通过"省考县用"的聘任方式，这批青年教师满足了基层乡村教育的需求，而政府也依据与特岗教师签订的契约为其提供应有的编制、待遇、住房以及推荐免试攻读教育硕士的机会。政府与教师个体通过法制化轨道的政策契约达到互利双赢。

### (三)证据为本，依据大数据等信息化工具开展教师队伍治理

信息化是教育现代化的重要标志，同样也是教师队伍治理体系和治理能力现代化的价值诉求。基于经验而缺乏大规模调查、论证的传统教师队伍管理模式往往会由于基层真实声音的缺失而导致政府教师管理政策的依据失真与效能滞后，在当今即时、多元、高效的大数据时代面临着严重的

---

① 王晓辉：《关于教育治理的理论构思》，载《北京师范大学学报(社会科学版)》，2007(4)。

冲击。20 世纪末英、美政府治理兴起了一股"证据为本"的热潮，强调以实证数据作为维持政府政策制定与执行合法性与正当性的重要力量，以证据为基础成为政府治理现代性的一个重要特质。① 经过近几十年的发展，对于客观性的数字证据和诠释性的文字证据的综合分析运用逐渐成为世界范围内政府治理的主流。当前大数据时代下海量的教师信息皆可通过网络进行处理分析，为教师队伍治理信息化提供了必要的物质条件。

2014 年我国启动了全国教师管理信息系统的建设工作，并于 2017 年 3 月完成全国各级各类 1500 多万名教师全面信息的采集工作，这一系统为每位教师设立独立的信息档案，建立了全国教师基础信息库，面向中央、省、市、县、校五级用户提供类别多样的信息化服务。② 这就为动态监管全国教师队伍信息、研判教师队伍发展趋势、准确定位教师队伍发展问题提供了可能，同时教师的跨区域培训学分化管理、教师工作变动、教师交流轮岗等业务工作也可以通过这一信息化平台进行动态管理。器物的革新为教师队伍信息化治理提供了物质基础，而教师队伍治理主体的信息化素养则直接决定了这些信息化证据能否通过有效的处理与分析转化为科学的治理政策，切实为提升教师队伍质量而服务。教师队伍治理主体信息化素养的提升应成为今后一个时期的重点工作。

**(四) 评估问责，推动教师队伍素质良性提升**

评估与问责是教师队伍素质良性提升的重要抓手，也是教师队伍治理体系和治理能力现代化的重要组成部分。评估作为教师队伍治理的重要质量衡量与价值反馈机制，可以帮助多元治理主体有效把握教师队伍各方面的信息，为解决教师队伍所存在的实际问题、提升教师队伍治理水平提供重要依据。教师队伍治理评估首先要有评估标准，教育部于 2012 年起陆续出台了《幼儿园教师专业标准 (试行)》《小学教师专业标准 (试行)》《中学教师专业标准 (试行)》《中等职业学校教师专业标准》《特殊教育教师专业标准》，而对于教师队伍质量提升起到关键作用的《教师教育者专业评估标准》和《教

---

① 陈霜叶、孟浏今、张海燕：《大数据时代的教育政策证据：以证据为本理念对中国教育治理现代化与决策科学化的启示》，载《全球教育展望》，2014(2)。

② 晋浩天：《全国教师管理信息系统启用》，载《光明日报》，2017-03-26。

师教育机构专业评估标准》尚未出台。未来建立完善的教师队伍评估标准体系与评价指标体系是教师队伍治理评估的重要努力方向。

问责是质量达成的有效手段[1]，缺乏问责的教师队伍治理评估将使评估制度限于一纸空文，无法发挥其应有的效力。教师个体、教师教育机构和政府三方治理主体都需要通过强有力的问责来达到教师队伍素质的良性提升。对于教师个体的问责可以有效净化教师队伍，将师德师风失范、学术不端、教学能力不足的不适于从教教师清除出教师队伍，促使我国教师队伍本体去芜存精、优胜劣汰。而对于教师教育机构的问责则可以有效促进相关机构在教师培养和培训过程中主动提升课程与教学质量，最终实现教师队伍质量提升的目的。对于各级党委和政府的问责则可以有效强化相关的组织保障，全力确保相关教师队伍治理政策举措落地见效。

教师队伍治理体系和治理能力的现代化是我国党和政府在新时代将工作重点由教师队伍数量增加向教师队伍质量提升转变的一项重大政治举措，其核心目的是通过"强师"来达到"强教"，通过"强教"来达到"强国"。建构教师队伍治理体系和治理能力现代化才能有效发挥各方合力，在这样一个伟大的时代全面提升国民素质和人力资源质量，实现中华民族的伟大复兴。

（付　钰）

---

[1] 王丽佳、卢乃桂：《教育问责的理论基础与实践模式：英、美、澳三国的考察》，载《比较教育研究》，2013(1)。

# 教师管理体制改革的新方向
## ——普遍建立事权人权财权相统一的教师管理体制

　　一项政策的制定发布必定有其准确的政策目的与目标，而政策目的与目标是政策的出发点和落脚点，是对其进行起点、过程、结果评估的依据与参照。对政策内容与政策目标的精准理解，是政策顺畅实施的基础与关键。教育政策是为实现特定时期教育目标与教育任务而制定的行动指南与准则，它代表国家建构、推动教育事业发展的意志，同时也体现了对各类教育资源使用、对各种教育行为的规范与引导。教育改革活动不能脱离各类教育政策的约束真空运转，既无脱离教育政策指引的教育实践，也不存在与教育实践无涉的教育政策制定。在各种层次、各种类别的教育中，在教育发展的不同时期与不同阶段，教育政策总是或强或弱、或显性或隐性地左右着教育的改革和发展。[①] 这表明教育政策对总体教育内容的择取、教育方法的选定，甚至教育实践的推进，都有方向的指引、制度的保障以及程序的规约作用。对于政策的解读，俄亥俄州立大学的米特与霍恩基于大量研究指出，在确定政策标准与目标时，人们可以采用直接反映在大量相关政策文件，如程序规则和指导方针中

---

[①] 张乐天：《教育政策法规的理论与实践》，1页，上海，华东师范大学出版社，2015。

决策者的声明(statement)，它们阐明了评估政策绩效的标准。[1]

　　中共中央、国务院出台的《关于全面深化新时代教师队伍建设改革的意见》(以下简称《意见》)，是中华人民共和国成立以来首个以党中央名义发布的关于教师队伍建设的专门政策文件。北京师范大学资深教授顾明远先生指出其"具有里程碑式的战略意义"[2]。《意见》体例完整、内容翔实、结构清晰，是新时代党和国家全面加强教师队伍建设工作的目标和宣言，将对我国教育事业的进一步发展、小康社会的全面建设、现代化进程的加速推进产生广泛、深远和持续的影响。原教育部教师工作司司长王定华表示，《意见》"目标任务清晰"[3]。山东省教育厅巡视员张志勇认为，《意见》的一个重大突破是首次提出普遍建立事权人权财权相统一的教师管理体制。[4]"三权统一"是针对教师管理体制未来发展路径提出的宏观指导。教师管理体制构建与发展的目标和行动方向是什么？它的确定是基于何种政策逻辑、理论逻辑与实践逻辑？怎样实现事权人权财权的统一？它的达成又需要哪些部门与机构的支持？政府与教育部门是否有相应的配套政策对之进行保障？诸如此类与教师管理体制相关的问题需要我们深入思考。这既是对政策文本的理解与分析，也是政策落实与政策推进所必须考虑的。本文试图明确教师管理体制中的事权、人权、财权，厘清"三权"的当前形态与关系，分析三者统一的必要性及其重要意义；基于教育与其他相关职能部门的权责范围，探寻它们在制度变革过程中的动态变化，并对教师管理体制中"三权统一"的有效实施提出相应的政策建议。

## 一、事权人权财权相统一的教师管理体制的政策渊源

　　事权人权财权相统一的教师管理体制政策内容的出现并非一蹴而就的，然而国家层面的相关政策文献中未有"三权统一"渐进发展的端倪。长期以

---

　　① Meter, Donald S. Van, C. E. V. Horn, "The Policy Implementation Process: A Conceptual Framework," *Administration & Society*, 1975, 6(4), pp. 445-488.

　　② 韩世文、钟原：《如何建好教育发展的第一资源》，载《中国教师报》，2018-02-07。

　　③ 《专家解读〈关于全面深化新时代教师队伍建设改革的意见〉》，载《中国教育报》，2018-02-13。

　　④ 同上。

来，地方教育行政主管部门主要关涉的权力为事权与人权（通常事权与人权被捆绑在一起，称为"人事权"），一直未有教育行政部门与财权相关的政策。依据与教师管理体制政策内容的关联程度，已颁布的相关重要政策主要有国家宏观教育政策（中关于教师管理体制的部分），专项政策中与教育体制相关的政策（中关于教师管理体制的部分）以及与教师相关的政策三类。

### （一）宏观教育政策

2010年教育部颁布的《国家中长期教育改革和发展规划纲要（2010—2020年）》（以下简称《纲要》）明确健全教师管理制度与投入机制，内容主要涉及教师准入、资格标准、资格证书定期登记等，并就省级与县级教育行政部门的分工做了清晰的规定。县级教育行政部门负责教师的招聘录用、职称评聘、培养培训和考核等管理职能方面内容；而财政方面规定涉及各级政府的职责，由地方人民政府负担，省、自治区、直辖市人民政府负责统筹落实。即，县级教育行政部门的职权主要在人、事方面，并未涉及财权方面的内容。2017年《国务院关于印发国家教育事业发展"十三五"规划的通知》中"完善教师管理制度"部分，涉及关注教师职业准入、完善教师职称制度、改进教师考核评价制度三方面的人、事规定，同样未有对财权的说明，也并未对各级政府、教育行政部门的各类责权有清晰的规定。

### （二）专项政策

1. 与教育体制相关的专项政策

早在1985年，《中共中央关于教育体制改革的决定》（以下简称《决定》）中就明确了"基础教育由地方负责、分级管理的原则"，并进一步指出"基础教育管理权属于地方""具体政策、制度、计划的制定和实施，以及对学校的领导、管理和检查，责任和权力都交给地方。省、市（地）、县、乡分级管理的职责如何划分，由省、自治区、直辖市决定""地方机动财力中应有适当比例用于教育，乡财政收入应主要用于教育"。《决定》较为模糊地指出了人、事管理权的部门，以及财政投入的原则，然而对于究竟人、事管理权如何分配，各类管理权限与边界，并没有划定清晰的责任归属；而财权的规定明显地表现为投入的多头，但未明确财权的归属。2010年国务院办公厅《关于开展国家教育体制改革试点的通知》指出"健全教师管理制度，加强教师队伍建设",主要涉及试点地区的教师人权和事权,主要关注教师的培养、培训,教师资格考试、定期注册,招聘与退出,职称制度等内容。由于该政策的"试点"性质,探索的味道很浓,并无明确的教师管理体制的主体和权责说明。2017年,中共中央办公厅、国务院办公厅印发《关于深化教育体制机制改革的意见》指出要创新教师管理制度,改进各级各类教师管理机制,具体涉及教师待遇、资格准入、编制等人、事方面内容,但并未进一步明确责任和权力的隶属。

2. 与教师相关的专项政策

2012年8月,《国务院关于加强教师队伍建设的意见》(以下简称《建设意见》)关注了师资配置管理、资格和准入制度、职务制度改革、聘用制度和岗位管理制度、教师考核评价制度五方面内容,较为全面地展现了教师管理制度,是对教师人权和事权的完善。同年9月,为贯彻落实《纲要》和《建设意见》,深化教师教育改革,全面提高教师教育质量,教育部、发改委、财政部三部门联合发布了《关于深化教师教育改革的意见》,从八个方面展现对教师进行全面、多维、立体的管理要求。从基础教育阶段看,它重点关注教师的专业标准、培养培训、专业认证与评估、呼吁财政支持等方面,体现了"贯彻落实"的政策指向,总体偏重事权。但其与以上所有政策一样,均未涉及财权。

## 二、事权人权财权相统一的教师管理体制的理论阐释

《意见》首次明确提出要普遍建立事权人权财权相统一的教师管理体制,这意味着我国教师管理体制改革进入了新时代。《意见》将"三权统一"放在第一部分"坚持兴国必先强师,深刻认识教师队伍建设的重要意义和总体要求"的"目标任务"中,其完整的表述为:"经过5年左右努力,教师培养培训体系基本健全,职业发展通道比较畅通,事权人权财权相统一的教师管理体制普遍建立,待遇提升保障机制更加完善,教师职业吸引力明显增强。教师队伍规模、结构、素质能力基本满足各级各类教育发展需要。"并提出2035年的目标,"教师管理体制机制科学高效,实现教师队伍治理体系和治理能力现代化"。将"三权统一"划归为目标任务,即表明当前教师管理体制

的现状是事权、人权、财权不统一。依据目标建构逻辑，"三权统一"的改革意见是中央政府基于顶层设计与基层实践相结合做出的科学政策判断，表明了"三权统一"的急迫性、必要性、合理性。

### (一)有关"三权"的界定

何为事权、人权、财权？它们是政府与行政部门权力密切关联的三种权力类型，一般而言，三类权力相匹配，政府才能顺畅高效运转。作为中国财政理论特有的概念，事权和财权概念的产生与中国计划经济密切相关，其经典表述为"国营企业和事业归哪一级管理，即事权放在哪一级，财权也相应放在哪一级……地方财权的大小，表现在事权的划分上，反映在各项支出的支配权上"[①]。基于此概念背景，事权被界定为各级政府对企事业单位的行政管理权，反映的是各级政府的管理职能，突出行政隶属关系。当前，随着市场经济条件下政府职能的转变、政府与企事业单位关系的变化，尤其是收入划分的分税制体制的形成，人们将事权的概念更新为公共服务职责，并合理区分公共服务职责与支出管理责任、区分财权与财力。具体看，"事权"是各类政府部门在公共事务和服务中应该承担的义务与责任，是政府职能合理配置的体现，表现为"事"由哪个政府职能部门承担，它拥有多大的"权"处理何"事"。事权由决策权、管理权、支出权、监督权组成，即"谁决定做此事""谁负责做此事""谁负责花钱""谁负责监督(做此事的单位与个人)"。作为公共事业，义务教育经费由政府提供，政府负担其全部成本。按照宪法规定，教育实行中央和地方分级管理。基础教育主要由地方管理，实施以县级政府为主的管理体制，对基础教育学校的拨款由县级政府实施。[②] "财权"是指在法律规定的范围内各级各类政府拥有的筹措与支配收入的财政权力，它涉及税种在各级政府间的划分和配置，以及地方必要的税种选择权、税率调整权、收费权等。[③] 此处的"财权"主要是指因管理教师需要产生的预算、收入、支出的规范财政权力。"人权"即用人的权力，

---

① 许毅、陈宝森：《财政学》，587 页，北京，中国财经出版社，1984。

② 顾明远：《中国教育大百科全书》，681 页，上海，上海教育出版社，2012。

③ 李齐云、马万里：《中国式财政分权体制下政府间财力与事权匹配研究》，载《理论学刊》，2012(11)。

是县级以上地方各级人民政府的教育行政部门的职权之一，表现为按照管理权限，负责对校长的任命、核准等工作，主管教师、教职员的资格认定、录用、聘任、培训、考核、奖惩、职称、待遇等人事行政工作。[①] 这里主要指政府相关（行政）部门通过一定的考核标准与程序对待选拔任用的准教师进行招聘、培训、就职、调动、任免等的一种规范性用人制度。

### （二）教师管理体制"三权"的当前问题形态

我国义务教育教师管理体制的改革大致经历了三个发展阶段。第一个阶段是 1985—2000 年，主要基于 1985 年《中共中央关于教育体制改革的决定》，规定了"地方负责、分级管理"的基础教育管理体制；第二个阶段是 2001—2010 年，主要基于 2001 年《国务院关于基础教育改革与发展的决定》，要求实行"以县为主"的体制，此举将基础教育管理权重心上移至县市；第三个阶段是 2001—2010 年，主要基于《国家中长期教育改革和发展规划纲要（2010—2020 年）》和 2012 年《关于大力推进农村义务教育教师队伍建设的意见》，规定对教师的管理依据"省级统筹、以县为主"实行。这三种管理体制表明教师队伍建设长期处于事权、人权、财权分裂的状态。

当前"条、块"分割式的对口垂直管理模式，使得一方面教育行政部门的权力被其他相关各职能部门肢解，具体的权力主要集中在相关业务主管部门，教育行政部门承担的责任大、权力小，权责不匹配；另一方面，"条、块"式的管理模式通过专项转移支付掌控和分割了大量的事权和财权。1994 年的分税制并未明确划分政府间的事权和财权，中央政府通过转移支付，特别是专项转移支付承担了部分财权，加强了对地方政府的控制，而受制于不能对各项资金统筹安排，地方政府财政决策权有限。即便近年来一般转移支付规模有一定程度的扩大，但专项转移支付规模更甚，几乎覆盖了所有预算支出项目，分散在政府的各级各类职能部门，形成了各政府职能部门条、块分割掌控事权的主要手段，涉及的部门越多，事权的碎片化程度越严重。作为地方职能部门，教育行政部门面临同样的问题。教育行政部门与其他部门权力边界划分不够清晰，具体来看，存在三类问题。

---

[①]　顾明远：《中国教育大百科全书》，2300 页，上海，上海教育出版社，2012。

### 1. 权力不匹配

伴随公共教育体制与财政体制的建立，教育部门事权、人权、财权三者不相匹配，事权比重渐大，人权归属多门，财权重心偏高、头重脚轻，事权、人权、财权责任不对等，事权、人权与财权之间没有建立起刚性互动机制。而与之相适应的教育部门对教育发展的统筹、管理权却日趋弱化，保障教育事业发展的人权、财权与管理权失衡的矛盾越来越突出。从归属关系看，教育的事权、人权、财权分别对应组织部门、人社部门与财政部门。实际情况是，人社部门把牢人权，越抓越多，不仅管理编制，还管教师的聘任以及教育部门的办学权。财政部门握紧财权管理，越管越全，不仅管预算，还管教师的分配；对于教育专项经费的使用，财政部门越来越多地采取直接分配的办法，将之分配到市、县，甚至学校。教育"人权"的缺乏，使得教师、校长的专业化水平降低；教育"财权"的缺乏，造成教育部门发展教育事业的手段减少。

### 2. 权力不统一

事权、人权与财权分散且混乱。多地教育行政部门关注教育发展的具体事务，人权方面主要由组织部门和人社部门负责管理，教育经费的管理工作则由同级财政部门承担。这种"三权分立"、权属多门的现实造成了难以避免的问题。从事权上看，教育行政部门主要承担了与教育发展相关的大大小小的具体事务，在不能够明晰事务承担方的情况下，各部门存在互相推诿的情况，而常见的后果是教育行政部门与学校承担起归属不清的事务。从人权看，存在管理多头的现象，不同校长和教师的管理隶属不同，他们分别归属于组织、编办、人社等部门，产生的直接后果是紧缺专业的人才不能进入教师队伍，而并非急需学科和教学水平不高的人员相反能够进入教师行业。从财权看，教育事业的发展有时与教育经费的供给不相吻合，使得教育经费短缺；由于不熟悉教育内部情况，财政部门难以用活教育经费，造成经费使用效率不高；财政部门与教育行政部门可能会因为观点差异产生教育经费的筹措、管理与使用上的龃龉。

### 3. 管理效率低

对教师的人权、财权管得太紧、太多，很大程度上会影响教育行政部门管理教师的主动性、灵活性与积极性，同时可能造成制度管理的僵硬老化与脱离实际，带来一系列的弊端。作为教师的管理部门与聘用单位，教育行政部门以及教师所在学校没有与其事权相应的人权、财权。在教师招聘、岗位管理、职称评定、绩效工资发放与工作调动等方面没有完整的裁决权。教师主要受编办、人社、财政等诸多部门联合管理，很大程度上制度性地阻碍与限制了教师的高效管理，影响了区域教师的合理有效配置、有序通畅流动，不利于激发教师工作的主动性与积极性，产生了用人机制的僵化不活，教师工作热情降低，教师队伍只上不下、只进不出等现实问题。

### （三）坚持事权、人权和财权相统一的必要性与重要意义

#### 1."三权统一"的必要性

从政府行政部门层面看，在事权、财权的配置中，事权对应政府部门的公共服务职能，财权对应政府部门该项职能所需的财政权力。充分的财政保障是各级政府、各政府行政部门良好地履行公共服务职责的基础。服务型的现代政府，首要职责是为社会提供公共产品；公共财政首要的制度目标是为公众产品提供保障。在无其他因素干扰的情况下，基于合理的制度安排，就统一的制度目标配置而言，财权、事权应该相统一。总体来看，在现行国家行政体制下，政府部门履行宏观调控职能、实现公共服务均等化的要求，根据已有相应的事权设置，一定程度上实行财政集权是必需的，也符合财权与事权相统一的要求。现行财政体制的一个饱受诟病之处，在于其无法保障各级政府充分有效地履行公共服务职能。由于各级政府在财权、事权配置上的不对称，在公共产品供给上的责权利不对称，而采取财权上收、事权下放，导致基础性公共服务不充分、不稳定，县乡、省市反差非常明显。因而有效的途径在于更多地下放财权，使政府部门的（人）事权与财权统一起来。如此，基层政府和其行政部门、业务部门在行使职权时有支配财政的权力，根本上改善政府的公共服务能力、提高公共服务均等化水平。要明确教育行政部门的职能边界，履行好自己的职责，就要有财权作为行动的基础和保障。坚持（人）事权、财权相统一，一方面缩减教育行政部门难以承担的大量具体事务，另一方面相应地赋予与扩大教育行政部门的财政权力，使之匹配，完成政府规定和教育行政部门应担的职责

与事务。

2. "三权统一"的重要意义

"三权统一"新型教师管理体制的制定出台，告别了以往权力相对分散的局面，这是符合教育发展规律、满足社会革新、顺应时代发展需求的重大政策举措。

首先，坚持教师管理的事权、人权与财权相统一有利于充分发挥教育行政部门工作的主动性、积极性、便利性和创造性，更好地提升对教师管理的能力、水平与成效，进而推进教育治理体系和治理能力的现代化，最终有效推进国家治理体系和治理能力的现代化。这既是十八届三中全会首提"国家治理体系和治理能力现代化"的战略目标，也是十九大再度表明要实现的目标。

其次，坚持财权与事权相统一有利于推进我国的政治民主化建设。财权的获得与行使需要得到立法机关的批准和监督；财权确立与行使的整个过程和结果要对民众公开，接受民众监督。因而，赋予或扩大财权不是简单的权力下放或转移，而是一个复杂的系统工程，需要完善整个民主体制。尽管这样的系统工程建设目前还面临着诸多困难，但可以尝试通过地方政府的财权改革来积累经验，逐步推进我国的政治民主化进程。

最后，坚持事权、人权与财权相统一有利于进一步转变和优化政府职能，建设服务型政府。现阶段无论是中央政府、地方政府的不统一，还是政府职能部门之间的不协调，突出的问题表现为管了许多不该管和管不好的事情。当前，政府的职能还没有实现彻底地转变，尤其是地方政府往往偏重经济发展而轻视或者忽视公共服务。对于地方政府来说，下放、调整相关权力的归属，让教育行政部门统一事权、人权、财权，一方面可以部分实现地方政府职能的优化和转变，另一方面能够助推教育行政部门更好地提供教育公共产品与服务。

## 三、事权人权财权相统一的教师管理体制的实施建议

### (一)职能部门各尽其责，聚力服务于教师管理体制

编办、人社及财政部门作为政府的重要职能部门，作为教育行政部门

的重要支撑机构，应当切实履行其自身对教育的职责，这种职责应当建基于其特点之上，应该是宏观的管理，而非微观的调配；应该是高位的统筹，而非具体的操作。依据"谁用谁主管"的用人原则，从行动上看，对于教师的管理必须统一事权、人权与财权。作为教师的直属上级主管部门，教育行政部门对其辖区内的整体教师岗位需求及下属单个学校的师资配备情况均非常熟悉，对师资调配、管理具有充分的主动权、发言权。相对而言，编办、人社、财政等相关管理部门是脱离教育本身对师资进行割裂式的管理与调配，缺乏整体的视野和微观的认知，编办、人社、财政应将其微观、具体的对于教育、教师管理的操作权限"还"给教育行政部门，科学地定位、明确各职能部门的职责，厘清权力界限，在教师管理上做到"到位而不越位"，让各项权力准确"归位"，才能实现对教师整体、有效、动态的调整，满足教师、学校的实际需求，尽可能发挥对教师、对教育的管理效能，充分尊重、维护教师利益，形成高效能动的教师管理体制。

具体来看，编办部门的职责主要是根据县区学生数量，科学核定区域教师编制总量，切实做到及时补充、调整，避免有编不补。人社部门对区域教师的管理同样应是宏观的岗位核定，采取对总量的控制，而非核定具体的每一所学校、每一位教师。县级财政部门从顶层设计上依据国家和县级政府有关规定向县级教育行政部门划拨教育经费，同时对经费的使用进行审计、监督；并依据每年的财政变动情况进行动态调整，积极响应教育行政部门的财政需求和反馈。县级教育行政部门需在其他职能部门的监督之下，担负起县域学校发展的重任，更好地提升教师管理水平与效率。从内部权力分配看，在事权方面，县级教育行政部门全面统筹当地教育事业的规划和发展，均衡县域教育资源，合理调整学校布局，掌握当地教育、教师发展的规模、速度与节奏；人权方面，县级教育行政部门依法管理教师，主要包括认定资格、招聘任用、培养培训、职务评聘、轮岗交流和业绩考核等；财权方面，教育行政部门具体负责辖区范围内学校的经费统筹分配与日常管理。

### （二）及时出台与跟进教师管理体制的相关配套措施

教师管理的事权、人权与财权相统一后，需及时出台与跟进教师管理体制的相关配套措施，对已有政策形成多维支撑，便于已有政策的顺利推进。配套政策须厘清教育行政部门和其他职能部门的具体工作与责任，县级和县级以上政府须为之提供适宜的实施土壤，发挥各职能部门的能动性、积极性、创新性，建立健全责、权、利清晰的工作模式。随着政府以及组织、人社、财政部门的权力调整与下放，教育行政部门必然增加大量从未管理过的事项与新的工作内容，极易导致由于对新业务的不熟悉而在处理相关事项、工作时无章可循，难以高效解决遇到的新问题和新困难，可能遭遇"权力接不住"的窘境。因此，政府与教育行政部门需要切实考虑增加相应的工作种类与岗位，配备相关的专业人员。在人员选择方面，需要考虑他们必须具备基本的教育知识和教育管理能力，具有专业精神和专业态度；在进入相关岗位后需要进行必要的培训和教育，妥善应对事权、人权与财权相统一后面临的工作难题，富有成效地推进教师管理体制的完善。

（薛二勇）

# 深化教师人事制度改革

　　教师人事制度是指与教师聘用、准入、发展、考核、激励等相关的制度安排和管理活动的总称。[①] 与其他行业类似，合理的人事制度是改革与发展教师教育事业的重要基础，因为它与教师的切身利益密切相关。不同的学段、区域、发展阶段，对于何为合理的教师人事制度可能界定不同，但从国家教育改革与发展的整体战略出发，有必要对教师人事制度改革进行统筹与规范。而这一次中共中央、国务院颁布的《关于全面深化新时代教师队伍建设改革的意见》（以下简称《意见》）即是对未来一段时期内何为合理的教师人事制度的一次全面、系统的论述。《意见》对于地方政府、教育行政主管部门、各级各类学校开展具体的教师人事制度改革活动具有战略指导意义。《意见》中关于教师人事制度改革的要点和理论基础是什么？与以往历次改革相比，这一次的改革具有何一般性与特殊性？在具体实施《意见》中关于教师人事制度改革的要点时，又应该注意些什么？以下是对这些问题的分析与回应。

---

① 朱益明：《中小学教师人事制度改革：问题、思路与建议》，载《教育发展研究》，2005(9)。

## 一、《意见》充分体现了以现代人力资源管理理论为基础的教师人事制度改革

"人力资源管理"是 20 世纪 50 年代在工业界被提出来的概念。现在这一概念已经被广泛应用于社会各行各业，包括教育事业。与"人力资源管理"相近的一个概念是"人事管理"。概括来说，后者从形式和目的上，并不将管理对象看作可待开发的资源，而是关注于事务性的管理；而前者则认为"人"是具有开发潜力的重要资源，关注于具体管理对象的工作效果，并会根据实际情况对管理政策进行及时调整。①尽管《意见》仍然使用"人事管理"的话语，但其中关于教师人事制度管理的内容充分体现了现代人力资源管理的内涵及理论基础。

**（一）《意见》强调了以教师资格证为质量保障的教师准入制度**

招聘制度是现代人力资源管理制度中的重要一环，它直接影响着新进人力资源的质量。人力资源管理的理论与实践表明，以资格认证为标准的人力资源准入制度能保证新进人力资源的质量。比如医生、律师、工程师等均采用资质认证的准入方式来保障从业人员质量。同样，教师准入是教师人事制度中的入口环节，直接影响着教师队伍新进人员的数量和质量。我国于 1995 年颁布了《中华人民共和国教师法》，并在其中正式确立了实施教师资格证的制度安排。教师资格证制度经过二十余年的发展，已经成为保障教师队伍质量的重要制度之一。在此基础之上，此次《意见》进一步确定了以教师资格证为质量保障的教师准入制度。《意见》指出，"新入职教师必须取得教师资格。严格教师准入，提高入职标准"。

**（二）《意见》鼓励进一步完善"坚持德才兼备、全面考核"的教师评价体系**

在现代人力资源管理体系中，考核评价是重要一环，因为它既是对组织目标实现程度的考评，也是设计薪酬激励制度的重要基础之一。在企业界中，经常会用到的考核目标叫作 KPI（Key Performance Indicators），通常是一些可直接测量的指标，比如某个月的销售业绩、生产产品的数量等。

---

① 刘翠芳：《现代人力资源管理》，2～3 页，北京，北京大学出版社，2006。

狭义的教育目标可以是某些在短期内、可测量的目标，比如教师的出勤、学生的考试成绩等。而广义的教育目标比这要复杂得多，它往往具有多维度性、效果滞后性、情境性等特点。而《意见》关于教师人事考核评价的要求，充分考虑到了教师工作的这些特点。《意见》鼓励进一步完善评价指标，"建立符合中小学教师岗位特点的考核评价指标体系，坚持德才兼备，全面考核，突出教育教学实绩，引导教师潜心教书育人"。

**(三)《意见》提倡加大力度，构建具有"激励性"和"公平性"的教师薪酬奖励制度**

现代人力资源管理的另一重要环节是薪酬奖励制度。薪酬奖励制度是否具有激励性、是否体现公平性，将在很大程度上影响人力资源队伍成员的工作表现、满意度及职业选择，也会从整体上影响该职业是否具有吸引力。教师对薪酬奖励的需求源自教师的多重身份属性。教师首先是作为自然个体的"自然人"，其次是作为各类社会组织的"社会人"，再次是作为教师这一职业里一份子的"专业人"。作为"自然人"，教师有对美好物质生活条件的需求；作为"社会人"，教师有对稳定和谐的社会关系的需求；作为"专业人"，教师有对所从事的教学工作得到认可的精神需求。《意见》明确提出，要"不断提高地位，真正让教师成为令人羡慕的职业"，并从物质、社会、精神等多方面入手，阐述了如何为教师提供具有充分激励性的薪酬奖励制度。比如，《意见》提出要通过大力宣传教师中的"时代楷模"和"最美教师"、重点奖励贡献突出的教学一线教师、开展多种形式的教师表彰奖励活动等来满足教师这一特殊职业群体对于专业认可与尊重的精神需求。此外，由于结构性失衡与发展阶段的原因，我国的农村地区、特殊教育、民办学校的教师所获得的薪酬奖励需要获得更大幅度的提升，而《意见》也提出应从政策层面将薪酬奖励的比例适当往师资薄弱的地区和学校倾向，从而使师资分布更加均衡，体现教师薪酬激励制度的"公平性"特点。

**(四)《意见》指出应系统改革教师人事制度，建立事权人权财权相统一的教师管理体制**

尽管准入招聘、考核评价、薪酬奖励关注人力资源建设的不同方面，但它们彼此之间是紧密联系着的。比如准入招聘影响着新进人员的数量、背景和需求，人员的数量、背景和需求影响着如何对人力资源进行有效的考核与评价，考核评价的结果往往是制定薪酬奖励、资源分配方案的重要依据。在我国的教师人事管理体系中，准入招聘属于"人权"范畴，由人事部门负责；考核评价属于"事权"范畴，由具体业务部门负责；薪酬奖励则属于"财权"范畴，主要由财政部门负责。因此，要让教师人事管理制度的这三个主要部分形成一个有机整体，彼此之间形成共识与合作，才能共同实现"深化教师人事制度改革"的目标。为此，《意见》提出了要"建立事权人权财权相统一的教师管理体制"。

## 二、《意见》延续了以往教育改革的大方向，并进一步以教师职业、中国国情和发展阶段特点为考量，明确了此次教师人事制度改革的方向

任何改革都不是独立存在的，它是在特定的历史时期中酝酿产生的，也与同时进行的其他方面的改革有着紧密的联系。因此，除准确把握《意见》的要点及理论基础之外，有必要结合《意见》所处的历史背景和更宏观的社会改革背景，对它进行更深入的理解。下文将从此次改革的"一贯性"和"特殊性"两方面来进行理解。

### (一)《意见》延续了历次重大教育改革中关于教师人事制度改革的大方向

改革开放以来，我国一共颁布了四项重要的教育改革政策，分别是1985 年的《关于教育体制改革的决定》(以下简称《体改决定》)、1993 年的《中国教育改革和发展纲要》(以下简称《纲要》)、1999 年的《中共中央国务院关于深化教育改革，全面推进素质教育的决定》(以下简称《深化改革决定》)和 2010 年的《国家中长期教育改革和发展规划纲要(2010—2020 年)》(以下简称《中长期纲要》)。在这四个重要政策文本中，均提到了对教师人事制度进行改革的重要性及若干措施。比如，在《体改决定》中提到，要"提高中小学教师和幼儿教师的社会地位和生活待遇""对现有的教师进行认真的培训和考核""只有具备合格学历或有考核合格证书的，才能担任教师"等要求。在《纲要》中也提到了人事、财政部门应制订相应的提高教师工资的规划和

计划，提高教师的待遇和社会地位等。而在《深化改革决定》中，亦提到了要"加强编制管理""合理配置教师资源"等。在《中长期纲要》中，继续提出了在教师招聘、培训与发展、薪酬与考评等方面的新要求，比如"提高教师地位待遇""健全教师管理制度""创新人事管理和薪酬分配方式"等。可见，教师人事制度是我国教育改革中一贯被提及的方面，这彰显了教师人事制度改革的重要性、艰巨性和长期性。因此，地方政策实施者需要从观念上进行转变，认识到教师人事制度改革在教师教育改革乃至教育整体改革中所发挥的作用。

### (二)《意见》体现了对教师职业、中国国情和发展阶段特点的考量

此次《意见》中所提及的教师人事制度改革，具有若干特殊之处。只有准确理解此次改革的特殊性，才能做到有的放矢地进行改革。这些特殊之处主要体现在教师职业的特殊性、中国国情的特殊性和教育改革发展阶段的特殊性。

第一，教师职业的特殊性。与其他职业不同，教师是培养国家当前和未来各行各业所需人才的重要职业，同时也是凝聚国家共识、促进个人社会流动的重要力量。由于教师职业的极端重要性，国家一直主导着我国绝大多数学校教师的人事管理。但是，由于教师的工作效果具有情境性和滞后性，如何甄选优质教师、考核评价教师、激励教师是这一职业的特性，也由此造成了一系列的管理上的挑战。比如，由于教师这一职业同时具有"教书"和"育人"的双重任务，在遴选、考评和激励教师时应重视他们的道德情操，这与其他职业(比如销售人员)有所不同。基于对教师职业特殊性的认识，此次《意见》着重强调了要"严格教师准入、提高入职标准、重视思想政治素质和业务能力"，同时也强调要"不断提高地位待遇，真正让教师成为令人羡慕的职业"。

第二，国情的特殊性。人事制度中的国情特殊性集中体现在"编制制度"。尽管其他国家或地区亦有类似的制度安排，比如"终身教职制度"(teacher tenure)，但编制制度与它们有明显的不同。编制制度是计划经济时代遗留的产物，它是一种集中控制的人事编排和补充制度，由于编制人员与非编制人员在福利待遇等方面的显著差异，编制制度亦可以被用作一

种强有力的激励方式。① 但是，由于中国整体社会环境已日趋市场化、开放化，教师与学校之间的人事关系逐渐走向一种以专业标准为导向、教师与学校双向选择的机制。② 而编制制度的存在，让教师劳动力市场二分为"有编制的劳动力市场"和"没有编制的劳动力市场"。为了让编制制度能更好地服务于当前和未来的教师队伍建设，此次《意见》提出了"创新和规范中小学教师编制配备"的意见，试图依托我国行政管理体制集中性、高效性等优势，把教师编制作为一条有力的杠杆来吸引更多杰出人才加入到教师队伍中来，同时通过把编制向教育基础薄弱地区倾斜的方式，让优质师资的配置趋于公平。

第三，发展阶段的特殊性。大到整体教育事业的改革，具体到教师人事制度的改革，都是一项长期而艰巨的工作，需要经历若干阶段。与以往的教育改革不同，此次教师人事制度改革聚焦于"深化"和"创新"这两个关键点。比如，教师准入和招聘改革，已通过以往的几轮改革初步建立起来了以标准为导向的教师准入和聘任制度。在此基础上，此次改革才能将重点放在如何具体执行这些标准之上。这体现出在改革进程上的深化。与国家行政体制改革进程相呼应，此次教师人事制度改革也似乎触碰到了"深水区"，即发展了必须对若干根本性的制度进行改革的阶段。这样的改革是前所未有的，所面临的问题也是全新的。以往改革经验的借鉴意义有限，因此需要给予此次改革以充分的激励，并鼓励创新，才能够顺利走过改革的"深水区"和"攻坚阶段"。这也解释了为何《意见》中多次提到教师人事制度改革须体现创新性。

## 三、实施《意见》中关于教师人事制度改革要点的建议

在准确把握《意见》要点并认识到此次改革的一惯性与特殊性的基础上，地方政府、教育行政主管部门和各级各类学校须形成若干具体举措来全面

---

① K. E. Brødsgaard, "Institutional Reform and the Bianzhi System in China," *The China Quarterly*, 2002, 170, pp. 361-386.

② J. Zhou, "Teacher education changes in China: 1974—2014," *Journal of Education for Teaching*, 2014, 40(5), pp. 507-523.

落实此次教师人事制度改革的目标，助推实现教师教育队伍建设的近期和中长期目标。这些举措包括（但不限于）拟订目标和计划、组建领导团队实施计划、动态考核并调整实施策略、提供激励并鼓励创新。这些步骤是实施公共政策时的核心举措，而具体到实施这一次《意见》中提及的教师人事制度改革时，这些步骤也被赋予了具体的意涵，具体阐述如下。

### （一）以 SMART 原则拟订合理的教师人事制度改革计划

《意见》中明确提出了短期和中长期的教师人事制度改革目标。短期目标为"经过 5 年左右努力……职业发展通道比较畅通，事权人权财权相统一的教师管理体制普遍建立，待遇提升保障机制更加完善"；长期目标是"到 2035 年……教师管理体制机制科学高效，实现教师队伍治理体系和治理能力现代化"。因此，地方政府、教育行政主管部门和各级各类学校要依据自身现状，以《意见》中所列的中长期目标为依据，制订出具体的目标和实施计划。SMART 原则是被广泛使用的目标设定管理原则，即具体（Specific）、可测量（Measurable）、可实现（Attainable）、相关（Relevant）和时间限制（Time-bound）。[①] 如果某省已经开始试点"编制改革创新"（如在若干县市为幼儿教师、特殊教育教师配备一定的教师编制，以应对日益增长的对幼儿教育和特殊教育教师的需求），并取得了良好的效果，则该省在制订新一轮的改革目标和计划时，较为"SMART"（或较为合理）的目标，可以是在 5 年之内将试点县市的数量翻一番，并计划在 2035 年之前实现全省范围内对幼儿教师和特殊教育教师编制的全面覆盖和管理。相应地，一些还没有条件为绝大多数幼儿教师和特殊教育教师解决编制的省份，在进行此次教师人事制度改革时，可以选取若干县市试点，而非立即全面铺开。总之，政策实施者需要结合实施主体所属的层级和权责范围，制定好具体的、可测量的、可实现的、相关的和具有一定时效性的教师人事制度改革目标，这是顺利完成此次改革总体目标的第一步。

### （二）组建强有力的领导团队实施教师人事制度改革计划

在各级各类实施主体制订完合理的教师人事制度改革目标和计划之后，

---

① 刘祯：《评价管理研究的 SMART 原则》，载《经济与管理评论》，2013(1)。

需要形成一支强有力的领导小组，组织人力、财力、物力来实施预定的计划。相较于教育领域其他方面的改革，教师人事制度的改革更需要一支强有力的领导团队，因为教师人事制度既涉及教师切身利益的方方面面(比如聘用方式、薪酬、专业职称等)，又迫切需要教育之外的其他行政主管部门(比如财政、人事)的紧密沟通与配合。因此，一支强有力的、横跨教师人事制度所涉及的多个行政主管部门的领导团队，对于能否实现既定目标至关重要。而一支强有力的领导团队，需要具备的基本要素包括一名核心领导人物，若干各司其职、执行力强的执行者，以及明确合理的权责分工。[①]因此，在组织实施教师人事制度改革计划时，应当有策略地在这三方面做出合理的配置。比如，某西部偏远县在充分领会《意见》精神后，结合当地具体情况，制定了目标明确、计划清晰的政策实施策略。其中的一项目标为"在未来五年之内，将该县内20%的职业高中的固定教师岗位调整为流动教师岗位，以吸引具有创新实践的企业家、高科技人才、高技能人才等到该县职业中学兼职任教"。要实现这一目标(以及其他教师人事制度改革相关的目标)，县党委和人民政府可以任命一位具有教育行业实践与管理经验且领导风格果断硬朗的副县长，以他或她为核心，从县人事局、财政局等相关职能部门抽调若干人员组成一个临时领导小组，定期会晤、共同交流进展、汇报并解决问题，同时明确谁、应该在什么时候、以什么方式、对什么方面负责，厘清每一位成员的权力与职责。

### (三)动态考核实施效果并灵活调整实施策略

任何改革、任何教育政策的实施都不是线性的、自上而下的、一蹴而就的。相反，实施改革需要动态地评估阶段性成果，并及时地做出调整。[②]关于教师人事制度的改革，由于涉及管理体制中基础性的方面，因此任何改革与调整都会涉及利益和权责的重新分配。尽管这样的改革并不一定是零和游戏，即某一群体的教师获得了更多的专业发展机会，就一定意味着另一群体的教师的专业发展机会变少，但是，任何涉及资源和利益重新分

---

① J. A. Conger, "Leadership: The Art of Empowering Others," *Academy of Management Executive*, 1989, 3(1), pp. 7-24.

② 李瑞昌：《中国公共政策实施中的"政策空传"现象研究》，载《公共行政评论》，2012(3)。

配的改革措施都容易影响目标人群，导致他们担心自身利益受到损害，进而引发抵触情绪和行为。领导团队在实施改革过程中如何动态掌握阶段性实施效果，并基于该效果及时做出调整和反馈显得至关重要。比如，某高校依据《意见》中关于高等学校教师薪酬制度改革的"扩大高等学校收入分配自主权"的指导意见，制定了以丰厚年薪制为基础的薪酬制度，以吸引海内外教研成绩突出的青年学者加盟该高校。尽管这样的改革举措符合《意见》中关于高等学校教师人事制度改革的精神，但有可能造成该校教师队伍中部分成员的疑惑甚至不满，从而造成该校教师觉得受到不公平对待的新问题。领导此次改革的团队，需要预知到该新政对现有教师可能产生的影响，并积极采取相应的措施（比如对新进人员制定更高的考核要求，同时开通现有教师申请进入新的聘用方式的通道），这将有助于实现既定的教师人事制度改革目标。

**（四）为实施改革的一线工作者提供充足的激励和创新空间**

此处所指的"激励"不仅包括《意见》中所指的对教师的激励，同时也包括对改革实施者的激励。近年来，国家在提升教师的物质条件、荣誉奖励、专业发展等方面，都出台并实施了一系列有力的举措。而此次《意见》进一步强调了教师队伍建设的"极端重要性"。但同时亦应当加大对改革实施者的激励，因为所有改革目标的实现都离不开每一位政策实施者的努力与贡献。由于教师人事制度改革的实施者往往也是行政管理部门的人员，比如省教育厅负责教师工作的副厅长、县教育局教师工作办公室的科长、中小幼学校的校长等。对于这些政策实施者，执行上级下达的命令是他们日常管理工作中的一部分，因此在开展教师人事制度改革时，可能会假定他们会像传声筒一样将中央所出台的政策准确地接收到、体现在他们的工作中并继续传达到下一级行政主管部门。但是由于政策实施者经历和知识结构等个人因素的影响，以及他们所处机构的具体特点，往往会导致不同改革执行者的投入程度、实施方式和实施效果有很大的不同。因此，充分认识到任何改革目标的实现都很大程度上依赖个体改革实施者的工作，从而加大对他们物质、荣誉和专业上的激励，将有助于政策目标的落实。比如，可以为实施教师人事制度改革的人员提供若干专业发展的机会，帮助他们结合自身所处的具体情境准确把握《意见》的精神和具体要求，为教师人事制度改革突出地区的政策实施者提供物质和精神等方面的奖励等。此次教师人事制度改革的特殊性，决定了这一改革的复杂性和艰巨性。在面对复杂与艰巨的改革任务时，鼓励创新可以帮助改革者投石问路，在实践中摸索出一条行之有效的道路，并逐渐在其他地方加以推广。因此，我们应在教师人事制度改革中鼓励实践者敢于创新、锐意进取。

（廖　伟）

# 县管校聘政策解读与路径探讨

 2018 年 1 月 20 日，中共中央、国务院《关于全面深化新时代教师队伍建设改革的意见》（以下简称《意见》）颁布，《意见》中提到了优化义务教育教师资源配置，实行义务教育教师"县管校聘"。如何贯彻落实《意见》精神？如何有效、有序推进"县管校聘"？这一举措在实施过程中会遇到什么矛盾与具体问题？如何使这一重大举措真正为教师队伍建设发展注入活力？研究这些问题对于促进县域内教师队伍整体水平提高具有十分重要的意义。

## 一、"县管校聘"的政策变迁及影响要素

### （一）政策变迁

 1996 年《关于"九五"期间加强中小学教师队伍建设的意见》中首次提出"教师定期交流"的概念，指出要打破在教师使用方面的单位所有制和地区所有制，鼓励教师从城市到农村、从强校到薄弱学校任教。限于学校物质条件、教师收入等方面的差异，当时教育行政部门工作的重心放在缩小城乡、校际的硬件差距上，行政主导的教师资源的配置是自上而下的计划配置，教师自发追求的是自下向上的单向流动。《国家中长期教育改革和发展规划纲要（2010—2020 年）》中提出建立教师流动机制的总体

要求和方向，目标在于促进义务教育教师资源均衡发展。据此，很多地方教育行政部门开始制定相关政策，进行教师流动的初步尝试，探讨如何有效开展教师多方向流动、优化配置教师资源。截至 2013 年 8 月底，22 个省（区、市）政府出台了关于教师流动的相关政策，这些政策多从省级层面开始，最终落实到了"以县为主"的义务教育管理体制中。

2014 年教育部、财政部、人力资源和社会保障部出台了"教师交流轮岗"的专项性政策——《关于推进县（区）域内义务教育学校校长教师交流轮岗的意见》，指出要全面推进义务教育教师队伍"县管校聘"管理改革以实现教师交流轮岗。"县级教育行政部门会同有关部门制定本县（区）域内教师岗位结构比例标准、公开招聘和聘用管理办法、培养培训计划、业绩考核和工资待遇方案，规范人事档案管理和退休管理服务。学校依法与教师签订聘用合同，负责教师的使用和日常管理。"这次"教师交流轮岗"的专项政策真正成为教师资源配置"县管校聘"模式的标志。2015 年 4 月 13 日，为进一步贯彻落实《关于推进县（区）域内义务教育学校校长教师交流轮岗的意见》的决策部署，教育部公示了首批 19 个义务教育教师队伍"县管校聘"管理改革示范县（区）名单。距离首批试点示范县（区）启动不到三年的时间，2018 年 1 月《关于全面深化新时代教师队伍建设改革的意见》颁布，明确提出了在全国范围内实行义务教育教师"县管校聘"。

**（二）影响要素**

任何一项教育政策的出台都有其一系列的社会背景，"县管校聘"亦不例外，从城镇化、信息化到落实"以县为主"基础教育管理体制、县域义务教育均衡发展、学龄人口波动及新高考政策等，这些因素一起影响着新的"县管校聘"政策的制定与实施。

2017 年，我国的城镇化率达到 57%，新型城镇化对县市区教育最直接的影响就是城区大班额和乡村空心化，县域内城乡教育一体化是基础教育公共服务的基本方向。信息化水平的突飞猛进，带来管理信息化，同时也突破了原有管理模式的空间瓶颈，全县教学"一盘棋""一张大课表"变得简易可行。信息化促进教学资源的广泛传播也带来教学手段的个性化突破，"一师一优课"促使每一位教师都尽己所能地展示最高教学水平，信息化设施和传播平台为每一位教师搭建舞台的同时，也为所有学生便利享受优质教学资源提供了可能，教育信息化成为"县管校聘"的技术基础。从基础教育公共服务的供给角度看，21世纪以来我国逐步确立的"以县为主"的基础教育管理体制，已然成为"县管校聘"政策的最根本基础。随之而来的县域教育均衡发展政策全面推进，带来了学校硬件配套的标准化和合格化建设，促进了教师工资的县乡统一，这为县域内统一调度教师资源带来了可行性，是全县教学"一盘棋"的财政基础。

2017年起，全国各省份陆续进入新高考模式，高考不分文理，录取不分批次；高中生开始选课走班，管理难度加大，教师缺口进一步增大；个性化培养对基础教育阶段教师提出了新要求和新标准；学生评价不再唯分数论，学校管理和学生学习都要适应。新高考政策中引入的选科举措、综合素质评价策略、按照专业大类的招生录取办法，将会很大程度地改变传统的大学入学考试，几乎会动摇高等学校入学考试的根基，自然会引领传统模式下的县域内基础教育的教师评价转型。基础教育阶段的人才培养由原有意义上的追求排名转向追求学生的个性化发展，这会倒逼县域教育管理的转型和学校的特色发展，倒逼基础教育阶段的教师职后培训与发展的转型。"县管校聘"有利于最大限度地优化教师资源配置，运作得当也有利于教师队伍建设的良性发展，可以寻求到教师发展、学生成才和整体资源配置效率之间的最大公约数。

## 二、"县管校聘"政策内涵分析

《意见》明确提出：优化义务教育教师资源配置，实行义务教育教师"县管校聘"。从《意见》文本的表述，可以看出"县管校聘"的制度设计包含众多要素，具体措施也具备高度可行性，主要有以下五个方面。

### (一)全面推行聘任制管理

"深入推进县域内义务教育学校教师、校长交流轮岗，实行教师聘期制、校长任期制管理，推动城镇优秀教师、校长向乡村学校、薄弱学校流动。"深入推进县域内校长交流轮岗，校长任期制管理。引导县(市、区)层面成立教育人才服务中心，统筹负责中小学教师的交流轮岗、结对帮扶、人事档案集中管理和教师资格定期注册及日常人事管理等工作。统一县域内教师岗位结构比例标准、公开招聘和聘用管理办法、培养培训计划、业绩考核和工资待遇方案，完成年度教师招聘任务。引导建立健全县管教职工编制、人员经费、岗位设置、交流轮岗、招聘录用，学校管岗位聘用、绩效工资分配、考核奖惩的工作机制，逐步实行"无校籍"管理，打破教师交流轮岗的管理体制障碍。县级教育部门统一本区县域内教师岗位结构比例标准、公开招聘和聘用管理办法、培养培训计划、业绩考核和工资待遇方案。

### (二)鼓励学区内走教

实行学区(乡镇)内走教制度，改变教师流动的方向，由向上流动改为横向流动或者平行流动，地方政府可根据实际给予相应补贴。符合交流条件的校长、骨干教师在县域范围内交流，而普通教师一般就近或在同一片区内交流。综合来看，交流方式主要有以下几种。

第一，指导型交流。重点是鼓励城区学校的名师、骨干教师和校长向农村学校、城区薄弱学校流动，指导农村学校、薄弱学校的学科建设、队伍建设等。

第二，合作型交流。各教育学区、学校可根据实际情况以"名校集团化""城乡互助共同体""联盟合作学校""双向对口交流"等形式进行交流，实现资源共享，优势互补。

第三，顶岗型交流。建立和健全新教师培养基地，既促进新教师培养，又缓解城区学校因选派教师参与交流而产生的任课教师不够的矛盾。

第四，优化型交流。特长教师向特色学校流动，富余学科教师向空缺学科学校流动，超编学校向缺编学校流动，进一步促进教师结构优化。

### (三)大力推进特岗计划

"逐步扩大农村教师特岗计划实施规模，适时提高特岗教师工资性补助标准。鼓励优秀特岗教师攻读教育硕士。"特岗教师政策是中央实施的一项对西部地区农村义务教育的特殊政策，通过公开招聘高校毕业生到西部地区"两基"攻坚县、县以下农村学校任教，引导和鼓励高校毕业生从事农村义务教育工作，创新农村学校教师的补充机制，逐步解决农村学校师资总量不足和结构不合理等问题，提高农村教师队伍的整体素质，促进城乡教育均衡发展。纳入特岗计划的县（市、区），必须是教师总体缺编、结构性矛盾突出，财力比较困难，但工作基础好、积极性高的县（市、区），特岗计划实施期内原则上不得再以其他方式补充新教师。特设岗位教师工作岗位的安排应结合当地实际需求，按照学科结构，科学搭配。为了便于管理，岗位的设置要相对集中，避免过于分散。特设岗位教师主要安排在县城以下的农村乡镇初中，可适当兼顾乡镇中心小学。

**（四）加大乡村教师支持力度**

鼓励地方政府和相关院校因地制宜采取定向招生、定向培养、定期服务等方式，为乡村学校及教学点培养"一专多能"教师，优先满足老少边穷地区教师补充需要。2015 年 4 月 1 日，中央深化改革领导小组举行第十一次会议，审议通过了《乡村教师支持计划（2015—2020 年）》。发展乡村教育，让每个乡村孩子都能接受公平、有质量的教育，阻止贫困现象代际传递，是功在当代、利在千秋的大事。要把乡村教师队伍建设摆在优先发展的战略位置，多措并举，定向施策，精准发力。通过全面提高乡村教师思想政治素质和师德水平、拓展乡村教师补充渠道、提高乡村教师生活待遇、统一城乡教职工编制标准、职称（职务）评聘向乡村学校倾斜、推动城市优秀教师向乡村学校流动、全面提升乡村教师能力素质、建立乡村教师荣誉制度等关键举措，努力造就一支素质优良、甘于奉献、扎根乡村的教师队伍。

**（五）实施银龄讲学计划，鼓励支持乐于奉献、身体健康的退休优秀教师到乡村和基层学校支教讲学**

随着社会生活水平的提高，我国人均寿命也显著提高。教师职业生涯的基本规律表明，在身体条件允许的情况下，50 岁之后的"晚年"迥异于其他行业，反而会有更加成熟的职业心态、更加娴熟的专业技能、更加从容的生活状态。按照 60 岁的标准退休年龄，五年之后 2023 年退休的人群正好对应的是我国出生人口的最高峰（1963 年为 2680 万人）。这部分人假若能在退休之后反哺教育，将会对基础教育的师资队伍建设起到关键的补充作用。

### 三、"县管校聘"的试点经验和问题分析

纵观我国教师流动政策的变迁和发展，政府对教师流动的管理办法逐渐从区域试点开始"鼓励""引导""积极推动"向全面推行"县管校聘"转变。县级教育行政部门会同有关部门统一管理教师的人事关系和聘任交流，实行教师"无校籍管理"，在教师由"学校人"变为"系统人"的过程中，各地既总结出一些可以推广的经验，也发现了"县管校聘"推行过程中的普遍性问题。①

#### (一)经验与导向

1. 清晰界定了教育行政部门的财权和事权范畴

义务教育作为一项系统工程，需要政府各行政部门的协调合作。教育行政部门作为实施教育改革的主力军，充分参与相关政策的制定，并能够独立执行政策显得格外重要。这种新的管理模式更好地实现了政教分离、政校分离、管办分离、聘用分离，清晰地确定了教育行政部门及学校的责任和义务清单。

在原有的县(区)教育管理体制中，教育行政部门在整个政府结构中往往处于弱势地位。由于教育行政部门在财政预算、岗位设置、聘用管理等方面的话语权不足，致使其不能有效调配资源，无法有效提升学校和教师的教育教学质量。因此，教育行政部门必须拥有与其相对应的财权和事权，才能为其履行职责提供物质和人力保障。新的政策确定落实教育行政部门对教育经费预算的编制权、经费的使用管理权以及教师资源调配权，在很大程度上促进了教师管理体制的改革和教师人力资源的优化配置。教育行政部门财权和事权的提高，不仅有利于保障教育经费的按时供给和合理使用，而且有利于在县(区)域内对教师进行统筹规划、合理调配。

2. 加强了学校枢纽功能

学校作为教育行政部门和教师之间的信息传递者，担负着上下沟通协调的重要职责。加强学校的管理功能、发挥学校的枢纽作用对于教师流动工作的开展意义重大。

---

① 曾志：《"县管校聘"理论与实践研究——以成都为例》，硕士学位论文，四川师范大学，2016。

第一，要加强学校与教育行政部门之间的及时沟通。确保流动政策的制定标准与县（区）域内学校实际情况相符，提高政策的可操作性。学校在"县管校聘"管理框架下，对学校教学、教辅的岗位目标、职责、任务性质等具体要求进行定性、定量分析，并从知识、能力、经验、性格等维度对任职教师进行具体调研、分析与测评，做到人尽其才，在一个透明的框架下向每一位教师提出聘任条件。

第二，学校在开展教师流动工作中，要保证实施过程的规范有序、公开透明。对符合流动条件的教师做到一视同仁，尊重教师个人流动意向，统一填写调查表。学校管理人员要结合教师的家庭情况、住址和个人意向，与教师充分沟通协商后，确定教师流动的最终人选。

3. 能够切实保障教师权益

"县管校聘"教师管理制度框架下，教师有选择学校和岗位的自由，人才服务中心也有调整教师岗位的权力。教师人才服务中心定期对教师进行培训，既对教师进行工作方法的培训，也对教师进行职业规则及个人成长的培训，让教师不断进步、不断发展，让教师资源实现增值。教师流动政策有效实施的根本保障是高质量的实施细则。作为制定高质量实施细则的关键环节，教师的充分参与将有利于解决当前教师不愿参与流动这一重大问题。从试点经验来看，在政策执行过程中，大多数县（区）能够挑选出熟悉教育政策、处理问题能力较强的教师组建成县（区）教师委员会，参与县（区）教师流动政策方案的起草。①

**（二）存在的问题**

教师资源配置是义务教育管理的关键环节，是以县为主管理模式的核心组成部分，教师队伍管理隶属于编制部门、人社部门、教育部门、财政部门等，比较微观的管理和使用工作由学校具体负责，由于涉及众多利益相关群体，"县管校聘"政策推行过程中仍然存在一系列问题，政策有较大的优化和细化的空间。

---

① 方征、谢辰：《"县管校聘"教师流动政策的实施困境与改进》，载《教育发展研究》，2016(8)。

1. 政策宣传不力，教师及学校对政策的认同程度存在差异

教师在整个"县管校聘"教师流动实施细则制定中的参与力度弱。教师作为政策的最终执行者、政策实施的利益相关者，本应该是最具有权利的发言者，然而在整个实施细则制定过程中，多数教师并没有实质性参与，这也是政策实施遭遇困境的最主要原因。许多教师认为参与流动的教师工资福利待遇得不到保障，而且流动会对子女入学、家庭生活方面等造成影响。激励保障机制的缺失，使得教师的权益无法从根本上得到保障。当流动教师自身权益受到损害时，也无法寻求相关的法律救济。

试点发现，中小学教师及学校管理者对"县管校聘"政策的认同度存在一定差异，一定程度上影响了政策实施的效果。一方面，由于在"县管校聘"政策方案制定和实施过程中教师始终处于被动状态，以及相关部门对"县管校聘"政策的宣传引导不够，很多教师对于"县管校聘"政策所能给自身利益及自身发展带来的影响缺乏准确判断，在思想上难以完全接受教师跨校流动的做法，产生了政策认同障碍。另一方面，学校管理者对于政策实施给学校发展带来的影响存有疑虑。例如，对于学校而言，优秀教师是非常重要的资源，出于对学校教学质量的保护，许多学校不希望骨干教师流出；而对于教育发展水平相对落后的学校而言，他们虽然迫切需要优秀教师力量注入，但又顾虑优秀教师的流入会带来管理上的很多困难。中小学教师及学校是"县管校聘"最核心的政策对象，类似的消极情绪若得不到消除，就难以奠定政策认同基础，会出现抵制、敷衍政策等行为。

2. 囿于部门利益，政府职能部门联动工作机制尚未有效形成

"县管校聘"在实施过程中涉及教师编制核定、教师绩效工资、教师评优与晋升、教师的培训与培养等多个方面，也就涉及教育、财政、人社、编办多部门协同工作的问题。因此，由教育行政部门的单一行动向多个部门的互动改革转变是政策顺利推行的关键。但通过对相关部门领导访谈发现，权力分配和资源配置是行政系统内部最为敏感的领域，若要贯彻落实"县管校聘"，就必须对各个行政管理部门之间进行明确定位和区分，但是各部门之间的边界意识强，各部门固守各自的利益范畴，相互配合不当，教育行政部门统筹协调困难，导致行政效率低下，也导致在实施"县管校聘"的过程中存在一系列权限划分问题。"县管校聘"使教师不再隶属于学校，

那么在对教师的日常管理中哪些权力属于学校，哪些属于县级教育部门，这些都缺乏明确清晰的解释。

3. 强制性交流为主，配套保障机制缺失

人才流动是人力资源优化配置的必然要求。然而我国以行政方式推动义务教育教师交流，虽有见效快等优点，却隐患重重。《关于推进县（区）域内义务教育学校校长教师交流轮岗的意见》规定："在职务（职称）评聘工作中，要将教师到农村学校、薄弱学校任教 1 年以上的工作经历作为申报评审高级教师职务（职称）和特级教师的必备条件。"在多个省份的相关文件中，也将职称评定、职务晋升等与教师交流硬性捆绑。在此举措下，教师的"动"是"强制动"而非"自愿动"，难以真正调动教师流动的积极性，也容易导致交流效果大打折扣。促使教师积极主动参与流动的关键是完善配套保障机制，解决教师的后顾之忧，保障教师切身利益，满足内在激励条件，相关政策文件尚无清晰的针对性表述。①

## 四、全面推进的路径探讨

"县管校聘"政策涉及方方面面，从长远看，对教师个人成长大有益处；但从短期来看，会给教师个人的工作和生活带来一定不便。对此，在全面推进之初，务必以区县为单元进行精心的顶层设计，统筹兼顾各方利益，尽量寻求帕累托最优改进；深入细致走访基层，充分调研，听取借鉴教师们的建议，遵循教育规律，让每一条举措都切实可行。

### （一）厘清政府、教育局、学校、教师等各方的责任、义务、保障清单

《关于推进县（区）域内义务教育学校校长教师交流轮岗的意见》指出"县级教育行政部门会同有关部门制定本县（区）域内教师岗位结构比例标准、公开招聘和聘用管理办法"，意即理顺管理关系，明确管理职责，划定"县"管和"校"聘的权力范围，制定清晰的责任范围和义务清单。

第一，明确教育行政部门代表"县管"的权力清单，将原来编办、人社、

---

① 侯洁、李睿、张茂聪：《"县管校聘"政策的实施困境及破解之道》，载《中小学管理》，2017(10)。

组织等部门对于教育的人事权进行整合，负责本辖区内优质师资均衡配置的综合规划和管理及其他相关工作。实行教师编制区县统一核定、定期调整、动态管理。区县编办配合教育部门根据学校发展需求及中央和省级的相关规定、标准，对教师编制进行核定；人社部门负责对教育单位岗位进行审核，定期核定全县教师的编制总数；组织部门配合核定全县中小学校长岗位；教育主管部门根据教师需求方案，对本辖区内的教师补充计划进行统一调配。

第二，明确"校聘"的模式，将办学自主权最大限度地还给学校，由学校校长对内部管理人员进行提名和安排。学校管理者是对校内教师资源状况最为了解的知情者，负责教师的岗位安排和日常教学管理，务必保证学校的最大可能参与度，避免教师资源计划的制订存在盲区甚至是误区。

**(二)建设县域教师管理信息系统，确保决策及管理过程科学化、透明化**

打造阳光信息平台，即打破人社、卫计、公安、教育等部门的县域信息壁垒，教师队伍管理政策紧跟全面"二孩"政策，在原有直通国家层面的教育事业发展统计报表基础上，打造阳光透明的"县管校聘"教师工作信息库，主要包括学校基本发展信息和教师基本工作信息。学校信息具体包括：生源、班额、教学岗位、教辅岗位；教师信息具体包括：教师基本工资待遇、学历、职称、荣誉奖励、培训经历、岗位流动情况。

调整聘用合同，动态把握教师资源配置情况。首先，对原有的教师聘期进行调整，通过合同契约，对每个岗位所对应的岗位职责和任务、聘用及考核标准、薪资奖励制度等进行详细的说明和完善，明晰教师与学校之间的权利和义务关系，使教师管理规范化、契约化。考虑现行的"六三"学制和教师工作的阶段性和稳定性，建议以 6 年为一个聘期，即便中途个别出现情况，无论对于初中还是小学都不会产生很大的影响。

**(三)以人为本设立教师服务中心**

设立区县教师专业发展中心，统筹协调教师人事、编制、工资待遇及相关配套服务等方面工作，以此部门为核心形成工作联动机制，及时研究解决改革过程中的困难和问题，将资源与权限集中，使权力与责任对等。建议依托县域内学校布局，划分为 3～4 个学区，以就近和均衡为原则，改革原有的区县教科研机构，建设区县的教师管理服务中心，承担起区域教育战略规划、科学布局和学科教研等任务，具体担负起新教师培训、集体备课、教学质量评价与督导等任务，以人为本，服务教师专业发展。[①]

"县管校聘"的实施要落实学校的用人自主权并增强教师的话语权。政策的实施应充分考虑教师的专业发展及自愿性，不可强制安排教师轮岗，加强教师在政策制定与实施过程中的知情权、话语权、参与权。"县管校聘"的根本目的在于优化教师资源配置，同时也给每一位教师施展才华的舞台和发展进步的空间。在原有国培、省培计划教师培训基础上，加强县域教师培训，发挥县域内高级教师、特级教师的业务引领作用，留出教师接受培训的时间和空间。

### (四)加大保障力度，完善教师流动激励机制

完善的教师流动保障机制有助于解除教师的后顾之忧，提高教师参与流动的积极性。首先，在统一县(区)域内教师工资待遇的前提下，教育行政部门要将参与流动教师的交通、食宿等纳入经费预算。为流动教师提供教师公寓，并设立专项资金作为流动教师的津贴补助。将县(区)域内学校依据教育实力分区或划分教育集团，依据不同等级的学校结对划分津贴补助标准。

财政责任重心上移，完善教师工资福利保障机制，要促进教师合理流动，必须统筹城乡教师工资福利，并大力提高农村地区教师的岗位补贴。目前我国县级政府承担的教育财政压力最重，尤其是经济发展水平相对落后的县级政府财力匮乏。面对城乡师资难以均衡的沉疴痼疾，国家应上移财政责任重心，加大转移支付力度，由中央和省一级的政府重点承担缩小省域内中小学教师的收入差距，保障区域内教师待遇的基本一致性，特别是省级财政要加大农村教育投入，大幅提高农村教师的收入水平。

### (五)完善配套制度建设，促进城乡教育一体化发展

"县管校聘"最主要的目的是实现教师交流轮岗，但其内涵及制度体系

---

① 姜超、邬志辉：《"县管校聘"教师人事制度改革的政策前提与风险》，载《四川师范大学学报(社会科学版)》，2015(6)。

的架构却远不止于此。统一县域内教师的编制标准、工资待遇、专业技术职务岗位设置标准，实现城乡教师招聘、培养、考核、晋升一体化，需要健全一系列配套保障措施，只有这样才能够保证制度的有效落实，制度的执行效果建立在程序性和公平性基础之上。要营造有利于"县管校聘"政策推行的外部大环境，需进一步促进城乡教育一体化发展。虽然教师交流是均衡城乡教育发展的突破口，且以国家政策促进教师的校际均衡配置，但唯有真正实现城乡教育一体化发展，解决农村教育投入不足等根本性问题，实现整体教育资源的均衡配置，才能促进教师主动流动。

要获得学校教师对政策的认同，不仅需要加强政策的舆论引导，更需要不断完善"县管校聘"政策的保障制度和机制，特别是利益补偿机制。第一，要加大对交流教师的补助力度，除对评优、职称晋升进行倾斜外，还要制定交通补贴、山区补贴等人性化制度。第二，要建立稳定的教师流动支持体系，例如为交流教师提供周转房，解决交流教师子女入学问题等，解决交流教师的后顾之忧，使其安心从教。第三，要建立"县管校聘"评估制度，对"县管校聘"进行顶层设计，并且将监督责任落实到部门，避免出现督导不力的情况。

（杨玉春）

# 建立城乡义务教育教师的"双向"交流机制

"百年大计，教育为本；教育大计，教师为本。"为深入贯彻落实党的十九大精神，造就党和人民满意的高素质专业化创新型教师队伍，中共中央、国务院于 2018 年 1 月 20 日出台了《关于全面深化新时代教师队伍建设改革的意见》（以下简称《意见》）。《意见》是中华人民共和国成立以来党中央出台的第一个专门面向教师队伍建设的里程碑式政策文件。《意见》进一步细化了 2035 年教师队伍建设目标，并对新时代教师队伍建设做了细致深入的战略部署。

《意见》指出，要"坚持教育优先发展战略，把教师工作置于教育事业发展的重点支持战略领域，优先谋划教师工作，优先保障教师工作投入，优先满足教师队伍建设需要"。正如《意见》中所提到的现实情况：我国教师城乡结构、学科结构分布不尽合理，准入、招聘、交流、退出等机制还不够完善，管理体制机制亟须理顺。因此，《意见》明确指出，深化教师管理综合改革，切实理顺体制机制。当前，在我国教育现代化的紧迫需求和城乡教育一体化发展改革的新形势下，新型城镇化过程中城乡教育的差距进一步拉大。全面"二孩"政策及高考改革等带来的新情况、新形势，迫切需要缩小城乡教育差距，促进教育公平，统筹推进城乡义务教育与一体化改革。

要突破城乡义务教育均衡发展的瓶颈，实现义务教育教师资源优化配置，必须加强城乡义务教育教师的"双向"交流。那么，如何解读《意见》中有关义务教育教师的"双向"交流机制？本文将从政策层面、理论层面及操作层面进行探讨。

## 一、《意见》指明了优化义务教育教师资源配置的根本路径——义务教育城乡教师"双向"交流机制

首先，《意见》进一步明确了义务教育城乡教师"双向"交流的管理机制。目前，实行义务教育城乡教师交流的主要工作机制是"县管校聘"。《意见》对此做了进一步明确。这一举措的实质是加强县（区）域内义务教育教师的统筹管理，打破教师交流轮岗的管理体制障碍。[①] 所谓"县管校聘"，是指县级教育行政部门会同有关部门制定本县（区）域内教师岗位结构比例标准、公开招聘和聘用管理办法、培养培训计划、业绩考核和工资待遇方案，规范人事档案管理和退休管理服务。学校依法与教师签订聘用合同，负责教师的使用和日常管理。教师交流轮岗经历纳入其人事档案管理。[②] 具体而言，就是在教师管理制度上从单一的"校籍管理"模式走向"系统管理"模式，即将中小学教师的管理权限统一收回到县级教育行政部门，由县级教育行政部门统一聘任，统一管理人事，统一工资待遇，统一配置师资，实行"无校籍管理"，把教师从"单位人"变成"系统人"。[③] 可以说，"县管校聘"这一管理机制的进一步明确是我国义务教育教师流动机制的纲领性举措，标志着我国政府对义务教育教师流动的管理机制从鼓励性向规约性的转变，从倡导性向规约性的转变。

其次，《意见》阐明了义务教育城乡教师"双向"交流的动态流动机制。《意见》指出，要深入推进县域内义务教育学校教师、校长交流轮岗，实行

---

① 教育部、财政部、人力资源和社会保障部：《关于推进县（区）域内义务教育学校校长教师交流轮岗的意见》，2014。

② 同上。

③ 史亚娟：《中小学教师流动存在的问题及其改进对策——基于教师管理制度的视角》，载《教育研究》，2014(9)。

教师聘期制、校长任期制管理。这一政策的出台，其实是对以往教师流动政策中普遍存在的"人走关系动"的刚性流动政策的补充和完善。在以往的教师流动政策中，普遍存在的教师流动是优秀教师从农村学校、薄弱学校向优质学校、城镇地区的向上流动。一些研究表明，我国义务教育教师逆向流动动力不足。[①] 因为优质教师"向上流动"是教师自然流动的经济本性使然，而"逆向流动"更多的是行政外部干预的结果。如果教师逆向交流的内在动力不足，交流实效就会大打折扣。可以说，这种带有行政意味的刚性流动政策之所以无法得到广大教师的支持是有其内在原因的。一方面，从参与流动的教师个体而言，"逆向流动"客观上增加了教师工作、生活等各方面的成本，在一定程度上给流动教师带来不确定的心理影响。客观上，优质学校与薄弱学校之间存在工资待遇、工作环境等方面的差异。尤其是教师比较看重的是，在重点学校或优质学校，一般而言工作条件与学校文化较好、待遇较高、学生总体水平好，因而更容易出成绩。此外，优质学校各方面的专业发展机会是教师更为看中的隐性资源，如进修、在职读研、出国考察等，这些都影响着教师流动的意愿。流动所造成的工作、生活等方面的不稳定，客观上阻止了部分想流动的教师的愿望。另一方面，从参与流动的教师所在的学校而言，任何一所学校的发展离不开优质师资，因此，学校首先考虑的是本校学生的利益和保留好的教师资源。而强制的教师流动往往忽视交流教师和学校自身发展的需要，不仅扭曲了教师上进的原始动力，而且破坏了学校培养师资的激励机制。因此，这种"削峰填谷"式的教师交流实际上是以牺牲部分教师和名校的利益为代价的。[②] 正因为如此，很多优质学校并不愿意选派优秀教师参与流动。《意见》中明确的县域内义务教育学校教师、校长交流轮岗，实行教师聘期制、校长任期制管理，其实是为教师交流提供了一种与以往强制性教师交流政策相比更为动态管理的柔性政策，为教师的动态流动提供了可能，也真正有助于教师资源的优化配置和义务教育均衡发展，同时，也更有利于实现真正的"双向"交流。正如《意见》中所强调的，义务教育城乡教师流动的"双向"性，推动城镇优

---

① 田汉族：《刚性教师交流制的实践困境与法律思考》，载《教师教育研究》，2011(1)。

② 同上。

秀教师、校长向乡村学校、薄弱学校流动。向上流动以学习、改进、提升和发展为主，逆向流动以传经、示范、引领和创新为主；通过营造环境和条件，将向上流动视为一种鼓励，将逆向流动视为一种奖励。①

最后，《意见》规定了义务教育城乡教师"双向"流动的激励保障机制。2014 年，我国教育部出台了"教师交流轮岗"的专项性政策——《关于推进县(区)域内义务教育学校校长教师交流轮岗的意见》。当时的文件对教师参与流动的对象范围、形式与方法进行了具体的可操作性规定。但遗憾的是，该项专项性政策并没有对教师的激励保障机制做出具体规定，这导致了政策实施过程中教师参与流动意愿低、政策实际执行难的问题。教师流动涉及教师的工作、生活等具体的切身利益，有可能增加其工作、生活、心理成本。比如，许多教师认为参与流动的教师工资福利待遇得不到保障，而且流动会对子女入学、家庭生活方面等造成影响。② 而《意见》明确规定了"实行学区(乡镇)内走教制度，地方政府可根据实际给予相应补贴"。这样一来，参与流动的教师所担心的问题就得到了有效地缓解，"走教"制度对参与流动的教师不会产生待遇上的影响。

## 二、城乡教师"双向"交流是实现城乡教育均衡发展的必由之路——基于教师多重属性的分析

### (一)城乡教师"双向"流动的概念解析

教师流动，是指教师与学校两者相互选择而实现的教师工作单位的变动。③ 教师流动一般包括教师自主性流动与政策性流动。

我国义务教育教师流动的政策由来已久。其实早在 1996 年，国家教育委员会印发的《关于"九五"期间加强中小学教师队伍建设的意见》就提出"要建立教师流动的有效机制，采取切实的政策措施，鼓励教师从城市到农村，从强校到薄弱学校任教"。1999 年，中共中央、国务院《关于深化教育改革，

---

① 殷世东：《义务教育阶段教师流动机制的构建》，载《教育发展研究》，2013(18)。
② 方征、谢辰：《"县管校聘"教师流动政策的实施困境与改进》，载《教育发展研究》，2016(8)。
③ 同上。

全面推进素质教育的决定》提出实行教师政策性流动的要求，各地要制定政策，鼓励大中城市骨干教师到基础薄弱学校任教或兼职，中小城市（镇）学校教师以各种方式到农村缺编学校任教，并做出"城镇中小学教师原则上要有一年以上在薄弱学校或农村学校任教经历，才可聘为高级教师职务"的规定，由此拉开了我国中小学教师合理流动的序幕。但令人遗憾的是，这项政策的贯彻落实尚未取得理想效果。相关研究表明，教师流动在数量和质量上仍有较大的提升空间，教师流动存在诸多问题，如参与政策性流动的教师比例较低，部分区县尚未建立教师交流制度，政策性流动对于推进均衡发展的作用有限。教师的政策性流动表现差强人意的根本原因在于这项政策性流动的最初定位主要是限于城镇教师逆向对农村学校的单向流动，参与政策性流动的教师主要来自城区或县城。由此产生的主要问题是：流动局限在小范围内，仅涉及较少的学校和教师，而且交流时间短。在这个过程中，选择政策性流动的教师往往并不考虑流入学校的需要。而相关学校在派出轮岗交流教师时大多数不会考虑教师交流的效果。

2006 年的《中华人民共和国义务教育法》提出"县级人民政府教育行政部门应当均衡配置本行政区域内学校师资力量，组织校长、教师的培训和流动"，第一次在法律上把组织教师流动作为县级人民政府教育行政部门的职责明确下来。2010 年的《国家中长期教育改革和发展规划纲要（2010—2020年）》提出"实行县（区）域内教师、校长交流制度"。这些政策文件不再强调城镇对农村的支援，或者优质对薄弱的支援，使得教师政策性流动的方向从单向变为双向，范围从针对少数学校或教师变成涉及所有学校和教师，但这一政策的执行效果并不十分理想。本次《意见》明确提出，深入推进县域内义务教育学校教师、校长交流轮岗，实行教师聘期制、校长任期制管理，推动城镇优秀教师、校长向乡村学校、薄弱学校流动。也就是说，教师"双向"交流将成为教师流动机制的主要流动方式。这是对以往历次教师流动政策的进一步补充和完善。

**（二）城乡教师"双向"流动的基本原则**

所谓"双向"流动，即意味着教师交流不仅仅是优秀个体教师从薄弱校进入优质学校，同时也是更多优秀校长、优秀教师资源流向薄弱学校和地区。只有这样的"双向"流动，才会真正实现教师交流的合理性流动。因此，教师"双向"流动的基本原则可以进一步阐述为以下几个方面。

第一，向上流动与逆向流动相结合。向上流动是指教师流入的层次高于流出层次。逆向流动是指教师流入的层次低于流出层次。正如前文所述，向上流动往往是教师基于先赋条件或后天努力的流动，这种流动是教师作为社会个体的属性使然，通过自己的努力及具备的各方面条件，获得向上流动的资本和条件。这种流动无法阻止也不应阻止，而是应该通过鼓励机制为教师专业发展创造更好的条件。而与此同时，"双向"流动机制应该为流出学校及时补给优秀教师资源，只有向上流动有序，逆向流动有规，双向流动实现教师动态补给，才能真正实现教师专业发展与学校、区域教育的良性发展，从而真正促进义务教育均衡发展。

第二，质的流动与量的流动相结合。量的合理性流动，即适应社会需要和社会承受力的流动量，使社会流动量保持在社会发展需要和社会承受、容纳能力之间的特定阈限内。质的合理性流动，指社会流动所体现的原则要与社会的基本制度要求相适应。[①] 若要真正实现教师资源优化配置，促进义务教育均衡发展，教师流动就必须关注流动中"质"与"量"的结合，即既要在政策上保证教师流动中的一定比例，从而形成一种区域教育发展的动态能量，同时也要将这种流动视为一种"能量流动"，充分调动流动教师和学校的积极性，从而推动积极能量的流动，减少教师流动过程中的学校及教师个体的消极能量传递。

第三，供给性流动与自主性流动相结合。所谓供给性流动主要是指政策干预或指导下的教师流动，这种流动具有普遍性原则，即教师流动是为所有合乎条件的教师提供流动机会。同时还包括筛选标准的普遍性和实现标准的普遍性。只有流动普遍性原则才真正具有开放性，才有可能合理地更新与之结合的社会成员，实现合理的社会流动。[②] 自主性流动是指教师通过自己的先赋条件或后天努力实现向上流动，这种流动也有助于为教师流动形成自由开放的动态流动体系，促进全社会的人才循环与流动。

① 殷世东：《义务教育阶段教师流动机制的构建》，载《教育发展研究》，2013(18)。
② 同上。

第四，区域内流动与区域间流动相结合。中国作为一种典型的"差序格局"的社会，重亲情、乡情。因此，教师流动应该以区域内流动为主，区域间流动为辅。这样一方面有助于教师的"地方知识"在教育教学中真正发挥作用，另一方面也有助于降低区域间流动所带来的成本和能量损耗。

### (三)基于教师多重属性的教师"双向"流动机制解析

从根本上说，教师是一种专业。在我国古代，教师被视为"传道授业解惑者"。而在 20 世纪 80 年代，随着全球教授专业化运动的开展，教师作为变革能动者，其专业性和专业发展受到了前所未有的重视。换言之，教师被视为"专业人"。专业人的内涵主要包括：(1)具有为公共福祉做贡献的责任感与使命感，或者说"天职感"；(2)具有实现自己责任和使命的专业技术和能力，这套知识和能力一般为大众所没有，但却为社会不可或缺；(3)有专业的归属与认同，这种归属感受到一整套专业制度(如资格准入、晋升、研修制度等)及与专业共同体内部成员的互动与认可所形塑；(4)有强烈的自律性，不受外界经济与政治的诱惑而坚持专业实践内在的伦理要求。[①] 可见，教师对自身"专业人"身份的认同是发挥其专业特长，助力其专业发展的重要内在因素。拥有"专业人"身份感的教师则将专业认同优先于组织认同，并致力于通过发挥自己的专业知识和能力以更好地帮助同行及自己所服务的对象。[②] 但就当前我国教师流动中存在的问题反观，我们不难发现，我国义务教育阶段的流动教师尚未建立其"专业人"的身份认同，更多的是从行政管理上将自己视为"学校人"。

从"专业人"的角度看，教师双向流动是教师促进自身教学能力提升的重要契机。长期以来，由于受学校管理体制的影响，教师工作被视为"铁饭碗"，只要教师年复一年地教书，就不会存在被解聘或失去工作的危险。因此，很多教师都是一辈子待在一所学校任教，其所教学科的内容只要教材不变，可谓日复一日，年复一年，年年一样。在这种情况下，教师不可避免地会出现职业倦怠，更糟糕的是其对教学、学生以及教育的理解与认知

---

① 叶菊艳：《从"学校人"到"专业人"：教师流动与教育变革实现的源动力》，载《全球教育展望》，2014(2)。

② 同上。

也会停留在同一个层面，既失去了更新教学的勇气，也失去了突破自我、追求卓越的理念。这样的教师发展最终必将影响我国基础教育事业的发展与创新性人才的培养。

此外，要促使城乡教师双向流动，恐怕还需把"教师"这种带有公共服务性质的群体视为社会群体中的一员，充分重视教师作为"社会人"的多维角色。一项对云南省 30 个县 10356 位乡村教师的调查显示：云南乡村教师中近 80% 有流动（调动）及流失（改行）意愿；教师的流动及流失意愿呈现出"向城性"与"返乡性"两种趋向；30 岁以下青年教师的流动及流失意愿最为强烈；总体上工资收入越高，教师的流动及流失意愿越弱，但学校区位的影响不容忽视。影响乡村教师流动及流失意愿的因素按重要性排序依次是：子女上学及家庭生活、工资待遇与工作负担、学校位置及交通、住房条件、学校管理与教学风气、社会氛围与工作环境。[①] 从云南省乡村教师调查结果不难发现，教师单向流动政策之所以没有达到理想效果，与教师本身作为"社会人"的生活需求与利益诉求无法得到满足甚至相悖密切相关。首先，众所周知，农村学校教师工资收入低。据统计，2001—2008 年，尽管我国农村学校教师工资水平逐年提高，上涨幅度甚至超过城市学校教师，但是，农村学校教师工资水平远不如城市学校教师工资水平，农村学校教师的经济地位低于城市学校教师。[②] 其次，农村学校教师工作量大、工作压力大。一些农村学校教师除了要包揽一个班的课程外，还要跨年级上课。此外，在教学工作之余，一些农村教师还需要忙农活。再次，农村学校教师参与培训、进修的机会较少，专业发展严重受限。在评优、职称晋级等方面，农村学校教师的机会明显比城市教师少，使得农村学校教师感到不公。最后，农村教师物质保障不足。这些原因都深刻影响着教师的社会性活动。正如马斯洛需求理论所述，当一个人满足了生存与温饱的需求之后，会进一步寻求情感与归属的需要，继而希望实现尊重的需要。这种尊重包括内部尊重与外部尊重。教师作为一个"社会人"，作为"人民教师"，自然希望

---

① 王艳玲、李慧勤：《乡村教师流动及流失意愿的实证分析——基于云南省的调查》，载《华东师范大学学报（教育科学版）》，2017(3)。

② 曾晓东：《中国中小学教师发展报告（2012）》，201 页，北京，社会科学文献出版社，2012。

自己能有稳定的社会地位，能够受到别人的尊重与高度评价，同时也能够体验到自己的社会价值。而以上农村教师各方面的情况却不容乐观，这便是农村教师流失流动的根源所在。同样，教师的"社会人"属性也解释了城镇教师单向流向农村进行"对口支援"收效不理想的深层次原因，因为这种短时的流动无法激发起内在的高层次需求。教师作为社会群体中的一员，其"社会人"身份是其社会属性的底色，只有充分考虑教师作为"社会人"的基本需求，才能更好地促进其作为"专业人"的更高层次的自我实现。

## 三、城乡教师"双向"交流机制的未来之路——基于城乡义务教育均衡发展的建议

《国务院关于统筹推进县域内城乡义务教育一体化改革发展的若干意见》指出，要进一步健全完善城乡师资统筹配置机制，改革乡村教师待遇保障机制，这为进一步支持乡村教师队伍建设提供了重要的政策保障，指明了行动方向。要实现城乡教育一体化，实现义务教育均衡发展，城乡教师"双向"交流机制的建立需要从以下几点入手。

### （一）建立健全基于教师专业发展的教师流动机制

当前教师单向流动既不利于发挥交流教师的积极性与才干，也无法满足流入学校的真正需求。有研究者指出，我国区域教师流动的软肋是"教师流动正式制度宰治"现象严重。[1] 自然流动、向上流动与政策性流动、逆向流动没有实现一种动态的平衡。其根本原因在于教师流动的工作系统设计以行政工作的逻辑展开，而没有充分考虑以教师专业发展为导向。基于教师专业发展的教师流动系统应该考虑五个核心要素：参与流动的主体（who）、流向（direction）、流力（force）、流速（speed）以及流量（flow）。[2] 只有精准设计这五个要素，各方面行政部门通力合作，教师双向流动机制才能真正发挥促进教师专业发展的作用。

要建立健全城乡教师定期双向流动制度，必须明确教师流动的条件、

---

① 谢延龙：《我国教师流动制度的困境与出路》，载《教育发展研究》，2015（22）。
② 赵兴龙、李奕：《教师走网：移动互联时代教师流动的新取向》，载《教育研究》，2016（4）。

比例、年限及相关待遇等问题。在流动教师的条件方面，有研究者建议，除年龄偏大的教师和新入职的教师之外，凡在某学校连续工作满 6 年的教师均需参与流动。而在教师流动的数量和年限方面，建议每年安排 15％的符合交流条件的教师参与流动，教师流动的年限以 6 年为宜。这主要是基于我国目前义务教育阶段实行六三学制，教师到小学工作 6 年正好是 1 个周期，到初中工作 6 年正好是 2 个周期，这样既可以避免教师的频繁更换带来的学生适应困难和教师队伍管理困难，又可以减少教师的职业倦怠，充分调动教师工作的积极性。而 15％的流动率也主要是考虑到 6 年一个周期可以实现绝大部分教师参与流动。在流动教师的待遇方面，建议切实缩小校际教师工资收入的差距，同时给予所有流动教师均等的专业发展机会，包括参与各项在职培训、研修的机会。在此基础上，各项待遇应适当向农村学校和薄弱学校的教师倾斜。

**（二）制定并完善教师聘任制度，逐步实行教师退出机制**

1993 年，我国颁布的《中华人民共和国教师法》明确规定"学校和其他教育机构应当逐步实行教师聘任制"。此外，2003 年，人事部发布《关于深化中小学人事制度改革的实施意见》提出要"实行教职工聘用（聘任）制"，其目的是建立"能进能出、能上能下"的教师任用新机制，优化教师队伍结构，合理配置教师资源。但是，教师聘任制并没有达到理想的效果，目前在义务教育中出现了"只能上不能下，只能进不能出"的情况。[①] 这势必造成一些教师懈怠，自以为捧着"铁饭碗"，不思进取。因此，必须制定合理的教师退出机制，让真正乐教、善教的教师得到更好的专业发展和系统内流动，而让那些不称职的教师适时退出教育系统，这样才能形成教师流动的良性循环。

**（三）以"互联网＋"技术为依托，实现科技时代教师流动的动态管理体系**

在大数据时代，互联网作为一种社会变革的强大力量，正在深刻影响我们的教育发展。教师流动应该顺应这一潮流，利用"互联网＋"技术，建

---

① 史亚娟：《中小学教师流动存在的问题及其改进对策——基于教师管理制度的视角》，载《教育研究》，2014(9)。

立交流教师信息共享平台，帮助教师与学校实现精准、互惠的双向选择。有学者提出，在移动互联网时代，"教师走网"应成为一种新的流动方式和取向。教师走网是指以学生个性化实际需求为导向，在移动互联网、大数据、云计算等先进技术的支持下，教师（或通过资格审核的社会人士）通过精细化诊断、答疑、辅导等方式在线贡献智力资源，从而帮助学生成功获得精准服务的一种独特的教师流动形式。[①] 这种走网式的教师流动，其实质是让教师的专业劳动实现在虚拟网络的资源共享，让教师流动从形式上的资源配置转换为实质上的资源共享，真正实现教师为学生而流动、为教育而流动。此外，教师双向交流应该以互联网技术为依托，通过县（区、市）教育行政部门建立交流教师信息共享平台，帮助交流教师与学校建立双向选择，从而实现精准、互惠的双向交流。

### (四)改革乡村教师待遇保障机制

城乡差距造成的乡村教师下不去、留不住、补充难的问题，不仅需要采取措施吸引高质量人才主动流向乡村，同时也需要从政策层面改善乡村教师待遇，提高乡村教师的工资收入与社会地位。在职教师无论是向上流动，还是逆向流动，都要根据一定的标准进行考评，对合格教师予以奖励，对没能履行职责的教师实行告诫制，给予相应处罚甚至解聘。[②] 城乡教师"双向"流动是均衡配置义务教育教师资源，促进义务教育均衡发展的有效策略。只有从政策上建立和健全这种"双向"互利的流动机制，才能最大限度地实现义务教育教师的社会价值与自我价值，真正实现教师专业发展，促进我国义务教育事业均衡、持续发展。

## 四、结语

基于教师专业发展的教师"双向"流动是我国城乡义务教育均衡发展的必然选择。21世纪以来，随着我国城镇化比例的不断提高，我国社会结构

---

① 赵兴龙、李奕:《教师走网:移动互联时代教师流动的新取向》，载《教育研究》，2016(4)。
② 李拉、张茂聪:《县域教师流动制度:区域师资配置均衡化的重要保障》，载《教育科学研究》，2007(9)。

发生重大历史性变化，这也意味着我国基础教育资源配置的空间布局正在发生深刻的历史性变化。可以说，"城镇挤""乡村弱"这两个问题是当前制约我国城乡义务教育均衡发展的瓶颈。建立城乡教师"双向"交流机制是解决该问题的对症良药。一方面，建立城乡教师"双向"交流机制，有助于为"城镇挤"问题"消肿"。促进教师的双向流动，才有可能真正实现对薄弱学校的扶持与帮助，促进城镇义务教育均衡发展，真正起到为"城镇挤""消肿"的作用。另一方面，建立城乡教师"双向"交流机制，有助于缓解义务教育"乡村弱"的顽疾。一直以来，我国农村教育发展迟缓，农村学校教师队伍存在诸多问题。要实现城乡教育一体化，真正实现城乡教育资源的统筹配置，势必要健全完善城乡师资统筹配置机制，进一步促进城乡教师的"双向"交流。只有以教师专业发展为导向，建立健全义务教育教师管理机制，创设科学动态的教师流动机制，才能真正促进教师义务教育的均衡发展。

（陈思颖）

# 加强乡村教师队伍建设

乡村教育事业的发展是顺利实施乡村振兴战略的关键，乡村教育振兴是提升乡村素质、促进城乡融合、打好精准脱贫攻坚战、推进全面建成小康社会的重要基础和保障。而要振兴乡村教育，乡村教师则是关键之中的关键，必须把乡村教师队伍建设摆在优先发展的战略地位。在中国这样一个有着"尊师重道"传统的国家，教师这一特殊职业或者说身份一直以来受到人民的崇拜和敬重。但是随着国家经济的快速发展和社会结构的深化转型，城乡差距扩大、贫富分化严重等问题凸显，乡村教育成为我国基础教育中的薄弱环节，乡村教师的境况也遭遇诸多困难与挑战。2018年年初中共中央、国务院下发了《关于全面深化新时代教师队伍建设改革的意见》，这个文件对新时代乡村教师队伍建设改革发展面临的重大问题都做出了系统部署，也为下一步乡村教师队伍建设指明了方向。

## 一、加强乡村教师队伍建设的当代价值意义

党的十九大报告指出："推动城乡义务教育一体化发展，高度重视农村义务教育。"乡村教育振兴直接关系到乡村活力的释放，关系到乡村的可持续发展，关系到精

准脱贫的如期完成，关系到全面小康社会的顺利建成。到 2020 年全面建成小康社会、基本实现教育现代化，薄弱环节和短板在乡村，在中西部老少边穷岛等边远贫困地区。发展乡村教育，帮助乡村孩子学习成才，阻止贫困现象代际传递，是功在当代、利在千秋的大事。发展乡村教育，教师是关键，必须把乡村教师队伍建设摆在优先发展的战略地位。

**（一）支持乡村教师队伍建设是新时代发展的内在要求**

"乡村教师"从概念上包含两层意思，一是乡村，二是教师。乡村往往表现为一个地域的概念，与城市相对，与农村相应。当然也有从文化角度阐述乡村的，比如费孝通的"乡土文化"概念，因其特殊的地域特征产生了特殊的人文素养。教师直观地表现为一种职业，代表了个人在社会中的一种分工、一份职责。因为教师身处社会之中，就不可避免地受到社会环境的影响，这种影响对于乡村教师而言更为明显，乡村教师所处的自然环境、人文环境与其他地域的教师截然不同。由此也就产生了"乡村教师"一词。"乡村教师"最早出现在《乡村教师支持计划（2015—2020 年）》中，文件明确提出"发展乡村教育，教师是关键，必须把乡村教师队伍建设摆在优先发展的战略地位"。自此之后的有关文件，比如《国家教育事业发展第十三个五年规划》《教育脱贫攻坚"十三五"规划》《关于全面深化新时代教师队伍建设改革的意见》《教师教育振兴行动计划（2018—2022 年）》等均使用了"乡村教师"这一概念，取代之前"农村教师""农村义务教育教师"等叫法，明确了乡村教师的地位和发展路径。步入中国特色社会主义新时代，我国经济社会发展呈现出新特征，党的十九大报告明确指出，我国经济由高速增长阶段转向高质量发展阶段，陈宝生同志也指出，我国教育改革进入"全面施工内部装修"阶段，为此我们必须高度重视人力资本的投资和教育强国的建设。同时，随着社会主要矛盾的转变，支持乡村教师队伍建设也成为化解人民日益增长的美好生活需要和不平衡不充分的发展之间的矛盾的重要途径。

**（二）振兴乡村教育是全面建成小康社会的必然要求**

到 2020 年全面建成小康社会、基本实现教育现代化，薄弱环节和短板在乡村、中西部老少边穷岛等边远贫困地区。发展乡村教育，让每个乡村孩子都能接受公平、有质量的教育，阻止贫困现象代际传递，是功在当代、利在千秋的大事。中央深改组把"发展乡村教育"置于"阻止贫困现象代际传递"的重大命题认知,展现了对"精准扶贫"和"教育扶贫"的深谋远虑。[①] 这既是对扶贫攻坚的"升级版"要求,也是对"授之以渔"教育理念的深刻诠释。纵观我国的现实社会,尽管 40 年改革开放使人民的生活水平得到了较为普遍和显著的提升,但一部分家庭和群体仍处于贫困边缘,甚至出现贫困"代际传递"现象。一个贫困山区放羊娃"放羊挣钱,娶媳妇,生娃;娃再放羊挣钱,娶媳妇,生娃……"的人生观,是佐证贫穷代际传递的生动注脚。由于缺乏文化知识的父辈无力供养孩子上学,许多贫困家庭的子女早早辍学进入职场,学历低、技能低导致其收入水平低、抗风险能力差,而他们的后代也势必重蹈这样的覆辙。发展乡村教育,牵住了贫困地区脱贫致富的牛鼻子,不失为对走出贫困恶性循环怪圈的釜底抽薪。

**(三)乡村教师是振兴乡村教育的关键要素**

教育的主体是教师,教育的发展在人才。我国乡村教育事业发展当中的关键要素就是乡村教师。习近平总书记讲过:"一个人遇到好老师是人生的幸运,一个学校拥有好老师是学校的光荣,一个民族源源不断涌现出一批又一批好老师则是民族的希望。"大力发展乡村教育事业是提高国民素质、服务经济转型升级、推进全面建成小康社会、助力脱贫攻坚的重要基础和保障。乡村教师队伍建设情况决定了我国乡村教育事业发展情况,乡村教师的专业发展水平决定了我国乡村教育的发展质量。在当前深化教育体制改革和实施乡村振兴战略的背景下,乡村教师队伍作为一种重要的资源和力量,对于推动教育改革具有先导性、基础性、全局性作用,其特殊性与重要性也越发凸显。因此,发展乡村教育必须把乡村教师队伍建设摆在优先发展的战略地位。《乡村教师支持计划(2015—2020 年)》明确提出:"到2020 年,努力造就一支素质优良、甘于奉献、扎根乡村的教师队伍,为基本实现教育现代化提供坚强有力的师资保障。"乡村教师队伍的建设关系到乡村教育事业的长远发展和教育教学质量的提高,必须努力加强乡村教师队伍建设,全面提高乡村教育发展质量和效益。

---

① 庞丽娟:《乡村教师队伍建设应成为精准扶贫重点》,载《光明日报》,2016-04-19。

## 二、加强乡村教师建设的现实困境与问题

十九大报告提出，中国特色社会主义进入新时代，我国社会的主要矛盾已经转化为人民日益增长的美好生活需要和不平衡不充分的发展之间的矛盾。今后教育发展的任务就是进一步促进教育均衡发展，解决好不平衡不充分的问题，满足人民日益增长的享受更公平更高质量教育的需求。随着我国经济由高速增长阶段转向高质量发展阶段，中国教育进入"全面施工内部装修"阶段，乡村教师仍然是乡村教育乃至国家基础教育向更高水平迈进的短板。当前我国有 1500 多万名专任教师，支撑起了拥有 2.6 亿名在校学生的教育体系，特别是 300 多万名乡村教师为农村学生成长成才和教育事业发展做出了重要贡献。但受城乡发展不平衡、交通地理条件不便、学校办学欠账多等因素影响，当前乡村教师队伍仍面临职业吸引力不强、补充渠道不畅、优质资源配置不足、结构不合理、整体素质不高等突出问题，制约了乡村教育持续健康发展。

### （一）乡村教师工资待遇水平较低

随着国民经济的不断发展，各行各业的收入水平都在显著提升，但是教师的收入水平却一直不高，乡村教师的经济收入水平更是处于低中之低。经济合作与发展组织 2013 年对全球教育行业的调查显示，中国在岗教师的平均年薪为 6971 美元，在被调查的国家中排名垫底，仅为比利时的 1/7、美国的 1/6、巴西的 1/3。近年来，我国教师工资待遇水平有所提高，教育部公布的数据显示，教育行业国有单位在岗职工的年平均工资已由 2010 年的 3.98 万元提高到 2016 年的 7.75 万元。但是我们需要认识到城乡教师的工资差距显著，中国义务教育阶段的专任教师中，有 74.57％分布在镇区和乡村，近 1/4 在艰苦地区工作，而乡村教师的工资普遍低于城镇教师人均水平。有学者综合全国 11 个省的调研数据发现，乡村教师的月平均工资为 2359 元。[①] 乡村教师大多处于比较艰苦的工作环境之中，面临来自住房、交通、生活保障、家庭幸福等多方面的压力，如此低的工资待遇很难满足或

---

① 李涛、邬志辉：《让乡村教师职业"香"起来》，载《光明日报》，2014-10-21。

者说弥补乡村教师各方面的生活需求，导致供给和需求严重不匹配，最终造成乡村教师生活和发展困境。

### （二）乡村教师的专业能力相对不足

乡村教师作为知识的传播者，其自身专业能力水平不仅决定了其发展情况，而且决定了施教对象——学生们——的知识水平和认知水平，进而影响整个乡村发展。受主客观因素的影响，我国乡村教师的专业发展能力相对不足，知识水平的更新和传播速度、路径远远滞后于城镇教师。受限于传统的教学模式，乡村教师的知识结构基本上属于教科书式知识结构，随着年龄的增长和时间的推移只出现"数"的增长，而未有"质"的提升。不少地区乡村教师发展陷入"内卷化"（involution）困境[1]，虽然经济社会在发展，但是乡村教师固守其固有的知识体系停滞不前，其个人发展的内部需求难以得到满足，导致教学效果出现边际效益递减的情况，影响整个乡村教育的发展。此外，乡村教师专业发展能力提升和发展面临"更新无力"的困境。在以互联网和移动终端为表征的信息时代，由于缺乏系统的有效学习和培训，乡村教师的知识结构无论是相对于知识体系本身还是城镇教师抑或是学生都极易变得陈旧甚至陈腐，但乡村教师生活条件艰苦、工资待遇水平较低、专业发展平台往往受限，从而造成"更新无力"的局面。

### （三）乡村教师的社会认同感较弱

除了收入水平较低、专业发展能力不足之外，乡村教师的社会认同感也遭遇很大的挑战。[2] 随着经济社会的发展，乡村教师的社会地位出现很多隐患，尤其是在城镇化进程的背景下，大量的农村人口发生流动，并因为这种流动获得了较优厚的收益，反而是固守在乡村的教师逐渐地被社会"边缘化"。不少乡村教师反映，待遇低一些有时还可以克服，但社会的轻视态度，特别是家长对教师的不尊重最让教师们无法接受。当得不到社会认可时，乡村教师从主观上难以得到激励和鼓励，影响他们教学的积极性，造成乡村教师的流失，进一步导致乡村教师职业吸引力的下降，乡村教师陷

---

① 石耀华、余宏亮：《农村教师专业发展的"内卷化"困境与消解》，载《教育科学研究》，2015(10)。
② 叶菊艳：《农村教师身份认同的影响因素及其政策启示》，载《教师教育研究》，2014(6)。

入一种尴尬的两难境地。乡村教师社会认同感较弱在某种程度上也反映出知识没有得到尊重和认可。在日益市场化、商品化的时代,乡村教师在乡村的存在感、幸福感逐渐被削弱,乡村教师的社会地位逐渐被边缘化,极大地影响了乡村教师从教的热情和积极性。

## 三、加强乡村教师队伍建设的具体要求

党和国家历来高度重视乡村教师队伍建设,在稳定和扩大规模、提高待遇水平、加强培养培训等方面采取了一系列政策举措,近年来乡村教师队伍面貌发生了巨大变化。尤其是 2015 年 6 月国务院办公厅印发《乡村教师支持计划(2015—2020)》(以下简称《支持计划》),为有效解决乡村教师来源问题、待遇问题、培训问题、职称评审问题提供了要求和思路。《支持计划》把乡村教师队伍建设摆在优先发展的战略位置,并推出包括提高师德水平、拓展补充渠道、提高生活待遇、统一编制标准、职称评聘倾斜、城乡教师流动、提升能力素质、建立荣誉制度等在内的多项关键举措,充分彰显了党和政府勇推教育改革、力促教育公平的诚意与魄力,势必对遏制教师流失、发展乡村教育、阻止贫困代际传递产生积极、持久和治本的激励效应。《支持计划》实施以来,取得了一定的成效。数据显示,2017 年,全国招聘特岗教师约 8 万人,13 个省份实施了地方"特岗计划",其中云南省招聘特岗教师 4987 名,占全省义务教育阶段专任教师人数的近 20%[①];浙江省建立了农村特岗教师津贴制度,在现有农村教师任教津贴的基础上,对条件比较艰苦或地理位置偏远的农村中小学校和幼儿园在编在岗专任教师发放特岗津贴,标准为原则上每人每月不低于 300 元;江西、湖南等省份采取扩大地方师范生的培养规模、增加定向培养"一专多能"的乡村教师等做法,收效显著。

为了更加有效地指导和督促乡村教师队伍建设,2018 年 1 月中共中央、国务院从国家层面首次颁发聚焦教师队伍建设的文件——《关于全面深化新

---

时代教师队伍建设改革的意见》（以下简称《意见》），提出了更加有力的指导意见和政策方案。尤其针对支持乡村教师队伍建设，《意见》专门提出要"大力提升乡村教师待遇"，深入实施乡村教师支持计划，具体要求如下。

**（一）切实推进乡村教师生活待遇补助政策的落实**

《意见》指出，各地采取有力措施，努力提高农村教师待遇，努力让长期工作在艰苦地区的农村教师有地位、有实惠、有发展，调动他们的积极性。按照"省级统筹推动、市县自主落实"的原则，推动落实并完善国家集中连片特困地区乡村教师生活补助政策，力争到 2020 年，实现国家集中连片特困地区乡村教师月平均生活补助水平不低于全国平均水平，并按每年 12 个月计发，由县级教育行政部门统筹实施。健全长效联动机制，核定义务教育学校绩效工资总量时统筹考虑当地公务员实际收入水平，确保县域内义务教育教师平均工资收入水平不低于当地公务员的平均工资收入水平。认真落实艰苦边远地区津贴等政策，依据学校艰苦边远程度实行差别化补助，鼓励有条件的地方提高补助标准，努力惠及更多乡村教师。目前我国财政性教育经费呈现三个"一半以上"特点：一半以上投入义务教育，占资金总额的 52.85％；一半以上用于中西部，达到 1.71 万亿元，占全国地方的 59％，进一步向中西部倾斜；一半以上用于教师工资和学生资助，占总经费的 61％，呈现从投资"物"转向投资"人"的趋势。尤其是加大了对连片特困地区乡村教师的补助，2017 年，乡村教师生活补助政策首次实现了集中连片特困地区县的全覆盖。725 个集中连片特困地区县共有乡村学校 8.47 万所、乡村教师 131.92 万人，其中享受补助的学校 8.25 万所、乡村教师 127.18 万人，乡村学校和教师的补助覆盖率分别为 97.37％和 96.41％。多数省（市、区）积极扩大政策覆盖面，其中，广西、重庆、云南、西藏、青海和宁夏 6 省（市、区）乡村教师生活补助政策惠及所有乡村教师。

**（二）完善乡村教师培训、职称评聘、表彰奖励等方面的政策措施**

《意见》指出，在培训、职称评聘、表彰奖励等方面向乡村青年教师倾斜，优化乡村青年教师发展环境，加快乡村青年教师成长步伐。各地拓展多种补充培养渠道，突破体制机制障碍，不断输入新鲜血液，充实农村教师队伍。朱旭东指出，农村教师培训系统是农村教师队伍建设的一个重要组成部分，是促进教师专业发展的一个重要外在支持系统。[①] 近五年来，新补充教师中有音、体、美、科学、信息教师 31 万人，占新补充教师总数的 18％。各地重视加强教师培训，改进培训内容，创新培训方式，不断提升农村教师队伍能力水平，建立东、中、西部教师专业发展协作帮扶机制，2018 年实现 832 个集中连片特困地区县和国家级贫困县乡村教师培训的全员覆盖。县域内教师编制实行动态管理，适时增减调剂，统筹优化使用，确保乡村学校教师足额配置。各地开展"县管校聘"管理改革，健全校长教师交流机制，突破交流轮岗的制度瓶颈，让教师资源动起来、活起来、优起来，推动师资均衡配置。健全校长和班主任工作激励机制，根据考核结果合理确定校长绩效工资水平，坚持绩效工资分配向班主任倾斜，班主任工作量按当地教师标准课时工作量一半计算。校长工资待遇按所聘主要岗位兑现岗位工资和薪级工资，绩效工资按单位内部分配方案执行。班主任津贴纳入核定的绩效工资总量，由学校自主分配。

**（三）统筹乡村教师的住房、医疗等长效保障机制**

《意见》指出要加强乡村教师周转宿舍建设，为乡村教师配备相应设施，丰富精神文化生活。支持乡村教师队伍建设的一个重要方面就是要积极统筹与乡村教师相关的配套保障，涉及住房、医疗、子女教育等问题，只有使这些问题得到有效解决，乡村教师队伍才能稳得住。比如，组织乡村教师每年进行一次健康体检，落实教师住房公积金财政补贴比例达到 12％的政策和教师养老保险、医疗保险、大病救助等制度。加快边远艰苦地区乡村学校教师周转宿舍建设，县（市、区）政府要将符合条件的乡村教师住房纳入当地住房保障范围。加强乡村教师周转宿舍建设，按规定将符合条件的教师纳入当地住房保障范围，让乡村教师住有所居。下一步还需要拿出更多、更有效的务实举措，帮助乡村青年教师解决困难，尤其要关心乡村青年教师工作生活，巩固乡村青年教师队伍，提供完备、长效的机制保障，增强乡村教师职业的吸引力，为乡村教师队伍建设提供强有力的支撑。

---

① 朱旭东：《论我国农村教师培训系统的重建》，载《教师教育研究》，2011(6)。

## 四、加强乡村教师队伍建设的路径

"百年大计，教育为本；教育大计，教师为本。"乡村教师在实施乡村振兴战略过程中发挥着举足轻重的作用，为此需要从制度安排、政策设计、文化营造和学习氛围等角度提出优先发展乡村教师队伍的建议。

### (一)以制度建设为抓手，为乡村教师队伍建设提供政策保障

以《意见》为依据，结合乡村教育事业发展的实际情况，制定更加详细、更具操作性的政策措施。首先，需要强化责任、明确目标。乡村教师队伍建设涉及财政、人社、编制、教育等部门，相关部门应该相互协调，共同出台促进乡村教师发展的意见和建议，结合乡村振兴战略安排，从人、财、物等方面制定出分阶段、分步骤的中长期目标、规划和重点任务。其次，在乡村教师编制方面，考虑乡村振兴的进度以及农村人口数量、结构变化趋势，调整编制预算和标准；从顶层加强部门之间的协调，在明晰职责的基础上给予教育部门更多决策权和统筹权；充分考察和论证边远贫困乡村教师需求状况，设置机动编制，创新教师校际交流轮岗政策等。最后，在乡村教师待遇方面，政策规划需要综合考虑乡村教师功劳与苦劳，提高特殊岗位教师的津贴和补贴；调整工资结构，提高乡村教师工资收入水平，增加教师职业吸引力；在子女教育、住房、医疗、养老等方面给予乡村教师更多生活保障。

### (二)以增加投入为重点，为乡村教师队伍建设提供经费保障

受制于城乡二元经济结构的影响，城乡教育差距也日益扩大，而且乡村教育面临着更加积重、更加复杂的难题，而这些难题的破解不仅需要在政策上予以倾斜，更需要在经费投入上予以直接的关注。

加大乡村教育投入力度，提升乡村教师职业的吸引力。长期以来困扰乡村教师"下不去、留不住"的最直接的原因就是乡村教师的工资待遇较低，有些甚至难以维持基本的生活。虽然我国也有农村教师任教津贴补助，但是许多教师宁可不要农村任教津贴而更愿意在城市任教。当前最重要的就是从财政经费上加大投入力度，尤其是要大力提高乡村教师的待遇。其一，提高乡村教师的工资水平，庞丽娟曾提出乡村教师收入倍增计划，2018 年

两会又提出将乡村教师的工资水平提高至 5000 元。薛二勇认为，可以根据距离、职称等因素，按任教学校至县城距离远近和任教教师职称高低依次递增设定具体标准，然后依特定比例加权核定农村任教津贴。[①] 其二，提高乡村教师的福利待遇，除工资以外的住房、医疗、子女教育、养老等保障要从长计议，建议从教育财政经费里专门拿出一部分资金用于乡村教师的福利待遇保障，有效解决乡村教师的后顾之忧。

**（三）以乡土文化为依托，为乡村教师队伍建设提供内容诉求**

除了从顶层设计层面来支持乡村教师队伍建设，文化上的营造也是不可或缺的。政策帮扶与文化营造双管齐下，才能真正有利于乡村教师与乡村振兴的融合发展。首先，充分挖掘乡村本土化资源，注重师范生的本土化培养，全面实施乡村全科教师本土化定向培养计划；有意识发掘乡村文化的教育价值，让乡村教师在课堂教学中融入乡土文化，让乡村教育融入更多本土文化，同时也能提升乡村教师自身的本土化认同感和归属感，一方面扭转教材城市化倾向，另一方面实现乡土性的重建和乡村教育的振兴。其次，在乡村文化建设的过程中，发挥教师的知识和文化优势，在教与学的过程中，以乡土文化为媒介，传承文化脉络，振兴乡村教育；鼓励和引导乡村教师积极参与到乡村振兴的建设中去，通过参与不同的教学场域，实现乡村教师在教学认知、理念塑造、情感融合等多方面的交流与对话，减少乡村教师与乡村社会的区隔，成为乡村振兴的主力军；通过社会参与获得村民的认可与支持，提高在乡村社区中的社会声望；通过对乡村社会价值体系的重塑，恢复尊师重教的乡村传统。

**（四）以乡村教师学习共同体为载体，促进乡村教师发展的自觉性和主动性**

乡村教师发展情况不仅要靠外力给予支持，还需要教师自身树立专业自觉和职业自觉。首先，需要增强乡村教师的主体意识，通过体制机制的转变提升其自身的身份认同和价值认可，解决乡村教师专业情感淡漠、教学投入不足以及自我更新能力缺乏等问题。其次，乡村教师作为一个特殊

---

① 薛二勇：《提高我国教师待遇的政策分析》，载《北京师范大学学报（社会科学版）》，2014(4)。

的群体，在地域、专业知识、价值观念等方面与城市教师存在差异，这就需要乡村教师构建学习共同体，加强群体间的学习与合作，尤其是在乡村振兴的大背景下，乡村教师更需要抓住机会，及时转变思想、更新理念，通过同侪互助、校本培训、省培国培等活动形成合作的文化生态与学习氛围，积极提升自己的专业素养。再次，在充分认识城乡教师发展差异与差距的基础上，厘清城乡社会良性发展脉络，积极探索城乡教师发展的融合机制，优化教师城乡结构，鼓励形成以城带乡、以城促乡的良性互动机制，让乡村教师在更广阔的学习共同体里得到锻炼与提升，以便在乡村振兴过程中发挥积极作用。

## 五、结语

强国必先重教，重教必须尊师。实现全面建成小康社会的目标，需要优先发展乡村教育事业，而乡村教育事业离不开一支优秀的乡村教师队伍。步入中国特色社会主义新时代，各种矛盾与问题凸显，形成尊师重教的氛围十分必要。作为乡村振兴的重要力量，必须调动乡村教师的主动性、积极性和创造性，吸引乡村教师投身于乡村振兴和国家发展。为此，要重视乡村教师队伍建设，增加对乡村教师的财政投入力度，着力提高乡村教师的待遇，努力提升乡村教师的社会地位和社会认可。尤其要关注乡村教师队伍的发展需求，解决岗位设定、职称评定、编制待遇、奖励机制等问题，稳步形成"下得去、留得住、教得好"的局面，培育一支优秀的新时代乡村教师队伍，使之成为全面建成小康社会的主力军。

（史志乐）

# 重构幼儿园教师培养体系，
# 建设一支高素质善保教的幼儿教师队伍

　　近年来，如何培养高质量的幼儿园教师，提升学前教育质量，已经成为世界性的话题。学前教育是我国基础教育的重要组成部分，是学校教育体系的基础，也是终身教育的奠基。自《国家中长期教育改革和发展规划纲要(2010—2020 年)》颁布以来，"重视学前教育，加快普及学前教育"的目标正在一步一步实现。据统计，截至2016 年，我国共有幼儿园 23.98 万所，在园儿童(包括附设班)4413.86 万人，学前教育毛入园率达到 77.4%，幼儿园园长和教师共 249.88 万人。[①] 然而，"学历低、职称低、待遇低"一直是幼儿园教师队伍的标签。根据教育部统计，2016 年全国幼儿园教职工的学历主要集中在专科水平，占总数的 56.37%，有 22.4%的教师只有高中及以下文凭。《关于全面深化新时代教师队伍建设改革的意见》(以下简称《意见》)提出"全面提高幼儿园教师质量，建设一支高素质善保教的教师队伍""培养热爱学前教育事业，幼儿为本、才艺兼备、擅长保教的高水平幼儿园教师"的战略目标，将培养优质的幼儿园教师作为我国学前教育战略目标的重中之重。

---

① 教育部：《2016 年全国教育事业发展统计公报》。

在我国师范教育由三级师范向二级师范过渡的大背景下，综合大学和非师范院校的加入，让幼儿师范教育逐步提升学历层次。2000年左右，我国中专层次的幼儿师范学校纷纷并入高校、独立升格或举办专科教育，幼儿教师培养层次获得了快速提升。然而由于部分地区盲目提升办学层次，幼儿教师需求量急剧上升，加上大学化的冲击，幼师学校难以招到优质生源，许多幼师学校尤其是职业院校，实行"低门槛"甚至"无门槛"招生，造成幼儿教师培养质量的严重下滑。因此，我国的幼儿教师教育改革要适应当前国情，积极探索幼儿教师培养模式、大学本科教育的培养模式，并大力推进五年制和三年制专科培养，在全国打造一批优质的幼儿师范专科学校，鼓励各省积极建设若干所幼儿师范学院，在各个省市起到辐射和示范作用，逐步提升幼儿教师培养的质量和数量。

## 一、重构幼儿园教师培养体系的背景

"百年大计，教育为本；教育大计，教师为本。"幼儿园教师的素质直接关系到我国幼儿教育事业的发展，关系到我国未来的国民素质。2012年《幼儿园教师专业标准（试行）》强调幼儿园教师要"具有良好的职业道德，掌握系统的专业知识和专业技能"，由此可见高素质的幼儿园教师队伍对我国幼儿教育事业发展的重要性。中华人民共和国成立初期，为适应国家教育事业的发展，国家设立了一批中等幼儿师范学校，招收优秀的初中起点毕业生，为我国幼儿教育事业的发展培养了一批优秀的教育人才。随着幼儿教育事业的发展，一方面，中等师范学校毕业的学生学历低，难以适应社会对人才的需求，幼儿师范的发展停滞不前；另一方面，由于人口的增长，对幼儿园教师的需求较大，中等职业学校和高职等也都纷纷加入幼儿园教师的培养，然而教育质量难以保障。尽管师范大学和综合大学也承担了幼儿园教师的培养任务，但是数量少、偏理论，无法满足社会对幼儿教育实践人才的需求。

纵观我国幼儿园教师培养的历史和当今教师队伍所存在的问题，有必要通过回归师范教育为幼儿园教师教育寻找新的出路。

**(一)幼儿园教师队伍存在的问题**

当前我国学前教育面临的最大问题是教师数量缺口大、质量偏低、流动流失现象严重,而且以现在的发展速度,教师培养短期内不可能跟上。这些问题已经成为制约学前教育师资队伍建设的主要因素。

1. 教师数量缺口大

教育部统计显示,我国幼儿园教师的缺口每年高达 30 万人之多,如此推算,到 2021 年学前教育阶段在园幼儿数将达到 5750.82 万人,需要专任教师 383.39 万人。幼儿园教师的缺口问题引起了国家的重视,除了增加各级各类学前教育专业招生指标,国家还通过转岗计划调控,吸引更多的教师加入幼儿园教师队伍。但是不少非幼教专业毕业的转岗教师幼教知识技能仅来自短期培训,不能按照幼儿学龄特点和教育规律进行教育。

2. 教师学历偏低

教育部统计显示,2016 年,学前教育专业本科毕业生 2.9 万人,招生 3.6 万人;专科毕业生 10.9 万人,招生 12.1 万人。专科学校和职业院校培养了全国一半以上的幼儿园教师,教师队伍学历偏低。大量素质相对较低的人员的进入,加上培养方式本身的问题,使幼师毕业生素质整体下滑,难以达到社会对幼儿园教师的新要求。进入 21 世纪以来,随着教师教育大学化和专业化的发展趋势,中职学校逐渐淡出幼儿园教师教育成为必然。[1]不仅学历偏低,幼儿园教师持教师资格证的比重也比较低,截至 2016 年,全国拥有幼教资格证的在职教师占 61%,持非幼教教师资格证的占 17%,无证教师占比达 22%,农村地区无证教师比重高达 44%。

3. 师资流动流失现象严重

幼儿园教师待遇偏低,很难吸引优秀人才进入,从业者也因为各种原因流动和流失。相关研究显示,教师的频繁流动是我国幼儿园教师缺口大的重要原因。[2]幼儿园教师频繁而无序的流动与大量流失已经严重影响到幼儿教育事业的健康发展。

---

① 步社民:《幼儿园教师教育的中职时代应该淡出》,载《教师教育研究》,2011(5)。

② 姜乃强:《幼儿教师缺口大 如何破解学前教育师资之困?》,载《中国教育报》,2011-06-11。

另外，由于文化素养低，部分幼儿园教师的专业信念不稳定，2017 年年底，上海与北京等地幼儿园相继出现虐童事件，直指幼儿园教师师德问题。幼儿强则少年强，少年强则国强，兴国必先强师。要实现党的十九大报告中提出的"幼有所育"这一目标，就要尽快研制幼儿园教师培养新方案，培养更多的高素质善保教的幼儿园教师。

### (二)现代幼儿园教师教育体系存在的问题

第二次世界大战前后，许多国家意识到教育在科技生产中的重要作用，对学前教育也开始重视，发达国家相继修订教育法案，要求学前教育师资达到大专以上学历，由大学或专科学校培养。到 20 世纪 70 年代，美国、英国要求早期教育教师须具备学士及以上学位。随着高等教育的迅速大众化和师范教育由三级向两级过渡，我国的幼儿园教师教育体系也经历了从独立封闭的办学模式走向多元与开放。1999 年中共中央、国务院《关于深入教育改革，全面推进素质教育的决定》提出，鼓励有条件的非师范院校举办师范教育，综合大学和非师范院校的加入促进了幼儿教师培养办学层次的提升。然而，近年来，随着高等教育大众化，我国的幼儿教师教育出现了生源质量下降、课程开设不合理、师资专业较差、重理论轻实践等问题。

1. 生源质量不佳

随着师范教育体系的开放，职业学校和综合大学纷纷参与幼儿园教师教育培养，幼儿师范院校的竞争力下降，尤其是大学教育的普及对师范教育的冲击较大。中等幼儿师范一度因为生源不足、学生就业率低而停办，大批职业院校和中职学校的招生分数非常低，考不上高中或者大学的学生进入幼儿师范，成为我国幼儿园教师队伍的主要来源。而综合大学培养的幼儿园教师虽然文化素质较高，但是比例较小，且分数高的学生首选的不是学前教育专业。

过去几十年师范生入学考试都要实行面试。然而，近年来由于生源数量不足，因此取消了面试或不可能进行面试。即便如此，生源数量仍然严重不足，只得降低甚至取消录取分数线，从而导致生源质量严重下降。学生的文化素质和艺术技能都有所欠缺，毕业后难以达到目前学前教育领域对人才的要求，因此几年来一直是提高学前教育专业本科生培养质量的瓶颈。

2. 教育理念和课程设置陈旧

目前承担幼儿园教师教育的院校普遍存在课程体系不完整，对理论课程、艺术课程、实践课程或偏重或忽略的问题。尤其是部分职业学校一味重视艺术课程，轻视幼儿教育实践的需要，忽视幼儿发展的特点。即使是师范院校，因为学生学历低，文化基础差，研究儿童的意识淡薄，不懂得如何观察幼儿，不会撰写反思日记，不善于发现问题。另外，高等专科及以上学历的学前教育专业是面向普通高中招生的，部分学生语言表达、行为习惯、艺术素养都较差，部分学生甚至有心理问题，显然不适合学习本专业，但是由于招生制度的限制和过去师范院校毕业证与教师资格证同时发放的管理办法，导致不适合从事教育工作的毕业生也进入幼儿园。另外，还有部分院校为批量"生产"幼儿园教师，缩短课程，提前上岗实习，对部分人员进行证书培训，也输送到幼儿园。如此现状，显然无法保障幼儿园教师队伍的专业水平，毕业生缺乏教学实践能力和创新能力。

3. 师资力量薄弱

过去，中等幼儿师范学校的师资主要由高等师范专科学校或者师范大学培养，近几年随着幼儿教育事业的快速发展，许多职业院校也开办了学前教育专业，但是缺少一支素质较高、业务优良的"双师型"教师队伍。许多学校，包括优质的师范大学，由于师资缺乏，从社会上聘请艺术类教师教授试唱、钢琴、舞蹈等课程，教师所教内容和幼儿园实践联系不紧密，造成学生所学与幼儿园教育实践脱节；或者从幼儿园聘请教师讲授教育理论及教学法课程，但由于教师的水平限制，以及代课教师态度等问题，学生的学习质量难以得到保障。培养院校师资匮乏，教师或理论水平有限，或缺乏实践经验，不能高质量地指导学生将理论与实践结合，这些问题都限制了幼儿教师培养的质量。

### (三)幼儿师范教育的历史和贡献

改革开放以来，国家恢复教育事业后，重视幼儿师范学校办学，1978年10月，教育部颁发《关于加强和发展师范教育的意见》，要求"认真办好现有师范学院(师范大学)""努力办好中等师范学校"。1985年《中共中央关于教育体制改革的决定》提出："从幼儿师范到高等师范的各级师范教育，都必须大力发展和加强。"[1]1995 年 1 月 27 日，国家教委发布《三年制中等幼儿师范学校教学方案（试行）》，提出了幼儿师范学校的培养目标与规格。1996 年发布的《关于师范教育改革和发展的若干意见》强调，在三级师范教育体系的基础上适度发展师范本科，按照实际需要发展师范专科，并且要调整和加强中等师范教育。1999 年，中共中央、国务院在《关于深化教育改革，全面推进素质教育的决定》中明确指出，"鼓励综合性高等学校和非师范类高等学校参与培养、培训中小学教师工作，探索在有条件的综合性高等学校中试办师范学院"，推动了师范教育体制的改革，促进了幼儿教师培养层次的提升。随着社会对人才需求的增加和学历要求的提升，部分幼儿师范学校通过升格、合并成为高等师范学校或者并入大学，培养专科和本科学历的学生。

20 世纪 90 年代中期以前，国家关于师范教育的政策是，中等幼儿师范学校可以优于重点高中、普高招收到比较优质的生源，使幼师办学拥有较强的优势，政府在师范院校办学中的宏观调控作用保障了幼儿师范教育的经费和毕业生的就业及待遇问题。20 世纪 80 年代，各中等幼儿师范学校招收到最优秀的生源，积极探索幼儿园教育及科研，培养了优秀的幼儿园教育实践工作者。以湖北省为例，目前省内 90% 以上的省级优秀教师毕业于当时的中等幼儿师范学校。80 年代的幼儿教师培养层次和课程体系都适应了当时社会发展对教育的需求。然而随着高等教育体系的开放，幼儿教育市场化的冲击，幼儿师范教育开始无法适应社会，可以说幼儿师范教育在还没有获得充分发展的情况下被冲入市场，难以适应社会发展的需要。

## 二、重构幼儿园教师培养体系的举措

《意见》指出，要"大力振兴教师教育""加大对师范院校支持力度""整体提升师范院校和师范专业办学水平"，这意味着我国教师教育将回归以师范

---

①　何东昌：《中华人民共和国重要教育文献（1976—1990）》，2285 页，海口，海南出版社，1998。

教育为主体的传统，重建师范教育体系，恢复师范教育的精英教育传统，吸引更多的学业成绩好的学生选择师范教育，这将成为振兴师范教育的一个重大政策导向。学前师范教育要抓住时机，不断完善教育体系，为培养专业化的幼儿园教师队伍做出应有的贡献。

**(一)完善考试招生制度，保证学前师范教育生源质量**

生源素质是培养质量的瓶颈，生源质量从源头上影响着未来幼儿园教师的专业素质，进而影响到整个学前教育事业的发展。为改善生源数量和质量，政府需要真正地重视学前教育教师质量，提供优惠的报考政策，提高毕业生待遇，吸引学生竞相报考。

1. 优先录取，优先调剂制度

某师范大学校长说，近年来该校招生困局凸显，很多师范专业第一志愿招不满，只能从第二、第三专业报考生中调剂。受市场化冲击和待遇影响，许多学前教育专业师范生毕业之后，并没在教育系统就业。如何吸引优秀的学生选择师范专业是招生需要解决的问题之一。国家从招生政策上可以给学前教育专业师范生优先录取，保障师范教育生源；另外，在学生入校后，给予二次调剂的机会，鼓励更多优秀的学生选择学前师范教育专业。

2. 定向招生，公费资助制度

自2007年国务院启动实施师范生免费教育试点工作以来，6所部属师范大学共招收2294名学前教育专业免费师范生，可见国家高度重视幼儿园教师培养工作。尽管2011—2016届只有1001名学前教育专业免费师范生毕业回生源所在省份任教，但是这些学生对于当地学前教育的发展、幼儿园教师队伍建设也起到了较大的促进作用。2014年，教育部、国家发展改革委员会、财政部印发《关于实施第二期学前教育三年行动计划的意见》，鼓励地方建立完善学前教育师范生免费教育制度，为农村幼儿园培养一批学前教育专业专科层次教师。目前，全国已有28个省份启动实施了包含学前教育专业在内的地方师范生免费教育工作，为地方定向培养补充幼儿园教师。这样的政策对于吸引优秀学生进入学前师范教育有一定的促进作用，但是如何建立长效机制，保障学生选择幼儿园教师这个职业更为重要。比如，选择学前师范教育的学生可以得到学费资助，毕业后定向就业等政策有利于吸引优秀的学生加入幼儿园教师队伍。教育部可以结合地方特色，推动实施具有地方特色的师范生免费教育政策，深入推进卓越教师培养计划，培养一大批高素质专业化的幼儿园教师。

3. 增加面试，单独组考制度

《幼儿园教师专业标准（试行）》明确提出，幼儿园教师要"热爱学前教育事业"，"具有良好职业道德修养，为人师表"，掌握"相应的艺术欣赏与表现知识"，"乐观向上、热情开朗，有亲和力"，"善于自我调节情绪"，这些要求有的可以通过几年的专业学习逐步达到，有些则是难以实现的，比如有些学生性格过于内向甚至有心理问题，这些通过高考分数是无法确认的。因此，为了保障生源质量，要优化考试制度，从招生把关，筛选出热爱本专业、有较高的文化知识水平、对幼儿有耐心和细心的、有专业学习潜质的学生。

之所以建议单独组考，是因为有些省份将学前专业学生面试等同于艺术考试，而实际上艺术课考试分数高不一定就适合从事幼儿教育工作。学前教育专业的招生，要把文化课考试与面试相结合，全面考察学生的综合素质。单独组考的具体程序可以是：有志于报考学前教育专业的初高中应届毕业生分别在中高考之前参加面试，面试重点考察学生的精神面貌、艺术技能和综合能力，艺术不局限于钢琴、声乐、舞蹈、美术，具有语言天赋、武术体操、乐器、计算机操作、科技制作等特长的学生也可以得到加分，通过面试的学生参加中高考以后，根据划线情况再来报考，这样能更好地保证招生质量。

**（二）创新学前教师教育模式，培养专业化的幼儿园教师队伍**

国运兴衰，系于教育；教育大计，教师为本。学前师范教育要更加明确培养目标，注重师德养成教育，优化培养方式，建立实践渗透式的教师教育课程体系，推进地方政府、师范院校、幼儿园三位一体协同培养的机制，力求培养的人才与幼儿教育实践无缝对接。

1. 创新学制，夯实学生专业基础

加强对学前师范教育学制的创新和探索，培养文化素养、教育能力、科学研究能力、学习反思能力俱佳的高素质教师。《意见》明确提出"前移培养起点，大力培养初中毕业起点的五年制专科层次幼儿园教师"。对于幼儿师范高等专科学校来说，初中毕业生的可塑性较强，前移培养起点有利于培养学生稳定的专业理念和根据学生特点进行特色的专业技能教育及艺术素养教育。根据目前我国幼儿园教师学历偏低和需求量大的迫切形势，在幼师大专化、高师招收高中起点幼儿教育本科生的过程中，应整合现有高校和幼师优质资源，采用"学术上移"及"素养技能下移"的方式来解决目前的问题。即通过高师院校或综合大学提高学生的学术水平，通过幼儿师范学校来培养学生的艺术素养和基本的教育技能。[①]

幼儿师范专科教育可以推行面试加笔试录取的高招三年制、中招五年一贯制、"3＋2"专科学制、"3＋3"专科学制，探究三年中专加两年专科的五年一贯制培养模式的创新，如幼儿师范高等专科学校可以指导中师或者中职开设三年专业教育，择优录取后接受两年专科教育；同时某些省份已经推出技能高考对口招生，中师或者中职的学生可以接受三年中专教育加三年专科教育，通过筛选的优秀中专或中职学生继续接受专业教育。

幼儿师范学院可以探索本科学制的创新，选拔文化素质和教育能力俱佳的学生接受本科及研究生教育。例如推行"5＋2"和"3＋2"本科学制，前移培养起点的同时，为学生提高学历和提升文化及专业素养提供机会。学前师范本科教育应加强应用型幼儿园教师的培养，同时区别专科教育，提升学生对幼儿的研究能力提升。

另外，还要注重培养一批高素质的研究生，以带动提升幼儿园的教科研水平，区分学术型和专业型硕士的培养目标，可以开展"4＋N＋2"专业硕士的培养模式探索，其中 N 为幼儿园一线工作经验，即培养一批具有本科学历且在幼儿园有一定工作年限的教师接受研究生教育，为提升幼儿园教师的研究能力培养"种子"教师和带头人。加强对学前教育专业师范生学制和培养模式的探究，有利于选拔和培养出文化素质较高、艺术技能兼备、教育实践能力较强的幼儿园教师队伍（见图 1）。

---

① 庞丽娟：《中国教育改革 30 年：学前教育卷》，239 页，北京，北京师范大学出版社，2009。

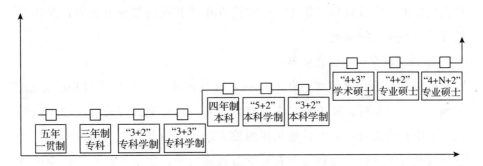

**图1　各学历层次学制探索**

2. 革新理念，立体系统培养现代化人才

学前教育专业师范生的教育要以培养幼儿园实践、研究性人才为核心确定人才培养方案，将《3—6 岁儿童学习与发展指南》的精神和内容贯穿于教育之中，以通识课程为基础、专业课程为核心，打造实践性、立体化的教育体系，要培养道德高尚、专业功底扎实、具有一定研究能力、综合能力较强的高素质教师。

学前教育质量的提升关键在于教师，但是目前幼儿园教师的培养除了质量不高，还存在专业特色不凸显的问题，如部分院校的学前教育专业的一半课程都是学习弹琴跳舞美术的艺术类课程，有的院校的大半数课程是教育学心理学等理论性课程，缺乏教育实践类课程。培养的幼儿园教师专业能力薄弱，缺乏教育实践能力和教育研究能力。

因此，培养幼儿园教师的院校要思考如何拓宽学生的专业视角、锻炼其专业实践能力、塑造观察和分析幼儿的研究能力。国外研究者普遍认为，男教师加入幼教领域不仅有益于儿童的全面健康发展，还对幼儿教育质量的提高有积极促进作用。[①] 幼儿园教师的性别结构造成了教师队伍性别气质和教育风格的单一，目前我国尚未形成一套专门的、适应幼教实践发展需要的男幼师培养模式。许多培养院校认为对男学生增开体育类和教育技术类的多种专业选修课程，就是适应了性别特点，而实际上，要注意的是打破性别观念，培养具有双性气质的教师。男幼师的培养可以拓宽视野，让

---

① Sakire Anliak, Derya Sahin Beyazkurk, "Career Per-spectives of Male Students in Early Childhood Education," *Educational Studies*, 2008，34(10)，pp. 309-317.

他们发挥更大的教育参与作用，比如注重在幼儿社会教育方面男性气质对幼儿社会性发展的影响。

3. 兼顾城乡，个性化培养

近年来，随着我国城市化的推进，以及普及学前教育的目标的提出，我国大力发展农村学前教育，成效有目共睹，目前绝大部分省份的乡镇都建立了中心幼儿园，对农村幼儿园的发展起到辐射作用。为激发学生对农村学前教育事业的热爱和提升农村学前教育质量，在学校教育阶段应该培养学生对专业的热爱和吃苦耐劳的精神，并且开设相关方向课程加强学生对儿童心理的研究兴趣和能力，尤其是根据我国国情，引导学生关注和研究留守儿童心理及教育。同时，加强幼儿师范生对幼儿家庭教育的关注，培养学生的家庭教育指导能力，让学生认识到家园合作是促进幼儿发展的重要途径。

**(三)优化教师教育课程体系，培养学前师范生的综合能力**

2014 年，教育部启动实施了"卓越教师培养计划"，要求 20 个卓越幼儿园教师培养项目的实施院校紧密结合幼儿园教育教学实际，全面改革教师教育课程内容，提高教师教育教学能力，带动全国教师教育院校幼儿园教师的培养改革。因此，在幼儿园教师教育课程体系的探究上要打破模块分割，加强专业课程综合化，灵活选课制度，优化课程设置。

1. 优化课程设置

幼儿师范院校要加强对课程体系、课程内容、课程实施形式的研究，依据《幼儿园教师专业标准(试行)》和《教师教育课程标准(试行)》的要求，加强教育理论与实践的结合，创新课程模式。

本专科院校的课程设置要注重对学生综合素质的培养。(1)通识课程和社会实践的目的是通过养成教育，培养学生高尚的职业道德情操。主要涵盖了人文道德、科学技术、艺术体育、心理教育以及大学生社会实践，旨在让学生掌握基本的文化知识，具备高尚的道德情操。(2)专业核心课程的开设旨在加强专业理论和专业实践的结合，培养学生分析幼儿、研究幼儿的能力。包括四个方面：专业基础理论课程、专业技能课程、专业方向课程、专业性的学生活动。其中专业基础理论课程主要指学前卫生学、学前心理学、学前教育学等课程，奠定学前教育专业基本理论；专业技能课程主要是对学生教学法知识和能力的培养，如学前儿童语言教育、学前儿童艺术教育等，培养学生作为幼儿园教师的基本教育技巧和能力；专业方向课程主要是为拓展学生的专业能力开设的特色性课程，如特殊儿童教育、早期儿童教育、儿童家庭教育指导、儿童微电影制作、科技小制作等课程，培养学生兴趣和专业能力；专业性的学生活动，即学前教育专业的学生活动要有专业特色，要有利于学生专业能力的提升，如幼儿园环境创设大赛、幼儿园教育课件制作大赛、幼儿保育技能比赛、儿童家庭志愿日等，旨在开阔学生的视野、提升专业学习的兴趣和综合能力。(3)情境实训课程，即通过多种途径开展渗透式的教育实践，提升学生的专业智慧。通过课程内的实践活动、案例教学等立体化、多元化培养学生的教育技能和技巧，通过教学实习、课程实习、假期实习等实习环节提升学生的专业能力和专业认同感。(4)优化实习实践方案，加强学生的岗位适应力。合理安排岗位实习的时间、内容、方式和评价标准，加强对学生顶岗实习的研究和管理，提升实习的效果(见图2)。

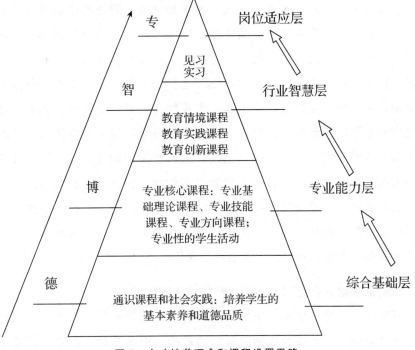

**图2　人才培养理念和课程设置思路**

### 2. 突出保教融合

《意见》明确提出，学前师范教育院校要科学开设儿童发展、保育活动、教育活动类课程，突出保教融合。1996 年《幼儿园工作规程》提出，"幼儿园的任务是实行保育与教育相结合的原则，对幼儿实施体、智、德、美诸方面全面发展的教育，促进其身心和谐发展"。2001 年《幼儿园教育指导纲要（试行）》提出，幼儿园要"保教并重"，从"保教结合"到"保教并重"再到"保教融合"，突出了幼儿园"保中有教、教中有保"的工作特点，强化了幼儿园教师掌握幼儿身心发展特点开展全面发展教育的重要性。学前师范教育首先要让学生掌握幼儿年龄特征、身心发展规律、获得经验的方式与特点等儿童发展知识，掌握幼儿园卫生安全与保健工作、幼儿园教育活动组织与开展、幼儿园游戏活动的开展等方面的保教技能。在掌握保育和教育知识及技能的基础上，逐步帮助学生树立保教融合的理念，并通过课程、教育实践培养学生保教融合的能力。

另外，学前师范教育要注重强化实践性课程，打造科学的教育实践体系，在全国范围内起到示范和辐射作用。目前的学前教育专业学生实习实训存在很大问题，例如一些三线城市的师范学校、职业高中把三年学制缩短成两年，第三年输送学生到幼儿园顶岗实习，学校只负责前两年的理论教育，实践完全"甩包袱"，将学生分配到实习岗位，实习内容和方式完全由幼儿园来决定，课程体系断裂，极大地削弱了教育实践对于师范生学习的重要作用。师范院校应该从根本上重视教育实践，重新认识到教育实践也是课程规划的一部分，合理规划人才培养方案，深入研究渗透式实践教育对师范生专业成长的重要性，把握学生教育实习的主动权，将学校课程的教授与教育实践无缝对接，实现效果最优化。例如，选取优质的幼儿园作为实习基地，合理安排实习的时间和时机，院校的实习指导教师和幼儿园内的实习指导教师要建立稳定的合作指导关系，用统一的教育理论与实践理念去指导学生，促进其专业学习与成长。

### （四）加强幼儿师范院校"双师型"教师队伍建设

师资队伍质量从根本上决定了高校的人才培养质量、学术研究水平和社会服务贡献，幼儿师专或师范院校的教师，即幼儿教师教育者的专业水平就直接影响到幼儿园教师的质量。目前，我国许多幼儿师范院校的教师教育者，要么是原来的幼儿师范毕业，通过进修留校任教的，要么是从幼儿园选拔的优秀园长，这类教师教育者教育实践能力较强，但是学历水平较低，指导学生的能力有限。近年来，随着教师教育大学化的推进，许多硕士研究生、博士研究生毕业后直接成为教师教育者，尽管他们学历比较高，具备扎实的理论功底，但是无法胜任学前教育专业的许多课程，尤其是幼儿园教学法课程，导致职前职后教育脱节。另外，在高等院校，缺乏对幼儿园教师教育者专门的评价指标，忽视了教师教育者的专业特点和专业发展。这些都导致教师教育者队伍存在诸多问题，教育理念匮乏、教学知识与技能滞后，使得高校教师教育者难以满足当前教师教育的岗位要求。

幼儿师范院校要从思想素质和业务能力方面，对教师教育者进行双重考察，选拔出德才兼备、理论功底扎实、实践指导能力较强的"双师型"教师，建立"名师工作室"，发挥这些教师在技能水平和专业教学能力方面的双带头作用。同时，开阔思路，引进具有丰富教育实践的专家，加强课程内师资融合，建构"双师型"教师队伍，形成专业课程教师、人文社科和艺术体育科目教师、幼儿园优秀教师或者教研员三位一体的"双师型"教师队伍，既授人以鱼，又授人以渔，合作培养学生的专业能力。同时，师范院校要尽快落实"双师型"教师考核评价标准，加大对教学型教授职称的评聘和奖励力度。以学生的语言教育技能为例，培养目标、开设课程和"双师型"师资队伍建设构想如下（见图3）。

**（五）重视幼儿师范院校在幼儿园教师培训体系中的作用**

国将兴，必贵师而重傅。2012年，《国务院关于加强教师队伍建设的意见》规定，"幼儿园教师队伍建设要以补足配齐为重点，切实加强幼儿园教师培养培训，严格实施幼儿园教师资格制度，依法落实幼儿园教师地位待遇"。2010—2016年，在"国培计划"——置换研修项目中，多所师范大学参与了幼儿园教师培训项目，为参训者提供专业理论学习的机会。然而，调研也发现了一些问题，如课程理论性太强、与实践脱节、缺乏针对性等，且承担置换项目的师范大学较少，课程多为专家讲座。《意见》提出，要"创新幼儿园教师培训模式，依托高等学校和优质幼儿园，重点采取集中培训

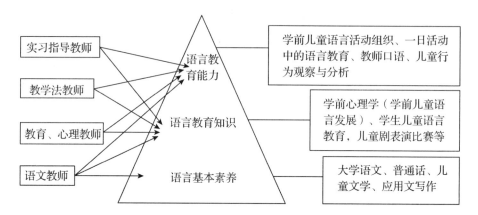

**图 3　学前儿童语言教育"双师型"教师队伍建设思路**

与跟岗实践相结合的方式培训幼儿园教师",这就要求幼儿师范院校要积极探究与幼儿园以及地方教育学院共同打造"职前职后一体化"的合作模式,遴选优质幼儿园参与教师教育全过程。但是,幼儿师范院校一定要协同考虑,把握总体方向。许多高校将实习和培训计划让园方设计,不加讨论与思考,就直接把任务"转包"给幼儿园,结果是事倍功半。幼儿师范院校一定要设计实习、培训、实训的整体方案,把握总体目标,研制出合理的评价考核方案,最大限度地发挥高校和幼儿园合作的优势,带动区域内幼儿园教师提升教育教学能力。

同时,幼儿师范院校还要加强对培训教师专业发展现状和学习需求的调研,根据不同群体和不同培训需求以及学校优势等建立特色的培训项目,如针对转岗教师的培训、针对新教师的培训、针对农村幼儿园教师的保教能力的培训等。幼儿师范院校可以将调研结果与教育教学改革相结合,优化人才培养方案,与幼儿园协同建立幼儿园教师培养培训基地,从职前到职后全面提升幼儿园教师专业素养。

（李　娜）

# 推动专兼结合的"双师型"职教师资队伍建设

随着我国经济结构调整和产业转型升级，企业技术技能进步更新加速，职业院校专业动态调整和学生规模持续扩大，教师队伍建设成为影响现代职业教育加快发展的关键因素，《国家中长期教育改革和发展规划纲要（2010—2020年）》提出要"以'双师型'教师为重点，加强职业院校教师队伍建设"。在各方共同努力下，我国职业教育教师队伍建设取得显著成就，职业教育教师培养培训体系基本建立，师资队伍规模不断扩大，生师比更加合理，教师素质结构改善，"双师型"教师比例增长显著。但我国职业教育"双师型"教师仍存在人员短缺，发展不均；教师入口来源单一，普教化严重；素质和结构有待进一步优化；培养体系和聘用制度还不完善；高水平、有实力的企业技术人员或能工巧匠难到学校兼职任教等问题。中共中央、国务院《关于全面深化新时代教师队伍建设改革的意见》（以下简称《意见》）提出要"建设一支高素质双师型的教师队伍"。那么，《意见》对高素质双师型教师队伍建设做出哪些指示？其理论依据是什么？高素质双师型教师队伍建设有哪些建议？下面主要就这几个问题进行阐述和分析。

# 一、《意见》进一步完善了专兼结合双师型职教教师培养培训体系和管理制度

如何遵循职业教育规律与教师成长发展规律，深入推进管理体制机制改革，培养和造就大批适应职业教育现代化发展需要的"双师型"教师，建设高素质专业化创新型的职业教育教师队伍，也成为《意见》关注的重点。《意见》围绕职业教育教师教育体系的建构，从职业教育教师职前培养、在职培训、教师管理等方面提出具体措施，优化教师队伍规模结构、知识结构和学历结构，全面提升职业院校教师的专业素质与能力。

## （一）以职业技术师范院校为主体建立职教教师教育体系，加强职业教育师资的培养

《意见》进一步强调要建立发挥职业技术师范院校主体作用的职业教育专业师资教育体系。目前我国职业院校的专业教师主要来自各类学校，学校培养仍是解决教师数量不足、"双师型"教师短缺的主渠道。随着师范教育向教师教育转型，2010年，《国家中长期教育改革和发展规划纲要（2010—2020年）》指出，要"加强教师教育，构建以师范院校为主体、综合大学参与、开放灵活的教师教育体系"。《意见》在此基础上也指出，要建立"以师范院校为主体、高水平非师范院校参与的中国特色师范教育体系"，推进地方政府、高等学校、职业院校"三位一体"协同育人。我国已逐渐形成一个由独立设置院校（如天津职业技术师范大学）、师范院校二级学院（如广西师范大学职业技术师范学院）与普通高校二级学院（如浙江工业大学职业技术教育学院）共同组成的职教师资培养体系。《意见》也进一步强调要加强职业技术师范院校建设；推动一批有基础的高水平综合大学成立教师教育学院，设立师范专业，积极参与职业教育教师培养培训工作；支持高水平学校和大中型企业共建双师型教师培养培训基地，建立高等学校、行业企业联合培养双师型教师的机制。这表明我国的职业教育师资教育体系应该是一个以独立设置的职业技术师范院校为主体，其他高水平学校和行业企业共同参与的开放、协同、联动的教师教育体系。其中，独立设置的职业技术师范院校是专业师资培养的核心力量，引领职教教师教育发展的方向。

　　《意见》针对职教师资培养，提出要提高生源质量，提升职教师资培养层次，加强教师教育学科专业建设等要求。由于职教师资职业性的特点，可以改革已有招生制度，扩大招生渠道，通过多种方式吸引优质生源报考职业技术师范院校或专业，探索建立招收职业学校毕业生和企业技术人员专门培养职业教育师资制度。随着社会对技术技能型人才培养质量要求的提升，对"双师型"教师的需求以及对职教师资的学历要求也不断提高。在《意见》基础上，《教师教育振兴行动计划（2018—2022年）》（以下简称《振兴行动计划》）进一步指出要提升职教师资培养层次，要为中等职业学校加大培养具有精湛实践技能的"双师型"专业课教师；要引导支持办好师范类本科专业；探索中等职业学校教师本科和教育硕士研究生阶段整体设计、分段考核、有机衔接的培养模式；扩大教育博士招生规模，面向职业教育教师和校长，完善教育博士选拔培养方案。课程与教学是职教师资培养的核心所在。《意见》指出要以实践为导向优化教师教育课程体系，并要注重教学基本功训练和教育实践。在此基础上，《振兴行动计划》进一步指出要推动实践导向的教师教育课程内容改革和以师范生为中心的教学方法变革。与此相应，职教师资教育课程要与职业教育课程教学改革相衔接，明确教育实践的目标任务，构建全方位教育实践内容体系；注重教学基本功训练和实践教学；注重课程内容不断更新，开发中等职业学校教师教育课程资源；注重未来教师的信息技术应用能力等。我国职业教育教学改革要以立德树人为根本，以服务发展为宗旨，以促进就业为导向；要坚持产教融合、校企合作的人才培养模式，推动教育教学改革与产业转型升级相衔接配套；要坚持工学结合、知行合一的课程与教学模式，强化教育教学实践性和职业性，促进学以致用、用以促学、学用相长。[①] 这些职业教育教学改革要求也应体现在职教师资培养院校的课程设置与教学过程中。

　　**（二）以协同为着力点深化多方合作，完善"双师型"教师培养培训机制**

　　《意见》强调建立多方协同机制，继续实施"职业院校教师素质提高计划"，引领带动各地建立一支技艺精湛、专兼结合的双师型教师队伍。

---

① 《教育部关于深化职业教育教学改革，全面提高人才培养质量的若干意见》，2015。

2011—2015 年，教育部、财政部实施"职业院校教师素质提高计划"，以建设高素质专业化"双师型"教师队伍为目标，以提升教师专业素质、优化教师队伍结构、完善教师培养培训体系为主要内容，以深化校企合作、提高培训质量为着力点，大幅度提高职业院校教师队伍建设的水平。[①] 2014 年，《国务院关于加快发展现代职业教育的决定》对建设"双师型"教师队伍提出了明确要求："加强校长培训，实行五年一周期的教师全员培训制度。落实教师企业实践制度。政府要支持学校按照有关规定自主聘请兼职教师。"教育部、财政部在前期工作的基础上决定实施新一周期职业院校教师素质提高计划(2017—2020 年)，计划通过组织职业院校教师校长分层分类参加国家级培训，带动地方实施五年一周期的教师全员培训，重点实施职业院校教师示范培训、中高职教师素质协同提升、校企双方人员交流合作三大类项目。开展专业带头人、"双师型"教师、优秀青年分层分类培训和校长专题研修；加强"双师型"名师工作室、技术技能传承创新平台、骨干培训专家团队建设；支持选派教师到企业实践和设立兼职教师特聘岗。全面提升职业院校教师队伍整体素质和建设水平，加快建成一支师德高尚、素质优良、技艺精湛、结构合理、专兼结合的高素质专业化的"双师型"教师队伍。除了校企合作外，新一周期的职业院校教师素质提高计划还强调要推动地方政府、高校、职业院校与行业企业(职教集团)建立协同机制，深化区域、校企、校际合作，完善国家级、省级、市级、校级校企共建的教师专业发展支持服务体系，并要应用"互联网＋"技术创新教师培养培训方式。[②]

《意见》强调加强校企深度合作，强化产教融合，建构职业院校师资培养培训的有效机制。《意见》指出要切实推进职业院校教师定期到企业实践，不断提升实践教学能力。建立企业经营管理者、技术能手与职业院校管理者、骨干教师相互兼职制度。"定期到企业实践，是促进职业学校教师专业发展、提升教师实践教学能力的重要形式和有效举措"，2016 年教育部等七部门印发的《职业学校教师企业实践规定》要求职业院校专业课教师和公共基础课教师都要参与企业实践，并要将企业实践和他们的教学实践、教科

---

① 《教育部 财政部关于实施职业院校教师素质提高计划的意见》，2011。

② 《教育部 财政部关于实施职业院校教师素质提高计划(2017—2020 年)的意见》，2016。

研需求相结合。其中,"职业学校专业课教师(含实习指导教师)要根据专业特点每 5 年必须累计不少于 6 个月到企业或生产服务一线实践,没有企业工作经历的新任教师应先实践再上岗。公共基础课教师也应定期到企业进行考察、调研和学习"。《职业学校教师企业实践规定》还对教师企业实践的形式和主要内容等进行了说明。职业院校和企业双方人员相互兼职,有利于深化校企合作,既能促进职业院校"双师型"教师队伍建设,又能支持企业发展。2018 年,教育部等六部门印发了《职业学校校企合作促进办法》,指出"校企合作是指职业学校和企业通过共同育人、合作研究、共建机构、共享资源等方式实施的合作活动"。为了促进教师队伍的建设,促进职业学校与企业人才的合理流动和有效配置,《职业学校校企合作促进办法》指出"开展校企合作企业中的经营管理人员、专业技术人员、高技能人才,具备职业学校相应岗位任职条件,经过职业学校认定和聘任,可担任专兼职教师,并享受相关待遇",而经所在学校或企业同意,职业学校教师和管理人员也可以根据合作协议,到企业兼职。此外,为了保障双方人员的权益,企业人员在校企合作中取得的教育教学成果,可视同相应的技术或科研成果,按规定予以奖励;职业学校应当将参与校企合作作为教师业绩考核的内容,具有相关企业或生产经营管理一线工作经历的专业教师在评聘和晋升职务(职称)、评优表彰等方面,同等条件下优先对待;职业学校和企业对合作开发的专利及产品,根据双方协议,享有使用、处置和收益管理的自主权。

**(三)健全管理制度优化教师队伍,推动"双师型"教师队伍建设**

《意见》提出要健全教师管理制度,推动"双师型"教师队伍建设和发展。良好的管理制度体系能够保障"双师型"教师队伍的健康发展,而职业院校教师专业标准是国家对合格教师专业素质的基本要求,是职业学校教师开展教育教学活动的基本规范,是引领教师专业发展的基本准则,是教师培养、准入、培训、考核等工作的基本依据,是教师管理制度建设的基础。我国已于 2013 年颁布了《中等职业学校教师专业标准(试行)》,尽管"双师型"教师的资格标准尚未得到统一,但对工作经历或实践经验的重视却已达成共识。《意见》强调要完善职业院校教师资格标准,探索将行业企业从业经历作为认定教育教学能力、取得专业课教师资格的必要条件。"双师型"

教师资格标准的建立也将是今后工作的重点。

"双师型"教师队伍建设的制度体系包括"双师型"教师的入职与专项培训、引进与聘用、资格申请与认证、管理与待遇、考核与奖惩等。[①] 围绕职业院校的人事管理工作,《意见》指出有条件的地方要根据职业教育特点,研究制定中等职业学校人员配备规范。为优化"双师型"教师队伍结构,《意见》指出可以在编制的基础上,采用固定岗和流动岗相结合的职业院校教师人事管理制度。通过专设流动岗位,吸引具有创新实践经验的企业家、高科技人才、高技能人才等到校兼职任教,促进学校"双师型"教师队伍的优化和发展。在考核评价方面,《意见》强调"双师型"教师的考核评价要符合"双师型"教师的特征,要充分体现技能水平和专业教学能力要求。

《意见》中的各项规定主要涉及"双师型"教师的资格标准、人员配备编制、培养培训、人员招聘、定期企业实践、兼职教师管理、考核评价等多个方面。其中,制定"双师型"教师认定标准,是建立"双师型"教师队伍成长长效机制、不断加强"双师型"教师队伍建设的一项重要工作。

## 二、专兼结合职教教师培养培训体系的建设要以职业教育教师专业化发展为要求

促进教师专业化,是世界范围的总趋势。随着我国职业教育的发展,推进职业教育教师专业化已成为职业教育教师队伍建设的重要目标。《教师专业化的理论与实践》一书指出:"专业化是一个社会学概念,其含义是指一个普通的职业群体在一定时期内,逐渐符合专业标准、成为专门职业并获得相应的专业地位的过程。"[②]教师专业化是职业专业化的一种类型,是指教师"个人成为教学专业的成员并且在教学中具有越来越成熟的作用这样一个转变过程"[③]。即教师专业化可以理解为指"教师个体的专业水平提高的过

① 《邯郸学院关于加强"双师型"教师队伍建设的意见》,http://www.hdc.edu.cn/meiyouloudong/UploadFile/2011122133530670.doc,2018-04-10。

② 教育部师范教育司:《教师专业化的理论与实践》,45页,北京,人民教育出版社,2001。

③ 邓金:《培格曼最新国际教师百科全书》,553页,北京,学苑出版社,1989。

程以及教师群体为争取教师职业的专业地位而进行努力的过程"[1]，它包括教师个体专业化和教师职业专业化。

与此相应，职业教育教师专业发展与职业教育教师专业标准，是职业教育教师专业化的核心内容，"双师型"教师培养培训体系的建设也体现了职业教育教师专业化发展的要求。

### (一)职业教育教师的专业标准

#### 1. 职教教师专业标准的内涵

职业教育是我国教育体系的重要组成部分，与其他各类教育相比，职业教育具有职业性、实践性和社会性等根本特征。[2] 职业教育教师的专业化不仅具备教师职业所有的基本特征，而且还有其独特的内涵和特点。

职教教师的专业标准是对他们的专业素质的基本要求，是其开展教育教学活动的基本规范，是由职业教育教师的工作对象和工作任务所决定的。他们的工作对象是"具有发展潜力的学生"，工作任务是把学生培养成为具有较强职业能力和可持续发展能力的高素质技术技能人才。这就要求职业教育教师的专业标准应包括"职业技术专业标准"和"教育专业标准"两个方面。[3]

"职业技术专业标准"是"指向于职业科学[4]（非工程科学）的专业理论知识和专业实践知识"，具体包括以下几方面的内容：某一职业科学、职业领域的发展历史、标准及资格；某一职业技术领域中与工作过程、技术和职业发展相关的专业理论知识、专业实践知识及其未来的发展趋势；某一职业技术领域中的职业实践与职业技能；相应的职业伦理规范。

从职业教育教学的角度来看，教师要将职业技术领域的专业知识和技能传授给学生，并发展他们的职业能力和可持续发展能力。因此，教育科学和教育实践知识就成为职业教育教师专业的"标志性基点"。职业教育教师的"教育专业标准"具体包括：（1）职业教育的基本理论知识。（2）职业教育

---

① 郑秀英：《职业教育教师专业化问题研究》，博士学位论文，天津大学，2010。
② 刘春生、徐长发：《职业教育学》，35页，北京，教育科学出版社，2002。
③ 徐涵：《从制度层面看我国职业教育教师的专业化发展》，载《教育与职业》，2007(21)。
④ 所谓职业科学是指面向技术型、技能型人才的职业劳动过程的、反映职业劳动内容的专业技术体系，其基本特征是着眼于专业劳动的完整性、整体性，而不是学科体系的完整性。

的教学设计、实施、评价方面的知识与能力。(3)职业教育课程开发技术与方法。(4)将信息技术与课程教学相融合的能力。

此外，随着产教融合和校企合作的深入，还要求职业教育教师能够开展应用技术研究，为企业提供支持和服务。

2."双师型"教师的内涵

"双师型"教师的提出，是对我国职业教育教师专业化的一个探索，旨在表达职业教育教师的职业特性，与职业教育教师专业标准相对应。[1] 但各界对于"双师型"教师内涵的理解还未达成一致，目前存在"双职称论""双能力论""双证书论""双素质论""双证双能叠加""双层次论""特定条件论"[2]，以及"一证一职论"和"双元论"[3]等相近但各不相同的解读。肖凤翔等在总结"双师型"教师队伍建设的实践经验、解读教育政策中的表述、分析学者们的阐释的基础上，从外延和内涵的角度，提出"双师型"教师可以理解为"具备基本的教育和职业工作素质，精通特定专业工艺原理和专业实践能力，胜任承担对职业教育学习者的教育和培训任务的职业教育机构的教育者"[4]。这体现了校内专任和校外兼职的结构，体现了教育和职业双素质、理论和实践双能力的要求，这一理解具有高度的概括性。

政策文件方面，比较有代表性的是《全国高校教学基本状态数据库填报表格及内涵说明》中对高职"双师型"教师所做的解释，它认为"双师型"教师指"高等学校中具有中级及以上教师职称，又具备下列条件之一的专业课教师：(1)有本专业实际工作的中级及以上技术职称(含行业特许的资格证书、有专业资格或专业技能考评员资格者)。(2)近五年中有两年以上(可累计计算)在企业第一线从事本专业实际工作的经历，或参加教育部组织的教师专业技能培训且获得合格证书，能全面指导学生专业实践实训活动。(3)近五年主持(或主要参与)两项应用技术研究(或两项校内实践教学设施建设及提升技术水平的设计安装工作)，成果已被企业(学校)使用，达到同行业(学

①  王继平：《"双师型"与职业教育教师专业化》，载《职业技术教育》，2008(27)。

②  唐林伟、周明星：《职业院校"双师型"教师研究综述》，载《河南职业技术师范学院学报(职业教育版)》，2005(4)。

③  曹晔：《我国职业教育"双师型"师资的内涵及发展趋势》，《教育发展研究》，2007(19)。

④  肖凤翔、张弛：《"双师型"教师的内涵解读》，载《中国职业技术教育》，2012(15)。

校)中先进水平"。这一表述说明高职"双师型"教师不仅要具有教学能力，还要有专业技能、专业实践和应用性研究能力。

《关于实施职业院校教师素质提高计划(2017—2020 年)的意见》也对"双师型"教师的企业实践和教学提出了要求。指出"双师型"教师专业技能的培训，要重点提升教师的"理实一体教学能力、专业实践技能、信息技术应用能力"等"双师"素质。还提出职业院校专业课教师企业实践要采用"考察观摩、技能培训、跟岗实习、顶岗实践、在企业兼职或任职、参与产品技术研发"等形式，这里也涉及上述的专业技能、专业实践、技术应用和研发。

从上面的理论和政策分析可以看出，各种表述都从一定角度反映了对"双师型"教师特征的描述，它们的共同点是强调职业和教育双重属性，强调理论和实践两方面的能力，而信息技术应用是信息时代对教师的基本要求。

### (二)职业教育教师的专业发展

#### 1. 教师的专业成长阶段

作为教育教学的专业人员，教师的专业成长历程也是一个动态发展的过程，也要经历一个由生疏到成熟的过程。Dreyfus 兄弟曾提出技能获得的五个阶段：新手(novice)、高级初学者(advanced beginner)、有能力的人(competent)、胜任者(proficient)和专家(expert)。[①] 这个从新手到专家的五个阶段已被广泛用于解释职业能力成长的阶段，成为我国职业教育教学改革的一个重要理论基础。此外，Benner 在这五个阶段的基础上提出了专长发展阶段理论[②]，而 Berliner 在 Dreyfus 的五阶段理论基础上，综合考虑了教师学科能力发展、心理变化和工作能力等多个方面，提出教师教学专长发展的五阶段理论：(1)新手阶段。刚毕业参加工作，可能有失落感，在有经验教师的带领下开展工作。(2)高级初学者阶段。在工作中逐渐积累经验，对于教学问题会由于处理方式的不同而得到不同结果。(3)胜任阶段。能独立根据常规的教学设计和实施过程，选择教学内容，确定重难点，制订教

---

① Dreyfus, H. L. & Dreyfus, S. E., *Mind over Machine：The Power of Human Intuition and Expertise in the Era of the Computer*, New York：The Free Press, 1986.

② 王建军：《课程变革与教师专业发展》，96~97 页，成都，四川教育出版社，2004。

学计划并选择教学方法，能控制好课堂环境，并注意到与教学相关的各种因素。(4)熟练阶段。直觉的作用更加明显，能对教学情境进行模式识别，并进行有效的分析。(5)专家阶段。能凭直觉把握教学，解决教学中的问题，能成功地指导他人。① 此外，也有学者从不同角度将教师专业发展分为三种、四种或五种等不同数量的阶段。② 尽管阶段的数量不同，但都说明教师的专业成长要经历一个逐渐发展的过程。

2．"双师型"教师的专业发展阶段

"双师型"教师的成长也会经历若干阶段。简单来说，可以大致分为初、中、高级"双师型"教师阶段。如可以按照教师的专业理论水平和实践能力，将高职"双师型"教师分为初、中、高级，分别对应助教、讲师和副教授以上三个层面。③ 其中，助教级"双师型"教师以讲授理论课为主，同时能够指导实训；讲师级"双师型"教师的专业知识和专业技能比较扎实，能掌握与专业相关的行业动态和职业技能，并对本专业建设提出适当的建议；副教授级"双师型"教师具有相当于专业指导委员会委员的专业水平和专业应用能力，能对专业课程和培养方案的调整，以及专业教学改革提出建设性意见。

一些地区和学校的"双师型"教师认定标准中也能体现出这种专业成长的不同阶段。如《重庆市中职学校"双师型"教师认定标准》中将中职"双师型"教师分为初、中、高三级，且三级的认定条件逐渐提高。例如在专业技术职务要求方面，从初级到高级"双师型"教师依次需要具有初级及以上、中级及以上、高级专业技术职务；在科研要求方面，初级"双师型"教师无科研要求，中级"双师型"教师要"参研市级及以上与职业教育相关的科研课题"，而高级"双师型"教师则在科研课题中要承担"主研"角色。

对于"双师型"教师采用不同级别的认定标准，意味着对他们不同专业发展阶段提出不同要求，与此相应，对"双师型"教师的培养也应适应不同专业发展阶段的特点。例如，与《关于实施职业院校教师素质提高计划

---

① 李玉婷：《新手—专家化学教师课堂教学行为差异研究》，硕士学位论文，华东师范大学，2007。

② 罗晓杰：《国内外教师专业发展阶段研究述评》，载《教育科学研究》，2006(7)。

③ 胡艳琴：《高职"双师型"教师通用胜任力模型构建研究》，硕士学位论文，苏州大学，2008。

（2017—2020 年）的意见》配套的《职业院校教师示范培训项目实施指南》具体指出，要"分层分类组织职业院校不同基础水平、不同专业类别、不同技能等级的教师参加示范培训，探索职业院校教师专业技能分级培训模式"。这一安排实际上也体现了对"双师型"教师专业成长过程的重视，这也说明各地各学校在落实"双师型"教师的认定、培养和管理的过程中，也可以根据教师们所处的不同发展阶段采取相应的措施。

### （三）职教教师专业化发展需建立一体化的教师教育体系

1.  "双师型"教师队伍的范畴

从已有的中高职"双师型"教师的认定范围来看，主要包括校内专业课教师（含实习指导教师）和校外兼职教师。《职业学校兼职教师管理办法》指出，兼职教师是指"受职业学校聘请，兼职担任特定专业课或者实习指导课教学任务的专业技术人员、高技能人才"。兼职教师是"双师型"教师的重要来源，其范围不仅包括在校内上课的校外兼职教师，还应包括越来越多的在校外上课的校外兼职教师。

《职业学校学生实习管理规定》中要求在中高职学生的认识实习、跟岗实习和顶岗实习过程中，职业学校"应当根据专业人才培养方案，与实习单位共同制订实习计划"，要和实习单位分别选派实习指导教师和专门人员全程指导、共同管理学生实习。这说明实习已成为职业学校课程体系的有机组成部分，为了更好地实现专业培养目标，企业实习指导人员也应成为学校教师队伍的有机组成部分。此外，现代学徒制的教学任务由学校教师和企业师傅共同承担，其中，学校教师承担系统的专业知识学习和技能训练；企业师傅根据培养方案对学生进行岗位技能训练，形成双导师制。[1] 企业师傅也成为现代学徒制教师队伍的重要组成部分。

可见，随着我国产教融合、校企合作的不断深入，以及职业教育教学改革的开展，工作在校外学习场所的企业实习指导人员和现代学徒制中的企业师傅都应成为我国职业教育教师队伍的重要成员，也将是兼职教师、"双师型"教师的重要组成部分。对他们的培养和认定也是教师队伍建设的

---

[1]  《教育部关于开展现代学徒制试点工作的意见》，2014。

重要工作。

### 2. 职教教师教育的体系

职业教育教师的专业化发展水平，一方面取决于教师们的职前培养的训练水平（它决定着专业化起点程度），另一方面取决于教师们的职后发展机制（它决定着专业化发展的成熟程度）。[①] 为了提高职业教育教师的专业化发展水平，需要将教师们的职前培养和职后发展统筹考虑。"教师教育"是对教师培养和培训的统称，"在终身教育思想指导下，按照教师专业发展的不同阶段，对教师职前培养、职业培训和在职研修通盘考虑，总体设计"[②]。

为了促进职业教育教师，特别是"双师型"教师的专业化发展，有必要建立系统的职教教师教育体系。该体系应包含教师职前培养、在职培养培训和研修等阶段，且各阶段内容彼此衔接；职前培养是以独立设置的职业技术师范院校为主体，其他高水平学校和行业企业共同参与的开放、协同、联动的教师教育体系；在职培训是一个体现产教融合、校企合作，地方政府、高校、职业院校与行业企业等彼此协同合作，提供多层次、多类型教师专业发展支持服务的体系。

## 三、专兼结合双师型职教教师队伍建设的若干建议

围绕职业教育教师的专业发展和"双师型"教师队伍的建设，结合《意见》中的相关内容，本文提出以下若干建议。

### （一）"双师型"教师的分类分级和动态认定

"双师型"教师资格的认定是"双师型"教师队伍建设的核心，也是职业教育教师专业化的关键所在。应尽快从国家法律层面，结合职业教育的特征，结合区域发展特点，开展分类分级认证。认证标准应能体现职业教育教师的职业技术专业性和教育专业性；认证标准能根据"双师型"教师的专业发展阶段，开展如初、中、高等不同层级的分级认证；认证标准能为不

---

① 徐涵：《从制度层面看我国职业教育教师的专业化发展》，载《教育与职业》，2007(21)。

② 孟庆国，张燕，蓝欣：《职业技术师范院校在职教师资培养模式转轨中的地位和作用》，载《职业技术教育》，2011(1)。

同类型的职业教育教师制定相应的专业标准，如校内专任教师和兼职教师、专业理论教师和实习指导教师，以及不同职业大类的职教教师等。例如，广西中高职、安徽高职等"双师型"教师认定实行分类认定的做法，按校内专任"双师型"教师（含校内兼课教师）和校外兼职"双师型"教师分类进行认定，并依据不同条件分级设置初级、中级和高级"双师型"教师。在具体标准方面可以采用必备条件、拓展条件和补偿性条件。

认定要实行动态调整，可以限定"双师型"教师资格的有效期限，过期需重新申请，以确保"双师型"教师队伍的质量。认定还可以实行职业导向，如"公共基础课教师，所教课程与获得的职业资格证书、企业实际经历等的专业方向不一致的专业课教师"不参与认定[①]。

各地各校要注重对企业实习指导教师和现代学徒制中的企业师傅的"双师型"教师认定。、

### （二）建立系统的职教教师教育体系，改革师资培养培训模式

根据区域特点，从教师教育和终身学习理念出发，建立系统的职教教师教育体系，提供多层次、多类型的教师专业发展支持服务，可以关注以下几个方面。

第一，改革职业教育师资培养模式。职业教育师资培养机构要开展职业教育师资培养的研究，转变"学科式"的培养模式，结合职业教育教师的职业技术专业性和教育专业性特征，结合产教融合、校企合作、工作结合、知行合一的理念，结合区域经济和技术发展，明确专业师资培养目标，调整专业课程设置，改革人才培养模式和教学方法，从而提高职教师资培养质量，满足职业院校对专业教师的需求。如可以尝试对院校优秀毕业生开展本硕一体化连续培养，"3＋4""3＋2"中本、高本一体化贯通培养，"3＋5"单独招生、对口培养，等等。

第二，开展"双师型"教师的分类分级培养。校内专业"双师型"教师和校外兼职"双师型"教师各有所长，各地各校在制定"双师型"教师的培养培训方案时，可以根据教师不同的类型和能力层级，参考《关于实施职业院校

---

① 《福建省教育厅关于印发〈福建省职业院校"双师型"教师认定指导性标准（试行）〉的通知》，2017。

教师素质提高计划（2017—2020 年）的意见》中的各个项目，结合学校和合作企业的特点，设计相应的培养培训方案。如《职业院校教师示范培训项目实施指南》针对在职业院校从事教学工作不到五年且年龄不超过 35 岁的青年教师、教龄在五年以上的专业课教师和实习指导教师、具有高职学校高级职称（或中职学校中级职称）且主持过市级及以上科研项目等的教师，分别提供"优秀青年教师跟岗访学""'双师型'教师专业技能培训""专业带头人领军能力研修"等不同的专业技能培训内容。

**（三）健全和加强院校教师管理制度建设，推动"双师型"教师队伍发展**

细化和落实国家各项教师管理制度，推动院校"双师型"教师队伍建设，可以关注以下几个方面。

第一，结合学生规模和学校专业类别等设定中等职业学校人员编制。根据《教育部办公厅关于各地出台中等职业学校教职工编制标准情况的通报》，各地的编制情况主要有四种：设定统一生员比，根据学生规模设定不同生员比，根据学校专业类别设定不同生员比，综合考虑学生规模和学校类别设定生员比。还可以实行附加编制以满足学校实际发展需求，设置一定比例的编制以用于兼职教师的聘请。各地可以根据本地学校情况，参考某种方法设定编制，但建议留出一定的编制用于兼职教师。

第二，制定校企"双师"职称评定办法，促进校企人才互通。如重庆市于 2017 年发布了《重庆市院校教师与企业工程师（技师）"双师"职称评定办法》，在满足一定条件下，允许企业中的兼职教师评定工程技术职称或鉴定技能等级，允许院校中的兼职企业人才评定教师（研究、实验）系列职称。福建省也于 2016 年发布了《福建省职业院校校企人员互兼互聘管理办法（试行）》。这些都有助于建立教师和企业工程技术人员、高技能人才的双向聘用机制，促进校企之间的进一步深度融合。各地也可抓紧推出相应措施，建立校企人员相互交流的机制，促进"双师型"教师队伍的建设。

**（四）加强对"双师型"教师相关政策执行的监测和评估**

从政策过程完整性的角度来看，加强对政策执行过程和结果的监测与评估，既可以确保实现政策的合法化，又可以确保政策执行的质量，以此促进政策目标的实现并提高政策效率。因此，加强对"双师型"教师相关政策执行的监测与评估，是推动职业院校"双师型"教师队伍发展的需要。

　　教育部等多个部委已出台多个政策来促进"双师型"教师队伍的建设，如《职业学校兼职教师管理办法》《职业院校教师企业实践规定》《职业学校校企合作促进办法》等，各地各校可以根据这些政策制定具体的细化的实施方案，深化产教融合、校企合作，促进校企合作培养"双师型"教师，但要注意借助科学方法，加强对政策执行过程的监测和评估，必要时及时调整政策，使"双师型"教师政策能更好地推动"双师型"教师队伍的发展，更好地促进我国职业教育实践的发展。

（庄榕霞）

# 加快高素质专业化特殊教育教师队伍建设

特殊教育教师是我国教师队伍的重要组成部分，也是我国教师队伍建设的薄弱环节。尽管在中共中央、国务院颁布的《关于全面深化新时代教师队伍建设改革的意见》（以下简称《意见》）中没有将特殊教育教师的有关内容单列一条，但《意见》明确提出：要"加强特殊教育教师培养""创新和规范中小学教师编制配备""有条件的地方出台……特殊教育学校教职工编制标准""完善教师收入分配激励机制，有效体现教师工作量和工作绩效，绩效工资分配向班主任和特殊教育教师倾斜"。实际是强调要建设高素质专业化的特殊教育教师队伍。为实现这一目标，需要关注以下问题：一是如何理解高素质专业化的特殊教育教师队伍？二是特殊教育教师队伍建设的问题有哪些？三是建设高素质专业化特殊教育教师队伍的措施有哪些？

## 一、加快高素质专业化特殊教育教师队伍建设的内涵与价值

### （一）高素质专业化特殊教育教师的内涵解读

特殊教育教师是指在特殊教育学校、普通中小学幼儿园及其他机构中专门对残疾学生履行教育教学职责的

专业人员，要经过严格的培养与培训，具有良好的职业道德，掌握系统的专业知识和专业技能。① 建设高素质专业化特殊教育教师队伍首先要理解高素质专业化的含义。教师队伍的建设不仅对教师个人的素养有要求，还对整体教师队伍有要求。从特殊教育教师个体来看，高素质专业化的特殊教育教师首先是符合《特殊教育教师专业标准（试行）》中各项要求的教师，也应当是"师德高尚、专业基础扎实、教育教学能力和自我发展能力突出"②的教师。高素质专业化具体体现为特殊教育教师个人的高尚品行以及专业知识、专业技能、专业能力的高水平。特殊教育的对象是社会中的弱势群体，强调特殊教育教师要具有人道主义精神和正确的残疾人观。与普通学校教师相比，特殊教育教师应当具备残疾学生教育与康复所需的复合型知识。除掌握教师的基本教育教学技能之外，还需要具备特殊教育需要的评估与鉴别、环境创设与利用、个别化教育教学设计、课程整合、灵活适宜的沟通以及辅助技术运用等能力。

从特殊教育教师群体来看，就是要建设一支数量充足、结构合理、素质优良、富有爱心的高素质专业化特殊教育教师队伍。③ 特殊教育教师全员都应当达到特殊教育教师的专业标准，并向更高的目标不断迈进。《意见》明确指出，到2035年，要"培养造就数以百万计的骨干教师、数以十万计的卓越教师、数以万计的教育家型教师"。特殊教育教师作为教师队伍的有机组成部分也要以此为追求的目标。同时，特殊教育教师队伍应当在教师数量、职业类别、学科结构等方面都均衡协调分布。此外，高素质专业化特殊教育教师队伍应当具备合理的管理体制，体现在特殊教育教师的准入制度、评聘制度、编制标准、待遇保障制度等方面的不断完善。

**（二）高素质专业化特殊教育教师队伍建设的意义**

建设高素质专业化特殊教育教师队伍是办好特殊教育的必然要求。特殊教育的对象是有着各类身心障碍的儿童，巨大的个体内差异与个体间差异导致教育教学工作的复杂性与难度成倍增长。特殊教育教师不仅需要掌

---

① 《教育部关于印发〈特殊教育教师专业标准（试行）〉的通知》，2015。
② 《教育部关于实施卓越教师培养计划的意见》，2014。
③ 《教育部等七部门关于印发〈第二期特殊教育提升计划（2017—2020年）〉的通知》，2017。

握儿童的一般发展规律，还要掌握特殊儿童的发展特点；不仅需要具备学科教学的教师素养，还要具备特殊儿童教育与康复的相关专业知识与技能。此外，由于教育对象本身是社会中的弱势群体，对特殊教育教师的师德提出了更高的要求，要求教师具备人道主义精神，尊重差异、乐于奉献。要办好特殊教育，提升特殊教育质量，真正满足特殊儿童的需求，打造高素质专业化特殊教育教师队伍成为关键。

建设高素质专业化特殊教育教师队伍是对中国新时代教育新常态的回应，是对提升教育质量的理性思考。一是新时代下随班就读成为普通学校中的常规，学校生源结构发生变化，特殊教育教师职能范围扩大。《中华人民共和国义务教育法》规定"普通学校应当接受具有接受普通教育能力的残疾适龄儿童、少年随班就读，并为其学习、康复提供帮助"。目前，越来越多的特殊儿童进入普通学校随班就读，学生构成更为复杂，课堂呈现大差异性。要应对大差异的课堂，不仅需要提高普通中小学教师队伍的质量，更需要专业特殊教育教师参与其中，包括资源教师、巡回指导教师等。特殊教育教师需要与普通教育教师一起应对特殊儿童的教育问题，参与制订特殊儿童的个别化教育计划，为特殊儿童提供个别化的教育训练，辅助普通学校教师开展特殊教育评估、制定课程调整方案，承担特殊教育相关咨询服务、巡回指导等工作。特殊教育教师队伍必须提升专业水平，才能胜任特殊教育的工作。二是特殊教育学校中学生的障碍程度由轻中度向中重度转变，障碍类别由单一类别向多重障碍转变，导致特殊教育学校的教学难度增加，教学任务更为艰巨，特殊教育学校对康复的需求加大。这要求特殊教育教师具备一定的康复知识，并且导致对康复相关的专业人才的需求量增多。为应对各类学校中的变革，必须打造高素质、高专业化水平的特殊教育教师队伍。

## 二、高素质专业化特殊教育教师队伍建设存在的问题

### (一)总体供给不足、质量不高

我国特殊教育教师队伍力量薄弱。首先，在数量上存在较大的缺口。

特殊教育学校的增长速度相对较快，教师需求增速大于培养增速，无法达到各地区规定的师生比例。其次，我国特殊教育教师队伍整体的专业化水平不高。特殊教育由于对象的复杂性，对教师的教育教学提出了更高的要求。但目前全国范围内，特殊教育教师队伍整体学历普遍偏低，且大部分特殊教育教师在职前培养与职后培训方面都没有接受过系统的特殊教育知识与技能的训练。[①] 大部分教师缺乏系统的特殊教育职前培养，在教学能力、实践操作、专业知识结构等方面都有所欠缺。最后，由于工作上的巨大挑战性，特殊教育教师中普遍存在压力较大的现象，心理健康问题出现率显著高于普通教育教师。

### （二）特殊教育教师队伍内部结构失衡

从在职的特殊教育教师队伍内部看，存在结构失衡的问题。第一，特殊教育教师类别的结构不足以满足特殊教育的需求。从学制阶段上看，特殊教育教师主要集中于义务教育阶段，严重缺乏学前、职业教育阶段的特殊教育教师。从职位类别上看，特殊教育新增专业教师的数量不足，缺乏从事康复训练、物理治疗等方面的专任教师。专门从事特殊教育教学工作的教师在特殊教育教师队伍中占比较大，缺乏心理健康教师、物理治疗师等康复教师，以及包括社会工作师、语言治疗师、临床心理人员、职务辅导、定向行动专业人员等在内的专业人员。同时从事特殊教育的专任教师，以在盲、聋、培智三类特殊教育学校中从事教育教学工作的教师为主，严重缺乏为普通教育服务的资源教师与巡回指导的专职教师。

第二，特殊教育教师的知识结构不合理。由于特殊教育对象的复杂性，从事教育教学工作的特殊教育教师不仅需要具备特殊教育相关的知识与技能，还需要具备教育康复、学科知识、职业教育等多方面的专业基础。但目前特殊教育教师的培养过程中，课程设置主要围绕特殊教育相关内容展开，普遍缺乏对学科知识和教育康复知识的系统学习，培养的教师大都缺乏学科、康复等方面的专业素养。

---

① 王雁、肖非：《中国特殊教育教师培养研究》，273页，北京，北京师范大学出版社，2012。

### （三）制度保障体系不健全

目前，特殊教育教师的管理体制的不完善，严重阻碍了高素质专业化特殊教育教师队伍的建立。一是缺乏特殊教育教师资格证书制度及特殊教育教师准入制度。专业资格证书制度是专业走向制度化、规范化的重要途径，也是保证从业人员素质的重要措施。我国仅出台了特殊教育教师的专业标准，但尚未形成统一的特殊教育教师资格证书制度。由于缺乏规范的准入制度，特殊教育教师的来源渠道多样，质量参差不齐，特殊教育教师队伍的特色不明显。

二是缺乏特殊教育教师职工编制标准。国家尚未出台统一的特殊教育学校的教职工编制标准，仅有《特殊教育学校建设标准》和地方性政策文件作为编制设定依据，缺乏完善的特殊教育学校的编制标准制度。近年来，仅有个别地区出台了地方性的特殊教育学校的编制标准，大多地区仍存在特殊教育学校的编制设置无据可依的问题。编制体系不健全导致编制管理的"空编"和"缺编"问题一直存在。一方面，实际需要的特殊教育教师与专业人员编制数量严重不匹配，特殊教育教师从数量上无法满足教育发展的实际需求；另一方面，特殊教育教师自身的权利难以得到保障，严重阻碍了教育质量的提升。

三是现有特殊教育教师管理体制不合理，体现为制度的"一刀切"现象。当前，特殊教育教师在职称评定、考核机制、奖励机制等方面都是使用普通教育教师的体系开展工作，未针对特殊教育教师职业的差异性进行调整。由于各项制度规定与特殊教育职业特性之间不适应，各项活动中指标分配存在不合理的现象。但普通学校与特殊教育学校中教师的需求是不均等、不一致的，导致优秀特殊教育教师评奖评优渠道不畅通，特殊教育教师普遍缺少具有针对性的专业发展机会，影响特殊教育教师队伍的整体发展。

### （四）培养模式改革困境

提升特殊教育教师队伍的质量，需要从源头的改革着手，职前培养是关键。近年来，高等特殊教育专业建设已经取得阶段性的成果，越来越多的高等院校增设了特殊教育专业，特殊教育教师的培养规模逐渐扩大。但在培养过程中仍存在矛盾，主要表现为师范类院校培养的特殊教育人才与特殊教育实际需求之间的不匹配。一是师范类院校培养的特殊教育专业教师不能满足特殊教育学校对学科教学的需求；二是师范类院校培养的特殊教育教师无法满足特殊教育学校中日益增加的对教育康复相关专业人员的需求。

为应对上述问题，迫切需要进行教师培养的改革，但在实际进行过程中仍然面临着困境。一方面，老牌师范类院校培养模式固化。早期开设特殊教育专业的师范类院校培养的为盲、聋、培智三类特殊教育学校服务的特殊教育教师已经无法满足融合教育提出的新需求，也无法满足特殊教育学校对教师学科教学素养的要求。但由于培养模式、制度的固化，培养模式改革难以推进。另一方面，新建特殊教育专业的高校学科建设力量薄弱。新建特殊教育专业的学校在培养模式设计上具有较大的灵活性，能够依据国家、地区的需求进行培养模式的改革及实验。但普遍反映现有的新建特殊教育专业教师队伍的数量、质量不能满足新时代专业发展的需求，缺乏高学历、专业对口、科研能力强的专业化人才，不仅在培养模式的顶层设计上存在力不从心的现象，也直接影响师范生的培养质量。

## 三、加快高素质专业化特殊教育教师队伍建设的重要措施

对特殊教育教师队伍存在的问题的梳理表明，特殊教育教师队伍建设面临着较大的挑战。培养单位数量与质量的不足，使得特殊教育专业人才在数量与质量上不足以满足现实需求。尚未建立特殊教育教师专业证书制度，使得难以在准入关口把控教师质量，整体特殊教育教师队伍质量受到影响。同时，由于支持保障体系的不完善，在职的特殊教育教师自身的权益难以得到保障，特殊教育教师社会地位普遍较低，职业吸引力大打折扣。由此而来的是特殊教育陷入教师队伍质量不佳、地位边缘化、人才流失的不良循环。要建设高素质专业化特殊教育教师队伍，需要找到关键点，有针对性地解决问题。《意见》中重点提到的"特殊教育教师培养""特殊教育学校教职工编制标准""绩效工资倾斜"等问题，实则是强调要以加强特殊教育教师培养和提升待遇保障为关键抓手，建设高素质专业化特殊教育教师队伍。

**（一）以培养复合型的特殊教育教师为特殊教育教师队伍建设的总体思路**

建设高素质专业化特殊教育教师队伍需要从培养的源头解决问题，以培养"复合型"的特殊教育教师为总体思路，建设"复合型"结构的教师队伍。

新时代的特殊教育正向融合教育迈进。由于支持保障体系的不健全，特殊教育教师不仅需要承担特殊教育学校中的教育教学工作，还需要承担康复训练、随班就读指导等工作。特殊教育教师职能的扩展促使特殊教育教师队伍随之进行调整。从教师个人素质看，强调由以特殊教育相关能力为主转向特殊教育、学科教学、康复等多方面专业能力的复合。承担不同工作类别的特殊教育教师，应当依据职位的特点在专业素养的复合构成上有所侧重。具体来说，复合型的高素质专业化特殊教育教师队伍应当包括：（1）以特殊教育知识技能与学科教育教学能力复合为主的以学科教学为主的特殊教育学校的专任教师。（2）以教育与康复能力复合为主的承担康复工作的特殊教育教师。（3）以特殊教育和普通教育能力复合为主的承担融合教育相关工作的特殊教育教师。[①]

从特殊教育教师队伍结构看，强调要扩大特殊教育教师队伍的整体规模，整体优化特殊教育教师队伍的内部结构，实现特殊教育教师队伍结构的复合。要依据现实需求精准定位不同类别的特殊教育教师的培养目标，培养适应各方需要的特殊教育专门人才。通过为特殊教育实践输送特定人才实现对特殊教育教师队伍的"精准扶贫"，提升特殊教育教师队伍的整体质量。在这个过程中，要把握好特殊教育教师队伍内部结构的几组"复合"关系，即适应不同障碍类别的特殊教育学校的特殊教育教师，特殊教育学校教师与随班就读相关工作的教师，义务教育阶段教师与非义务教育阶段的教师，不同学科的特殊教育教师，学科教学教师与从事康复工作的专业人员，普通特殊教育教师与骨干教师、卓越教师之间的复合。

**（二）创新高校培养机制，加强高校特殊教育专业的教师队伍建设**

特殊教育教师的职前培养模式是培养改革的关键。建设高素质专业化特殊教育教师队伍，第一，要加强已开设特殊教育专业的高等师范类院校

---

① 朱楠、王雁：《"复合型"特殊教育教师的培养——基于复合型的内涵分析》，载《中国特殊教育》，2015(6)。

的建设，支持有条件的高等院校开设特殊教育专业。基于不同院校及所在地区的特殊教育发展特点与学校自身的专业优势，调整专业布局，改善培养条件，提高特殊教育人才的培养规模与质量。支持师范类院校和其他高校扩大特殊教育专业招生规模，加大特殊教育专业硕士、博士研究生培养力度，鼓励有条件的高等学校加强学前、普通高中及职业教育的特殊教育教师培养。[①]

第二，要推动高等特殊教育人才培养模式的改革，建立跨学科、跨院校的合作机制。依据复合型的人才培养目标，培养模式的改革主要呈现"特殊教育＋学科教育""特殊教育＋康复"两种趋势，同时都强调加重实践的比重。在学制上，主要有针对特殊教育专业的三年专业课程学习叠加一年教学实践的"3＋1"模式，以及针对非特殊教育专业的四年本科学习叠加两年的特殊教育专业学习的"4＋2"模式。同时，要加强高等师范类院校与医学院校、社区合作，高校内部的特殊教育专业与心理学、医学、康复学、社会学等其他学科合作，促进多学科交叉，培养复合型的具有教育教学、康复训练能力的特殊教育专业人才。

第三，要优化特殊教育课程设置，通过顶层设计形成多学科交叉、多领域互补的课程体系。改革教学方式方法，理论素养与实践经验并重，加强开展第二课堂的教学实践。

第四，要建设适应特殊教育专业发展的、梯度合理的教师队伍。优化特殊教育专业教师队伍的结构，吸纳高层次科研与教学专门人才，提升教师队伍整体专业发展水平。

### （三）建立特殊教育学校教职工编制标准，规范特殊教育准入机制

特殊教育教师的编制问题直接关系到其身份与权益保障，对整体教育事业的可持续发展具有重要影响。目前的首要任务是建立特殊教育学校的教职工编制标准，从制度层面规范特殊教育教师的准入机制。第一，要基于教育协调发展的视角，优化特殊教育教师编制体系的内部结构，解决特殊教育教师编制需求量与学校编制存量之间的矛盾。依据学校所在地的实

---

[①]　《教育部等七部门关于印发〈第二期特殊教育提升计划（2017—2020 年）〉的通知》，2017。

际，为当地学校发展预留充足的特殊教育教师编制数量。

第二，要加快推动全国、地方性特殊教育学校的教职工编制标准出台，完善编制标准体系。标准体系既要考虑特殊教育教师的职业素养，又要考虑与全国特殊教育学校的教职工标准体系对接。遵循优先执行国家标准、参考先进省份标准的原则，结合本省实际制定地方标准。

第三，要改变学校教职工编制标准的单一模式，各省（区、市）可结合地方实际，灵活制定特殊教育学校教职工编制标准。充分考虑学校教育的发展需要和职能任务要求，结合学校所在地区的社会经济发展状况、人口状况等因素，通过整体协调制定适应当地教育发展的特殊教育学校教职工编制标准。具体来说，一是标准制定要考虑盲、聋、培智等各类别特殊教育学校的特性，考虑编制标准的适切性。二是依据不同学校实际制定，即应当为招收重度、多重残疾学生较多的学校适当增加教职工配备；对招收残疾学生的普通学校配备专兼职资源教师。

第四，要建立健全管理和督查机制，完善和规范编制管理的制度体系。建立周期性的编制审核制度，规范特殊教育教师编制进出程序。建立特殊教育教师编制落实的问责机制，将特殊教育教师编制的落实情况纳入各级政府部门考核的指标当中。

第五，要配套建立特殊教育职业资格证书制度和特殊教育教师评聘体系，规范准入机制。建立适宜特殊教育教师的资格证书制度，实现"持证上岗"。所有从事特殊教育的专任教师均应取得特殊教育教师资格证，非特殊教育专业毕业的教师还应经过省级教育行政部门组织的特殊教育专业培训并考核合格。根据特殊教育的特点，在职称评聘体系中建立分类评价标准，将儿童福利机构特教班教师职务（职称）评聘工作纳入当地教师职务（职称）评聘规划，拓宽晋升渠道。[①]

### （四）完善收入分配制度，落实待遇倾斜政策

《意见》明确提出，要让"广大教师在岗位上有幸福感、事业上有成就感、社会上有荣誉感，教师成为让人羡慕的职业"，并且明确指出要提高特殊教育教师的待遇，"绩效工资分配向班主任和特殊教育教师倾斜"。

---

① 《教育部等七部门关于印发〈第二期特殊教育提升计划(2017—2020年)〉的通知》，2017。

　　长期以来，工作上的压力与社会的舆论压力使得特殊教育教师缺乏幸福感与职业自信。由于受教育对象的复杂性，特殊教育教师承担的工作更艰巨。同时，由于支持保障体系的不健全，特殊教育教师大多身兼数职，特殊教育教师的劳动付出与待遇之间不平衡。并且，特殊教育教师长期处于教师队伍中的边缘地位，社会地位低下。特殊教育教师的职业认同感与职业满足感都较低，导致特殊教育教师工作质量下降。因此，需要通过提高特殊教育教师的待遇，提高特殊教育教师自身的满足感与职业幸福感，提高他们对于自身职业的自信，从而提升整体特殊教育教师队伍的质量。

　　《第二期特殊教育提升计划（2017—2020年）》明确指出，要"完善特殊教育津贴等工资倾斜政策，核定绩效工资总量时适当倾斜"[①]。绩效工资向特殊教育教师倾斜，具体来说，第一，整体教师队伍的绩效工资应当向特殊教育教师倾斜。自1956年起，我国就规定对于盲聋哑中小学的员工，除按中、小学工资标准分别评定外，对教员、校长和教导主任还应按评定之等级工资，另外加发15%，以示鼓励。2006年修订的《中华人民共和国义务教育法》又重申相关规定："特殊教育教师享有特殊岗位补助津贴。"第二，特殊教育教师队伍内部，绩效工资应当向某细类别的特殊教育教师倾斜。一是对普通学校承担随班就读教学管理任务的教师，在绩效工资分配上给予倾斜。二是为承担送教上门的特殊教育教师、承担"医教结合"实验相关人员提供必要的工作和交通补助。此外，表彰奖励也要向特殊教育教师倾斜。

　　要真正落实绩效工资倾斜政策，首先要完善特殊教育教师收入分配制度。各级政府应当依据特殊教育学校的发展战略、组织目标、市场需求程度等指标合理制定适用于特殊教育教师的收入分配制度。其次要改革绩效考核方式，完善绩效工资分配政策。改变当前单一的绩效考核方式，综合考虑教师的教龄、职责、能力等因素，将特殊教育教师专业发展作为导向，对工资结构、考评方式进行整体调整，构建真正能反映教师能力、业绩的收入绩效工资分配机制。最后要建立特殊教育教师待遇保障的监督机制。明确各级政府在保障特殊教育教师待遇中的职责与分工，建立保障特殊教育教师待遇的问责机制，保障绩效倾斜政策能够落地。

（徐知宇）

---

① 《教育部等七部门关于印发〈第二期特殊教育提升计划（2017—2020年）〉的通知》，2017。

# 加强高素质创新型服务"双一流"高教师资队伍建设

当前，中国高等教育的形态和发展环境发生了极大的改观，中国拥有世界上规模最大的高等教育体系。与此同时，经过多年的发展，高等学校办学条件不断改善，综合实力和国际竞争力有了较大提高，在国家创新体系建设中发挥着越来越重要的作用。

但是我们应当看到，我国高等教育的发展与国家提出的创新驱动发展、"一带一路"等国家重大战略、倡议和"两个一百年"的奋斗目标还存在一定差距，与坚持中国特色社会主义道路、全面决胜小康社会、全面建设社会主义现代化强国的新时代要求还存在一定差距，与到21世纪中叶基本建成高等教育强国的目标还存在一定差距。为此，2017年9月国家启动实施了"一流大学、一流学科"建设战略（以下简称"双一流"战略），就是利用制度优越性，集中优势资源，培育冲刺世界先进水平的国家队，增强中国教育的核心竞争力。党的十九大报告进一步明确提出，要"加快一流大学和一流学科建设，实现高等教育内涵式发展"。"双一流"战略和内涵式发展意味着高等教育发展模式将从满足需求向供给侧结构优化转变，从规模扩张向质量提升转变，从增量改革向搞活存量转变，从硬件投入向软件提升转变。要实现这些转变，最为关键的因素就是"人"的因素。教师是增强高校内生动力和办学活力的关键。①　中共中央、国务院《关于全面深化新时代教师队伍建设改革的意见》(以下简称《意见》)第一次明确提出"教师是教育发展的第一资源"。一支高素质创新型高校教师队伍是助推"双一流"建设,实现高等教育内涵发展的基础性、关键性力量。

## 一、立足"新时代",高校师德建设要有新要求

### (一)"新时代"高校办学定位的新转变

培养造就高素质创新型教师队伍,师德建设是关键前提。党和政府历来高度重视高校师德建设,十八大以来,更是把师德建设摆在突出重要的地位,围绕贯彻中央"八项规定",践行"三严三实"要求,开展"两学一做"等活动,不断加强高校教师的思想政治和理想信念教育。同时国家有关部门先后出台了《教育部关于进一步规范高校科研行为的意见》(2012)、《教育部 财政部关于加强中央部门所属高校科研经费管理的意见》(2012)、《严禁教师违规收受学生及家长礼品礼金等行为的规定》(2014)、《教育部关于建立健全高校师德建设长效机制的意见》(2014)等规章制度,严格规范教师行为。这次中共中央、国务院颁发的《意见》,进一步把突出师德作为新时期教师队伍建设的基本原则。把提高教师思想政治素质和职业道德水平摆在首要位置是与新时期党和政府对高校职能和使命的新判断、对教师职业道德伦理的新要求紧密相关的。

高等学校的主要职能是人才培养、科学研究、社会服务和文化传承。但高等学校的职能从来都不是抽象的,需要具体回答培养什么样的人才,承担什么样的科学研究任务和社会服务任务,这就需要把高等学校的职能与其所处的时代紧密结合起来。改革开放以来,我国对于高校职能的界定随着社会经济的发展不断进行调整。

1985 年《中共中央关于教育体制改革的决定》明确指出,教育体制改革的"根本目的是提高民族素质,多出人才、出好人才",提出了"两个中心"

---

① 谢维和:《双一流建设离不开教师这个"第一资源"》,载《光明日报》,2018-02-17。

的定位，即教育中心和科学研究中心。1993 年，《中国教育改革和发展纲要》在"两个中心"的基础上加上了服务面向，即促进现代化建设。2010 年《国家中长期教育改革和发展规划纲要（2010—2020 年）》（以下简称《纲要》）则进一步对服务面向进行了规定，即从促进现代化建设精确为促进社会主义现代化建设。

尽管高等学校的职能在政策话语表述方式上逐步明确，但这一阶段高等学校的主要职能依然具有很强的经济主义取向①，这与国家以经济建设为中心、提升国际竞争力的战略相呼应。高等教育政策在价值导向上侧重质量和效率，在政策举措上侧重扩大高等教育规模，聚焦高层次人才培养，推动实施"高层次创造性人才计划"，持续推进"985"工程和"211"工程建设等。这些政策成效显著，教育部组织的对《纲要》高等教育领域中期进展进行的第三方评估数据显示，我国高等学校核心竞争力不断提高，部分"985"高校在世界各大排行榜中有不俗的表现，部分学科跻身国际一流行列。②

但是，应当看到中国高校建设世界一流大学的改革路径是以西方为参照的。政策、标准的制定依然深受西方大学，特别是美国大学模式的影响。比如北京大学的人事制度改革就是以美国为参照进行的。北京大学的其他改革也是以哈佛大学和斯坦福大学为榜样使得改革具有合法性的。改革者的解释是美国有世界最好的大学，中国要建设世界最好的大学，需要学习美国。③中国大学在全面追随模仿西方大学的外形，实现可比指标与西方大学比肩的基础上，面临的问题必然是如何打造中国大学自身的气质和灵魂。④

十八大以来，国家对高等学校职责、使命和发展定位发生明显的改变，在关注质量的同时，把办学方向摆在突出重要的地位。2014 年，习近平总书记在北京大学考察时指出，"办好中国的世界一流大学，必须有中国特色"。2014 年教师节，习近平总书记在同北京师范大学师生代表座谈时强调，"我们的教育是为中国特色社会主义服务的"。2015 年中共中央办公厅、

---

① 周作宇：《论高等教育中的经济主义倾向》，载《北京师范大学学报（社会科学版）》，2008(2)。
② 教育部：《高等教育第三方评估报告（摘要）》，2015-12-04。
③ Ma，W.，"The Prospects and Dilemmas in Americanizing Chinese Higher Education，"*Asia Pacific Education Review*，2009，10(1)，pp.117-124.
④ 史静寰：《"形"与"神"：兼谈中国特色世界一流大学建设之路》，载《中国高教研究》，2018(3)。

国务院办公厅印发《关于进一步加强和改进新形势下高校宣传思想工作的意见》强调指出，高校是意识形态工作前沿阵地，加强高校意识形态阵地建设，是一项战略工程、固本工程、铸魂工程。2016年全国高校思想政治工作会议对高校的职责使命和办学定位做了最为全面的阐释：高校必须把立德树人作为立身之本，必须把坚持党的领导作为最本质的特征，必须把坚持"为人民服务，为中国共产党治国理政服务，为巩固和发展中国特色社会主义制度服务，为改革开放和社会主义现代化建设服务"作为最根本的办学方向。

　　国家对高校办学方向的定位，并且把高校视为思想意识形态工作的前沿阵地的研判是与新时期我国经济社会改革发展面临的新形势、新要求紧密相关的。党的十九大提出中国特色社会主义进入新时代，这是中国决胜全面建成小康社会进而全面建设社会主义现代化强国的时代，是奋力实现中华民族伟大复兴中国梦的时代。但我们必须清晰地认识到，受"去全球化"浪潮影响，不少发达国家孤立主义、国家主义和民粹主义回潮，具体表现在各种极端主义思潮在混沌中涌现，恐怖主义威胁日趋严峻。民粹主义和保守主义趁势抬头，全球及地区安全风险显著上升，全球正在进入具有高度不确定性的"风险社会"时代。①中国也处于这样的"风险社会"。改革处于攻坚克难时期，各种利益和矛盾冲突凸显，价值观良莠不齐，理想信念缺失，历史虚无主义的沉渣泛起不断消解人们的共同信念和社会凝聚力。②习近平总书记在党的十八届五中全会第二次全体会议上的讲话中指出，"今后5年，可能是我国发展面临的各方面风险不断积累甚至集中显露的时期"，我们"必须把防风险摆在突出位置"。

　　高校是国内外社会思潮的聚集和交汇地，是意识形态工作的"风向标"和"晴雨表"。③ 2016年，全国各类高等教育在学总规模达到3699万人，普通高等学校专任教师达到160.20万人，其中45岁以下青年教师占到70%左右。这部分群体的价值取向决定了未来整个社会的价值取向。这就要求

---

① 范如国：《"全球风险社会"治理：复杂性范式与中国参与》，载《中国社会科学》，2017(2)。
② 郑师渠：《当下历史虚无主义之我见》，载《历史研究》，2015(3)。
③ 张建明：《从战略高度认识高校意识形态工作》，载《求是》，2015(21)。

从战略高度认识高校意识形态工作的重要性。高校意识形态工作的成效影响高校的发展与稳定，影响社会的发展与稳定，影响政权的安危。①高校必须把"培养什么人""如何培养人"以及"为谁培养人"摆在首要位置。这对高校教师的师德建设提出了新的、更高的要求。

**（二）"新时代"高校师德建设的新要求**

《意见》最为突出的特点是把教师的思想政治素质摆在首位，并且提出了明确的要求。以前有关师德的文件也强调教师的思想政治素质问题，但侧重要求教师加强"学习"，政策主张多是"号召""呼吁"。1999 年教育部发布的《关于新时期加强高等学校教师队伍建设的意见》也提出要加强教师思想政治工作，坚持又红又专的方向，但政策主张主要是"呼吁""号召"，即"教师要热爱党、热爱社会主义祖国，忠诚于人民的教育事业"。2005 年发布的《教育部关于进一步加强和改进师德建设的意见》提出要提高教师的思想政治素质，政策主张具有同样的性质，即呼吁广大教师要认真学习……重要思想，牢固确立正确……价值观，牢固确立……共同理想和坚定信念，拥护中国共产党领导，拥护社会主义，热爱祖国，热爱人民……。2014 年《教育部关于建立健全高校师德建设长效机制的意见》对高校教师思想政治素养的要求是促进"高校教师带头培育和践行社会主义核心价值观"。

《意见》从要求"学习"，从"号召""呼吁"转变为切实的要求，要求高校教师要守好一段渠种好责任田，要成为先进思想文化的传播者、党执政的坚定支持者、学生健康成长的指导者。相比较 2014 年《教育部关于建立健全高校师德建设长效机制的意见》对教师职业的定位，做社会主义道德的示范者、诚信风尚的引领者、公平正义的维护者的表述方式，是对教师职业更加精准的定位，是"四有好教师"的进一步明确化和具体化，具有明确的指向和深刻的内涵。首先，教师要成为先进思想文化的传播者，这就要求教师具备甄别先进思想文化的能力。其次，教师要成为党执政的坚定支持者，就必须明道、信道，自觉坚定"四个自信"，增强"四个意识"。最后，教师要成为学生健康成长的指导者，就必须自觉践行社会主义核心价值观，成

---

① 张建明：《从战略高度认识高校意识形态工作》，载《求是》，2015(21)。

为学生"锤炼品格的引路人，学习知识的引路人，创新思维的引路人，奉献祖国的引路人"。

另外，《意见》把思想政治素质和职业道德素质齐抓共管，两手抓，两手都硬。职业道德素养体现为个人对职业共同体规范的一种自觉的、义务上的行为模式①，它划定共同体的边界和门槛，彰显共同体自身的信念和追求。高校教师作为学术共同体成员，原本享有很高的社会声望，但受经济主义等诸多因素的影响，存在被"污名化"的现象。②这种"污名化"反映了共同体自身的危机。2014 年《教育部关于建立健全高校师德建设长效机制的意见》就指责少部分高校教师存在教学敷衍、学风浮躁、学术不端、言行失范、道德败坏等行为。更需要指出的是，中国高校教师职业道德素养问题也引起了国际学术界的关注。美国高等教育学者阿特巴赫就指出，尽管中国大学在世界大学排名中有不错的表现，但如果不解决教学敷衍、任人唯亲、学术造假、学术剽窃等问题，那么这些大学想要成为世界一流大学还有很长的路要走。③

教师作为学术共同体成员，具有高度自律和自我规范的传统。中世纪巴黎大学的教师就通过"就职礼"对抗来自教会的"执教权"。就职礼作为法团接受新成员的一种形式，是为了抵抗不符合特定要求的成员加入，同时也是为了维护自身的强大与教会对抗。教师的自律不仅来自行业、法团的职业伦理，也来自教师自身的内省和对职业神圣性的自我认同。坎特罗维茨就认为，世界上只有三种职业有资格穿长袍以表示其身份，这就是法官、牧师和学者。这种长袍象征着穿戴者思想的成熟和独立的判断力，并表示直接对自己的良心负责。④

然而，随着高等教育不断卷入社会，高等学校的教师难以独善其身。正如布鲁贝克所说，"高等教育越卷入社会的事务中，就越有必要用政治的

① ［法］埃米尔·涂尔干：《社会分工论》，17 页，北京，生活·读书·新知三联书店，2013。

② 文军、罗峰：《公共知识分子的污名化：一个消费社会学的解释视角》，载《学术月刊》，2014（4）。

③ Altbach, P. , "Enter the Dragons? Not so Fast," *Times Higher Education*, 2010, 39, June 17.

④ ［美］亨利·罗索夫斯基：《美国校园文化——学生·教授·管理》，谢宗仙等译，144 页，济南，山东人民出版社，1996。

观点来看待它，就像战争的意义太重大，不能完全交给将军们决定一样，高等教育也相当重要，不能完全留给教授们决定"①。在现代社会，职业道德素养的维系不再仅仅是共同体内部的自我要求，外部力量的介入已经不可避免，特别是对教师职业而言。2014 年，教育部划出高校教师师德禁行行为"红七条"。②《意见》把思想政治素养和职业道德素养相提并论，提出了四个统一："坚持教书与育人相统一、言传与身教相统一、潜心问道与关注社会相统一、学术自由与学术规范相统一。"与此同时，狠抓问责和惩戒机制，推动师德建设常态化、长效化。

## 二、助推"双一流"，构建高素质创新型教师队伍要有新作为

### （一）从建构"标准"到建构"共同体"，明确高校教师教学能力新动向

习近平总书记在 2016 年全国高校思想政治工作会议上指出："办好我国高校，办出世界一流大学，必须牢牢抓住全面提高人才培养能力这个核心点。"一流本科教育是建设世界一流大学和一流学科的重要基础和基本特征。③这就对高校教师教学专业能力提出了更高的要求。《意见》指出"全面开展高等学校教师教学能力提升培训"。更值得注意的是，《意见》提出"加强院系教研室等学习共同体建设，建立完善传帮带机制"。这表明了提升高校教师专业能力建设从建构"标准"向建构"共同体"的新转向。

国内外关注大学教师教学发展、教学专业化问题无论是在政策上还是在实践和研究领域都比较晚。这与大学"重科研轻教学"的政策取向紧密相关。20 世纪 90 年代末，博耶通过卓有成效的研究拓展了学术内涵，提出了

---

① ［美］约翰·S. 布鲁贝克：《高等教育哲学》，王承绪等译，32 页，杭州，浙江教育出版社，2002。

② 一是损害国家利益，损害学生和学校合法权益的行为；二是在教育教学活动中有违背党的路线方针政策的言行；三是在科研工作中弄虚作假、抄袭剽窃、篡改侵吞他人学术成果、违规使用科研经费，以及滥用学术资源和学术影响；四是影响正常教育教学工作的兼职兼薪行为；五是在招生、考试、学生推优、保研等工作中徇私舞弊；六是索要或收受学生及家长的礼品、礼金、有价证券、支付凭证等财物；七是对学生实施性骚扰或与学生发生不正当关系；以及其他违反高校教师职业道德的行为。

③ 钟秉林、方芳：《一流本科教育是"双一流"建设的重要内涵》，载《中国大学教学》，2016（4）；吴岩：《一流本科 一流专业 一流人才》，载《中国大学教学》，2017（11）。

"教学学术"(Scholarship of Teaching，SoT)这一基本主张，呼吁大学提高教学的地位。[①]博耶关于教学学术的理论，引发了大量学者的积极回应。卡内基教学促进会主席舒尔曼指出，教学学术与专业化紧密相关。[②]奥斯汀认为，新时代要求大学教师有更广泛的技能、知识和理解力，而这些远远超过对大学教师的传统要求，他们必须接受各种培训以适应各种各样的大学工作。[③]

随着高等教育大众化的发展和人们对高等教育质量的关注，研究者和管理者开始关注大学教师发展问题，并把教师发展看作提高教学质量的关键措施。国外许多大学和学院发起了大学教师发展项目，并且特别关注教学的改进。[④]此外，一些国际组织如世界银行以及 OECD、UNESCO 等日益关注教学的有效性问题，世界银行发布了《OECD 国家发展教师教学知识和技能的政策趋势》(*Developing Teachers' Knowledge and Skills Policy Trends in OECD Countries*，2005)。一些专门关注大学教师发展和教学质量保障的国际组织也应运而生，著名的有 POD(Professional and Organizational Development Network in Higher Education)和 ICED(the International Consortium for Educational Development)。无论是学校的教师发展项目还是各类教师发展组织都致力于明晰教学专业化能力和标准，提升教学的专业化水平。

2006 年，英国高等教育学院代表大学校长联合会(UUK)、英国高等教育拨款委员会(HEFCE)等机构制定了英国高等教育教与学的专业标准架构(Professional Standards Framework for teaching and supporting learning in higher education)。其目的在于希望它能：(1)成为一种教师致力于教学专业发展的可能机制；(2)通过创新、变革和持续的发展，能够发展出一种为学生的学习提供专业指导的举措；(3)成为教师向学生和利益相关者证明其

---

① Boyer，Ernest L.，*Scholarship Reconsidered：Priorities of the Professoriate*，Jossey-Bass，1997，pp. 23-24.

② Lee Shulman，"From Minsk to Pinsk：Why a Scholarship of Teaching and Learning？"*Journal of the Scholarship of Teaching and Learning*，2000，1(1)，pp. 48-52.

③ Austin，A. E.，"Creating a Bridge to the Future：Preparing New Faculty to Face Changing Expectations in a Shifting Context,"*Review of Higher Education*，2002b，26(2)，pp. 119-144.

④ 林杰：《美国大学教师发展的组织化历程及机构》，载《清华大学教育研究》，2010(2)。

教学专业化的方式;(4)成为支撑学生持续、高效学习的有效途径(见表1)。该机构建议新入职大学的年轻教师必须接受培训。

**表 1  英国高等教育教与学的专业标准架构**

| 一、六个领域的专业活动 |
| --- |
| 1. 设计与计划学习活动和/或学习计划; |
| 2. 教学和/或支持学生学习; |
| 3. 对学习者的评价与反馈; |
| 4. 发展有效能的环境,帮扶学生并给予指导; |
| 5. 在教学与帮扶学生方面整合学术、研究和专业活动; |
| 6. 对实务和持续专业发展给予评价。 |
| 二、核心知识 |
| 1. 掌握所教科目教材; |
| 2. 在所教科目的教学中,以及开展相应的学术活动中能恰当地运用教学方法; |
| 3. 了解学生如何学习,包括一般性学习和教材学习; |
| 4. 恰当地运用学习技术; |
| 5. 掌握对教学有效性的评价方法; |
| 6. 理解提升教学质量、增强教学专业实践能力的意义。 |
| 三、专业价值 |
| 1. 尊重每一个学习者; |
| 2. 致力于整合相关学术研究和/或专业实践的过程和结果; |
| 3. 致力于发展学习社区; |
| 4. 致力于鼓励学生接受高等教育,认可多元性并提倡机会平等; |
| 5. 致力于持续的专业发展和实践能力评价。 |

在我国,早在20世纪80年代,一批高等教育研究者就呼吁关注大学教师的专业化建设问题[1],并要求大学教师要懂教育科学[2]。但是无论在政策话语体系中还是在研究领域中都没有引起足够的关注。随着教育教学改革的深化和人们对提高教学质量的呼声日益强烈,如何提升教师的教育教学能力,促进教师教学发展逐渐进入决策者视野。对1995—2016年有关高校教师专业素质提升的相关政策文件梳理可以看到,我国高校教师专业素质提升的基本脉络是资格认定—能力提升—标准体系建设—教学发展机制建

---

① 潘懋元:《高等教育学的若干问题》,载《高等教育研究》,1983(1)。
② 朱九思、蔡克勇:《大学教师要懂得教育科学》,载《高等教育研究》,1985(4)。

设—评价激励。其中核心重点在于能力和标准体系建设。2012 年国家推动建立的教师教学发展示范中心，其最主要的培训内容依次是教学策略方法、教学理念、教育信息技术、职业素养、科研能力等。[①]

**表 2　国家提升教师教学能力、促进教学发展的相关文件(1995—2018)**

| 1995 年　中华人民共和国教师资格条例 | 资格认定 |
| --- | --- |
| 1996 年　高等学校教师培训工作规程 | 1. 目标：全面提高教师的教育教学水平和科学研究能力<br>2. 内容：教学科研基本知识，学术前沿动态，教改内容以及应用计算机、外语和现代化教育技术等技能的能力<br>3. 形式：社会实践、进修访学、导师制、学术交流、学术假期制度 |
| 2001 年　教育部关于印发《关于加强高等学校本科教学工作提高教学质量的若干意见》的通知 | 机制：建立和完善国家、省市、高等学校三级教师培训制度 |
| 2007 年　教育部 财政部关于实施"高等学校本科教学质量与教学改革工程"的意见 | 1. 机制：加强本科教学团队建设；推进教学工作的老中青相结合，发扬传、帮、带的作用，加强青年教师培养<br>2. 激励：每年评选 100 名高等学校教学名师奖获得者 |
| 2012 年　国务院关于加强教师队伍建设的意见 | 1. 目标：完善教师专业发展标准体系<br>2. 机制：建立教师学习培训制度；推进高等学校中青年教师专业发展，建立高等学校中青年教师国内访学、挂职锻炼、社会实践制度；推动高等学校设立教师发展中心 |
| 2012 年　关于批准厦门大学教师发展中心等 30 个"十二五"国家级教师教学发展示范中心的通知 | 目标：提升高校中青年教师和基础课教师业务水平和教学能力为重点，完善教师教学发展机制，推进教师培训、教学咨询、教学改革、质量评价等工作的常态化、制度化，切实提高教师教学能力和水平 |
| 2016 年　教育部关于深化高校教师考核评价制度改革的指导意见 | 激励：突出教育教学业绩 |

---

① 魏红、赵彬：《我国高校教师发展中心的现状分析与未来展望——基于 69 所高校教师发展中心工作报告文本的研究》，载《中国高教研究》，2017(7)。

续表

| 2018 年　中共中央 国务院关于全面深化新时代教师队伍建设改革的意见 | 将新入职教师岗前培训和教育实习作为认定教育教学能力、取得高等学校教师资格的必备条件 |
| --- | --- |

建构教学学术标准对于规范教学行为、提高教学质量无疑具有积极作用。2012 年《国务院关于加强教师队伍建设的意见》明确提出要完善教师专业发展标准体系。但需要反思的是，建构标准是否必然带来教学质量的提升，是否必然有利于一流人才的培养。戈德指出了教学专业化中的实用主义旨趣，即把教学专业化转化为一种以技术和技能为主的课程规划，并通过事先设计好的课程反复灌输并形成这些技能。[①]当教学成为一种技术和标准时，潜在地把知识固化和确定化，其基本假设是知识是确定无疑的，是可以通过一定的手段获得的，并且也暗含着知识的学习是被动的。这种带有"科学主义"倾向的自信事实上会阻碍人类对未知知识的探索。

在大学机构越来越注重交叉融合的今天，教学共同体的建设是一个契机。教师自身就需要打破学科的壁垒，以寻找知识边缘的突破。学校教师发展中心在组织上保障了教师的教学发展。但需要指出的是，不能仅仅从教学自身认识教学，也不能仅仅从教学自身谈大学的人才培养质量，需要在院系、实验室、不同中心重建"知识交流"、论争的平台。这样一方面可以把教师发展中心在组织和目标设定上从"技术标准"研发转变为学术交流论争的场地，从课堂教学、研究所的交流、学术晋升转变为学术的"论争"，让大学真正回归"探究的场所"。

这次《意见》中提到的"加强院系教研室等学习共同体建设，建立完善传帮带机制"就发出了一个清晰的信号。建立学习共同体不仅有利于教师之间的合作和探索，分享经验，形成共同的愿景，而且可以有效地抵制和缓减来自外部的压力。[②]

---

① Gad Yair, "Can We Administer the Scholarship of Teaching? Lessons from Outstanding Professors in Higher Education," *High Education*, 2008, 55, pp. 447-459.

② Kristi L. Pearce, Kathy Gusso, LuAnn Schroeder, Robert Speirs, Jessica Zwaschka, "The Impact of a Teacher Learning Community on School Climate. Part of the NCA Commission on Accreditation and School Improvement," *Journal of School Improvement*, Volume 3, Issue 2, Fall 2002.

但我们必须清晰地认识到，大学作为共同体在不断地被削弱。这有外在的原因，也有内在的原因。正如克拉克·克尔所言，大学从来没有经历过这么大的变革，它是（曾经是）一个自由和独立的知识分子社团，而且经历过很多世纪的变迁，保持下来。现状是它面临一个它的自由将被严重削减的未来。它们作为"学习和做学问"的场所，已经被严重地削弱了。[①]博耶分析了大学共同体自身的矛盾性。"大家怀有结成共同体的渴望，但是每一个人又依据自己个人主义的竞争方式行事。"[②]这是大学构建共同体面临的困局，但如果把大学看作"探究的场所"依然成立的话，就不能认为建立共同体的努力是一种必要的尝试。

**（二）从实施"人才项目"到开展"顶层设计"，激发教师队伍建设新活力**

构建高素质创新型教师队伍是推进"双一流"建设的根本保障。截至2016年，我国普通本科院校专任教师规模达到113万人，其中高级职称占到45%左右，45岁以下专任教师超过70%，普通本科学校生师比为16.78∶1（见图1、图2）。[③] 这是我国建设高等教育强国的主要力量。

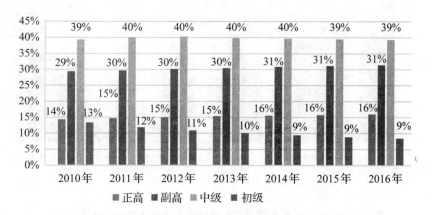

**图1　2010—2016年普通本科院校专任教师职称结构**

① ［美］克拉克·克尔：《高等教育不能回避历史》，218～219页，杭州，浙江教育出版社，2003。

② ［美］雅罗斯拉夫·帕利坎：《大学理念重审：与纽曼对话》，杨德友译，65页，北京，北京大学出版社，2008。

③ 教育部：《2016年全国教育事业发展统计公报》《教育统计年鉴2010—2016》。

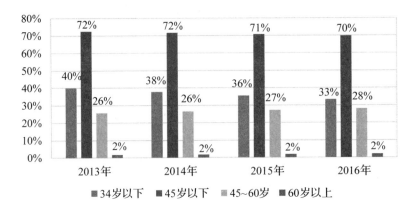

**图2　2013—2016年普通本科院校专任教师年龄结构**

　　与美国高校相比,我国高校教师中高级职称,特别是正高级教师比例不高,教师类型单一,生师比普遍比较高(见图3、图4)。[①]

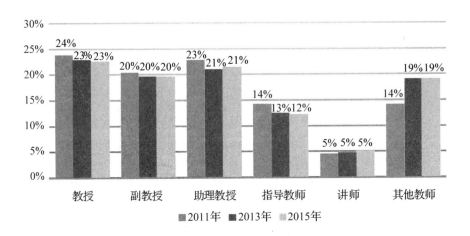

**图3　2011—2015年美国四年制学位授予机构全日制教师职称结构**

---

① National Center for Education Statistics(NCES),美国USNew大学排名(2018)。

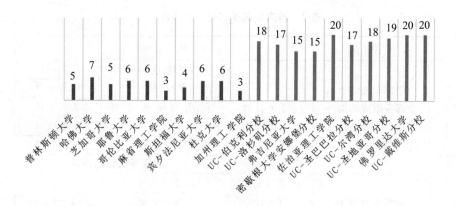

**图 4　美国私立、公立大学生师比（2018）**

　　建设世界一流大学、一流学科，必须培养引进一批具有国际影响力的学科领军人才和青年学术英才。自 1998 年教育部实施"长江学者奖励计划"，1999 年推动实施"高层次创造型人才工程"以来，我国高层次人才培养和支持体系不断完善。《国家中长期人才发展规划纲要（2010—2020 年）》（以下简称《人才规划纲要》）和《国家中长期教育改革和发展规划纲要（2010—2020 年）》（以下简称《教育规划纲要》）陆续颁布，并在此基础上，我国又于 2011 年颁布了《全国教育人才发展中长期规划（2010—2020 年）》，召开了全国教育人才工作会议，对以教师为主体的教育人才队伍建设进行了整体规划和全面部署，提出了培养集聚具有国际影响的学科领军人才、大力培育青年学术英才等重点任务，我国高层次、创新型高校教师队伍建设进入了快车道。国家不同部委先后出台各种人才项目（见表 3）。截至 2017 年，全国高校共聘任长江学者 3492 人[①]，共引进 6000 多名"千人计划"专家，其中多数专家在高校工作或者与高校开展科研合作。[②]

　　①　吴秋婷：《95％长江学者来自"双一流"高校，得人才者得"双一流"？》，载《经济观察报》，2018-02-24。

　　②　《为国家发展筑牢人才之基（砥砺奋进的五年·全面深化改革）》，载《人民日报》，2017-08-10。

表3　国家各部委部分人才项目

| 序号 | 主管单位 | 项目名称 | | |
|---|---|---|---|---|
| 1 | 中组部牵头，十八个部委组成的海外高层次人才引进工作小组 | 千人计划（海外） | 教育部重点学科/实验室平台 | 长期项目 |
| 2 | | | | 短期项目 |
| 3 | | | 科技部重大专项平台 | 长期项目 |
| 4 | | | | 短期项目 |
| 5 | | | 外专局外专平台 | 长期项目 |
| 6 | | 青年千人计划项目 | | |
| 7 | 中组部等部委 | 国家特支计划"万人计划"（国内） | 杰出人才 | 一次性资助 |
| 8 | | | 领军人才 | |
| 9 | | | 青年拔尖 | |
| 10 | 教育部 | 长江学者 | 长江学者特聘教授（国内/海外、长期） | |
| 11 | | | 长江学者讲座教授（海外、短期） | |
| 12 | | 创新团队 | 以两院院士和长江学者特聘教授为首组建团队 | |
| 13 | | 海外名师项目（海外、短期） | | |
| 14 | | 新世纪优秀人才（国内、长期）/海外人才（海外、长期） | | |
| 15 | 教育部/高校 | 青年骨干教师培养计划 | | |
| 16 | 教育部 | 111创新引智项目（团队） | | |
| 17 | 国家外专局 | 学校特色项目（团队） | | |
| 18 | 国家外专局 | 高端外国专家 | 长期项目（非华裔外籍） | |
| 19 | | | 短期项目（非华裔外籍） | |
| 21 | | 海外高层次文教专家重点支持计划（海外、短期） | | |
| 22 | | 千人计划引智配套工程（团队） | | |

在国家人才项目推动下，各地各高校也纷纷建立了相配套的人才体系。各种人才项目的实施，必然要求推进相应的人事、职称和评价制度改革。在建设世界一流大学目标推动下，很多高校在教师人事管理体制上进行了有益的探索，取得了一定的突破，主要体现为：（1）在国家各类人才项目（如"千人计划""长江学者""国家杰出青年""新世纪优秀人才"等）助推下，高校人才招聘趋于社会化、国际化。新入职教师"近亲繁殖"现象逐步减少，职称晋升以内部提升为主的做法也在逐步改变。各学校纷纷进行体制机制创新，加大人才经费投入，吸引一流人才。（2）随着高校内部人事管理制度改革的深入，职称评审和岗位聘任不分的做法在逐步改变，全员聘任制逐

步建立。"非升即走，非升即转"聘用方式逐步展开，教师激励机制逐步完善。(3)随着事业单位机构改革的推进，按需设岗、公开招聘、平等竞争、择优聘用、严格考核、合同管理的人事管理机制稳步推进。教师职务"终身制"和人才"单位所有制"的局面正在逐步打破，能上能下、能高能低、能进能出的竞争机制正在形成。[①]习近平总书记在中共中央政治局第九次集体学习时强调，要实施创新驱动战略，就需要"着力完善人才发展机制。要用好用活人才，建立更为灵活的人才管理机制，打通人才流动、使用、发挥作用中的体制机制障碍"。

但是应当看到，我国高校人事制度改革，处于社会转型大背景下，具有某种初步性或过渡性，这一时期的高校人事制度改革，尚处于从计划经济体制向市场经济体制转变，由传统的人事管理向现代人力(人才)资源的开发转变过程之中。[②]具体体现在：(1)高校人事制度改革的主导者是政府，无论是各类人才项目，还是教师分级，都是由政府设计和推动的。学校在教师队伍聘评体系中处于何种地位，能够发挥何种作用，需要反思。(2)在现行行政管理体制下，学校教师人事管理体制的基本特征没有根本改变，教师和学校之间依然是行政依附关系。尽管试行了聘任制，但教师队伍"只进不出，只能上不能走"的问题依然突出。(2)高校人才引进的开放性不大，面向社会、面向海内外招聘高层次人才的力度和规模与学校自身的发展定位和国家的要求还存在一定差距。(3)以学术标准为基础的人才引进、人才评聘机制还未完全建立。因人设岗，论资排辈，以行政手段干预学术事务的情况依然存在。(4)岗位设置单一，职责不明，教师考核评价平均主义、形式主义问题突出。

为此，必须加强顶层设计，精准施策。这次《意见》以人事制度改革为抓手，围绕教师聘任、评价、激励等核心问题进行精准改革，体现了"放""管""服"三个方面的政策价值导向。

第一，扩大高校自主权，进一步扩大高校的人事权和经费分配的权力。

---

① 何建坤：《深化人事制度改革，建立适应世界一流大学的管理机制》，载《清华大学学报(哲学社会科学版)》，2000(6)。

② 刘剑虹：《转型期高校人事制度改革的过渡性特征与制度重构》，载《中国高校师资研究》，2004(2)。

将人员聘任、职称评审权下放给学校。扩大高校收入分配自主权,鼓励高校建立体现以增加知识价值为导向的收入分配机制,对教师依法取得的科技成果转化奖励收入,依法依规兼职兼薪行为进行了肯定,这将极大地激发学校的办学活力。从已经公布的双一流学校建设方案可以看出,由于教师收入分配自主权扩大,聘任方式更加自主,高层次、战略性人才竞争将更加激烈(如浙江大学提出要积极筹集社会资金设立冠名讲座教授,完善有国际竞争力的高层次人才薪酬体系)。学校新老人才"同台竞技、同轨运行"(上海交通大学一流大学建设高校建设方案)的局面将会逐步展开。预聘—长聘(Tenure-track)机制(北京大学一流大学建设高校建设方案)将会深入人心,能上能下、能进能出将会成为常态。

第二,加强规范化建设,突出执纪问责和制度能力建设。在师德建设上加强监察监督,注重奖罚并举。如实施师德师风建设工程,强化师德考评,推行师德考核负面清单制度,建立教师个人信用记录,完善诚信承诺和失信惩戒机制。很多高校陆续出台师德问责机制,实现师德"一票否决制"。[1]同时,强化立德树人,提出要突出教育教学业绩和师德考核,将教授为本科生上课作为基本制度。另外,不断完善制度建设。如为避免高层次人才的无序流动,提出坚持正确导向,规范高层次人才合理有序流动。在明确以知识价值为导向的分配政策、鼓励教师兼职取酬的同时,又对教师的行为进行了约束性规定,等等。[2]

第三,加强公共服务能力建设,提升教师职业地位。主要采取两个方面的举措:一是明确提出不断提高教师的待遇,强化经费保障。高校薪酬改革的重点一方面就是充分肯定知识的价值,并在收入分配中给予切实的保障;另一方面充分肯定教学的重要性,突出教学绩效考核和教学激励。这些举措对于激发教师科研和教学热情,提高自身待遇具有非常积极的作用。二是明确教师作为教育发展第一资源的地位。一方面,加大对教师表彰力度,在全社会营造尊师重教的社会风尚;另一方面,通过提升治理结构和治理水平,推进现代大学制度建设,完善教师民主参与学校管理的制

---

① 《北大将出台防治校园性骚扰规则:实行师德"一票否决制"》,载《新京报》,2018-04-08。

② 《实行以增加知识价值为导向分配政策〈意见〉解读》,国新网,2016-11-11。

度，切实保障教师的合法权益。

## 三、深化"放管服"，激发教师队伍建设活力要有新担当

### （一）新时代高校教师队伍建设面临的新挑战

1. 高校教师师德建设面临的挑战

《意见》把教师思想政治素质和职业道德水平摆在了师德建设的首要位置，在具体实践中存在的挑战主要有：其一，对教师思想政治素质的要求面临道德相对主义和历史虚无主义思潮的影响。布卢姆批判了美国大学中弥漫着的道德相对主义气氛，这种相对主义使人们大大摆脱了善恶观的长期统治，同时也摆脱了羞耻和罪恶感的重负。[①]与相对主义并行的是历史虚无主义，通过所谓"理性反思""重新评价""还原真相"等旗号对历史进行否定或虚无化。[②] 无论是道德相对主义，还是历史虚无主义都与后现代思潮密切相关。在"去中心""去本质"的话语体系中消解共同的信仰和价值。其二，如何划分学术与政治之间的边界。韦伯以价值无涉的方法论提供了一种解决的路径，他主张学者必须保持头脑的清明，坚守自己的伦理和信仰，在现世中尽心竭力履行自己应尽的职责，将激情和纪律熔铸成自身人格。[③]但在现实中，厘清学术自由和社会责任的边界依然非常困难。其三，如何处理"名""才"与"师德"的关系。在争建世界一流大学的氛围中，各高校纷纷加入"抢人"大战。在人才引进中重"名分"，重人才"头衔"，轻"师德"问题逐步凸显。近期一些高层次人才违反师德问题造成了很大的社会影响。[④]

2. 教师教学发展与立德树人面临的挑战

伯顿·克拉克指出，教学和科研是现代大学中的核心关系。在研究型大学中，教学和研究不相容的问题更加突出。教师把很多的时间用于研究

①　[美]艾伦·布卢姆：《美国精神的封闭》，战旭英译，93页，南京，译林出版社，2011。

②　郑师渠、于沛、杨军：《揭去历史虚无主义的面纱——关于历史虚无主义的对话》，载《人民日报》，2017-02-20。

③　李猛：《学术、政治与自由的伦理》，载《读书》，1999(6)。

④　《东中西部高校抢人才　部分学者藉此不断刷薪》，载《科技日报》，2017-03-21；《北大将出台防治校园性骚扰规则：实行师德"一票否决制"》，载《新京报》，2018-04-08；《人大印发师德建设长效机制实施办法　教师性骚扰可被开除》，载《光明日报》，2018-04-17。

而不是教学。①卡内基促进教学基金会针对全美 125 所研究型大学进行为期两年的研究调查，在其研究报告中严厉地指出，在全美著名研究大学，大部分学生得到的教育是"次等公民"的待遇。他们集体上课，班级人数过多，而且由一些教学经验不多的教师授课，非常枯燥，学生所获得的学术指导和支持少之又少。针对美国 392 所大学的 35000 位教师所做的《美国大学教师》调查报告指出，大学教师面临教学与研究角色的冲突，44％的公立大学教师感到研究工作的要求已形成对教学工作的干扰。同时 80％的公立大学教师认为研究工作是高度重要的事情，而认为学生知识发展是高等重要的教师只占 70％。②在研究型大学，更多的教师倾向于把时间和精力投入到研究和出版活动中，从而实实在在地减少了他们的教学时间、课堂准备时间和与学生见面的时间。③林肯等的研究发现，正教授倾向于牺牲教学和科研时间来保障大学服务工作，而副教授则会牺牲教学时间来保障科研时间。④中国的情况也是如此，教师的工作重点整体呈现出从教学向科研倾斜的趋势。⑤现代大学对卓越和一流目标的追求以及对日益增强的外部问责的回应已经幻化为一系列客观的可以进行检测和评价的指标，不断加剧大学内外部之间关系的紧张，更加导致大学内部教学和科研之间的冲突。

3. 高层次人才项目"行政化""功利化"面临的挑战

我国高层次人才项目在实施过程中存在一些问题，主要体现在以下几个方面：（1）人才项目"行政化"。政府以"人才项目"，代替人才发展，体现出很强的"管理"色彩。一是人才项目等级化，人才项目分为国家级、省部级、地方和高校等多个层级，原本严肃的学术评价逐渐沦为"帽子工程"。⑥

① Clark，Burton R.，"The Modern Integration of Research Activities with Teaching and Learning," *Journal of Higher Education*，1997，68(3)，pp. 241-255.

② Mooney，C. J.，"Professors Feel Conflict between Roles in Teaching and Research，Say Students Are Badly Prepared,"*The Chronicle of Higher Education*，1991，37(34)，pp. A15-A17.

③ Massy，W. F. & Zemsky，R.，"Faculty Discretionary Time：Departments and the 'Academic Ratchet',"*Journal of Higher Education*，1994，65(1)，pp. 1-22.

④ Link Albert N.，Swann Christopher A.，Bozeman B.，"A Time Allocation Study of University Faculty,"*Economics of Education Review*，2008，27(4)，pp. 363-374.

⑤ 刘献君等：《大学教师对于教学与科研关系的认识和处理调查研究》，载《高等工程教育研究》，2010(2)。

⑥ 王建华：《我国高校高层次人才非正常流动的反思》，载《江苏高教》，2018(2)。

二是人才项目的存在离不开绩效合法性的思维模式。①由于人才项目与申报科研项目、评奖选优、学校排名等密切相关，成为学校获取资源的重要筹码，因此导致一些学校只求数量，不在乎质量，一再降低引入人员的标准，从而使得整个引才计划的威信和影响力大打折扣。②（2）人才项目政出多门，碎片化。引发的主要问题一是多个人才专项计划之间出现"趋同化"现象。二是许多人才专项计划到底是短期性计划还是长期性政策，定位不太明确。三是多个人才专项计划缺乏有效的评估，运行效果到底如何也无法得到科学的评价等。（3）人才项目重激励，轻培育，功利化。例如，在岗位设置方面，过于强调奖金数量，导致非理性竞争。随着"双一流"建设的推荐，高校人才竞争将更加激烈。③（4）人才政策不均等化，"引来女婿气走儿子"。人才政策在价值选择上重"引人"、轻"育人"，重"海外人才"、轻"本土人才"的现象比较突出。④

4. 教师队伍类型单一、职员队伍专业化程度不高面临的挑战

建设高水平教师队伍，不能仅仅就教师论教师，需要从整体上谋划，通过系统化建设，为教师发展提供制度保障。我国大学教师岗位设置主要分为教学为主型岗位、教学科研型岗位和科研为主型岗位三大类型，13个层级。⑤三大类型聘任方式都类似"长聘轨"，并且绝大多数教师为教学科研岗。更多教师同时承担教学、科研、社会服务工作，但事实上多数教师没有能力很好地"身兼三职"。⑥这就需要大学教师聘任类型和岗位设置的多元化。相比较而言，美国大学聘任类型和岗位设置日趋多元。从20世纪90年代初，美国大学中终身教职占全日制教师的比例就开始下降，从1993—1994年度的56%，下降到2015—2016年的47%。其中具有博士授权学校

---

① 渠敬东：《项目制：一种新的国家治理体制》，载《中国社会科学》，2012(5)。

② 马万华、麻雪妮、耿玥：《"千人计划"学者回归的动因、学术优势与挑战》，载《清华大学教育研究》，2013(1)。

③ 《高校间人才大战：东部高校向中西部抢人须手下留情》，载《中国青年报》，2017-03-02。

④ 《议政建言：招才引智，我们还能做什么?》，载《人民日报》，2009-04-29。

⑤ 《人事部 教育部关于印发高等学校、义务教育学校、中等职业学校等教育事业单位岗位设置管理的三个指导意见的通知》，2007。

⑥ Tami L. Moore & Kelly Ward, "Institutionalizing Faculty Engagement through Research, Teaching, and Service at Research Universities," *Michigan Journal of Community Service Learning*, 2010, 17(1), pp. 44-58.

终身教职占全日制教师的比例也从 54.5％下降到 44.2％。①但教授占全日制教师的比重为 90％，副教授占 77.3％，助理教授占 1.7％，指导教师（Instructor）占 0.5％，讲师（Lecture）占 1％，其他非学术序列的教师占 7.3％。与此同时，非终身教职轨道教师比例大幅度增加，大多数非终身教师是兼职教师，他们是大学雇用的"临时工"。②

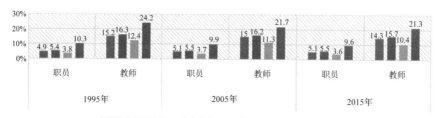

**图 5　美国全日制学生与全日制教职员之比**

随着大学职能的增加和多样性的发展，大学组织日益复杂。兼职参与管理和非专家型教员通常难以把握那些过于复杂的新职能，如会计、法律、管理、健康服务、统计以及当代大学所要求的许多其他领域，都需要全时投入和专门知识。对大学的问责要求也需要增加管理人员数量以负责起草向政府当局、董事会和认证机构提交各种统计、报告、财务报表和其他数据。因此，大学兴起一个新"阶层"——一个与大学运行密切相关的永久存在的群体。③

5. 依法推进教师队伍建设面临的挑战

这方面主要体现在相关文件提出的举措不执行，难以落地的问题。早在 1996 年《高等学校教师培训工作规程》中就提到学术休假制度。但直至现在，学术休假制度并没有很好地执行。1999 年《关于新时期加强高等学校教师队伍建设的意见》提到，全国高等学校平均当量生师比达到 14∶1 左右，但到目前都没有实现。此外，还有文件提出的举措是政府权限还是学校自

①　U. S. Department of Education，*National Center for Education Statistics Digest of Education Statistics*，2016，pp. 401，522.

②　赵炬明：《美国大学教师管理研究（上）》，载《高等工程教育研究》，2011(5)。

③　［美］菲利普·G. 阿特巴赫：《高等教育变革的国际趋势》，蒋凯译，13 页，北京，北京大学出版社，2009。

主权限难以确定。例如，2014年《教育部关于建立健全高校师德建设长效机制的意见》提出举行新教师入职宣誓仪式和老教师荣休仪式。因此，在教师队伍建设法治化路径方面还需要继续努力。

**（二）新时代高校教师队伍建设的新担当**

1. 坚持师德为先，研制师德行为准则，实施师德"一票否决制"

师德是教师思想政治素质、职业道德修养和教风学风的重要体现。加强师德建设，不仅要加强培训、学习、引导和感召，更需要明确教师行为规范，强化执纪问责，实施师德"一票否决制"。教师师德行为准则既要体现学术共同体的职业道德要求，也要体现国家法律和国家意志，它是个性与共性、民族性与国际性之间的统一。同时教师角色具有复杂性，既是公民、博学的专业人士，也是一所教育性机构的组织成员，在组织中的特殊地位也赋予了其特殊的义务，这就要求教师处理好与学生、同行、同事、组织之间的关系。当前，许多大学逐步启动编制教师道德行为规范，需要重点推进如下几方面的工作。

其一，进一步明确大学教师思想政治行为规范。当前，在教师行为规范中更多强调职业道德规范、行政纪律要求，对思想政治行为的规范相对笼统。《北京师范大学教师道德行为规范（试行）》对其中的条款进行了具体化①，但很多学校并没有明确。对教师思想政治素质的要求是国家意志的体现，国家需要从政策和法律的角度对此行为进行进一步明确。

其二，师德"一票否决制"的边界需要进一步清晰。实施师德"一票否决制"体现了学校对师德的重视程度，但在具体执行过程中，对于如何认定，如何划分责任，缺乏明确的说明。例如对于"影响正常教育教学工作的兼职兼薪行为"，在国家鼓励创新创业、兼职取薪合法化的今天，如何界定是比较困难的。北京大学在2016年颁布的《北京大学师德考核实施办法》对八种违规行为实行师德"一票否决制"。但在2017年印发的《北京大学师德"一票

---

① 不公开出版（发表）违背和歪曲党的基本路线方针政策或者其他有严重政治问题的论著、报告、宣言等；不在教育教学活动中宣扬错误思潮、错误言论和进行宗教活动；不在网络、微信、微博等平台发表丑化党和国家形象，歪曲党史、国史、军史，诋毁、污蔑党和国家领导人，以及抹黑革命先烈和英雄模范的言论；不损害学生和学校的合法权益。

否决"实施细则（试行）》的通知中把"影响正常教育教学工作的兼职兼薪行为"条款删除。因此，如何让师德"一票否决制"具体化、可执行化，需要进一步明确。

其三，进一步完善教师师德惩戒和救济程序。一方面，教师师德问题的受理、调查、认定、处罚的主体需要明确。根据教育部《高等学校学术委员会规程》有关规定，学术委员会拥有"学术道德"的审议权限。在具体的实践中，因为师德还涉及党纪、校纪，所以受理主体还包括校内纪检监察、人事和教务等不同部门。这就导致受理、执行主体的分散化。为此一些大学在组织建设上进行了探索，如北京大学建立"教师职业道德和纪律委员会"，中国人民大学成立"教职工行政纪律处分委员会"。但机构的层级、职能、权限等需要进一步细化。另一方面，需要对师德认定和救济的程序进行进一步具体化，确保师德审查依法依规，独立自主做出判断，体现专业性、权威性和法治习惯。完善申诉、上诉等救济程序，坚持以人为本，切实保护申诉人合法权益。

2. 坚持立德树人，培育发展教学文化，构建教学发展共同体

重视科研、轻视教学是研究型大学建设和发展面临的难题。如果不关注教学，以牺牲所有其他人的学习为代价……那我们根本就无法维持一个文教昌明的社会。[①]为使教学真正成为教师的首要责任，就需要把教学与大学的使命、功能和教师的职责联系起来，不断培养教学文化，构筑教学发展共同体。

其一，提高准入门槛，严格高校教师资格标准。我国高校建立的教师发展中心的职能定位主要侧重新入职教师教学发展和教学能力提升。尽管部分高校明确把教学发展作为教学评价、考核和激励的重要指标，但在实际中，由于科研和个人晋升密切相关，教学评价流于形式。为提升教学专业标准，就需要把教学培训前置，开展针对有意入职高校的硕士、博士和博士后人员的培训。借鉴"英国高等教育教与学的专业标准架构"，把接受培训并取得相应资格作为入职高校的基本条件。

---

① ［美］肯·贝恩：《如何成为卓越的大学教师》，明廷雄等译，1 页，北京，北京大学出版社，2010。

其二，发展教学学术，加强激励引导。教学学术与三个问题密切相关。首先是专业化，包括学科训练和研究的专业化、教学的专业化；其次是把教学学术付诸实践的能力，如课程组织、教学评价和反馈等；最后是公开发表的成果，接受专家和同行的评议。[①]学校要引导、鼓励教师从事教学学术研究，加大对高水平教材、教学学术研究成果的奖励力度。英国"教学卓越框架"（Teaching Excellence Framework，TEF）提出要创设一种学习环境，它具有支撑和促进教学卓越的领导力和教学策略；高等教育提供者为教学和科研人员提供平等的职业发展通道，并对卓越的教学给予必要的承认和奖励；教学、学术与研究相互受益，相得益彰。这些举措可供我们借鉴。

其三，严格教学标准，建立淘汰机制。哈佛学院前院长刘易斯批判了哈佛大学教员对教学所持的无关痛痒的态度，教师投学生所好开设课程以及由此导致的分数膨胀现象。[②]当大学放弃了自己的标准，忘记了自己的教育宗旨，无论其在排行榜上有多耀眼的排名，都是失去灵魂的卓越。大国兴衰与大学兴衰密切相关，一流大学要作为典范，抱定宗旨，明确使命和责任，旗帜鲜明地提高教师教学标准和学生学习要求，建立严格的淘汰机制，对不能胜任教学岗位的教师实行转岗，对不合格的学生实行淘汰。以严格的标准维护教学的地位和尊严。

其四，传承师徒制，构筑教学发展共同体。我国在大学组织中曾设有教研室，主要承担教学研讨功能。但随着大学组织变革，以及对科研的强调，教研室在大学组织中逐步衰落和取消。现在部分学校在院系层面恢复教研室这一组织，或者建立教学研讨会制度。清华大学物理系规定：年轻教师独立上讲台之前必须接受 3 年培训，从助教做起，老教师把自己的教学经验毫无保留地传授给这些年轻教师。为年轻教师配备导师，发挥传帮带作用。恢复、建立教研室推动教学学术发展是培育教学文化的重要组织保障。与此同时，要弥补教学和研究之间的割裂，弥合教与学之间的间隙，推动教研融合。洪堡创办的柏林大学，把教师和学生视为共同的研究者（Co-

---

① 杜瑞军：《从教学学术到教学实践：卓越教师基本特征探析》，载《新疆师范大学学报（哲学社会科学版）》，2014（1）。

② ［M］哈瑞·刘易斯：《失去灵魂的卓越——哈佛是如何忘记教育宗旨的》，侯定凯译，218页，上海，华东师范大学出版社，2012。

Researchers），以探求未知的知识。伯顿·克拉克提出研究—教学—学习三位一体的概念是构筑教学发展共同体的应有之义。

3. 坚持引育并举，夯实高层次人才项目，推动大学组织制度变革

我国"长江学者奖励计划"已经实施 20 年，"千人计划"实施 10 年，在人才引进和发展上要改变人才项目重"引进"、轻"培养"，重"激励"、轻"发展"的功利化倾向。高层次人才项目应与人才发展相结合，与现代大学制度建设、人事制度改革相结合。

其一，把人才引进与科研组织机构变革相结合。一方面要科学、全面评估学校战略定位和学科（专业）发展定位，避免为引进而引进人才。另一方面要深化改革，突破已有院系和学科限制，把高层次人才引进与平台建设、团队建设结合起来。给予高层次人才在科研经费使用、人员聘任等方面一定的自主权。鼓励大学探索集群聘任机制，推动交叉学科发展。

其二，通过人才项目推动人事制度改革。国家人才项目在打破大学教师薪酬结构僵化及平均主义的局限的基础上，要整体撬动人事制度改革。一方面要深化教师聘任制度改革，以预聘—长聘职位体系为核心，不断提高师资人才队伍的整体竞争力和创造活力。[①] 另一方面要推动人才项目与学校现有聘任、评价、薪酬体系之间的有效对接，坚持同条件、同平台、同标准，着力培养和吸引学术新锐。此外，探索矩阵式、团队式、共享式、平台式等多元化的基层教学科研组织形式，建立与之相适应的人力资源评价和配置机制。[②]

其三，通过人才项目推动学校职能部门从管理到服务的变革。随着大学组织日益复杂，要把教师从琐碎的行政管理事务、严苛的绩效考核压力中解放出来，凸显教师第一资源的地位，不能仅仅着眼于教师自身的改革，而是要从系统角度进行思考。一方面要推动职能部门变革，逐步取消职能部门的行政级别，改变行政化管理思维，深化职员制改革，提升职员的专业化水平，突出服务意识；另一方面要围绕教学科研发展需要，细化分工，突破编制限制，通过不同的合同形式，灵活设置教学、科研及各类辅助性

---

[①] 《北京大学一流大学建设高校建设方案》，北京大学官网，2018-01-02。

[②] 管培俊：《关于深入推进高校人事制度改革的若干问题》（未公开发表），2012-04-20。

岗位。

4. 坚持党的领导，落实依法治教，强化教师队伍建设的制度保障

旗帜鲜明地坚持党的领导，坚持党管人才的基本原则，加强党对教师队伍的领导。坚持依法治教，落实高校办学自主权。发挥中国特色制度优势，增强大学对高层次人才的感召力、吸引力和凝聚力。

其一，把教师队伍建设与国家重大战略、两个"百年梦想"结合起来。一方面，要积极研制面向 2050 年教师队伍建设的路线图、任务书、时间表；另一方面，要充分发挥教师党支部和党员队伍的模范带头作用，旗帜鲜明地加大对优秀党员、先进典型的表彰力度。同时，要强化监督执纪问责，把纪律挺在法律的前面，严明党的政治纪律和政治规矩，营造风清气正的育人氛围。

其二，把依法治教与落实高校办学自主权结合起来。把落实自主权与提升大学治理能力和治理水平结合起来。围绕师德要求，从法律、校纪、党纪、学术职业道德等多层面系统研制教师行为准则，明确相应的程序和标准。围绕高层次人才项目，在职称评审、经费分配中强化治理体系和服务能力建设，进一步严格学术标准，确保程序公正。

其三，发挥社会主义制度优越性，集成攻关，破解人才发展难题，集中力量，通过搭建平台，加大经费投入，吸引、汇聚、培养更多的高层次创新型人才。

（杜瑞军）

# 新时代中国特色师范教育体系建构

中共中央、国务院《关于全面深化新时代教师队伍建设改革的意见》(以下简称《意见》)对过去二十年来教师教育体系改革有这样的判断:我国"师范教育体系有所削弱,对师范院校支持不够"。针对这样的问题,《意见》提出了要"建立以师范院校为主体、高水平非师范院校参与的中国特色师范教育体系"的改革发展任务。那么,为何产生了师范教育体系削弱的问题?新时代背景下中国特色师范教育体系有什么样的内涵?如何强化师范教育体系建设?

## 一、建构新时代中国特色师范教育体系的背景

概言之,师范教育体系弱化之所以成为问题,主要有以下三个缘由:一是来自近二十年来以市场化为主导的高等教育变革大环境的影响,二是受此影响的师范院校办学定位的变化,三是新时代对教师及师范教育的高度期望。

### (一)以新自由主义为思想基础的高等教育市场化影响

在我国百余年师范教育跌宕起伏的发展历程中,"开放"与"封闭"始终是分析师范教育体系样态和精神气质的

基本维度。1998 年以来，我国师范教育体系在高等教育市场化的主导下进行了急剧的变革。变革的基本思路就是在新自由主义"大市场小政府"思想下开放教师教育体系，企图通过开放体系而激励有效竞争，在提高质量的同时更好地配置教师培养资源。《关于师范院校布局结构调整的几点意见》提出要建立"以师范院校为主体，其他高等学校积极参与"的教师教育新体系。此后在 2012 年《教育部 国家发展改革委 财政部关于深化教师教育改革的意见》提出"构建开放灵活的教师教育体系"。经过多年快速的开放化历程，2015 年全国共有师范院校 181 所。其中，师范大学 46 所，师范学院 70 所，师范专科学校 65 所。举办师范教育的非师范院校 457 所。其中，综合大学 71 所，综合性学院 243 所，高职高专 92 所，独立学院 38 所，其他院校 13 所。从数量看，非师范院校是师范院校的 2.5 倍。就师范生数量而言，2013 年非师范院校的师范生占全国师范生总数接近一半，达到 48.3%。再从培养中专层次师范生的学校看，2013 年有中师 110 所，但中职中专类学校数量却达到惊人的 2673 所，是中师数量的 24.3 倍。可见，我国教师教育体系是过度开放了，远远地超过了"师范院校为主体"的政策期望。但实际上对于体系开放的政策效果，早在 2006 年就开始了反思[1]，并且这种反思在持续地深刻进行着[2]，认为没有达到吸引高水平综合大学参与从而提高生源质量和引起积极竞争的政策诉求，反而大规模的低层次非师范院校涌入降低了教师教育阵营的层次。再加上原有中师的大量消亡，师范院校的合并与转型使得原有优质的师范教育的传统和美誉度流失。在这个一进一出的置换过程中非专业低水平的进来了，优质的流失了。这期间，虽然如中山大学、兰州大学等一流综合性大学成立了教育学院，开办了本科师范教育专业，但最终还是在院校间学科竞争的压力下关闭了。同时，由于高等教育扩招和教师职业缺乏吸引力的影响，师范生的生源素质普遍有所下降，由此，师范教育体系实质上受到了削弱。

**（二）师范院校办学定位的去师范化影响**

在师范教育体系开放的同时，师范院校内部开放化也在疾步进行，而

---

[1]　顾明远：《我国教师教育改革的反思》，载《教师教育研究》，2006(6)。
[2]　朱旭东：《论当前我国三轨多级教师教育体系》，载《教师教育研究》，2015(6)。

这种内部开放化的过程中伴随的是自我去师范化的趋向。通过对 43 所师范大学办学定位的话语分析,把自身明确定位为综合性大学的有 19 所(43%),定位为师范大学的有 11 所(26%),定位为综合性师范大学的有 5 所(11.6%),另有 6 所没有明确表述①,可见师范大学的办学定位及其身份已经严重分化。那么,为什么师范大学要综合化?目的是什么?背后的动机在于两个方面:横向上是办学空间的争夺,纵向上是办学层次的提升。对于大多数大学来说是横向上的考虑,也就是数量而不是质量上的追求。纵向上的质量提升重点也不在教师教育上,而在于基础文理学科方面。师范院校作为师范教育体系中的主体,这种主动的去师范化倾向较为严重地削弱了师范教育体系。

### (三)对高素质专业化创新型教师的时代期望

高质量的师范教育体系是造就高素质专业化创新型教师的载体。新时代我们树立了今后 5 年和 2035 年教师队伍建设的宏大目标,目标的核心在于"内外兼修,相互促进"两个方面。一是从外在方面提高教师地位、待遇和职业吸引力,二是从内在方面提高教师专业化水平,这主要依赖于高质量师范教育体系,在教师培养和在职发展中形成。内在的高质量要求对体系做认真的反思和治理,切实进行供给侧的结构性改革,打造师范教育体系的精锐部队和主力军,并逐步转移和淘汰低水平产能。至此,我们看到我国师范教育体系的理想形态是以发展师范教育为己任的师范院校和对师范教育有内在认同和使命的高水平非师范院校组成的边界清晰而非进出灵活的"双体系"。

## 二、建构新时代中国特色师范教育体系的内涵

新时代中国特色的师范教育体系的实质不在于开放还是封闭。"中国特色"不是政策上的修辞,而是有着深刻的专业内涵的,是对师范教育性质和内在卓越品质的界定与实现。概言之,"中国特色"的内涵至少体现在师范

---

① 赵明仁:《新时期我国师范大学办学定位的话语分析》,载《教师教育研究》,2016(1)。

教育体系的使命性、道德性、文化性和专业性四个方面。

### (一)使命性

《意见》指出："教师承担着传播知识、传播思想、传播真理的历史使命,肩负着塑造灵魂、塑造生命、塑造人的时代重任,是教育发展的第一资源,是国家富强、民族振兴、人民幸福的重要基石。"这是对教师工作属性和职能的本质表达,认识到教师工作是促进国家发展、社会进步和个人成长的不可或缺的基础性的公共事业。有鉴于此,《意见》提出要明确"教师的特别重要地位""确立公办中小学教师作为国家公职人员特殊的法律地位"。这种对教师身份上历史性的"政治宣言"旨在强化教师承担的国家使命和公共教育服务的职责。那么,培养教师的师范教育体系也就内在地具有强烈的国家使命和公共教育服务属性。举办好师范教育就属于国家责任,责任具体表现在对于师范教育重要性和特殊性的深刻界定与充分表达,科学的宏观指导,充足的经费投入和强有力质量保障。在这个立场下我们用克拉克的"三角张力模型"去反观过去二十年来的师范教育体系变革历程就会发现,市场占据了主导地位,国家退后了。到头来却发现在面对师范教育这个公共领域的时候市场失灵了。笔者认为,我国师范教育体系弱化的根本原因在于对于师范教育体系的公共性和使命性缺乏理解,随之国家缺乏应有的承担精神。所以,重塑师范教育作为"国之重器"的使命性和公共性信念是加强师范教育体系的政治基础、思想基础和保障基础。

### (二)道德性

高等师范教育区别于一般高等教育的一个显著特征是对道德性的渴望与严守。我们耳熟能详的"身正为范"对师范内涵的解读意在于此。盖因教师之职责在于教书育人,"正人先正己""已欲立而立人,已欲达而达人",只有师范教育把道德性作为培育师资的首要尺度,未来教师才能够具备行为世范的精神与气质。这里的道德性包括对于如社会主义核心价值观等公民品德的塑造,还包括对于教育自我深度认同与追寻,以及随之产生的教育爱与热情,还包括敬业爱岗、专注勤劳的工作精神。再从社会的角度看,师范教育体系是国家道德体系、价值体系甚至是政治体系的重要组成部分,卓越的师范教育体系在培育师范生这样的道德精英的同时,也是丰富国家道德体系内容、提升道德体系水平的重要推动力量。

### (三)文化性

文化性是指中国传统文化是师范教育的重要资源。这种资源主要表征在两个度向上。一是中国儒家文化中以"仁"为核心的思想与师范教育中的道德性是一致的。多伦多大学比较教育专家许美德教授把世界范围内教师教育体系分为以美国为代表的综合大学模式、以日本为代表的教育大学模式和以中国为代表的师范大学模式。① "师范"能够恰切地表达教师职业的道德性，而中国儒家文化具有丰富的道德资源。因此，她认为从中国传统文化出发来丰富师范教育的内涵，是中国有可能贡献于世界教师教育的地方。二是涵育中国传统文化修养是高素质专业化教师的基本素质。五千年的中华文明博大精深，气象万千，中国教师需要吸收中国传统文化的精华，才能更好地传播文化，树立文化自信。

### (四)专业性

如果再从克拉克的"三角张力模型"看过去二十年我国师范教育体系中力量角逐的话，除了市场在主导，政府在退缩外，另外一点是专业在缺失。国际劳工组织早在半个世纪前就宣称教师是专业人员，我国教师法也如此界定。但是我们再回头看培养教育的体系是否是一个高质量的专业体系，答案就未必了。我国虽然于 2011 年和 2012 年先后出台了《教师专业标准(试行)》和《教师教育课程标准(试行)》，但这两个标准主要是基础性的引导性专业文件，不能作为强制性的规范文件执行，对于师范教育办学行为的规范作用非常有限。经验表明，开放式教师培养之所以会取得成功，其主要原因不在开放性本身，而是在于有一种将开放式培养模式纳入规范性质量管理渠道的教师培养机构的质量认证系统。开放但缺乏有效质量监控机制，是盲目的；开放且具有有效质量监控机制，才是一个健康、可持续发展的教师培养体系的追求方向。② 因此，尽快严格地在各级各类师范教育院校全面落实师范专业认证制度是当务之急。同时除了在专业层面，还要在院校

---

① 许美德、李军：《世界教师教育发展的历史比较》，载《教育研究》，2009(6)。

② 洪成文：《质量认证框架的美国教师教育质量保证研究》，载《比较教育研究》，2004(10)。

层面出台师范院校建设标准，为在院校层面强化对师范性的认识，从而强化和保障师范院校的办学方向与定位，为教师教育学科建设和专业建设提供良好的价值和资源环境。

## 三、建构中国特色师范教育体系的路径选择

基于对上述师范教育体系内涵的理解，我们建构了新时代中国特色师范教育体系景观（见图1）。这个景观由环境层、基础层和本体层三部分的内容构成。环境层一方面说明基础教育师资的需求情况，以确定师范教育体系的供给规模、质量与结构；另一方面说明师范教育体系所在的高等教育体系的状况与发展路径，从而为师范教育体系发展提供思路框架。基础层是从观念和制度层面为师范教育体系提供思想基础和制度资源，包括对师范与体系内涵的理解，以及关于教师专业的标准文件以及质量保障文件。本体层是师范教育体系的核心，包括从知识结构的角度对师范教育学科体系的建构，以及从培养环境和过程的角度所建构的由教师教育院校组成的结构性体系。前者可以称为师范教育体系的内在界定，后者可以称为制度性的、结构性的外在表达。加强师范教育体系建设，我们可以从强化这三个层面入手。

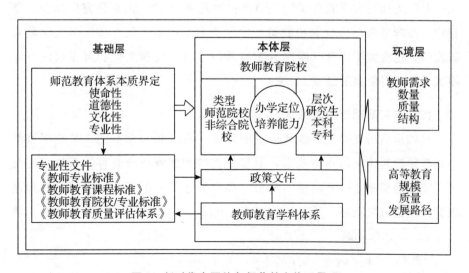

**图 1　新时代中国特色师范教育体系景观**

### (一)科学预测和把握环境层的需求和态势

环境层包括两个方面,一是科学地预测来自基础教育师资的需求,建构预测师资供给的模型。师资需求说明教育发展所需要培养教师的数量、质量和区域、学科等方面的结构,师资需求是教师教育体系调整的最为直接要素和动力。首先从全国、各省区层面,对各学段、各学科的师资状况和缺口进行统计分析。然后根据师范生择业的包括跨区域流动,获得资格证从师比例等特点和规律,建构测算全国、各省区师范生供给的模型。最后根据此模型对全国、各省区、各学段和学科的未来一段时期内师资需求进行预测,以此作为调整我国师范教育体系的基本依据。实际上,过去十多年来,我国师范生培养是严重的供过于求,供需比约为 3∶1。这种严重的供过于求的情况会造成有限的师范教育的稀释,使得不能集中师范教育力量提高培养质量。

二是对国家高等教育发展态势的研判。师范教育体系是我国高等教育的重要组成部分,师范院校占全国高等院校总数的 6.9%,再加上开展教师教育的非师范院校,占比达到 24.2%。师范教育一方面要适应我国高等教育改革发展的思路,比如市场化竞争、追求高质量的科研产出和教学。同时,也要对师范教育本质和办学规律有充分的把握,并以此作为师范教育发展的思想基础。否则,师范教育的发展可能会走弯路,20 世纪 90 年代轰动一时的芝加哥大学教育学院关闭事件就是例证。[1][2] 而在研究型综合大学架构下办师范教育比较成功的如哥伦比亚大学师范学院、多伦多大学教育研究院、伦敦大学教育学院享有超越其他二级学院独立性和自主权的办学模式就是值得借鉴的经验。

### (二)夯实基础层的思想认识与政策安排

基础层是指支撑教师教育体系的法律、制度和观念基础。基础层虽然不是教师教育体系的本体要素,但却是支持和保障教师教育体系科学运行不可或缺的基础。一方面是本文第二部分所述的对于新时代中国特色师范教育体系价值与功能、基本属性的理解和界定,这构成了国家、社会、教

---

① 周勇:《芝加哥大学教育系的悲剧命运》,载《读书》,2010(3)。
② 陈超:《中美研究型大学教育学科建设的比较研究》,载《教师教育研究》,2009(6)。

师教育院校自身对于师范教育的认同基础和思想基础，并成为开展师范教育工作的组织原则。思想认识不到位，难免会弱化师范教育体系。

另外的要素包括法律条例和专业性文件。法律条例方面主要包括《中华人民共和国教师法》《中华人民共和国教师资格条例》，规定了获得不同学校教师资格需要达到的学历和其他条件，从法律上为教师教育院校培养教师的基本规格进行界定和要求。专业性文件是指从观念和理论层面对于合格教师、合格的教师教育课程、合格的教师培养院校、合格的教师培养过程的界定和规范。这个层面集中了对于教师发展和教师教育的理论认识与实践经验并用政策的形式表达，要求教师教育院校强制性地加以执行，构成了教师教育得以开展的合法化依据。

### (三)构筑本体层的学科体系和院校体系

本体层是教师教育体系的基本范畴，包括四个基本要素。一是各级各类教师教育院校，二是在某个特定时期内用以统筹各级各类教师教育院校布局结构的政策与制度。我们通常所说的教师教育体系就是指这两个要素。除此之外，还应该包括两个要素。一是各个院校层面的对教师教育的定位和所具备的能力。也就是说，一方面，各个院校在办学中对教师教育的定位是什么，是如何看待教师教育在本校中的地位的；另一方面，院校具有怎样的教师培养能力。如果不看教师教育院校的定位和能力，只看前两个要素的话，对教师教育体系的把握是缺乏实在基础的。二是教师教育的学科体系，师范教育体系要建立在对教师专业性的理解和建构基础上。已有的共识是，教师专业包括专业知识、专业理想和专业自主权等方面内容。其中建立一套有系统、具普遍性、可记录与传递、抽象程度高、具有一定学术地位的理论知识系统最为基础。[1] 这个知识体系包括教师教育的哲学与历史，教师教育的活动与过程，教师教育的政策与管理。[2] 我们从不同的角度可以建构出各有侧重的知识体系，但重要的是，这个知识体系与教育学的知识体系有相对清晰的界限，即教师教育体系是相对独立的，并且是通

---

[1]　曾荣光：《教学专业与教师专业化：一个社会学的阐释》，载《香港中文大学教育学报》，1984(1)。

[2]　肖正德：《系统论视域下教师教育学科体系之特质与构架》，载《教育研究》，2014(7)。

过科学的方法获得知识，具有可靠性与相当程度的确定性。另外，在教育学的知识体系，乃至人类的知识体系中不仅仅因为其重要性，更重要的是因为其抽象程度、可靠程度具有相当的学术地位。相比教师教育政策与实践层面，现在对教师教育理论和知识层面的发现和系统整理还显得非常不足。

（赵明仁）

# 构建师范院校和综合大学教师教育学院"双体系"

　　中共中央、国务院于 2018 年 1 月 20 日出台了《关于全面深化新时代教师队伍建设改革的意见》(以下简称《意见》),进一步细化 2035 年教师队伍建设目标,并对新时代教师队伍建设做了细致深入的战略部署。百年大计,教育为本;教育大计,教师为本。教师大计,师范为本。高素质专业化创新型教师队伍的培养离不开高质量的师范教育体系。教师培养的质量直接决定了教师队伍的素质。因此,加快教育现代化,建设教育强国,办好人民满意的教育,离不开观念先进、布局合理、效果卓越的现代化教师教育体系。自 20 世纪末我国由封闭、定向的师范教育体系向开放、灵活的教师教育体系转型以来,我国教师教育体系已经发生了显著的转变,初步实现了在高等教育水平上培养教师。但是,《意见》同时明确指出了我国教师培养体系存在的问题,"面对新方位、新征程、新使命,教师队伍建设还不能完全适应""师范教育体系有所削弱,对师范院校支持不够",当前的教师教育体系不能完全满足建设高素质专业化创新型教师队伍的需求。《意见》同时提出了未来教师教育改革的目标和途径,"经过 5 年左右努力,教师培养培训体系基本健全""建立以师范院校为主体、高水平非师范院校参与的中国特色师范教育体系""支持高水平综合大学开展教师教育"。《意见》还进一步提出了构建和完善我国教师培养培训体系的具体措施。本文将以此为基础，进一步解读《意见》对于我国教师教育体系建设的目标要求，探讨落实《意见》要求的具体措施。

## 一、"双体系"的内涵和特征

### （一）"双体系"的内涵

经历了 20 世纪末的教师教育体系改革后，我国在教师培养层次方面正在缩小同国际主流水平的差距，已经实现了高等教育化，特别是本科化的教师培养。教育部普通高校人文社会科学重点研究基地北京师范大学教师教育研究中心的一项全国性调查发现，2015 年我国全部在校师范生中，本专科层次师范生总数达到了 125.8 万人，占全部本科以下师范生总数的 96.7%，这说明当前我国教师教育已经提升到了高等教育层次，教师队伍的学历水平有了显著提高。调查数据还显示，本科层次的师范生在校生人数达到了 91.1 万人，占本科以下师范生在校生人数的 70.0%。因此，可以说，我国已经初步形成了以本科为主的教师培养层次结构。

在教师培养机构的数量和规模上，我国已经建立了由师范院校和综合性院校共同培养教师的教师教育格局，正在形成以师范院校为主体、高水平非师范院校参与的师范教育体系。具体来说，就是由师范院校和综合大学共同承担教师培养的职能。这一体系的基本内涵是：师范院校与综合性院校成为并行的两大教师培养机构类型。其中，师范院校传统上只承担教师培养这一单一职能，构成了教师培养"双体系"中的"第一序列"。这一序列迄今为止仍然包含中师、师范（高等）专科学校、师范学院和师范大学这四种从中等教育层次到高等教育层次的教育机构。

传统上，综合性院校并不承担教师培养的工作。然而，最近的调查研究显示，承担教师培养任务的综合性院校数量已经超过了师范院校数量，在教师培养机构中所占比例也已经超过了师范院校。综合性院校师范生在校生人数和进入中小学教育的从业人数也已经接近在校生数量和当年从教人数的一半。可以说，综合性院校的教师培养无论是数量、规模还是比例，都已经与师范院校旗鼓相当，构成了我国当前教师教育体系中与师范院校并行的"第二序列"。这一序列包含的教育机构主要包括高职高专、独立学院、综合学院和综合大学这四种教育机构。

**(二)"双体系"的特征**

1. 师范院校是教师培养的主体

一项全国性的调查显示，我国当前开设师范专业承担教师培养任务的各级各类院校共有384所，主要包括"师范大学""师范学院""师范高等专科学校""综合大学""综合学院""独立学院""高职高专"和"中师"八种类型，另外还有22所中等职业学校在参与教师培养工作，占全部教师教育机构的5.73%（见图1）。

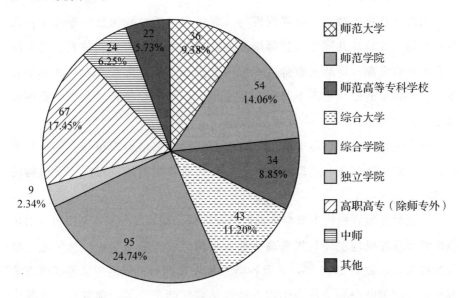

图1　不同类型教师教育院校数量及比重

总体而言，从机构类型来看，如表1所示，在教师教育机构中，综合性院校数量已经超过师范院校。当前，由师范大学、师范学院、师范高等专科学校构成的师范院校共有148所，占我国教师培养机构的38.5%，由综合大学、综合学院、独立学院和高职高专构成的综合性院校共有236所，占我国教师培养机构的61.5%。在培养规模上，传统的师范院校比综合性院校的培养规模要高出近10个百分点。在本科以下师范生培养方面，师范院校和综合性院校的在校生人数分别达到在校师范生总数的 54.4% 和 45.6%。就毕业生进入中小学就业的情况而言，54.9% 来自师范院校，45.1% 来自非师范院校。

表 1　综合性院校与师范院校教师培养比较(高等教育层次)

| | 综合性院校 | 师范院校 |
|---|---|---|
| 机构数量(占比) | 236(61.5%) | 148(38.5%) |
| 在校师范生人数(占比) | 569713(45.6%) | 679279(54.4%) |
| 进入中小学就业人数(占比) | 60046(45.1%) | 73116(54.9%) |

因此，从机构数量、培养规模与入职情况来看，我国已经形成了师范院校与综合性院校共同参与教师培养的开放的教师教育机构体系。然而深入分析可以发现，虽然在教师培养机构数量上，师范院校在参与教师培养的教育机构中的比重已经下降到不足一半，但师范院校仍然是当前我国教师培养的主力军。

师范院校在教师培养中的主体地位不仅反映在培养规模与实际从教等指标超出非师范院校，还反映在师范院校代表着当前我国教师培养机构的最高水平。

我国教师教育机构类型与主管部门可以概括如表 2 所示，从中可以看出我国教师培养机构主要是省属高等教育机构。调查数据显示，从师范生培养规模来看，截至 2015 年，我国各类教师教育机构中师范生培养规模占前五位的院校类型分别为综合学院、师范学院、师范大学、师范高等专科学校和综合大学。其中，超过一半的本科师范生是由综合学院和师范学院培养的。也就是说，我国大部分师范生是由省属高等教育机构培养的，而省属高等教育机构在资源投入、办学质量和社会声望等方面，整体上代表我国的中等水平。在全部教师教育机构中，机构层次最高、办学水平最高、社会声望最为突出的是部属六所师范大学。这六所师范大学代表了当前我国教师培养层次、水平和质量最高的教师培养机构，因此，当前我国师范院校为主体的师范教育体系还突出反映在高水平师范大学代表了当前我国教师培养的最高水平，对于全国的教师培养发挥着引领作用。

表 2　教师教育机构类型与主管部门

| | 师范大学 | 师范学院 | 师范高等专科学校 | 综合大学 | 综合学院 | 独立学院 | 高职高专 |
|---|---|---|---|---|---|---|---|
| 部属 | 6 | — | — | — | — | — | — |
| 省属 | 31 | 52 | 18 | 39 | 78 | 5 | 31 |
| 其他 | — | 2 | 16 | 4 | 17 | 4 | 36 |

2. 参与教师培养的综合性院校有教师培养的长期传统，但办学层次偏低

我国当前形成的非师范院校参与教师培养的教师教育体系主要是 20 世纪我国师范院校转型的结果。因此，我国的非师范院校参与教师培养的一个突出特征是，参与教师培养的非师范院校大都有着长期的教师培养传统。

自 20 世纪 90 年代开始，我国教师教育体系由封闭、定向的师范教育体系向开放、灵活的教师教育体系的转型过程是与传统师范院校的升格和转型过程共同进行的。据不完全统计，2003 年到 2016 年间，我国共有 88 所师范学校（师范高等专科学校）完成了升格、合并以及转型。师范院校转型大致分为几个方向：第一是在师范院校体系内升格。如中等教育层次的师范学校升格为高等教育层次的师范高等专科学校，专科层次的师范高等专科学校升格为本科层次师范学院，本科层次的师范学院升格为具有研究生招生培养能力的师范大学。第二是由师范院校升格成为地方综合性学院或地方综合性大学。如思茅师范高等专科学校升格成为普洱学院。第三是合并，并且师范院校的合并常常也与升格共同完成。从相关的数据分析来看，师范院校的合并有两个途径。第一条路径是传统的师范院校往往与地方其他类型院校合并，再升格成为地方综合性学院，如锦州师范学院与辽宁高等商业专科学校合并后成立新的渤海大学。第二条路径是地方师范院校合并后升格为更高培养层次的师范院校，如太谷师范学校和太行师范学校合并后升格为晋中师范高等专科学校。随着教师培养与培训一体化的整合，我国师范院校转型的第四个方向是原有以教师在职培训为主要职能的教师培训机构转型为全日制教师职前培养机构，实现职前培养与职后培训在教

师教育机构内的整合。这类转型最为突出的就是地方教育学院转型成为"(第二)师范学院"现象。据不完全统计，从 2003 年到 2016 年，共有 14 个省级或市级教育学院转型成为地方（第二）师范学院，如广东、重庆、湖北等省级教育学院转型成为第二师范学院。较为特殊的情况是地方教育学院转型为地方综合学院，如张家口教育学院转型成为张家口学院。

在升格、合并乃至转型为综合性院校的过程中，原有师范院校的教师教育资源整合进入新成立的院校，仍然承担着教师培养、培训的任务，但在不同的院校中，出现了不同的内部治理结构，对教师教育资源在院校内部的整合形成了不同的影响。

另外，由于教师职业吸引力、高等教育政策等多方面的原因，代表我国高等教育最高办学水平的部属综合大学，特别是在高等教育改革的过程中吸引了大量资源投入的顶尖大学并未实质性地参与到教师培养当中。可以说，教师培养远未享受到我国最为优质的高等教育资源。

经过教师教育体系的转型和教师培养机构的改革，我国教师教育体系呈现出了新的特征，同时也遇到了前所未有的挑战。

## 二、建设教师培养"双体系"的原因分析

建设以师范院校为主体、综合性院校参与的教师教育"双体系"是提升我国教师培养质量的必然要求。

首先，建立师范院校和综合性院校共同培养教师的"双体系"，扩大教师培养的机构类型，有利于发挥师范院校和综合性院校各自优势，丰富教师培养的层次和类型，满足不同教育机构的需求。以往我国传统师范院校的学科建设以基础性学科为主，重视基础知识的掌握与传授，在开展科学研究、探索学科前沿方面动力和能力不足。然而，现代教育对教师的需求已经远远超过了知识传授的层次，甚至在某种意义上，教师的"学科专家"身份被赋予了新的内涵。教师不仅需要熟练掌握精深的学科知识，还需要熟谙学科知识的形成过程，掌握学科的探究方法。传统师范院校的学科建设特征显然难以满足上述要求，必须通过转变师范院校学科设置与学科发展方式来实现上述转变，提高师范生培养质量，适应现代教学的发展。同

时，推动综合性院校承担教师培养的任务，发挥综合性院校在学科建设、科学研究和人文环境等方面的优势，提高教师培养质量。

其次，构建"双体系"是实现专业化教师教育的有效途径。教学工作的专业性已经成为广泛共识，通过专业教育的方式来培养教师也已经被证明是提高教师培养质量的有效途径之一。20世纪七八十年代以后，"学科专业＋教师教育专业"的专业教育模式成为国际教师教育改革的一个重要探索方向。以专业教育模式培养教师的优势十分明显，教师培养的年限被拉长，教师培养的学科层次被提升到了学士后层次，从而使师范生在学科知识储备和教学专长培养方面都获得了较为充分的学习机会。在这样的前提下，无论是师范院校还是综合性院校，在学科专业设置与教师教育专业设置方面都获得了更多的灵活性，从而得以更为有效地开展教师培养工作。

再次，构建"双体系"是现代教师培养方式转变的客观需要。现代学生的学习需求对学校教育和教学工作提出了新的挑战。虽然与以往相比，现在教师培养机构普遍强化了师范生培养的实习实践环节，重视培养师范生在教学情境中理解教学、开展教学的能力。但专业认识论的研究表明，专业人员的实践方式是一种反思性实践，实践者并不是盲目地发出行为，而是有内在的实践理论作为行动的指引。并且，实践理论有其内在结构，阿格里斯认为，实践（行动）理论包含"信奉理论"和"使用理论"，这二者之间也并不总是保持一致的。因此，如果以"理论"与"实践"的二元对立视角去割裂地看待教师教育的实践性，把加强师范生的实践学习仅仅理解为增加实践学习时间，而不是在精心的设计与指导下加强师范生的实践学习，并不能真正提升教师培养质量。但在目前的教师教育体系中，对于师范生实践学习的指导始终是教师培养过程中的薄弱环节。除此以外，师范生培养的适应性问题也是教师培养模式中始终需要关注的议题。由于不同的生活条件和文化环境，学生的学习往往具有明显的地域文化特征。建立由师范院校和综合性院校共同培养教师的"双体系"，有助于丰富教师培养机构的层次，扩大不同类型教师培养机构的地域辐射范围，吸引优秀本地生源加入教师队伍，并为当地教育机构培养优质教师，对于提高教师队伍的稳定性、传承不同地域特色文化有着积极的意义。

## 三、建立"双体系"的可行路径

《意见》指出,我国要建立"以师范院校为主体、高水平非师范院校参与的中国特色师范教育体系"。我国师范院校与综合性院校共同参与的教师教育体系在大学或者说高等教育机构内部主要通过"分布式"与"集约式"两种不同的治理模式参与教师培养。

"分布式"治理结构的主要特点是教师培养工作以学科为建制分散在高等教育内部的文理科系当中。如大学中文系负责培养语文教师,或是在文理科系中区分学科方向主修课程与师范教育方向主修课程,具体在高校内部学科治理结构中反映为"学科院系—主修科目—主修科目(师范专业)",如图 2 所示。

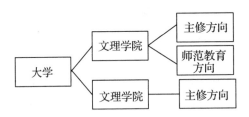

**图 2 "分布式"教师教育机构内部治理结构**

"集约式"学科治理结构的主要特征是教师教育机构内部存在独立建制的教师教育学院,将教师教育资源整合在一起,提供教师教育课程。另外,文理学科院系提供文理学科课程,教师教育学院与文理学科院系相互合作,共同培养教师。高等教育机构内部学科结构如图 3 所示。

"集约式"教师教育治理结构与"分布式"教师教育治理结构各有优势。总体而言,师范院校沿袭传统,较多地采用"分布式"治理结构;而一些综合性院校或是综合程度较高的师范院校正在更多地探索采用"集约式"教师教育治理结构,整合机构内学科资源,最大限度地发挥教师教育资源的效力。

"集约式"内部治理结构的另一个好处在于,便于从机构组织的层面反映教师教育的专业性,这是一种将"教师教育"与其他文理学科并列为大学内部的二级学科的治理思路。结合《意见》提出的"研究制定师范院校建设标

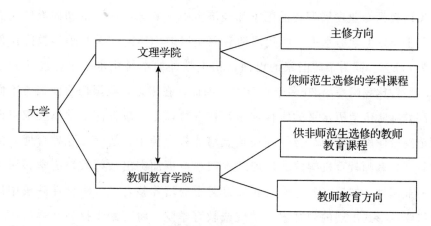

**图 3　"集约式"教师教育机构内部治理结构**

准和师范类专业办学标准""开展师范类专业认证"的意见，"集约式"的内部治理结构更是一种统整高等教育机构内部的师范类专业的学科建设模式，有利于教师教育学科的发展。

教师培养机构内部治理模式改革应着力于高质量教师培养的需求。《意见》指出，支持师范院校"加强教师教育学科建设。教育硕士、教育博士授予单位及授权点向师范院校倾斜"，综合大学"创新教师培养形态，突出教师教育特色，重点培养教育硕士，适度培养教育博士"，反映了未来我国教师队伍学历水平提升的需求，同时也应是教师教育机构内部治理结构调整与改革的出发点和立足点。未来我国教师教育机构内部治理结构的调整应着力从两个方面进行考量：第一，教师教育机构的内部治理结构是否有利于培养高学历层次的教师；第二，教师教育机构的内部治理结构是否有利于改革教师培养模式，提高教师培养的内在质量。我国已经形成了以本科层次的师范生培养为主的教师培养学历结构，教师队伍的学历水平总体上有了长足的进步。相关数据表明，截至 2014 年，我国小学教师队伍中本科及以上学历教师比重达到了 41.6%，本科及以上学历层次初中教师比重达到了 70.6%，高中教师已经实现了本科化，97.3% 的高中教师拥有本科及以上学历。[1] 但是与发达国家相比，教师学历差距依然明显。在 28 个参加

① 根据《教育统计数据》（2014）计算所得，http://www.moe.gov.cn/s78/A03/moe_560/jytjsj_2014/2014_qg/，2016-08-31。

OECD 教师专业发展调查的国家和经济体中，平均有 30％的初中教师达到了硕士及以上学历水平，而我国拥有硕士以上学历的初中和小学教师比例仅为 0.8％。同为金砖国家的巴西，初中教师的本科化水平也已经达到了93.5％，比我国高出 20 多个百分点。因此，在未来，我国仍然面临着不懈提高教师队伍学历水平的刚性需求，在教育硕士、教育博士学位授权点向师范院校倾斜，鼓励综合性院校重点培养教育硕士、适度培养教育博士的背景下，教师教育机构内部治理结构调整应更加突出教师教育的学科属性和专业属性。如果将教育硕士和教育博士的培养整合进入综合性院校中以二级学院形式出现的教师教育学院或教育学院，将有助于提高高学历师范生培养的质量。

教师学历提升不仅是教师队伍建设的客观需求，也是由现代教师培养的规律决定的。对于现代教师所面临的新挑战，转变教师培养模式、延长教师培养年限是提高教师培养质量的必由之路。除了"三笔字""简笔画"等基本教学技能，对于教师而言更为本质的专业能力究竟是什么？研究表明，提升学生学业成就的最有影响力的人物是"那些成为他们自身所产生效果的学习者的教师"[1]，也就是说，教师在变革教学的过程中，实际上是一个研究者，他们要研究"什么在起作用，什么没起作用……寻找反证，渴望发现任何预期和非预期的影响"[2]。教师作为一名研究者开展反思性教学的能力，在实践环境中开展探究活动的能力，乃至掌握规范的教育科学研究方法，通过实践探究成为教育学知识的生产者，才是现代教师的核心专业能力，而这些都需要在教师培养阶段大量学习相关课程，通过精心地研究指导和教学实践才能实现。相比之下，仅仅是通过四年的本科学习，不仅不足以帮助教师掌握较为深厚的学科知识和学科研究范式，更不能对师范生进行充分的实践与探究训练。因此，教师培养机构的内部治理结构还必须向着加强师范生实习指导、强化师范生教育研究能力训练的方向加以改革，加大教师教育者队伍建设的力度，规范师范生实践学习及其指导方式，重视

---

[1] ［新西兰］约翰·哈蒂：《可见的学习：对800多项关于学业成就的元分析的综合报告》，彭正梅、邓莉、高原、方补课译，29 页，北京，教育科学出版社，2015。

[2] 同上。

教育学研究成果对师范生培养的指导性作用，夯实师范生的教育学素养与开展教育研究的能力。

党的十九大报告指出，从现在到 2020 年全面建成小康社会，实现第一个百年奋斗目标；到 2035 年基本实现社会主义现代化；到 21 世纪中叶全面建成富强民主文明和谐美丽的社会主义现代化强国。《意见》全面梳理了我国教师队伍建设的成就，回应了教师教育转型中的问题与挑战，对未来教师队伍建设做出了战略性地部署。当前我国教师教育体系的转型已经基本完成，师范院校和综合院校共同参与的开放式教师教育体系初步建立，也更加需要以更为精准集约的方式协调和配置教师教育资源，不断探索与调整教师教育机构内部治理结构，助力教师教育学科发展，提升教师培养质量。

（赵　萍）

# 推动高水平综合大学成立教师教育学院

## 一、推动高水平综合大学成立教师教育学院的背景与价值

### （一）高水平综合大学成立教师教育学院的背景

2018 年 1 月 20 日，中共中央、国务院通过了《关于全面深化新时代教师队伍建设改革的意见》（以下简称《意见》）。这是新时代背景下推动教师教育发展的重要举措，是"新中国成立以来党中央出台的第一个专门面向教师队伍建设的里程碑式政策文件"。《意见》明确提出："创造条件，推动一批有基础的高水平综合大学成立教师教育学院，设立师范专业，积极参与基础教育、职业教育教师培养培训工作。整合优势学科的学术力量，凝聚高水平的教学团队。发挥专业优势，开设厚基础、宽口径、多样化的教师教育课程。创新教师培养形态，突出教师教育特色，重点培养教育硕士，适度培养教育博士，造就学科知识扎实、专业能力突出、教育情怀深厚的高素质复合型教师。"可以说，对于鼓励高水平综合大学成立教师教育学院，国家已经释放了一个清晰的政策信号，它对提升教师教育质量具有引领示范作用。

实际上，在 20 世纪末 21 世纪初，我国政府就颁布文

件支持鼓励高水平综合大学参与教师教育。1999 年 3 月，教育部《关于师范院校布局结构调整的几点意见》指出："坚持独立设置师范院校主体作用……鼓励一批高水平综合性大学参与培养中小学教师。"2002 年 3 月 1 日，教育部颁布的《关于"十五"期间教师教育改革与发展的意见》指出："国家鼓励其他高等学校特别是高水平的综合大学参与教师培养、培训，或与师范院校联合、合作办学，为中小学教师特别是高中教师来源的多元化作出积极贡献。"2010 年颁布的《国家中长期教育改革和发展规划纲要（2010—2020年）》指出："加强教师教育，构建以师范院校为主体、综合大学参与、开放灵活的教师教育体系。"

　　然而，这些高水平综合大学在开展教师教育方面的效果不明显。具体表现为，这些高水平综合大学虽然组建了教育学院、教育研究院或者教育科学学院，但是在人才培养方面这些机构主要培养的是教育学研究型人才，而不是中小学的教师；在研究方面，这些机构倾向于从事高等教育研究、教育政策研究、教育经济与管理等教育的宏观社会科学研究，而对于与教师教育最密切相关的教师教育研究、学科教育研究、教学研究、课程教材研究、基础教育课堂研究等缺乏兴趣；在社会服务方面，他们在服务国家教师教育资政决策以及中小学专业发展、基础教育变革方面的影响力也非常有限。这不得不思考如何让高水平综合大学更好地为国家的教师教育事业做贡献。

### （二）高水平综合大学成立教师教育学院的价值

　　《意见》的颁布强调了推动一批有基础的高水平综合大学成立教师教育，这是国家对高水平综合大学在教师教育领域的政策引导。研究表明，高水平综合大学不愿意参与教师教育的原因有三个，即人才培养精英化的价值取向与教师非精英身份的矛盾，追求高深学术研究与教师教育实践品性的矛盾，关注社会重大问题与教师教育"无关紧要"的矛盾。[①] 但是，教师教育是国家的重要公共事业，由我国财政全额支持的高水平综合大学应该积极承担教师教育的社会责任，实现教育学的转型，从而为我国的教师教育质

① 康晓伟：《精英大学为什么不愿意参与教师教育？》，载《教师教育研究》，2016(4)。

量提升做出实质性贡献。

高水平综合大学参与教师教育至少包括以下几方面的优势：第一，高水平综合大学具备学科齐全的优势。高水平综合大学往往具备齐全的、一流的文理学科，而教师教育往往也需要文理学科，特别是培养高水平的中学教师更需要扎实的文理学科基础。第二，高水平综合大学具有浓厚的学术科研氛围。研究型教师是未来教师教育的目标，高水平综合大学为教师教育提供了良好的学术科研氛围，是高质量教师教育的重要文化氛围。第三，高水平综合大学具备良好的社会声望。这不仅有助于提升整个教师职前培养的声誉，也有助于提升在职教师培训的声誉。

1996年芝加哥大学取消了教育系，近几年国内一些高水平综合大学撤销教育学院，这些引发我们对教育学科功能定位的重新思考。撤销教育学院不是解决问题的根本之策，这些综合大学需要做的是实现教育学科的转型，即实现教育学科在人才培养、科学研究和社会服务方面的教师教育转型。那么组建教师教育学院，通过机构的重组实现教育学科的转型，这将是高水平综合大学教育学科发展的根本所在。代表我国精英大学的高水平综合大学需要承担其教师教育的社会责任，这对落实《意见》倡导的提升教师教育质量理念具有重要的价值与导向作用。这不仅有利于提升教师队伍的整体质量，还有利于提升教师的职业形象。

## 二、推动高水平综合大学成立教师教育学院的理论依据

高水平综合大学组建教师教育学院，这是由大学与教师教育事业的公共属性决定的，也是由大学的教学、研究与社会三大基本职能决定的。

### (一)我国高水平综合大学与教师教育事业的公共属性

根据"公共物品"(public goods)理论，公共物品具有"非竞争性"和"非排他性"。非竞争性，是指当一个人消费该商品时，不会减少其他人对这种商品的消费。非排他性指的是某人在付费消费一种商品时，不能排除其他没有付费的人消费这一商品，或者排除的成本很高。一些经济学家认为公共物品的存在，会导致市场失灵，因此应该由政府提供或者由政府干预。美

国学者南希·弗雷泽对公共性曾有如下界定：（1）与国家有关的；（2）所有人都可以进入的；（3）与所有人有关的；（4）与共同的善或者共享利益有关。① 大学教育服务不仅能够给私人带来更高的收益，还可以给国家和社会带来更为广泛的公共利益，是一种具有明显正外部性的准公共产品。无论是私立大学还是公立大学都具有这种品质，在该意义上，大学是公共领域中的组织和机构，只有在公共领域中的东西才具有更真实的公共性。

从我国高水平综合大学和教师教育的特征来看，我国的高水平综合大学与教师教育事业都具有公共性。我国的高水平综合大学均为国家财政供给的公立大学，教师教育是国家重要的公共事业，具有很强的公益性，获得巨额财政支持的高水平综合大学理应承担起教师教育的社会责任。实际上，我国的高水平综合大学也参与过教师教育，比如京师大学堂师范馆，以及民国时期高水平综合大学参与教师教育，特别是把中小学教师培养作为其参与教师教育的主要目的。② 当时东南大学效仿美国大学，内设教育系科。时任校长郭秉文提出"寓师范于大学"。他认为，凡是中等以上的教师，必须有宽厚的基础知识，应该是双料的学士、硕士、博士。在一个单科的师范院校里很难从根本上提高师资质量，相反，综合大学里学科齐备，各科知识互补，是造就师资的理想场所。③ 所以，高水平综合大学参与教师教育有好的传统。后来，随着高等院系调整，高水平综合大学才逐渐退出教师教育领域。之后，为了满足大学综合发展的需求，高水平综合大学也设置了教育院所，但是其研究偏重宏观的、政策的、理论的教育科学研究，对基础教育一线教师的教学研究关注不够。因此，高水平综合大学有必要利用自己文理学科的资源优势发展教师教育，为我国高层次中小学、幼儿园教师的培养和培训做出贡献。

**(二)大学具备教学科研社会服务的职能**

随着大学的产生与发展，大学具备教学、科研和社会服务三大基本职

---

① 王晓升：《"公共领域"概念辨析》，载《吉林大学社会科学学报》，2011(4)。

② 胡艳：《民国时期综合性大学参与教师教育的特点》，载《教育学报》，2006(6)。

③ 茹宁：《中国大学百年模式转换与文化冲突》，126 页，北京，知识产权出版社，2012。

能逐渐成为人们的共识。[1] 纽曼在其著名的《大学的理念》一书中提出大学是"一个教普遍知识的地方"[2]。它为大学的教学基本功能提供了重要的思想基础。德国海德堡大学将纯粹学术研究作为大学的重要功能。美国约翰霍普金斯大学汲取了德国研究型大学的传统并将教学和研究作为大学的基本功能。后来研究传统逐渐被美欧美大学所效仿,并成为大学的重要职能。20世纪初,威斯康星大学校长海斯提出了著名的"威斯康星思想"(The Wisconsin Idea)。[3] 他认为,大学应该把学术研究应用于解决社会问题,从而提升人类的健康、生命质量、环境和农业等。威斯康星思想的提出将大学的社会服务作为大学的基本功能,并逐渐形成共识。于是,西方现代大学在发展过程中逐渐形成了教学、科研和社会服务的基本功能。

西方国家的教师教育发展也经历了从中等师范教育到大学化的发展阶段,综合大学教育学院的形成过程有两种基本方式:一种是"师范学校—师范学院—州立学院—综合大学(州立大学)",这种是教师教育综合大学化路径;另一种是进化为大学的教育学院,即"教育学讲席—教育系—教育学院"。这两种变迁路径一直影响到现在。不管是哪种教师教育大学化模式,教育学的基本职能都是培养和培训教师。教育学科作为高等教育的重要组成部分,应该按照大学的学科发展逻辑,即在人才培养、科学研究和社会服务方面为社会和国家做出自己应有的贡献。高水平综合大学的教育学科如果不实现在人才培养、科学研究和社会服务方面的转型,其学科价值在综合大学中必然处于边缘化的可有可无地位,其结果很可能是最终走向关门。如果实现教育学科的教师教育转型,那么教育学在大学中就会获得持久的生命力,最终将为基础教育培养一批一流的教师队伍。

总之,推动一批有基础的高水平综合大学组建教师教育学院,这是大学与教师教育的公共属性决定的,是大学教学、科研与社会服务三大社会职能在教师教育领域的具体体现。教师教育成为大学的组成部分之后,从

---

[1]  Pan, M., "Social Functions of Colleges and Universities," *Higher Engineering Education Research*, 1986(3), pp. 11-17.

[2]  Newman, J. H., *The Idea of a University* (Third ed.), London: Basil Montagu Pickering, 1823.

[3]  McCarthy, C., *The Wisconsin Idea*, New York: The Macmillan Company, 1912.

形式上获得了与法学院、医学院等大学院系平等的大学地位。师范学校的教师变成了师范学院的教师，最终成为名正言顺的综合性大学的教师，师范学校的学生成了师范学院的学生，最终也成为大学生，师范生的学历也逐渐从中等层次过渡到专科层次，最后过渡到大学本科层次和研究生层次。

## 三、推动高水平综合大学成立教师教育学院的政策建议

推动一批有基础的高水平综合大学成立教师教育学院，需要从人才培养、科研和社会服务三个大学的基本功能方面实现教育学科的教师教育转型，即教育学科要围绕培养高层次、高质量、高素养的中小学教师进行转型和建设。而组建教师教育学院，将为实现这一转型提供组织保障。

### （一）在人才培养方面，高水平综合大学应该致力于为基础一线培养高水平的教师

高水平综合大学应该致力于为基础教育阶段培养高水平的教师队伍。随着我国教师队伍学历层次和质量要求的不断提升，中小学教师研究生学历化将成为一个趋势，特别是一些大城市中学教师的学历层次已经逐渐过渡到研究生学历水平。于是，培养具有扎实专业知识基础的研究生学历教师将成为我国未来教师教育发展的重要特征。代表我国研究生学历教育质量的是我国的高水平综合大学和高水平师范大学。除了高水平师范大学致力于研究生学历的教师教育之外，我国的高水平综合大学也需要发挥其综合大学学科全面的优势，致力于基础教育阶段特别是中学教师的培养。然而，我国的高水平综合大学要么没有教育学科，要么主要致力于教育学学术人才的培养，对中小学一线教师的培养贡献很小。

因此，我国要改变当前主要致力于培养教育学术研究人才，大力发展全日制教育专业硕士和教育专业博士，为基础教育特别是中学层次培养高水平的师资队伍。虽然目前有一些高水平综合大学设置了教育专业博士培养点，但是这种人才培养从招生到培养结果都是致力于培养教育领域的管理人员，而不是一线中小学老师。所以，这实际上背离了教师教育的初衷。因此，高水平综合大学要实现教育学科的教师教育人才培养转型，即转型

为培养培训中小学特别是中学骨干教师。这种人才培养的转向不仅会使得高水平综合大学的教育学科发展回归到基础教育阶段教师人才培养的本源，为其教育学科发展获得持久的生命力，更重要的是可以发挥高水平综合大学的文理基础学科优势为国家培养高水平教师，从而大大提升基础教育阶段教师队伍整体质量。

**（二）在科学研究方面，高水平综合大学要致力于教师研究**

学术研究是大学的使命，也是高水平综合大学的优势所在。学术研究的本质是知识的生产，从事高质量的知识生产是高水平综合大学证明自己实力的最重要和最可以量化的方式。高水平综合大学要实现由致力于教育的科学研究转变为以培养培训教师为目的的教师教育研究。当然，根据不同的分类标准可以有不同层次与类型的教师教育研究。

根据当前我国教师教育事业的发展现状，教师教育研究至少要包括：（1）教师教育的基本理论研究。这包括：从认识论、价值论、方法论的哲学角度研究教师的教和学的基本理论问题；从社会学的角度研究教师作为一门职业与社会的关系问题；从历史学的角度研究教师职业的历史变迁以及运行规律问题；从心理学的角度研究教师的教与学的问题，比如学习科学、认知神经科学的最新心理学前沿与当今教师的教育教学实践相结合的教师心理学研究。（2）学科教育研究。中小学教师要研究学科教育问题，比如语文学科、数学学科，那么培养师范生的学科教育研究能力是大学研究的关键。如果师范生不懂学科教育，不研究学科教育中存在的问题，就很难成为一名优秀的教师。所以，高水平综合大学应围绕开设的学科教育课程开展学术研究，引导师范生在研究中学习，在学习中提升学科研究能力。（3）课程教材研究。中小学教师开展教育实践的载体是课程教材，研究课程教材是教师的基本功。因此培养师范生的课程教材研究能力，应是高水平综合大学教师教育研究的重要组成部分。课程研究既可以研究一般意义上的课程教材，也可以研究具体学科的课程教材。前者偏重于宏观一般研究，后者偏重于微观具体研究。

另外，要发挥当今自然科学研究领域和"互联网＋"时代科技的最新前沿技术，重新思考教师培养和培训领域存在的现实问题，围绕这些问题重组教师教育课程，这就需要加强这方面的教师教育研究。实现这一转向，将大大提升教师专业化水平。

**（三）在社会服务方面，高水平综合大学要围绕教师教育为国家和教师队伍建设提供专业服务**

高水平综合大学组建教师教育学院，可以在教师教育的人才培养与扎实的教师教育研究基础上为政府教师教育决策、学校变革、教师专业发展提供专业的服务。高水平综合大学的教师教育专业社会服务主要包括三个层次。

第一，为基础教育发展提供微观层次的教师专业发展引领。教师教育的社会服务在微观领域的表现是为中小学教师的专业发展提供专业支持。当前，提升教师队伍质量已经成为国家的重大战略，高水平综合大学的教育学科应该致力于提升基础一线教师的专业发展，使基础一线教师在知识、能力、情感方面可持续地专业发展。这就需要高水平综合大学教师教育学院与基础一线建立密切的合作关系。

第二，为教师教育机构提供中观层次的教师教育变革建议。随着教师教育大学化的推进，如何处理教师教育与大学的关系以及如何确保教师教育的质量问题，已经成为当前高等教育领域的重要研究问题。高水平综合大学在发展教师教育过程中面临很多棘手问题，这就需要研究教师教育与大学的关系问题，从而为教师教育变革提供改革建议。

第三，为国家提供宏观层次的教师教育政策咨询。教师教育事业以及教师队伍建设是国家的重要公共事业，教师队伍建设涉及社会发展的政治、经济、文化等领域工作，国家教育行政部门如何为教师教育事业的发展进行科学的顶层设计，这需要高水平综合大学提供科学的政策咨询决策，为国家更好地进行教师教育事业的顶层设计提供政策咨询依据。

**（四）推动一批有基础的高水平综合大学组建教师教育学院需要制度环境**

高水平综合大学组建教师教育学院，需要从教学、科研和社会服务三个大学的基本职能出发实现高水平综合大学的教师教育转型。当然，高水平综合大学组建教师教育学院需要国家和大学在教师教育学院的发展方面提供更加有力的制度环境，以保障高水平综合大学组建的教师教育学院可持续地发展。

首先，需要加强教师教育学科建设。随着教师教育大学化的推进，教师教育学科作为一个学科门类逐渐受到重视，并且具备了成为一个学科的理论与实践条件。然而，教师教育作为一个学科不仅在教育学科内部产生分歧，而且在学科制度建设方面严重滞后。教师教育学科目前仅仅是国务院学科评议委员会的备案学科，教师教育学科作为教育学专业的二级学科还没有得到顶层制度的设计，教育学科制度顶层设计的最高学术决策机构"国务院教育学科学位委员会"对教师教育学科缺乏兴趣或者存在认识上的分歧，导致教师教育专业至今还未被列入教育学科的二级学科制度之中。教师教育学科制度作为教育学科的二级学科制度应该体现在国家的学科制度建设之中。加强教师教育学科制度建设，将为高水平综合大学组建教师教育学院乃至全国的教师教育转型提供坚实的学科制度保障。

其次，完善大学教师教育者的职称晋升制度，建立规范的教学型、教学科研型和科研型系列。职称晋升制度是大学教师最核心的利益，建立规范、科学、合理的职称晋升制度关系到大学教师对教师教育的动力。教师教育具有很强的实践性，然而大学特别是高水平综合大学具有天然的学术倾向。这种学术与实践的冲突会影响到高水平综合大学参与教师教育的动力。因此，国家和大学要根据教师教育学科的特点，在确保大学的学术品质基础之上制定完善的教师教育职称晋升系列，避免一刀切的用 SCI、SSCI、CSSCI 论文论"英雄"的评价方式，从而为大学职称晋升制度提供保障。

最后，教师教育文化的建设。高水平综合大学成立教师教育学院，教师教育文化是一个文化影响因素。环境育人在教师的培养与培训方面起着重要的作用。在传统中等师范学校和传统高等师范院校，优美的校园自然风景、注重师范生的个人修养礼仪、气质的培养，关注师范生品德，都是传统师范教育重要的文化氛围。在当今社会，以教师的审美和人文素养为核心，培育其优美情感、高雅趣味、高尚心灵应该被纳入教师教育文化建设之中。高水平综合大学组建教师教育学院要营造一种培养学科知识扎实、专业能力突出、教育情怀深厚的高素质复合型教师的教师教育文化氛围。

（康晓伟）

# 促进公平与卓越的源泉

## ——保障师范专业的招生生源质量

中共中央、国务院于 2018 年 1 月 20 日出台了《关于全面深化新时代教师队伍建设改革的意见》(以下简称《意见》)。《意见》提出"切实提高生源质量,对符合相关政策规定的,采取到岗退费或公费培养、定向培养等方式,吸引优秀青年踊跃报考师范院校和师范专业"。其对教师行业建设的重视程度可谓史无前例。

而早在 2013 年,麦肯锡在全球教育报告《学校体系为什么成功》中就指出,"世界上最好的学校体系,他们的任职教师至少都是从专业排名前 1/3 的毕业生中选拔出来的;韩国是前 5%,芬兰是前 10%,新加坡是前 30%"[1],验证了保障师范生生源对于建构卓越教育体系的重要性。师范专业生源直接关系到教师队伍的综合素质水平。因此,保障师范专业的招生生源质量成为建设教师队伍的基础和应有之义。

然而,师范专业招生生源质量与现行的考试招生制度,师范专业就业情况,教师职业吸引力以及各类师范类高校办学能力,课程设置,培养方案和宣传力度等息息相关。要想切实保障师范专业的生源质量,一方面要

---

[1] 唐春萍:《学校体系为什么成功——解读麦肯锡全球教育报告》,载《江西教育》,2013(27)。

明确"生源质量"的衡量标准，另一方面要了解目前师范类高校、师范专业的招生现状。在此基础上，才能结合中国教育发展的实际情况提出保障师范专业生源质量的可行方法。因此，下文将从内涵、动因、路径三个角度对这一政策意见进行解读。

## 一、"保障师范专业的招生生源质量"之内涵

提起"生源质量"，我们往往会想到录取分数线。诚然，自高考恢复以来，高分数与排名往往是评价学生水平的主要标准。分数越高的学生"质量"越好。这种以分数为主导的录取状况不仅出现在高考中，在硕士考试中也长期存在。针对这一"唯分数论"的生源质量评价标准，学界早有批评议论之声。

王雄、苏蓉在《完善评价体系，提高农林院校生源质量的研究与实践》一文中提出"应用现代信息技术和统计工具，开发包括录取成绩、学校志愿率、专业志愿满足率、优秀特长生比例、入学率等为一体的生源质量综合评价体系"[①]。陈静在其硕士学位论文《高校招生生源质量分析与评价模型研究》中指出生源评价结构由"生源结构、录取情况、考生基本信息、录取成绩、录取志愿、入学报到率等指标组成"[②]。刘莉、吕金海、李虎在《高校生源质量评价体系研究》一文中提出："评价体系是一个多层次结构模型，包括综合素质和学习成绩两个维度，其中综合素质又包括基本素养、创新能力、社会交往和领导才能四个子维度，并尤以领导才能最重要。"[③]

从大量的学术研究以及目前的高考改革状况中可以发现，随着素质教育口号的提出以及社会上对综合型人才的需求不断增长，生源质量的评估标准也逐渐多元化并且越来越倾向于对考生综合能力素质的考察。

而"保障师范专业招生生源质量"与生源质量的评价体系密不可分。在现行的评价体系下，招生录取分数仍然是衡量师范专业招生生源质量的重

---

① 王雄、苏蓉：《完善评价体系，提高农林院校生源质量的研究与实践》，载《高等农业教育》，2004(2)。

② 陈静：《高校招生生源质量分析与评价模型研究》，硕士学位论文，重庆大学，2006。

③ 刘莉、吕金海、李虎：《高校生源质量评价体系研究》，载《高教探索》，2007(5)。

要标准。除此之外，对报考师范专业学生的教师职业认同感、教育理解力与教学实际操作能力等的检验也变成了生源质量评价中不可忽视的一环。

## 二、"保障师范专业的招生生源质量"之动因

对师范专业招生生源质量的关注直接来源于我国目前师范专业生源堪忧的现实窘境。这种生源不佳的状况一方面表现为师范院校招生录取分数线普遍低于同层次的综合性大学，另一方面表现为师范院校录取学生缺乏教师职业认同感，从教意愿较低，基础能力较差。后者在小学、幼儿园等低年龄段教育中体现得尤为明显。

在招生录取分数线方面，在《当前我国师范专业招生问题及对策探讨》一文中，作者胡艳通过收集同一城市同一档次的师范院校和非师范院校录取分数、同一院校的师范专业和非师范专业招生分数数据得出四条重要结论："部署重点师范院校录取分数多低于同层次的综合性大学。""省属师范大学录取分数线低于同层次的综合性大学。""地方师范学院和由师范院校改制的综合性院校的师范专业录取分数线均低于该档次最低控制线。""师范专业的专科生录取分数线普遍低于该档次录取控制底线。"[①]这反映了在分数的衡量维度下，师范专业生源质量堪忧的现实。在从教意愿及基础能力方面，同样根据胡艳的研究："一些师专也反映，大部分新生的基础知识、基本技能较差，基本素质低；学习劲头不足，学习目标不明。"这反映了在综合能力的衡量维度方面，师范专业生源状况也不容乐观。

而关于目前师范专业招生生源质量不佳的原因，学界也多有讨论。胡丽、杨济连在《地方高师院校生源质量问题与对策》中指出："对优质生源来说，不愿报考师范专业的主要原因在于，社会价值普遍倾向于引导其选择具有经济潜力或政治前途的专业，而对于教师职业的认可度一直较低，尤其是教师的政治经济地位并无明显优势。"[②]黄正平在《当前我国教师教育的困惑与出路》中指出："但随着高等教育大众化的推进，师范院校保护性的

---

① 胡艳：《当前我国师范专业招生问题及对策探讨》，载《教师教育研究》，2007(3)。
② 胡丽、杨济连：《地方高师院校生源质量问题与对策》，载《考试研究》，2012(3)。

优惠政策被取消，师范毕业生就业困难，出现了优秀学生的家长不让其报考师范院校的现象。"①贺美玲、李晓波在《教师教育专业生源质量的现状与思考》中指出："随着近几年我国教育改革尤其是教师资格证改革的开展，教师教育与非教师教育、教师教育专业学生与非教师教育专业学生界限的淡化降低了教师教育专业在高等教育各专业中的地位，从而更难吸引优质生源。"②

综合学者们的看法，教师职业吸引力下降、师范院校考试招生制度过于单一、师范院校的保护优惠政策力度不够、师范院校受综合实力和地域限制等原因得到普遍认同。

## 三、"保障师范专业的招生生源质量"的基本路径

从 1999 年新一轮高考改革开始，我国高校招生规模不断扩大。在呼吁综合发展的今天，大多数学生倾向于选择综合性院校而非师范院校。即使选择了师范院校，也倾向于选择师范院校中的非师范专业。考生的这种选择对师范专业的招生质量必然产生不利影响。因此，保障师范专业招生质量是社会发展过程中的必然挑战。而保障师范专业招生质量需要从制度和治理两个角度入手，需要学生、高校、国家三个主体联动参与。

### (一)制度完善——考试招生制度与教师准入机制需要改变

1. 改革招生制度，采取适应区域发展的招生模式

目前大部分师范专业在高考录取中被划为提前批专业。"提前批"从根本上是以比其他专业更低的分数吸引学生报考的。虽然有学者指出："自2007 年起，教育部逐步将师范类专业纳入提前批次录取，而提前批次本身就是降分激励手段，直接影响到生源质量。访谈对象中，有 7 名学生更是在不了解提前批次的情况下填报，抱着'多一次机会'的心态，而实际上排斥成为师范生。"③但因为提前批普遍存在面试环节，可以不单纯依赖分数，

① 黄正平：《当前我国教师教育的困惑与出路》，载《河北师范大学学报(教育科学版)》，2016(5)。

② 贺美玲、李晓波：《教师教育专业生源质量的现状与思考》，载《黑龙江高教研究》，2014(7)。

③ 胡丽、杨济连：《地方高师院校生源质量问题与对策》，载《考试研究》，2012(3)。

所以对于检验考生的兴趣、知识水平、综合表达能力有一定帮助。

不同于提前批，自主招生的根本目的是"拔尖"。自主招生一般在高考成绩公布之前进行。由于自主招生需要投入较大的精力，愿意参与自主招生的考生大部分对于某学校或某专业存在较为强烈的向往，但目前拥有自主招生权的师范院校仍在少数。因此，对于部分办学条件好、教学质量高的院校的师范专业应当鼓励实行提前批次录取、自主招生录取、高考统招多种招生方式并行的招生制度。

除此之外，录取后的二次选拔对于保障师范院校的招生质量也很有必要，尤其是对于师范院校中的优势师范专业更要如此。二次选拔可以使学生在录取后仍然保持危机感，督促学生努力学习，保证进入师范专业学习的学生都是有志于从教的优秀学生。同时，硕士招生也需要引入多格局的招生制度。对于结构性的小三科、双语教师等特定岗位的教师，要适当增加复试比例与权重。对于初试成绩不理想的硕士考生应当有"不拘一格降人才"的精神，重视其综合素质和教育潜力。

2. 构建开放性的教师准入体制，推动清北复交等一流综合院校建立师范专业

自从 2015 年《中小学教师资格考试暂行办法》《中小学教师资格定期注册暂行办法》在全国范围内全面实施开始，非师范生获得了与师范生一样的参与"国考"的机会。也就是说，没有受过专业教育教学训练的非师范专业学生只要通过"国考"也可以获得教师资格证，走上讲台。

很多学者一方面指责"国考"对于非师范专业学生的开放导致师范专业学生的优势丧失，从而引发师范专业对优秀考生的吸引力进一步下降；另一方面批评很多非师范专业的学生即使取得了教师资格证也因为缺乏教师培训而教学能力不足，扰乱教师队伍建设。然而，许多学生在走入大学校门之前并未对自己的职业发展及未来生活做过系统、全面的规划，专业的选择往往深受父母及教师的影响。在"国考"封闭的情况下，许多具有从教意愿的学生会因为没有选择师范院校从而丧失培养教学实践能力和获得教师资格证的机会。因此，开放教师准入体制有利于为教师队伍吸引更多元化的人才。以英国为例，英国很早就开放了教师准入体制，但如果想在英国的中小学执教，还需要经过一系列的培训，其中之一就是以录取标准极

为严格著称的 PGCE 课程。

这启示我们在构建开放性的教师准入体制的同时要推动相应教师培养制度的完善,其中之一就是在清北复交等一流综合院校开设师范专业,或者把师范专业设置为辅修专业、双学位专业,对综合性大学中有意走向讲台的教师进行专业知识及教学实践能力培训。以北大为例,北大虽然在研究生阶段设立了教育学系,然而教育学系一方面较少面向本科生开课,另一方面偏向研究,并未开设教师培训相关课程,但是,很多北大毕业生会选择进入北大附中、北大附小就业。虽然这些北大毕业生在中小学教育中的定位为"学科专家型"教师,但缺乏专业的教育学相关训练仍然为他们的教学带来困难。

因此,在一流综合大学中设置师范专业一方面可以提高教师队伍的质量,另一方面可以凭借一流大学的声誉和实力为师范专业提高生源质量。

### (二)治理提升——师范院校建设与国家优惠政策亟待加强

1. 发挥比较优势,加强师范专业建设

近年来,很多师范院校不断向综合性院校转型,着力建设非师范专业,从而忽略了师范专业的原有优势。面对"师范院校综合化发展会抹杀其特殊性,降低其吸引力"的说法,赵萍指出:"因而,师范院校综合化导致教师教育弱化是教师教育的认识误区。问题的核心在于,师范学院如何通过内部治理结构的调整来优化教师教育资源的配置,从而加强教师教育的学科建设和人才培养。"[①]

实际上,早在 20 世纪 80 年代,我国著名教育学家李继之先生就提出"单一专业型"办学模式存在弊端。"这个模式规定:工、农、医、政法、财经、师范只能单独举办。"[②]这种办学模式与社会对综合型人才的需求严重不符。因此,师范学院综合发展是必然趋势。关键在于师范院校在综合发展时不能迷失方向,盲目追求综合,而放弃了自己最初的优势。经济学上讲

---

① 赵萍:《我国师范学院的机构转型与教师培养——对三所师范学院的个案考察》,载《教师教育研究》,2017(1)。

② 扬弃、宋国华:《天津师范大学 50 年(1958—2008)》,98 页,天津,天津古籍出版社,2008。

究比较优势，意思即是：强强相权取最强，弱弱相权取次弱。师范院校发展同样也要讲究比较优势，不能放弃原有的师范专业积累。在大力推动师范专业建设的基础上进行多学科建设才是真正的综合发展。

2. 增加师范院校宣传力度

我国在高中阶段和大学阶段之间存在较大的断层是长期以来存在的问题。大部分高中生不了解大学的专业设置，更不了解每个专业都要学些什么。正是由于严重的信息不对称，在高考报考时学生往往听从家长、教师的建议进行选择。在信息不对称下，大部分学生认为师范专业学习的内容就是如何讲课，唯一的就业去向就是去公立学校当教师。但实际情况却并非如此。事实上，大部分师范专业的培养方案是很全面的。以北京师范大学免费师范生教师教育课程设置为例：教师教育课程包含心理学、心理健康教育、特殊儿童咨询与教育对策、当代国际教育思潮、农村教育问题研究、教育测量与教学评价等，涉及心理学、思想史、计量经济学等多学科，对学生的培养是全方位、多角度的。而在各类教育机构爆炸式增长、教育格局逐渐多元的今天，师范专业的就业方向也越来越多，薪资待遇也不断提升。

但这些信息在师范院校不主动宣传的情况下学生是一无所知的。因此，师范院校加强宣传力度，考虑跟高中合作，定期派教员去高中进行师范专业的介绍和宣讲，对于吸引优秀学生报考师范专业无疑是大有裨益的。

3. 加大对师范专业学生的优惠资助力度

目前对免费师范生的资助力度不够是学界的共识。自从 1997 年我国将师范生享有的免学费加助学金的资助政策变为同一般大学生一样的收费加混合资助的政策后，师范生的报考数量有所减少。根据刘佳的研究："政府对师范生的资助影响着师范教育的整体秩序，主要影响生源数量和质量以及师资队伍的结构。"[①]教育作为对社会进步有极大推动作用的公共品，需要政府的干预和扶持，而不能一味依赖市场力量。

由于教育的特殊性，世界上很多发达国家都通过政府财政对教育进行大力度的帮扶。如英国为 PGCE 课程学生提供额外补助。而我国在师范教

① 刘佳：《师范生资助的公平使命及其对师范教育秩序的影响》，载《教师教育学报》，2017(3)。

育成立之初,《奏定初级师范学堂章程》中也明确提出"每州县必须设一所初级师范学堂,其经费当就各地筹款备用,师范学生无须缴纳费用"[①]的要求。师范教育公费吸引了一大批优秀学生报考师范专业。这启示我国政府通过推广免费师范生教育,有针对性、灵活性地扶持师范专业发展,从而吸引优秀学生,尤其是经济上存在困难的优秀学生报考师范专业。

4. 提高教师待遇,增强教师行业保障

改革开放后,我国出现了许多新兴行业与新职业。在就业选择逐步多元化的背景下,教师职业薪资缺乏竞争力。根据杜育红的《中国教育行业工资水平的纵向分析(1978—2010)》:"改革开放以来教育行业绝对工资水平持续上升,且 1993 年以后增速逐渐加快。但扣除物价水平的影响后教师工资的增长幅度较小;教师工资水平在国民经济各行业中的排名居中后,与人均 GNP 的比值远低于合理水平。"因此,优秀考生倾向于选择经济学、法学等经济回报高的专业从根本上来说顺应了就业需求,无可厚非。

要想扭转这种局势,需要更有效地利用教育经费;建立稳定的教师收入基础,并完善教师绩效、荣誉及晋升等激励机制与待遇系统,使教师不仅无生活上的后顾之忧,而且有进一步提升自身专业知识及技能的动力和意愿。只有教师的待遇基础及社会地位均得到保障,才能吸引一批高质量的人才加入教育教学队伍。

正如麦肯锡全球教育报告《学校体系为什么成功》[②]中所指出的,"让合适的人成为教师""将这些教师培养成为最有效的指导者""确保为每个孩子提供最好的教学"。高质量的教育体系可以吸引更多具有学科专业能力和教育教学专业能力的优秀人才加入到教师队伍中。推动师范专业招生制度的逐渐完善,推动师范院校资源配置和专业设置的不断优化,增强国家对师范专业的政策支持,制度完善与治理提高双管齐下,才能切实保障和提高我国师范专业的生源质量。

(赵 荻)

---

① 王泽普:《中国师范教育改革与发展研究》,桂林,广西师范大学出版社,2001。
② 唐春萍:《学校体系为什么成功——解读麦肯锡全球教育报告》,载《江西教育》,2013(27)。

# 建构满足高素质专业化创新型的
# 师范专业课程与教学体系

2018 年 1 月 20 日，中共中央、国务院出台了《关于全面深化新时代教师队伍建设改革的意见》(以下简称《意见》)，从顶层设计的角度，对我国新时代师范专业课程与教学体系建设做出了规划。如《意见》指出要"造就党和人民满意的高素质专业化创新型的教师队伍"，并确定了目标任务，即"到 2035 年，教师综合素质、专业化水平和创新能力大幅提升，培养造就数以百万计的骨干教师、数以十万计的卓越教师、数以万计的教育家型教师"。这是对教师队伍建设的总体要求，也是师范专业课程与教学体系建设的价值导引。与此同时，《意见》对师范专业课程与教学做出了初步说明。如针对中小学教师培养，《意见》提出"根据基础教育改革发展需要，以实践为导向优化教师教育课程体系，强化'钢笔字、毛笔字、粉笔字和普通话'等教学基本功和教学技能训练，师范生教育实践不少于半年"。针对幼儿园教师培养，《意见》指出"优化幼儿园教师培养课程体系，突出保教融合，科学开设儿童发展、保育活动、教育活动类课程，强化实践性课程，培养学前教育师范生综合能力"。针对综合性大学师范专业的课程建设，《意见》指出"发挥专业优势，开设厚基础、宽口径、多样化的教师教育课程"。毫无疑问，

《意见》是进一步深化师范专业课程与教学改革的指南，但理解政策表述是落实《意见》精神的逻辑前提。

为此，结合《意见》精神，我们提出建构满足高素质专业化创新型的师范专业课程与教学体系的命题。我们认为，高素质专业化创新型是《意见》对新时代教师队伍建设规格的总体描述，主要回答"培养什么样的教师"的问题，是建构师范专业课程与教学体系的价值导引。师范专业课程与教学体系是决定教师培养质量的关键环节，主要回答"用什么培养教师""如何培养教师"的问题，是高素质专业化创新型教师培养的必经之路。因此，建构满足高素质专业化创新型的师范专业课程与教学体系是提高教师培养质量的关键。满足高素质专业化创新型的师范专业课程与教学体系的内涵是什么？提出的价值是什么？建设路径是什么？这些是有待回答的基本问题。对上述问题的回答，一方面有助于深化教师教育工作者对《意见》的理解，另一方面有助于促进《意见》的落实。

## 一、满足高素质专业化创新型的师范专业课程与教学体系的内涵

### (一)高素质专业化创新型的内涵

高素质专业化创新型这一概念包括三个范畴，即"高素质""专业化""创新型"，因此对这一概念内涵的理解主要是对三个范畴及其关系的理解。

1. 高素质：需参照中国学生核心素养及党和国家对教师的素质要求

高素质的实质是高素养，意指教师应具有较高的日常修养。教师工作的直接对象是学生，因此教师高素养的直接参考对象是学生素养。基于国际对比和调查研究，北京师范大学林崇德教授团队提出我国学生的核心素养以"全面发展的人"为核心，分为文化基础、自主发展、社会参与三个方面，具体包括人文底蕴、科学精神、学会学习、健康生活、责任担当、实践创新六大素养。[①] 另外，中共中央办公厅、国务院办公厅发布的《关于深化教育体制机制改革的意见》提出："要注重培养支撑终身发展、适应时代

---

① 核心素养研究课题组：《中国学生发展核心素养》，载《中国教育学刊》，2016(10)。

要求的关键能力。在培养学生基础知识和基本技能的过程中，强化学生关键能力培养。培养认知能力，引导学生具备独立思考、逻辑推理、信息加工、学会学习、语言表达和文字写作的素养，养成终身学习的意识和能力。培养合作能力，引导学生学会自我管理，学会与他人合作，学会过集体生活，学会处理好个人与社会的关系，遵守、履行道德准则和行为规范。培养创新能力，激发学生好奇心、想象力和创新思维，养成创新人格，鼓励学生勇于探索、大胆尝试、创新创造。培养职业能力，引导学生适应社会需求，树立爱岗敬业、精益求精的职业精神，践行知行合一，积极动手实践和解决实际问题。"由此可见，认知能力、合作能力、创新能力和职业能力是学生发展的关键能力。教师作为育人工作的典范，学为人师，行为世范，在上述素质能力上要起到表率作用，超出一般人的素养，只有这样才能体现高素养。

高素质的理解还要参考党和国家对教师素质的要求。例如，习近平总书记提出"好老师"的四个标准，"有扎实学识，有理想信念，有道德情操，有仁爱之心"。这本身也可以看作高素质的一种体现。与此同时，结合《意见》分析，高素质还需要包括思想政治素质和师德素质。这两方面是《意见》中反复提及的。总之，我国学生素养及其关键能力以及党和国家对教师队伍的要求是构建教师高素质内涵的重要参考。

2. 专业化：要突出教师的全专业属性，尤其重视专业品性和学习专业

专业化萌芽于 20 世纪 60 年代，兴发于 80 年代，是全球教师教育改革的一种思想和实践。对于专业化内涵的建构，《意见》本身涉及很少，因此，我们需要借助学者的研究来理解。在综述主要国家教师专业标准的基础上，崔允漷、周文叶认为教师专业（素养）结构由"专业知识（应知）、专业技能/实践（会做）和专业品质（愿持）组成"。朱旭东提出了教师全专业属性的概念，包括"教授专业、内容专业和学习专业"[1]。后又进一步拓展，认为教师专业包括"专业精神、教授专业、内容专业和学习专业"[2]。这是比较全面的一种关于专业化的理解。结合我国目前师范专业的培养情况，我们认为，

---

① 朱旭东：《"高素质、专业化和创新型"教师内涵建构》，载《中国教师》，2017(11)。

② 朱旭东：《论教师的全专业属性》，载《教育发展研究》，2017(10)。

教师专业精神、教师专业品性的养成，以及教师学习专业素养的提升，在师范专业课程和教学中比较缺乏，因此尤其应该予以关注。

3. 创新型：核心是打破常规解决教育教学问题的能力

在 21 世纪，我国提出建立创新型国家的目标。在此基础上，对教育提出要培养和造就创新型教师。在新时代背景下，又对这一要求进行了强调。的确，我国学术和政策领域相对缺乏对创新型教师的内涵建构。朱旭东是第一个完整建构"高素质专业化创新型"的学者，在此，主要借鉴他的关于创新型的内涵解读。他认为，创新的本意是发明和发现，发明新事物，发现规律，为此，需要培养想象力和好奇心及问题解决能力等。[①]从这一概念的内涵上看，想象力和好奇心是创新的动力，问题解决能力是创新的关键，而发明和发现则是创新的结果。我们认为问题解决能力是创新型教师培养的抓手，因此需要重点关注。为了培养问题解决能力，要充分提高教师的研究能力和研究素养。

"高素质""专业化""创新型"三个范畴之间既有区别，又有联系。高素质是教师队伍质量的总要求，概念内涵和外延最广，专业化则是对教师职业的深入规范，创新型则体现了真实情境中的问题解决，三者统一在培养优质卓越教师的过程中。另外，高素质专业化创新型是对教师规格的整体描述，《意见》还描述了不同学段教师规格的具体要求，为师范专业课程与教学体系的建构提供了参考，这一点将在后文进行详细说明。

**(二)师范专业课程与教学体系的内涵**

同样，"师范专业课程与教学体系"也是一个复合概念，因此我们采用首先界定概念中的范畴，再进一步界定整体概念的方法来确定其内涵。"师范专业课程与教学体系"这一概念包括"师范专业""课程体系""教学体系"三个基本范畴，下面将分别阐释。

1. 师范专业[②]

我国高等学校专业设置按"学科门类""学科大类(一级学科)""专业"(二

---

① 朱旭东：《"高素质、专业化和创新型"教师内涵建构》，载《中国教师》，2017(11)。

② 政策文本中常使用"师范类专业"这一概念，而一些学者则采用"师范专业"或"教师教育专业"这一概念。在本文中，统一使用"师范专业"这一名称。

级学科)三个层次来设置。按照学位层次来划分，专业可以分为学士学位专业、硕士学位专业和博士学位专业。在学士学位专业中，如果以培养基础教育教师为目的，则会在专业目录中标识出"师范"二字，以示该专业为师范(类)专业。在硕士学位专业中包括学术型硕士和专业学位硕士，后者包括教育硕士专业学位。在博士学位专业中，也包括学术型博士和专业学位博士，后者包括教育博士专业学位。

2017 年 10 月 26 日，教育部印发了《普通高等学校师范类专业认证实施办法(暂行)》(以下简称《认证办法》)，其中指出"结合我国教师教育实际，分类制定中学教育、小学教育、学前教育、职业教育、特殊教育等专业认证标准，作为开展师范类专业认证工作的基本依据"。由此可见，我国师范类专业的基本设置主要考虑学段和学校类型两个要素，如中学教育、小学教育、学前教育是从学段上考虑师范专业设置，而职业教育和特殊教育则主要是针对学校类型而设置的。不难看出，《认证办法》的专业考虑与我国学科专业门类的设置存在一定的不协调性。比如，对于中学教育而言，不同学科的中学教育专业可能分散在不同的学科分类所属的院系，如英语教育是英语语言文学专业的一个下设专业。我国传统师范类专业是按照学科专业的逻辑来设置的，而《认证办法》是按照学段和学校类型的逻辑来设置的。

结合政策和实践，我们将师范专业界定为以直接培养基础教育教师为目的在高等院校中开设的专业，主要包括学士学位专业和硕士学位专业。

2. 课程体系

一般而言，学者们往往把课程和教学分而论之，所以，以"课程论"或"教学论"命名的论著很多。即使在以"课程与教学论"为题名的专著中，分别论述仍处于主导地位，鲜有学者将课程与教学论作为一个整体概念来论述。如钟启泉等于 2008 年出版的《课程与教学论》，在每章中以分别讨论课程与教学的方式开展写作。[①] 姜国钧从历史、理论和现实角度探讨了大学课程和教学论的诸多议题，但大多数章节是分而治之。[②] 本部分首先探讨课程

---

① 参见钟启泉、汪霞、王文静：《课程与教学论》，上海，华东师范大学出版社，2008。

② 姜国钧：《大学课程与教学论》，北京，电子工业出版社，2017。

体系，随后探讨教学体系，最后尝试将二者融为一体从总体上进行概念界定。

体系是指"若干有关事物互相联系互相制约而构成的一个整体"①。因此厘清课程体系的逻辑前提是厘清与课程有关的事物及其之间的关系。对于课程体系的理解，学术界存在三观论和广狭论两种观点。从三观论上看，有学者认为，课程体系是指"构成某一学段、学科、专业的课程及其之间的关系"。在高等教育领域，课程体系是指"一个专业所设置的课程及其相互间的分工与配合，主要包括三个层次：一是宏观的专业设置，涉及高等教育的学科及专业；二是中观的课程体系，涉及某专业内部课程体系的问题；三是微观的教材体系，是指某专业内某具体课程的教学内容方面"②。

从广狭论的角度看，有学者认为，广义的课程体系是指"在一定的价值理念指导下，将课程的各个构成要素加以排列组合，使各个课程要素在动态过程中统一指向课程体系目标（或专业目标）实现的系统""具体包括三个层次：宏观层面是指专业设置，中观层面是指课程体系，微观层面是指教材体系"。狭义的课程体系是指"课程结构，是各类课程之间的组织和配合"③。如果仔细对比，我们会发现两者具有一定的联系。广义上课程的三个层次和三观论之间存在一定的对应关系。由此可见，课程体系具有层次性、连贯性和整体性。

因此，对于师范专业课程体系可以从两个角度来理解：一是将整个学校看作一个分析单位，分析其专业设置、课程结构及其教材体系。二是可以将某一个专业作为一个分析单位，主要分析本专业的课程结构和教材体系。从研究可行性的角度看，本部分主要讨论的是师范专业课程体系的共同结构，具体而言包括师范专业的课程类型、选择和组织以及比例问题。

3. 教学体系

学术界对教学体系的研究在规模上不如课程体系。有学者认为，教学体系是将系统论的观点运用到教育领域的直接表现，它是"由若干组成教学

---

① 辞海编辑委员会：《辞海》（缩印版），257页，上海，上海辞书出版社，1989。
② 徐同文：《大学课程设计》，5页，北京，教育科学出版社，2011。
③ 李波：《地方高校创新课程体系重构研究》，24～25页，北京，中央文献出版社，2013。

活动的要素相互影响、相互作用而构成的一个整体"。"教学体系一般包括理论教学体系和实践教学体系两个子系统。"①照此分析，理解教学体系的前提是理解教学活动的要素。有学者认为，所谓教学乃是"教师教、学生学的统一活动；在这个活动中，学生掌握一定的知识和技能，同时，身心获得一定的发展，形成一定的思想品德"②。也有学者认为教学"就是教的人指导学的人进行学习活动。进一步说，指的是教和学相统一的活动"③。根据上述定义分析，教学至少包括三个要素，即教师、学生、知识（包括知识、技能、品德等）。所以，教学体系主要是研究教、学和内容之间的关系。就运行过程而言，包括教学目标、内容、设计、方法、手段、评价等要素。由此，我们也可以看到教学体系与课程体系之间的关系。教学是离不开内容的，而内容在本质上和课程具有一定的联系。

综上所述，教学体系可以从至少两个维度理解：一是由教、学和内容构成的体系。二是按照教学的实际操作流程，由教学目标、原则、内容、设计、方法、手段、评价等构成的体系。

4. 课程体系与教学体系的关系

对课程体系与教学体系关系的梳理需要从课程与教学的关系开始。关于课程和教学的关系大概有三种观点：一是课程和教学是独立关系，犹如相离的两个圆。二是课程和教学是包含关系，犹如相交或包含的两个圆，如果细分则可以分为大教学小课程或大课程小教学两个不同的观点。三是课程和教学之间是循环推动关系，犹如相切的两个圆，彼此推动。④ 本部分采纳的观点是课程与教学之间是一种循环推动的关系。课程体系是提供教学内容，教学体系是推动课程体系的操作方法。课程体系不同，教学体系不同。课程内容决定了教学方法。

5. 师范专业课程与教学体系

综上所述，本文界定"师范专业课程与教学体系"内涵的基本逻辑（见图

---

① 吴国英：《高校人文社科专业实践教学体系的构建》，95 页，北京，中国社会科学出版社，2010。

② 王策三：《教学论稿》，87 页，北京，人民教育出版社，2005。

③ 李秉德：《教学论》，2 页，北京，人民教育出版社，2001。

④ 季诚钧：《大学课程概论》，4 页，上海，上海教育出版社，2007。

1)是：基于学科分类，设置专业，其中包括致力于培养基础教育教师的师范专业。针对每一个专业开设不同类型的课程，针对每类每门课程实施教学。本文认为课程是教学的前提，教学是课程的实施。教学体系受制于课程，课程在先，教学在后。但是在本文，我们不可能描述每个师范专业课程的课程门类和结构，而是描述总体结构，不是描述每门课程的个性化教学，而是描述师范专业整体教学的面貌。

**图 1 理解师范专业课程与教学体系的基本逻辑**

因此，本文认为，师范专业课程与教学体系是指师范专业课程体系和教学体系之间循环推动而形成的一个系统。该系统运行的基本逻辑是首先构建师范专业课程类型及其结构关系，在此基础上，针对每一个类型的课程厘清教学、学习和内容等教学要素之间的关系。教学方法是教学中集中反映教、学与知识之间关系的核心概念，因此在本文中将教学体系确定为师范专业课程的教学法体系。

综上所述，满足高素质专业化创新型的师范专业课程与教学体系是指在建构师范专业课程与教学体系时需要考虑高素质专业化创新型的教师培养规格，将其作为师范专业课程与教学改革的价值导引，同时也将师范专业课程与教学体系的优化看作落实高素质专业化创新型教师队伍建设的重要抓手。

## 二、建构满足高素质专业化创新型的师范专业课程与教学体系的价值

### （一）推动教师教育内涵式发展，提高教师教育质量

党的十九大报告指出"加快一流大学和一流学科建设，实现高等教育内涵式发展"。同样，教师教育也要实现内涵式发展。师范专业课程与教学体系是教师培养的关键内核，开设什么样的课程，课程如何安排，采用什么

样的教学方法，其质量水平直接决定我们用什么样的养料培养未来教师，这决定了未来教师培养的方向。师范专业课程与教学体系的质量是教师教育质量的重要决定因素。因此，建构满足高素质专业化创新型的师范专业课程与教学体系抓住了教师教育建设的关键，必然会促进教师教育质量的提升。

### (二)造就高质量教师，促进教育深度持续发展

造就高质量教师是建构高素质专业化创新型的师范专业课程与教学体系的重要价值。教师培养将奠定师范生一生发展的素质、专业和创新的基础。直接面向高素质专业化创新型的目标设置师范专业课程与教学体系，必然直接奠定师范生在这些素质和能力上的扎实基础，能够让师范生具有良好的师德基础、能力基础，因此能够为师范生的终身发展提供保障。一个奠定了终身发展基础的师范生，其从事教育工作的一生就是不断为教育提供智力支持的过程，从长远意义上讲，也会促进教育持续而有深度地发展。

### (三)增强师范专业吸引力，提升师范教育地位

增强师范专业的吸引力，需要从多个方面入手。如提高师范生的选拔标准，提高教师教育者的专业化水平，提高教师的工资待遇和社会地位等。但毫无疑问，师范专业课程与教学体系是师范专业的内核建设，是师范专业面向社会直接可视的公共产品。只有设置结构合理、门类丰富的满足高素质专业化创新型的师范专业课程与教学体系才能整体提升师范专业的学术底色，进一步提升师范教育的地位。

## 三、满足高素质专业化创新型的师范专业课程与教学体系构建策略

既然满足高素质专业化创新型的师范专业课程与教学体系具有非常重要的价值，那么如何构建呢？遵循我们对高素质专业化创新型以及师范专业课程与教学体系概念内涵的理解，我们认为应遵从如下的建构逻辑。首先要建构师范专业的课程体系，其次要构建师范专业的教学体系，尤其是

教学方法体系，最后要将两者融合起来。需要说明的是，在这个过程中，高素质专业化创新型作为师范专业课程与教学体系建设的价值导向，是始终贯穿其中的一条主线。具体关系见图2。

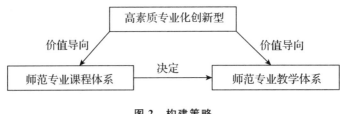

**图 2　构建策略**

### (一)建构满足高素质专业化创新型师范专业课程体系的策略

《意见》对师范专业课程体系的论述主要包括三个方面(见表1)：一是中小学教师培养课程，二是幼儿园教师培养课程，三是综合性大学教师培养课程。

**表 1　《意见》对不同类型教师培养课程的描述**

| | |
|---|---|
| 中小学教师培养课程 | 根据基础教育改革发展需要，以实践为导向优化教师教育课程体系，强化"钢笔字、毛笔字、粉笔字和普通话"等教学基本功和教学技能训练，师范生教育实践不少于半年。 |
| 幼儿园教师培养课程 | 优化幼儿园教师培养课程体系，突出保教融合，科学开设儿童发展、保育活动、教育活动类课程，强化实践性课程，培养学前教育师范生综合能力。 |
| 综合性大学教师培养课程 | 发挥专业优势，开设厚基础、宽口径、多样化的教师教育课程。 |

由此可见，《意见》对不同学段的师范专业的课程体系要求是不同的，比如中小学教师培养课程强调"实践导向"，幼儿园教师培养课程强调"融合性和活动性"，综合性师范大学则强调"厚基础、宽口径和多样化"。

从学术角度看，已有研究认为，师范专业课程体系存在广义和狭义之分。广义上包括"教师教育机构为培养培训幼儿园、小学和中学教师所开设的公共基础课程、学科专业课程和教育类课程"[1]。根据标准的描述，教师

---

[1]　教育部教师工作司：《教师教育课程标准(试行)解读》，131 页，北京，北京师范大学出版社，2013。

教育课程体系包括教师教育培养课程体系和教师教育培训课程体系，按照学段分为幼儿园教师培养课程体系、幼儿园教师培训课程体系、小学教师培养课程体系、小学教师培训课程体系、中学教师培养课程体系、中学教师培训课程体系六类。这一试行版的课程体系主要存在三个方面的问题。一是本课程标准仅仅涉及专科和本科层次，对于学士后层次的教师教育课程体系缺乏探讨。二是本课程标准对特殊教育教师培养课程体系、职业教育教师培养培训课程体系缺乏探讨。三是本课程标准仅仅探讨教育类课程体系问题，但对公共基础课程、学科专业课程以及教育类课程三类课程之间的关系缺乏标准。结合《意见》的相关表述和学术研究的成果，我们认为满足高素质专业化创新型的师范专业课程体系有以下三种构建策略。

1. 以《教师教育课程标准（试行）》为基础，立足并优化当前的课程体系

建构满足高素质专业化创新型师范专业课程体系不是从头开始、另起炉灶的一个工程，而是要立足并优化当下的课程体系。当下的课程体系需要考虑两个要素：一是 2011 年教育部出台的《教师教育课程标准（试行）》，以及 2012 年国家出台的《教师培训课程标准（试行）》。这些标准已经为幼儿园、小学、中学教师培养课程设置从课程目标和课程设置两个层面进行了设定。课程目标是从教育信念与责任、教育知识与能力、教育实践与体验三个维度建构的。课程设置包括学习领域、建议模块、学分要求三个方面。其中主要涉及素质能力和专业问题，尚未提及创新型的问题。

同时，这些课程在师德、专业品性和创新型方面缺少课程设置，应当予以加强。每一所举办师范专业的高校，包括师范院校和综合性大学，都需要考虑重构或优化目前师范专业的课程体系，并且把当前的课程体系与高素质专业化创新型的要求对照，从而优化课程体系的课程类别、课程领域、课程模块等，使其推动培养高素质专业化创新型的教师。

2. 基于培养教师的学段性、学科性、层次性和区域性，构建多样化的课程体系

正如前文所讲，高素质专业化创新型是《意见》对教师规格的总体要求，但课程设置同时要考虑培养教师的学段性、学科性、层次性和区域性。从学段性上看，《意见》对教师的培养规格要求如下（见表 2）。

表 2    《意见》对教师培养规格的要求

| 中小学 | 为义务教育学校侧重培养素质全面、业务见长的本科层次教师，为高中阶段教育学校侧重培养专业突出、底蕴深厚的研究生层次教师。（高素质专业化） |
|---|---|
| 幼儿园 | 培养热爱学前教育事业，幼儿为本、才艺兼备、擅长保教的高水平幼儿园教师。（高素质善保教） |
| 职业院校 | 引领带动各地建立一支技艺精湛、专兼结合的双师型教师队伍。（高素质双师型） |
| 高等学校 | 着力提高教师专业能力，建设一支高素质创新型的教师队伍。（高素质创新型） |

从学段上看，职业学校教师的培养，特殊教育教师的培养，高等学校教师的培养，尤其是培养师范生的高等学校教师，即教师教育者的培养是缺乏对应的能力要求和课程规划的，这是需要进一步加强和完善的地方。

从层次性上看，目前的《教师教育课程标准（试行）》比较关注专科、本科层次的课程设置，缺乏对研究生层次课程的设置。《意见》指出，随着时代的发展，教师学历提升成为教师质量提升的一个基本措施，普通高中要扩大研究生的比例，因此需要强化对研究生层次的师范专业课程的研究，尤其是要强化研究类课程，这样才能够发展未来教师的创新能力。另外未来教师教育者的培养是未来教师教育质量的关键，但这方面的课程建设和研究几乎是一片空白。

从学科性看，每一个教师都具有学科或领域属性，而不同学科对教师的高素质专业化创新型的具体要求是不同的。在核心素养的研究上，学界已经开始进一步研究各个不同学科的学科核心素养。从这个意义上看，教师的高素质专业化创新型是具有学科属性的。高素质专业化创新型的规格要求，并不是要将教师培养成为一个没有瑕疵的人，而是在某一个学科领域能够体现高素质专业化创新型，因此从这个角度讲，师范专业课程设置需要考虑学科性，将学科教师、学科课程与学科核心素养结合起来。

从区域上讲，教师又可以分为乡村教师和城市教师。在全面建成小康社会的背景下，乡村教师成为教育脱贫的关键因素，在高素质专业化创新型的总要求下，开设师范专业的高等学校，要考虑到乡村教师培养的乡村适应性，比如乡村自然和社会资源教育化的能力、乡村教育难题的创新解决能力、创造性构建新型乡村文化的能力。在设置师范专业课程时，需要将这些能力纳入考虑因素，从而培养出更多"下得去，留得住，教得好"的乡村教师。

3. 重视课程之间的支持性关系，实现师范专业课程的整体性、融合性和一体性

建构满足高素质专业化创新型师范专业课程体系不仅仅要考虑师范专业的教育类课程体系，还需要考虑通识教育课程体系、专业课程体系、实践课程体系等。师范生的成长素质能力的提升是课程体系综合作用的结果。我国虽然出台了《教师教育课程标准（试行）》和《教师培训课程标准（试行）》，但这些课程标准仅仅是师范专业课程的一部分，并没有对师范专业其他三类课程的设置做出明确的规定。基于此，建构满足高素质专业化创新型的师范专业课程体系要考虑整个师范专业课程的整体性、融合性和一体化。师范专业课程的整体性要以高素质专业化创新型为准绳，以教师未来工作的逻辑来构建课程的类型，从而实现课程的整合。整合不是课程的拼凑，而是课程的真正融合，因此要考虑课程的融合性。这种融合性要基于教师教育者对于课程内容的了解，因此有必要建立师范专业课程大纲，确定基本的课程内容。建立课程大纲可以为不同教师教育者之间了解课程内容奠定基础，从而促进教师教育课程的融合。课程一体化主要是指职前职后课程的一体化。职前课程和职后课程面向的都是教师，都是为了培养高素质专业化创新型的教师，因此师范专业课程体系要具有开放性，有利于资源共享，提高资源的使用效率。比如科研能力提升是提高一线教师问题解决能力的基础，但教育研究方法这门课程在师范专业课程体系中已经设立，这样的课程完全可以通过互联网平台开放给在职教师，从而增加课程的选择性，避免课程的重复性。基于上述分析，本文建议构建由通识类课程、学科专业类课程、教师教育课程和实践类课程构成的师范专业课程体系（见图3）。在通识类课程体系中要加强思想政治素养、中国传统文化等方面的学习，在教师教育课程中要加强学习专业、师德、专业品性等方面的学习，要继续强化实践类课程，把实践和创新结合起来，真正促进教师质量的全面提升。

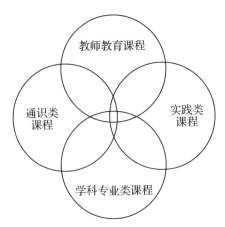

**图 3　师范专业课程体系**

## (二)建构满足高素质专业化创新型师范专业教学体系的策略

1. 以师范生为中心，突出反思性实践

首先，建构满足高素质专业化创新型的师范专业教学体系要以师范生为中心。教学的本质是一种交往、对话和互动。只有将更多教的时间变为师范生的学习时间，才能为师范生高素质专业化创新型能力的培养提供时间保障。

其次，建构满足高素质专业化创新型师范专业教学体系要以反思实践为中心。高素质专业化创新型不仅是知识要求，更是能力要求。能力需要在做中学，在行动反思中提高。师范专业的课程与教学体系并不能培养出一劳永逸的师范生素质，但必须奠定师范生终身学习的能力。终身学习的基本方式就是具备反思性实践的能力。实际上，实践取向是国际教育的一种趋势。只有在培养阶段培养了师范生反思性实践的习惯或品性，师范生才能在未来的职业生涯中源源不断地产生实践性知识，才能够将教学工作变成一个丰富的精神工作，教师的教育思想和教学风格才能形成，未来的教育家才能诞生。

2. 关注基础教育课程与教学改革

《意见》指出：师范专业课程与教学方法要"根据基础教育改革的需要"。基础教育是师范教育存在的必要性的体现，服务和引领基础教育课程与教学改革是师范教育的应有职责。目前，基础教育改革的教学方式已经转变为"自主、合作和探究"，因此师范专业的教学方式也应该是自主、合作、探究。只有给予师范生更多自主、合作、探究的时间，师范生本身的自主、合作、探究等关键能力才能随之提升，才能够为师范生教会学生自主、合作、探究和四大关键能力奠定基础。

3. 优化教师教育者师资队伍，使其主动发展教师教育教学法

教师教育者是师范专业课程与教学体系的主体。教师教育者的教学观念、素质、能力等决定了他们在课堂上的教学方式。只有不断提高教师教育者队伍的素质，他们才具有不断开发出新的能够满足高素质专业化创新型要求的师范专业教学体系。师范专业教学体系不是一个静态概念，而是一个动态概念。高素质专业化创新型的教师教育者是构建师范专业课程与教学体系的不竭动力。首先，高等师范院校要为未来教师教育者开设教师教育教学法的课程，让他们在未来的工作中能够实现研究与教学的同步。目前，重点师范大学作为我国教师教育者培养的主要机构，需要加强教师教育教学法课程的开设。其次，对于在职的教师教育者来讲，要调动他们围绕基础教育的教师发展、师范生培养以及自我实践开展多样化立体化的研究，从而实现教师教育者联通大学与中小学，促进教师教育一体化建设的桥梁作用。只有这样，教师教育者才能不断发展和创新师范专业教学体系，促进师范生培养质量稳步提升。

**(三)师范专业课程体系与教学体系的融合策略**

课程与教学体系的整合是师范专业课程与教学体系构建的关键，师范专业课程与教学体系的整合需要以高素质专业化创新型为总体要求，具体而言，需要在策略上注意以下三个方面。

1. 高素质专业化创新型的总体要求和课程与教学体系不是一一对应的关系

高素质专业化创新型是对教师队伍的总体规格的描述，但在师范生培养的过程中，不能将课程专门划分为高素质课程、专业化课程和创新型课程。必须承认，针对这三个知识领域会开设专门的课程，但高素质专业化创新型是所有课程与教学应该关注的指挥棒，并不是一一对应的关系。师范专业课程内容决定了师范生学习的内容，教学体系决定了师范生学习的

方式，因此是师范生高素质专业化的重要基础。

2. 师范专业课程与教学体系构建需要抓住重点，避免平均用力

基于对《意见》的分析和学者的研究，尤其要关注以下三类师范专业的课程与教学问题。

一是与思想政治素质和师德水平相关的课程和教学。《意见》指出："加强理想信念教育，深入学习领会习近平新时代中国特色社会主义思想，引导教师树立正确的历史观、民族观、国家观、文化观，坚定中国特色社会主义道路自信、理论自信、制度自信、文化自信。引导教师准确理解和把握社会主义核心价值观的深刻内涵，增强价值判断、选择、塑造能力，带头践行社会主义核心价值观。引导广大教师充分认识到中国教育的辉煌成就，扎根中国大地，办好中国教育。""加强中华优秀传统文化和革命文化、社会主义先进文化教育，弘扬爱国主义精神，引导广大教师热爱祖国、奉献祖国……推动教师充分了解党情、国情、社情、民情，增强思想政治工作的针对性和实效性。"思想政治素质课程是师范专业的通识类必修课程，是培养造就社会主义教师的重要支撑。强化此类课程有利于培养社会主义的教师，增强教师的"国家公职人员"的角色定位。在教学上，也需要采用参与式、讨论式的方式，避免教师一言堂降低这些课程的教学效果。

二是加强专业品性和学习专业的课程与教学。专业的构建包括专业知识、专业能力和专业品性。但专业品性是长期忽视的一个专业范畴。专业品性体现为师范生的一种从业信念与精神，涉及师范生的专业习惯和行为倾向，是师范生长期发展的重要支持。师范生能否愿意长期从教，坚守教育事业，与专业品性具有密切的关系。另外，从教授专业、内容专业和学习专业的维度看，学习专业是师范专业课程与教学忽视的一个课程领域。学习专业包含学生学习、学习科学等领域的专业知识，还包括教师的学习设计、实施、评估等方面的能力。只有强化学习专业的课程，才能够改善走上教育之路的教师与学生相遇指导学生学习的方式，从而引发学生学习方式的改变，进而形成人人学习、时时学习的学习型社会。

三是要加强创新能力提升的课程与教学。教师工作兼具重复性和创新性。"创造是教师职业的内在尊严和欢乐源泉。"[①]教师的职业倦怠和职业认

_____

① 叶澜、白益民、王枬、陶志琼：《教师角色与教师发展新探》，14 页，北京，教育科学出版社，2001。

同与教师工作的重复性密切相关，克服这一问题的关键是增加教师的创新能力。创新能力的核心是发现问题、分析问题和解决问题的能力。因此，师范专业的课程和教学要面向基础教育，要将基础教育面临的问题拿到师范专业的课堂上讨论，从而让师范生真枪实弹地提升创新能力，以适应新时代教育变革的需要。

3. 重点深化教学体系改革，构建师范专业的标志性教学体系

舒尔曼提出，目前为止，教师教育尚未构建出自己的标志性教学法。[①]师范专业教学不同于中小学幼儿园教学，也不同高等学校非师范专业的教学。师范专业的教学具有独特性。师范专业教学的目的是教师范生学会教学，培养高素质专业化创新型的教师。因此，教师教育者面临着双重挑战。一是理解中小学幼儿园学生学习与教学。这里教学的对象是未成年人。二是把中小学使用的教学方法教给师范生，在这一过程中，教学对象已经从未成年人变成了成人。换言之，教师教育者面对的学生的年龄跨度更为宽泛，要超越师范生和一线教师。由此，师范专业的教学体系是一种"元"教学体系。如讲授法是中小学的一种教学方法，师范专业的教学是教"讲授法"，二者是不同的。

师范专业的教学体系是以师范专业课程体系为载体，以教师教育者教教学和师范生学教学来构建的（见图4）。从横向来看，师范生学教学包含了理论学习，模拟训练，见习，实习，到最终的见习实习成为教师。从纵向来看，教师教育者教教学是一个逐步撤出师范生学习，让师范生形成自我学习能力，实现终身学习的过程，主要教学方式包括讲授法、案例法、演示法和指导法。具体的方法和形式包括讨论、反思、问题解决式或研究性教学法等[②]，这些属于不同的形式而已，这一方法连续体的演进方式是从教师中心到学生中心，从理论讲授到具体指导，从技能训练到素养提升，这一方法的连续体是师范专业教学体系构建的基本框架。师范专业教学体系之目的是促进师范生逐步形成能力，尤其是终身学习的能力，从而为师范

---

① ［美］李·舒尔曼著，黄小瑞、崔允漷译：《标志性的专业教学法：给教师教育的建议》，载《全球教育展望》，2014(1)。

② 李大健：《教师继续教育课程与教学方法改革》，载《教育研究》，2004(4)。

生自主提高素质、专业能力尤其是创新能力提供条件。

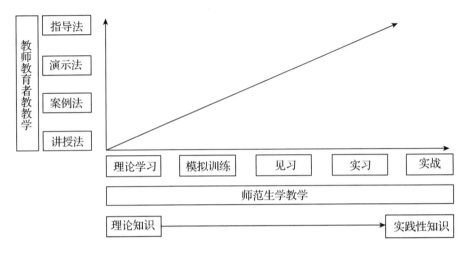

**图 4　师范专业教学体系**

　　高素质专业化创新型是《意见》对新时代教师队伍建设的总体要求，是构建、重构和调整师范专业课程与教学体系的价值准绳，也是深化师范专业课程与教学改革的价值导向。师范专业课程与教学体系的综合改革是落实教师队伍建设、提升教师教育内涵式发展的关键。只有将师范专业课程和教学体系与高素质专业化创新型的教师队伍建设联系起来，才能够为师范生一生的专业发展和幸福奠基，才能为中华民族的伟大复兴提供高素质专业化创新型的新时代人才和人力资源，才能助力实现中华民族伟大复兴的中国梦。

（靳　伟）

# 从"三位一体"到"四位一体"：
# 教师教育实践体系的转变与建构

政府、高校、中小学"三位一体"机制在国内外背景下产生，为师范生培养、教师队伍建设搭建了良好平台，在部分地区实践中取得了一定成效，但也遇到了不少问题。本文试图在解读中共中央、国务院《关于全面深化新时代教师队伍建设改革的意见》（以下简称《意见》）的基础上进行思考，为深化政府、高校、中小学"三位一体"协同育人，更好地建设中国特色教师教育体系，落实职前、职后一体化，尝试构建政府、高校、中小学、教师发展中心"四位一体"实践体系。

## 一、解读"三位一体"，构建"四位一体"实践体系

### （一）关于"三位一体"协同育人的相关政策

"百年大计，教育为本；教育大计，教师为本。"当下，师范生的培养已不再单是大学的责任，中小学、政府都应承担起联合培养之责。2012年《教育部 国家发展改革委 财政部关于深化教师教育改革的意见》指出，实施卓越教师培养计划，推进教师培养模式改革，建立高等学校与地方政府、中小学（幼儿园、中等职业学校）联合

培养教师的新机制。2014 年《教育部关于实施卓越教师培养计划的意见》指出，深化教师培养模式改革，建立高校与地方政府、中小学（幼儿园、中等职业学校、特殊教育学校）协同培养新机制，明确全方位协同内容，建立合作共赢的长效机制。2018 年《意见》与《教师教育振兴行动计划（2018—2022年）》再次强调推进地方政府、高等学校、中小学"三位一体"协同育人。由此可见，构建政府、高校、中小学联合培养的机制顺应了时代的发展，也是教师教育改革和振兴的重要举措。

**（二）关于《意见》中"三位一体"协同育人的内容解读**

1. "三位一体"协同育人——《意见》中的文本解读

《意见》指出，构建中国特色师范教育体系需以师范院校为主体、高水平非师范院校参与，推进地方政府、高等学校、中小学"三位一体"协同育人。研究制定师范院校建设标准和师范类专业办学标准，重点建设一批师范教育基地，整体提升师范院校和师范专业的办学水平。教师教育的兴起，单靠师范院校是不够的，综合大学开设教师教育学院，设置教育学相关专业，以教育学科为生长点已然成为走向和趋势。目前我国综合大学办教师教育还处于起步阶段，然而综合大学办教师教育并非对师范院校的复制，而是要结合自身办出效益和特色，体现综合大学的优势，形成具有特色的中国师范教育体系。以师范院校为主体，高水平非师范院校参与，不仅为高水平综合大学打开一扇门，也是突破传统教师教育体系的重要举措。

"三位一体"是由政府、高校、中小学构成的协同育人模式，受到美国教师专业发展学校（Professional Development School，PDS）的影响和启发。[1] 在国内，早在 2007 年，东北师范大学就进行了尝试并取得了良好的教育效果和社会认可，它是在"基础教育服务试验区"基础上的延伸和发展。[2] 政府（G）、大学（U）、中小学（S）"U-G-S"三位一体模式旨在实现优势互补，资源共享，协同合作。

---

① 赵夫辰：《U-G-S（大学、政府、中学）理念下的教师教育》，载《河北师范大学学报（教育科学版）》，2015（5）。

② 刘益春、李广、高夯：《"U-G-S"教师教育模式实践探索——以"教师教育创新东北试验区"建设为例》，载《教育研究》，2014（8）。

"三位一体"对于师范生培养来说是一种新机制，对教师教育有着深刻的意义。就宏观教师教育体系而言，是破除封闭堡垒，推进教师教育职前、职后一体化，增加教师教育活力。从中观层次看，地方政府、高校、中小学的合作为构建"区县教师教育体系"搭建了良好平台，促进了区域教师教育的发展，实现了教育资源优化和教育均衡发展。从微观角度看，为教师个体的进修、培训提供了一体化学习场域，为终身学习的实现推波助澜。"三位一体"建设以相关政策为依托，以政府为坚强后盾，以大学为支点，以学校为实践单位，旨在形成巨大合力，提升教师教育质量，培养高素质专业化创新型教师，加强教师队伍建设。

2."三位一体"协同育人——基于《意见》整体的解读

就《意见》中其他内容而言，"三位一体"建设也有其重要价值。首先，《意见》提出义务教育教师"县管校聘"，深入推进县域内义务教育学校教师、校长交流轮岗，实行学区（乡镇）内走教制度。这一制度旨在增强教师的流动，推动城镇优秀教师、校长向乡村学校、薄弱学校流动，为乡村教育带去新理念和活力。这不仅能激发教师工作热情，也能极大推动区县域教师教育的发展。由此，"三位一体"机制在此凸显其价值，政府不仅承担监督之责，还扮演着分配、调控的角色，优秀教师、校长的流动不仅将政策落实到位，也通过走教制度，向政府、高校教师传达农村教育的一线情况，为薄弱地区、农村学校提供资源补给、送教下乡、教师培训等。

其次，《意见》指出要完善中小学准入制度、招聘制度、职称制度、考核制度、经费制度等。这些制度的制定与落实不仅关系到教师自身利益，还与学校师资队伍质量、师资队伍调整、政府预算、宏观调控息息相关。比如在经费制度上，《意见》指出，政府要将教师队伍建设作为教育投入重点优先保障，完善支出保障机制，支持教师队伍建设最薄弱、最紧迫的领域，重点用于按规定提高教师待遇保障。提高教师待遇的呼声持续了多年，现今终于落实到位，国家对于教师队伍建设的倾斜与决心显而易见，"让教师成为令人羡慕的职业"不是"空头支票"，而是要落实在方方面面。"牵一发而动全身"，经费制度的修订关乎教师尊严、职业认同、教师幸福感，涉及地方财政、师资建设以及宏观调控。

最后，"三位一体"机制能有效推进义务教育教师资源的优化配置及相关制度的实施与完善，打造高质量教师队伍。高质量教师队伍源于职前培养，有赖入职培训和职后教育。"三位一体"机制不仅从外部环境为教师提供良好平台、丰富资源，也从根本上落实教师培养，改善师范生生源质量，改革课程与教学，建设高水平教师教育基地与教师教育改革实验区，使职前教育和职后教育接轨，让教师教育具有完整性、连贯性、可持续性。

### (三)学界关于"三位一体"的研究与讨论

以政策为背景，关于"三位一体"的研究和讨论在学界早已展开，其中包括"三位一体"内涵解释、价值意义、机制运行、存在问题、实施对策、理论基础、实践成效等，在此不一一列举。然而关于理论基础的探讨不得不引起关注，因为认识论的选择能够帮助我们厘清不同学者的视角和观点。目前，学界关于"三位一体"大多以"模式"来界定，相关理论有多元利益者理论、对话理论、协同理论、教师教育共同体理论等。杨朔镔认为大学是多元利益相关者共同治理的组织，应站在利益相关者的视角治理大学外部结构变革，创设平权环境、共治载体和保障机制。[1] 朱桂琴等提出教师教育"U-G-S"模式以戴维·伯姆的对话理论为视角，原因在于三者在利益诉求、制度文化、思维方式、行为方式等方面的冲突会产生合作的困境，而对话理论可以解决该问题，构筑信赖与合作关系。[2] 李素芹等则是基于协同理论探讨"U-G-S"模式，认为政府、大学、中小学三方都有话语权，三方的关系是主体间关系。[3]

除此之外，也有很多学者认为，"U-G-S"模式的构建实际是教师教育共同体的构建，比如李静[4]、张景斌、张增田等。其中张景斌、朱洪翠认为教师教育共同体应含有组织推进、人才激励、评估反馈和环境优化四个维度

———————————

① 杨朔镔：《利益相关者治理模式下的大学外部治理结构变革——以"U-G-S"为例》，载《黑龙江高教研究》，2014(6)。

② 朱桂琴、陈娜：《"U-G-S"教师教育合作共同体的建构：戴维·伯姆对话理论的视角》，载《教育发展研究》，2015(18)。

③ 李素芹、胡惠玲：《基于 U-G-S 协同模式的教师发展学校设计》，载《教育研究与实验》，2016(4)。

④ 李静：《U-S 教师教育共同体：目标、机制与策略》，载《教育理论与实践》，2012(8)。

的机制。① 张增田、彭寿清认为教师教育共同体包含三种意蕴：精神共同体、实践共同体、合作共同体。② 张平等建议通过实践共同体来构建内外部的关系，秉承共同体的理论，共同愿景、合作文化、共享机制、对话氛围，以问题解决为导向，解决教师教育中"知行脱节"的问题，促进教师专业发展。③ 近年来，学界关于"共同体"的研究颇丰，对于共同体我们已不陌生：专业共同体、学习共同体、实践共同体、对话共同体等。周成海认为在概念上，它们并没有本质区别。④ 在后现代的情境中，共同体包括从滕尼斯开始就强调的集体归属与共享意义，也强调个体的个性彰显和个体间民主对话，最终达成一种个体与集体互动发展的态势。⑤

### (四)"三位一体"的延伸与思考——构建"四位一体"实践体系

1. 规避"三位一体"实践中的问题

"三位一体"经过实践取得了一定成效，凸显了师范大学的本色，突出了教师教育特色，强化了政府、中小学培养师范生的主体身份，形成了立体式农村教师培训网络，构建了新型教师教育文化；但在"教师教育创新东北试验区"中也遇到了许多问题，例如师范生生源质量不高，大学教师数量不足、质量不优、结构不合理，等等。⑥ 此外，在政府、高校、中小学合作过程中，不同机构、不同背景教师所形成的对话困境已是不争事实。审视、解决、规避以上问题，需要在"三位一体"基础上进行延伸与思考：构建政府(G)—高校(U)—中小学(S)—教师发展中心(C)"G-U-S-C"四位一体实践体系。

2. 完善相关理论基础

上文已介绍"三位一体"的相关理论基础，虽然学者们站在不同视角解读体系的内涵、特征等，但并没有回答清楚到底要构建什么样的体系，怎

---

① 张景斌、朱洪翠：《U-S教师教育共同体运行机制的四维构建——基于复杂性理论的视角》，载《教师教育研究》，2015(3)。

② 张增田、彭寿清：《论教师教育共同体的三重意蕴》，载《教育研究》，20112(11)。

③ 张平、朱鹏：《教师实践共同体：教师专业发展的新视角》，载《教师教育研究》，2009(2)。

④ 周成海：《教师教育范式研究》，187页，长春，东北师范大学出版社，2008。

⑤ 宋萑：《教师专业共同体研究》，51页，北京，北京师范大学出版社，2015。

⑥ 刘益春、李广、高夯：《"U-G-S"教师教育模式建构研究——基于教师教育创新东北试验区建设的实践和思考》，载《教师教育研究》，2013(1)。

么构建体系,该体系怎样运作,在体系中怎么育人等问题,因此,"四位一体"实践体系构建也力图丰富相关理论,基于多维视角分析问题、解决问题,夯实基础。

3. 推进区县教师教育体系的构建

《意见》《教师教育振兴行动计划(2018—2022年)》等相关文件的出台,使教师队伍建设成为"人才培养、教育强国"的重要举措,也使教师教育再次成为学者们热议和不断挖掘的领域。近年来,教师教育在学科建设和学术研究等方面虽然取得了一些成就,但就区域的教师教育而言,始终是制约体系发展的短板,也是亟待开发和改革的部分。在很多地区,区县教师教育体系基本处于停滞状态,比如教师进修学校、教师发展中心、名师工作室、教师发展学校形同虚设,其次机构间的割裂、制度的不完善都无法使教师教育机构和体系形成合力、发挥作用。比如新教师培训、职后培训仍是地区教师发展的难题,因为国培、省培均无法做到全员覆盖,只能针对校长、园长、骨干教师等进行培训,并且不同地区、不同背景的教师情况复杂,所以很多地方教师虽有进修的欲望,但却苦于没有平台和机会,也由此可以见得教师专业发展、队伍的建设只能也必须依赖区县教师教育体系的构建。"四位一体"实践体系凝聚了地方政府、高校、中小学、教师发展中心的作用,很大程度上能够缓解地区教师培养、培训的问题,也能推进区县教师教育体系的形成。

## 二、"四位一体"实践体系内涵、职能与价值取向

厘清"四位一体"实践体系的职能需从两方面着手:第一,"四位一体"实践体系的职能;第二,"四位一体"实践体系中各机构职能与相互关系。其次,"四位一体"实践体系应坚持以实践取向,着手解决中小学教育发展中的问题,对师范生的培养应注重实践理论的熏陶、实践意识的萌发、实践能力的培养和实践智慧的生成。

### (一)"四位一体"实践体系的内涵、职能

"四位一体"实践体系以教师培养为根本宗旨,以提升教师质量、建设

高素质教师队伍为共同目标，以实践为价值取向，重在解决教育教学中的实际问题，构建政府、高校、中小学、教师发展中心优势互补、资源共享、协同合作的教师教育共同体。

### （二）"四位一体"实践体系中各机构职能、使命与相互关系

构建政府、高校、中小学、教师发展中心"四位一体"实践体系，首先要厘清政府、大学、学校、教师发展中心的职能与相互关系。从职能上讲，政府应承担政策保障、经费支持、统筹管理的职能；大学则起到知识来源、理念引领、智力支持、人才资源保障的作用；中小学是实践场域；教师发展中心属于该体系中的新成员。李中国曾提出在"G-U-S"模式中要以县（市、区）教师教育机构为依托，建立教师学习与资源中心，承担县域基础教育教师培训，教师继续教育的管理和师范生实习基地的建立与监管[1]，这其实与教师发展中心的作用不谋而合。

根据2011年《教育部 财政部关于"十二五"期间实施"高等学校本科教学质量与教学改革工程"的意见》，大学"教学发展中心"的职能是教师培训、教学改革、研究交流、质量评估、咨询服务。[2] 目前，国内教师发展中心大多隶属于大学，与大学享有共同的资源，大学支撑其发展与改革，但不同大学对于教师发展中心的归属和定位不尽相同，有的是独立运行，比如北京师范大学、东北师范大学、陕西师范大学等，有的是挂靠运行，比如北京大学、清华大学等，虽然运行方式不尽相同，但其根本都是提升教师的教学能力，促进教师专业发展。2017年12月北京四中成立了教师发展中心，该中心将依托大学、教育科研机构、四中本校教学顾问、学术委员会的力量，完成干部培训、教师培训、名师培养工程等，成为中学创办教师发展中心的先驱。可以预见的是，教师发展中心会如雨后春笋般涌现，地方教师发展中心也必将实现其潜力和价值。

四个机构以"育人"为核心，教师发展中心的使命是服务教师教学、促进教师发展，中小学和高校均承担师范生培养之责，政府则管理公共事务、

---

① 李中国、辛丽春、赵家春：《G-U-S教师教育协同创新模式实践探索——以山东省教师教育改革为例》，载《教育研究》，2013(12)。

② 汪霞：《中外大学教学发展中心研究》，14页，南京，南京大学出版社，2013。

服务群众，其合力是推动区域教师教育的发展，最终实现国家现代化、教育强国的历史使命（见图1）。

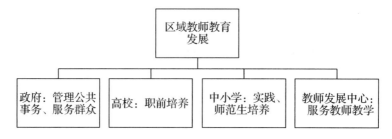

**图1 "四位一体"中政府、高校、中小学、教师发展中心的使命**

在四者的关系上，政府为大学和中小学提供政策保障和经费支持；大学引领政府的教育理念，为相关政策制定建言献策；而在大学和中小学之间，大学为中小学提供优秀师资，知识引领，对中小学的教育、教学、科研工作进行指导，中小学则为大学提供见习、实习基地，科研场所，实验基地；教师发展中心能为大学、中小学教师提供更专业的培训平台，更广阔的资源和支持，同时，在和中小学或大学的交流合作中，案例分享、思想碰撞增进了学习的意义和价值（见图2）。

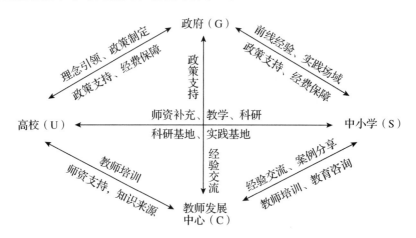

**图2 政府、高校、中小学、教师发展中心的关系**

### (三)"四位一体"体系价值取向：实践取向

价值取向是一个学科或体系的基本定位。近年来，教师教育研究中关于实践取向的呼声逐渐高涨——实践取向的课程改革、实践取向的培训模式、师范生实践能力培养，等等，但就其本体来讲，何为实践取向，为何要坚持实践取向却需再次澄清。施红星等认为实践取向对教师教育来说，意味着把实践作为自身生存和发展的根基，它不是"去理论化取向"，不是庸俗的实用取向，也不是实际技能取向，而是应包括培养学生的实践理论、实践意识、实践能力和实践智慧这四者相互关联的基本内容，其根本指向是实践智慧的生成。即对"应当做什么"的价值关切和"应当如何做"的理性追问。[1]"四位一体"体系构建要坚持实践取向，就必然要扎根于一线场域的中小学，认真分析教育改革的发展需要，着手解决中小学教育发展中的问题。不仅如此，对于师范生的培养也应注重实践理论的熏陶、实践意识的萌发、实践能力的培养和实践智慧的生成，这不仅对教师教育者提出了更高的要求，也为课程建设、教学改革、体系定位指明了方向。

## 三、"四位一体"实践体系的实施路径

一般来说，学校内部管理机制具备两种运行模式：一个是行政模式，一个是学术运行模式。换言之，学校内部管理机制是行政和学术的双重模式，是两者的并存与结合。[2]"四位一体"实践体系虽不同于学校组织架构和运作，但其在管理机制和运行模式上可以借鉴相关机构的经验，建立行政与学术并存的运作机制。

### （一）"四位一体"实践体系运作机制——行政模式

1. 建立实验区，构筑平台

"四位一体"实践体系构建的首要任务是搭建平台——构筑实验区，为体系的运转赋予载体。实验区可以由政府牵头、出资，协调各机构促成选址、建设等相关事宜，在借鉴国内外相关经验的基础上，旨在通过一系列的项目、措施使各机构发挥主体功能，优势互补、资源共享、协同创新，达到培养优秀教师、提升教师队伍质量的目的，通过理念引领、实践推广

---

① 施红星、邓小华：《论教师教育的实践取向》，载《当代教育与文化》，2016(2)。
② 李雯：《学校管理从何入手：内部管理机制建构》，10～13页，上海，华东师范大学出版社，2013。

来增强地方教师教育的力量。

2. 选贤任能，构建团队

"四位一体"实践体系的核心在于领导机制——形成核心团队。从政府、大学、中小学、教师发展中心中推荐负责人建立核心领导小组，主要负责商讨体系的相关事宜，拟定相关文本制度、工作内容、规划等，另需设立技术小组、监督小组、评估小组、推行小组等（见图3）。基于提升教师教育质量、建设高素质专业化创新型教师队伍的"共同愿景"，各小组秉持信念、相互信任、赋予信心，构建多元、有活力的实践共同体。

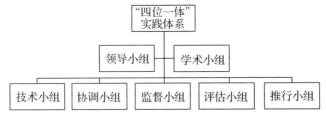

图3 "四位一体"实践体系领导机制图

3. 有效沟通，实现对话

由于"四位一体"实践体系中的成员来自不同机构，有着不同背景，在体系建构之初难免会产生矛盾和冲突，因此实现对话显得格外重要。共同体中的成员均处于平等地位，都有话语权。共同的愿景和追求是实现对话的基础。成员应摒弃个人主义，强化共同体理念，接受共同体的责任和权利，协同合作。

4. 形成制度，管理有方

制度是体系运行的依据，比如组织制度、保障制度、评价制度、监督制度等，体系建设之初就应由核心领导小组共同商议制度的建设，并在实践中不断研讨和完善。制度扎根于文化，文化源于教师、理念、体系本身，这不是一蹴而就的，但却是形成具有特色的共同体的关键与灵魂所在。比如激励与评价是制度建设中最难的部分，然而也是极其重要的部分。在开放的体系中怎样激励师范生、教师、工作人员，激发工作热情，增加体系活力？怎样针对不同机构、不同群体、不同阶段进行诊断性评价、过程性评价和终结性评价？这些都是横亘在机制建设中的挑战和难题，也将是后期研究的重要命题。

### (二)"四位一体"实践体系育人机制——学术模式

"四位一体"实践体系以"育人"为核心。怎样实现育人？本文认为应从以下几方面进行。

#### 1. 创新人才培养模式

建设由政府统筹，教育、发展改革、财政、人力资源等部门配合的，高校和中小学协同开展教师培养培训、职前职后相互衔接的教师教育改革实验区，不仅是《意见》的要求，也是对创新人才培养模式的内在呼唤。2004 年中国香港特别行政区实施的"优化教学协作计划"以"4P-3C"为核心模式，旨在以教师反思和专业发展为基础建立"专业学习社群"（Professional Learning Community），形成 4-R 模式，强调学校与大学之间建立"共生"的协作关系，充分利用内外资源，在协作基础上反思和改进，从而营造良好的协作社群。[①] 育人机制的核心在于人才培养，怎样利用多方资源协调育人、服务育人、创新育人是"四位一体"体系持续探讨的问题和改进的方向。

#### 2. 以"项目"为依托

"项目"是推动"四位一体"实践体系运作的重要手段。2014 年教育部确立了 80 项"卓越教师培养计划"，其中多所高校都力图构建"三位一体"协同育人的机制。以项目为依托，使体系"落地生根"，这些项目可以申请校外课题，也可以由体系自行设立，高校、教师发展中心带动中小学共同科研、教学，不仅使课题来源于基础教育，又切实地走向实际。比如 2000 年中国香港特别行政区"大学与学校伙伴协作共创优质教育计划"组织教师团队，实施校本课程开发或校本评鉴工作，开办以"课程统整"为主题的工作坊、读书会和教学经验交流会，以帮助教师参与课程统整之信心与能力为途径，帮助学校发展其校本课程，包括创意教学、调试教材、专题研习等，均取得一定成效。[②] 此外，也可以组织教师定期召开研讨会、"午餐工作会"等，促进不同部门间教师的沟通交流，发现问题、思考问题、解决问题，增强

---

① 李子建、张善培：《优化课堂教学：教师发展、伙伴协作与专业学习共同体》，241～245页，北京，人民教育出版社，2009。

② 李子建：《校本课程发展、教师发展与伙伴协作》，32页，北京，教育科学出版社，2010。

活力。

3. 重构以"实践"为主的课程体系

放眼国际，教师教育越来越关注实践，芬兰、美国、挪威都进行了教师教育相关的实践项目，例如芬兰的教师培训学校，美国的教师发展学校等，都注重根植于实践的教师教育。① 还有风靡美国的驻校模式、英国的"教学学校"，或流行于欧美的以医学模式进行"临床教学"，在临床教学的过程中进行知识的转化②，其实质都是强调实践的重要性，也凸显了中小学在培养教师中的作用。"四位一体"实践取向要求教师重新审视其课程与教学，高校发挥其研究优势，中小学发挥其实践优势，开发一系列实践课程，形成"理论探索—实践—教学—反思—再实践"的循环模式，让师范生在实践中学习、反思、积累经验。同时，"四位一体"破解了师范生见习、实习的难题，摆脱了理论与实践脱节的"魔咒"，学为所用，在学中做、做中思，从而获得进步。

4. 丰富教学资源，改进教学方法

各机构的合作不仅为体系提供了丰富的教学资源，比如中小学丰富的课例，大学的研究团队、政府的多方助力：教研员、教育局等其他部门、教师发展中心的专业培训等；也形成了许多新的资源，比如以大学专家、教研员、中小学骨干教师形成的"名师工作室""名师领航"等，或者新的信息技术资源、"互联网＋"平台等，这些资源都将是体系赖以运行和发展的财富，资源的共享也将为各机构及体系增值赋能。此外，教学要与课程匹配，教学应以师范生为中心，精心设计教学内容，改进教学方法，增强实践教学。

5. 协同各方联合培训

教师培训是教师专业发展的重要渠道，在地方由于条件限制，培训大

---

① Inga Staal Jenset, Kirsti Klette, and Karen Hammerness, "Grounding Teacher Education in Practice Around the World: An Examination of Teacher Education Coursework in Teacher Education ProGrams in Finland, Norway, and the Unit States," *Journal of Teacher Education*, 2018, 69(2), pp. 184-197.

② David M. Irby, "Excellence in Clinical Teaching: Knowledge Transformation and Development Required," *Medical Education*, 2014, 48, pp. 776-784.

多由教育局牵头，在地方高校或进修学校培训，加之诸多因素的影响使得地方培训质量不高、教师培训积极性不强、培训不能满足教师需求，培训效果并不显著。"四位一体"实践体系试图通过多方合力，以教师发展中心为主体，协同高校、中小学对不同阶段、不同类型、不同需求的教师进行针对性的培训，盘活地区的培训机制，进行订单式培训、校本研修、同课异构等形式多样、内容丰富的培训。比如借鉴哥伦比亚大学对新教师进行"新兵训练营"，使新教师分阶段、有梯度地适应教育教学的工作。也可以针对职后教师的教学技能、信息技术等方面进行针对性的培训，增强教师工作的胜任力。

### （三）两种运行模式的关系

在体系中两种模式各具特点、各有优势，就体系本身来说，是一种互补关系，实践体系的构建既需要行政的组织部门作为载体保障运行，也需要实现育人的责任担当和使命。与其他机构所不同的是，"四位一体"作为开放化、专业化、实践化、基地化的实践体系更强调后者，即在培养师范生和促进教师队伍建设过程中的学术价值、实践价值、育人价值。

（李秀云）

# 完善以大学为主的现代教师培训体系

强国先强师，强师重培训。教师培训是促进教师专业发展，加强教师队伍建设的直接和关键手段。十八大以来，在党和国家的重视和各地区各部门、各级各类学校的努力下，我国的教师队伍建设取得了显著成就，这与教师培训的变革和进步是分不开的。然而目前，我国教师培训仍存在结构不合理、水平参差不齐、制度标准不完善等问题，亟须梳理和改进。面对新时代、新使命，中共中央、国务院《关于全面深化新时代教师队伍建设改革的意见》（以下简称《意见》）提出振兴教师教育行动计划，并计划"经过5年左右努力，教师培养培训体系基本健全"。那么，《意见》对完善教师培训体系做出哪些指示？其理论依据是什么？完善教师培训体系有哪些具体措施？下面主要就这几个问题进行阐述和分析。

## 一、《意见》完善了以大学为主的现代教师培训体系

经过多年发展演进，我国教师培训的大学化已成为既定且短期内不会更改的事实。新时期，如何更好地建设和完善现有教师培训体系，使其更好地服务于当下教师队伍建设的新要求，成为《意见》的着力点。《意见》从

教师培训的机构、课程教学、管理、质量保障等方面，对我国教师培训体系进行了细致的规划，提出了具体的措施，完善了以大学为主的现代教师培训体系。

第一，《意见》对培训的各参与主体进行了规定，完善了以大学为主的现代教师培训机构体系。2010 年，《国家中长期教育改革和发展规划纲要（2010—2020 年）》指出"加强教师教育，构建以师范院校为主体、综合大学参与、开放灵活的教师教育体系"，《意见》延续了这一精神并对此做了进一步发展和完善，提出构建"以师范院校为主体、高水平非师范院校参与的中国特色师范教育体系"。在此基础上，《意见》又特别强调对师范院校和高水平综合大学开展教师教育的支持，明确了以大学（包括师范院校和高水平非师范院校）为主体的教师培训机构分布格局。进而，《意见》提出建立健全地方教师发展机构、建设与改革县级教师发展机构、建设校级教师发展平台和院系教研室等学习共同体，把教师培训机构体系建设从大学一直规划到教师教育的末端，并指明地方政府、高等学校和中小学在教师培训中的"协同育人"关系，同时，鼓励社会力量积极参与教师教育。这就完善了纵贯师范院校和高水平非师范院校—地方（省、市、县）教师发展机构—校级教师发展平台—校内部门教师学习共同体，以大学为主、地方政府和中小学校协同参与的开放灵活的教师培训体系。

第二，《意见》对培训课程与教学的目标、内容、场所与组织方式等提出了要求，完善了需求为本、丰富多元的现代教师培训课程与教学体系。课程与教学是教师培训的内核，实效性是教师培训的精神。针对不同层次和类别的教师，《意见》分别就其培训课程与教学提出了具有适切性、时代性与前沿性的规划和指导。在教师培训课程的目标上，《意见》提出要切实提升幼儿园教师科学保教能力，提升中小学、职业学校、高校教师教学水平，提升校长办学治校能力。在教师培训课程的内容上，要求"紧密结合教育教学一线实际"，提高培训供给与教师需求的契合度，同时，为教师提供多种课程选择，实现培训自主选学。在教师培训的教学模式上，在线下、高校和国内等场所的教学得到更为普遍地采用的前提下，鼓励线上研修、一线跟岗、海外访学。在教师培训的教学组织方式上，鼓励建设培训基地，实行集中培训与跟岗实践相结合。不论课程目标、课程内容、教学模式还是教学组织方式，《意见》的指示处处体现了教师需求的导向性，一切以教育教学一线实际为出发点，抓住教育教学中的重点能力，满足教师对培训内容、培训模式、教学组织方式的多元化需求，完善了需求为本、丰富多元的现代教师培训课程与教学体系。

第三，《意见》确立了党的绝对领导地位和各方的权力责任，完善了主体明确、权责清晰的现代教师培训管理体系。管理涉及三方面的问题："谁来负责、怎样分工和根据谁的权威来管理。"①在"谁来负责"和"根据谁的权威来管理"方面，《意见》提出，坚持党管干部、党管人才，明确了党对教师培训管理的绝对领导地位。《意见》同时提出了党管理教师培训的具体措施：各省、自治区、直辖市党委常委会每年至少研究一次教师队伍建设工作；建立教师工作联席会议制度。在"怎样分工"方面，《意见》确立了统一管理、分层放权的教师培训管理权力和责任体系，中央政府要着手研究修订教师法，进行体制机制改革，统筹所有相关资源；地方各级政府要因地制宜，为教师培训体系完善创造相应的制度环境、提供充分的组织和经费保障；社会力量得到鼓励，参与教师培训实践与教师队伍建设研究；高校具有自主组织职称评审、自主评价教师等权利。此外，《意见》提出了教师管理体系建设分阶段目标：经过 5 年左右努力，普遍建立事权人权财权相统一的教师管理体制；到 2035 年，教师管理体制机制科学高效，实现教师队伍治理体系和治理能力现代化。这为现代教师培训管理体系的完善指明了方向，提供了保障。

第四，《意见》扩充了教师培训相关标准的类目，完善了规范要求、全面保障的现代教师培训质量保障体系。现代教师培训需要建立一个包括以下五种相关标准的质量保障体系：教师专业标准、教师培训机构建设标准、教师培训专业/项目认证标准、教师培训课程标准、教师培训质量评估标准。近年来，我国已经陆续出台了各级各类教师（校长、园长）专业标准、教师教育课程标准，《意见》在此基础上，提出新增师范院校建设标准和师范类专业办学标准，开展师范类专业认证，补充和丰富了既有的教师培训

① 卢乃桂：《怀智兴教：对中国大陆教师培养中一些问题的探索》，载《东北师大学报（哲学社会科学版）》，2009(2)。

质量保障体系框架。

## 二、以大学为主的现代教师培训体系是以专业主义思想促进教师职业专业化的具体体现

专业主义是专业社会学的核心概念之一，"在宏观层面上，专业主义是一种控制的意识形态和促进宏大调整与变革的机制；在实践者和雇员个体专业化层面上，专业主义是一种规训机制"①。以大学为主的现代教师培训体系的建立和发展，是以专业主义思想促进教师职业专业化的具体体现。

### （一）"以大学为主的现代教师培训体系"概念解析

1. 现代教师培训体系

"教师培训"即系统化和组织化的教师继续教育，是"教师为拓展知识、改进技能、评估和发展专业路径而参与的各种活动和实践"②，若以教师职业生涯为标尺，教师培训包括教师入职培训和在职培训。"体系"是"一套制度和机构，它关系到一个社会或社会内部诸群体共同目标的制定和实现。体系的核心是一套表达并实现社会或其中诸群体共同目标的机构"③。如此，"教师培训体系"就是指教师培训的制度和机构。"现代"是相对于"过去"和"传统"而言的，其"核心内涵是一种新的时代意识"，"是一个根本不同于过去的时代"。④ "现代"在价值层面上体现在现代教师培训体系"为满足这个时代需要所具备的特征和观念上"⑤，即教师培训体系的高质量性、公平性、开放性、高效益性、实践性、前沿性、规范性、一体化。

总的来说，现代教师培训体系是一个包括教师培训机构及其资质认证

---

① Evetts, J., "The Construction of Professionalism in New and Existing Occupational Contexts: Promoting and Facilitating Occupational Change," *International Journal of Sociology & Social Policy*, 2003, 23(4/5), pp. 22-35.

② 欧盟教育信息网络（EURYDICE）的定义。Bayrakci, M., "In-Service Teacher Training in Japan and Turkey: A Comparative Analysis of Institutions and Practices," *Australian Journal of Teacher Education*, 2009, 34(1), pp. 10-22.

③ 朱旭东：《中国现代教师教育体系构建研究》，19 页，北京，北京师范大学出版社，2014。

④ 唐文明：《何谓现代性?》，载《哲学研究》，2000(8).

⑤ 朱旭东：《中国现代教师教育体系构建研究》，17 页，北京，北京师范大学出版社，2014。

制度、教师培训专业/项目及其制度、教师培训课程与教学及其制度、教师培训管理及其制度、教师培训质量保障及其制度的整体，具有高质量性、公平性、开放性、高效益性、实践性、前沿性、规范性、一体化等特征。

2. 以大学为主

"大学"一般由多个不同科类的学院（或学部、系、培训与研究单位等）组成。主要实施本科及本科以上层次的全日制高等教育，亦常提供一定的各级各类非全日制高等教育及某些全日制专科教育。根据《意见》精神，参与教师培训的大学主要有师范院校和高水平非师范大学，其中，师范院校主要包括师范大学、师范学院、高等师范专科学校等。两类院校主要在教师教育学院内对教师进行系统、规范的培训。

"主"可以从两个方面理解。一方面，主即主要、主体，与"辅"相对。以大学为主指在教师培训体系中，在参与培训的机构总量中，大学"所占的比例超过50%"①，以及在所有受训教师中，在大学受训的教师数量占比超过50%。另一方面，主是主导，与"辅助""协同"相对。以大学为主意味着大学在教师培训事业上的主导地位，意味着大学的教师教育知识、教师教育模式、教师教育制度、教师教育文化等，在教师教育事业中占据主流。

以大学为主不意味着忽略其他教师培训主体的重要性，实际上，在以大学为主的教师培训格局中，大学的主体性和主导作用，与地方教师发展机构和学校的协同参与应居于同等重要的地位。只有激活不同层次和性质的教师培训主体，才能构建起满足多元需求、充满活力的教师培训网络。

3. 以大学为主的现代教师培训体系

以大学为主的现代教师培训体系，字面上指以师范院校和高水平非师范院校为主，地方教师发展机构和学校协同参与，由教师培训机构及其资质认证制度、教师培训专业及其制度、教师培训课程与教学及其制度、教师培训管理及其制度、教师培训质量保障及其制度等构成的一体化的教师培训系统。这一系统融合了大学教育的系统性、学科化、知识高深性、研究性、前沿性等特征，地方教师发展机构教师培训的本土化、灵活性、实践性等特征，以及学校校本教师培训的针对性、适切性等特征，形成了兼

---

① 朱旭东：《中国现代教师教育体系构建研究》，23页，北京，北京师范大学出版社，2014。

具高质量性、公平性、开放性、高效益性、实践性、前沿性、规范性、一体化等特征的现代教师培训体系。

如果再进一步探究，以大学为主的现代教师培训体系，实际上是教师培训的大学化，更进一步说，是教师培训的大学教师教育学院化，其核心是教师培训的学科化。教师培训的学科化至少有七层含义：一是教师教育（包含教师培训）二级学科的设立，二是专业、方向制度和课程建设，三是学历、学位、学制制度建设，四是教师培训的知识体系建设，五是教师培训者的身份确立，六是教师培训研究机构和研究共同体的建立，七是教师培训学术期刊的建设。[①] 从这个意义上说，以大学为主的现代教师培训体系，并不仅仅是组织机构上的以大学为主体，它还意味着教师培训的组织机构、课程教学、管理、质量保障等一系列要素都呈现出大学的精神气质。

### (二)"以大学为主的现代教师培训体系"理论解释

"教师教育大学化的变革力量包括政治驱动、大学参与和专业自治。"[②]《意见》指导下的我国以大学为主的现代教师培训体系的完善，是政治驱动、大学参与和专业自治共同作用的结果。但从专业主义的视角看，从根本上说，以大学为主的现代教师培训体系是教师职业专业化发展的必然结果。教师职业的专业化发展成为一股背后的力量，把政府和大学裹挟进来，共同促进了以大学为主的现代教师培训体系的发展与完善。《意见》对以大学为主的现代教师培训体系的建立和完善，体现了党和国家对教师职业发展规律的准确把握，以及对教师职业发展现状的审时度势。

第一，以大学为主的教师培训机构体系是教学专业获得文化权威，以及提高从业人员专业水平的需要，是教师职业专业化的必然选择。

根据专业社会学，所有职业都处于从普通职业到半成熟专业，再到成熟专业的发展过程中。专业教育本是生产专业人员的环节，却因其"培养并维系着从业者的价值取向"[③]，成为一个职业走向专业的关键步骤。而让谁

---

①　朱旭东、周钧：《论我国教师教育学科制度建设——教师教育大学化的必然选择》，载《教师教育研究》，2007(1)。

②　谌启标：《教师教育大学化：理念、制度与变革》，载《新课程研究（教师教育）》，2007(3)。

③　刘思达：《职业自主性与国家干预——西方职业社会学研究述评》，载《社会学研究》，2006(1)。

来，以及以何种形式进行专业教育，则预示了该职业从业人员的质量高低，进而体现了一个职业的专业化水平。目前，在世界范围内，专业教育基本由大学垄断。大学开设专业学院，培养、培训经过严格选拔的专业从业者。通过其教育教学活动，专业教育向受教育者传递知识、技能，以及相似的学习经历、语言、文化和传统。以大学为主的教师培训机构体系的建立，实际上是教师继续专业教育进入大学，且被大学主导的体现，是教师职业专业化的必然选择。这可以从两个角度得到解释。

从共时性的角度来看，根据专业社会学文化主义学派的观点，专业应具有文化权威，"获取文化合法性是职业专业化的核心环节"[①]。教学专业化意味着"非理性社会里社会和学生对教师专业知识的信任、尊重与依赖"[②]。教学专业文化的合法化有很多种途径，如加强教学专业的研究性、严格教学专业的资格性、提高教学专业从业标准，等等。教师培训的大学化就是加强教学专业的研究性、促进教学专业文化合法化的一种措施，教师培训得到高深知识守门人的认可进入大学，教学专业的知识基础和文化氛围就更容易获得社会其他部门的认同。

从历时性的角度来看，专业教育发展史上，自从学校教育替代了学徒制，先后有三种主要的专业教育开设主体：开设"专业"相关讲座的学院，专门学校，以及后来出现并延续至今的大学内的专业学院。[③] 专业教育进入大学内的专业学院后，就扎根下来，并逐渐被大学所垄断。具有专业身份的职业需要在大学里进行接班人的培养和培训逐渐成为不争的事实，以大学为主的专业教育也就成为职业专业化过程中的必要环节和必经之路。专业教育开设主体转移的过程是不断走向更加"智识"和高深的专业对从业人员越来越高的质量和数量要求的反映，同时也是专业教育层次提高，专业教育逐步走向规范、系统、深入，培养培训时间延长的过程。

---

① Abbott, Andrew Delano, *The System of Professions: An Essay on the Division of Expert Labor*, University of Chicago Press, 2014, p. 15.

② Bledstein, B., *The Culture of Professionalism. The Middle Class and the Development of Higher Education in America*, New York: Norton, 1976. 转引自刘思达：《职业自主性与国家干预——西方职业社会学研究述评》，载《社会学研究》，2006(1)

③ Frankel, C., "Professional Education as University Education," *Social Service Review*, 1958, 32(3), pp. 234-246.

第二，需求导向、丰富多元的教师培训课程与教学体系是由教学专业的实践本质决定的。

专业工作是专业人员基于自己的知识，动用自己的智能，通过相关技术与工具解决实际问题的过程。这一过程涉及知识、智力与实践三个要素，体现了专业的知识本质、智力本质与实践本质。教学专业，尤其强调实践。教学专业的实践本质，尤其是教学专业实践的复杂性、繁忙性和发展性，决定了教师培训的课程与教学体系必须是需求导向、丰富多元的。具体来说：

其一，教学专业实践具有复杂性。教师每天所面对的主体是内涵丰富、形态各样、富于变化的人，教育教学情境如舍恩所言，好像一片低洼的沼泽地，混乱、充满意外。要胜任这份工作，每个教师在不同的阶段需要的能力和知识千差万别。因此，面对教学专业实践的复杂性，一是需要丰富多元的课程和灵活的自主选学制度予以支持；二是需要建立培训实践基地，集中培训与跟岗实践相结合，理论与实践相结合。

其二，教学专业实践具有繁忙性，教师群体工学矛盾突出。因此，在培训内容的选择上，需要紧密结合教育教学一线实际，找准教师的"痛点"和急需帮助的地方，实现时间投入的收益最大化；在培训方式的选择上，采用线上和线下相结合的混合式研修等方式，实现教师不出门就可以参加培训。

其三，教学专业实践具有发展性。教学的对象（学生）是发展的，教学的背景（时代）也是发展的，教师的知识和能力、教学内容和手段也需要不断更新换代。时刻保持知识与能力、教学内容和手段的前沿性，方能满足教学对象和教学背景的需要，做好专业工作。因此，要适当采用海外访学等培训手段，使教师有开阔的视野、先进的教学专业知识和能力。

第三，主体明确、权责清晰的教师培训管理体系是教学专业社会功能的体现。

专业是社会的制度框架，我们社会的许多最重要的特点都依赖于专业的正常运转。专业的这种重要社会功能，使得政府不得不授权其对某一行业的垄断，给予其自主性，但是恰恰在授权的同时，政府也实现了对专业的管制。[①] 这就是专业与国家之间的"管制交易"。与其他专业相比,教学专业所涉及的教育事业关系到国家的前途和命运,具有非同寻常的社会功能,因此,管制交易不可避免。

中国共产党是中国特色社会主义事业的领导核心,因此,党管干部、党管人才,保持党对教师培训管理的绝对领导地位,是自然而然的。主体既已明确,权责就应逐级分割。在各级党委的领导下,中央和地方各级政府、社会力量和高校,各有其权,各负其责,共同服务于现代教师培训体系的建设。"由于现代教师教育体系致力于追求高质量和专业化的教师队伍,因而政府对教师教育体系管理的核心就在于通过政府所掌握的行政权威进行一系列管理制度设计,将各级政府、提供教师教育的院校和机构,以及中小学用人单位各方的利益诉求并轨,共同朝着提升教师专业化水平进而提升教育质量及公平的目标而努力。"[②]

第四,规范要求、全面保障的教师培训质量保障体系是教学专业资格属性的要求。

管制交易的常见产物是资格制度,这强化了专业本身具有的资格属性。对于专业来说,资格制度具有双重意义:首先,拥有资格是法律对专业机构和个体所拥有专业权威的保护和确认;其次,它是对专业服务质量的基本保障。

教学专业的资格制度狭义上指教师资格制度,广义上则指包括教师专业标准与资格、教师培养培训机构标准与资格、培养培训专业/项目标准与资格、培养培训课程与教学标准与资格、教师培养培训质量评估标准等在内的一系列制度。拥有相应资格意味着法律对教师培训机构、专业、课程与教学、培训者等进行专业活动的权利的许可,同时,它还暗含了公众对教师培训相关机构和个体活动方式,或许还有生活和思考方式的认可。如此,教师培训专业机构和个体的专业权威得到确立。而在资格证书或执照使教师培训机构和个体在行动上远离外行人的指点与管理的同时,这些机

---

① Macdonald, K. & Others, A., *The Sociology of the Professions*, Sage Publications, 1995, p. 32.

② 朱旭东:《中国现代教师教育体系构建研究》,57页,北京,北京师范大学出版社,2014。

构和个体也须怀着对其所拥有知识的敬意对问题做特殊的思考。[①]这为有质量的教师培训的实现提供了约束性前提条件。

可见，《意见》所构建和完善的现代教师培训质量保障体系，是教学专业资格属性的必然要求。

## 三、以大学为主的现代教师培训体系需进一步完善

《意见》构建和完善了以大学为主的现代教师培训体系，但若要这一体系全面发挥作用，还需要各方面的进一步细化和完善。

第一，理顺大学、地方和学校教师培训组织机构，建立教师培训机构的有序体系。

以大学化的话语体系和制度体系，建立贯穿师范院校和高水平非师范院校—地方（省、市、县）教师发展机构—校级教师发展平台—校内部门教师学习共同体的，层级化和一体化的教师培训组织机构。具体来说，在大学层面，在师范院校和高水平非师范院校设立教师教育学院，下面以学段为逻辑设立幼儿教育专业、小学教育专业、中学教育专业、特殊教育专业和职业教育专业，再在专业下面以知识性学科为逻辑设置不同的教师教育方向，如语文教育方向、数学教育方向等。在地区层面，省、市、县级地方教师发展机构本来就以教师培训为主要乃至全部工作，可改名为教育大学或教师学院，以保持与大学话语体系和制度体系的一致性，并提升其教师培训的专业化水平。在教育大学或教师学院下设各学段教育专业，专业之下设立各知识性学科方向。同时，"在有条件的地区，把地区教育学院合并到地方大学，成立教师培训专业学院"[②]。在学校层面，在有一个以上学段的学校，以校级教师发展平台统领各学段教师培训，设立各学段教师培训负责人；有条件的学校，在各学段教师培训负责人之下，设立各知识性学科教师培训负责人。在只有一个学段的学校，在校级教师发展平台设立各知识性学科教师培训负责人。在校内部门层面，以年级和知识性学科为

---

①　Hughes, E. C., *Professions*, Daedalus, 1963, Vol. 92, No. 4. p. 656.
②　朱旭东：《论我国农村教师培训系统的重建》，载《教师教育研究》，2011(6)。

逻辑，建立教研组等教师学习共同体。这样，大学、地方和学校就形成了逻辑一致、整齐有序的教师培训组织机构，各级教师培训机构之间可以准确、高效对接。

在此基础上，各级教师培训管理部门要提高治理能力，统筹规划，分层、分类、按需，实现教师的各类培训。要强化大学的主体和主导地位，强化地方教师培训机构职责范围，激发地方政府、地方教师培训机构、学校协同参与教师培训的积极性，建立地方教师培训协同创新的良好生态系统。

第二，加强教师培训研究，推进教师培训供给侧结构改革。

大力支持各级教师培训机构进行教师培训研究。在大学设立教师教育二级学科，建立教师教育研究专职教师队伍，在专业发展、职称晋升、岗位聘用等方面予以倾斜；发展一批教师教育硕士点、博士点。在教师培训的专职机构，如地区教育学院，设立教师培训研究中心。以教育科学规划课题、经费支持等方式，引导研究者开展教师研究、教师培训研究，教师培训与教师培养的联系与区别研究；探讨教师职业特性、教师学习规律、教师专业素养、教师知识；探索教师职业专业化发展规律、教师与社会、国家的关系；研制教师发展水平测量工具、教师培训效果评估工具、教师培训机构建设标准、教师培训专业/项目认证标准、教师培训课程标准、教师培训质量评估标准；钻研教师培训项目方案设计、教师培训课程与教学优化等；梳理和总结一批教师培训理论和实践模式；研发一套教师培训实用工具；积累一批教师培训经典案例；促进教师培训学科繁荣。让每一个教师培训实践者成为教师培训研究者，让教育家成为科学家。

以教师培训研究，支持教师培训实践发展与创新，推进教师培训供给侧结构改革。形成以教师发展需求为起点，项目理念、目标、准入、课程与教学、质量评估等要素协调一致的教师培训项目设计与实施惯习，提高教师培训整体质量、效益，让受训教师对培训效果满意，让国家和社会对教师质量满意。

第三，提高地区教师培训管理能力，推进农村教师培训综合改革。

现代教师培训体系兼顾公平与效率。广大农村地区的教师培训是整个现代教师培训体系链条上的薄弱环节，亟须改革。因此，提高地区教师培训管理能力，推进农村教师培训综合改革，实现教师培训的"精准扶贫"，需成为新时期现代教师培训管理体系改革的一大重点。农村教师培训综合改革，要改革教师培训组织机构，重建在地区教师培训中居于核心地位的地区教育学院和区县教师培训体系，提升地区教师培训能力。具体来说，是把它们提升到大学或学院水平，使"无论在哪一个区县都有一个大学水平的教师培训专门机构"①，实现"有处可训"。要改革农村教师培训经费分摊机制，进一步增加农村教师培训经费，实现"有钱可训"。要培养培训一批当地的优秀教师培训者，并建立教师培训者定期发展机制，实现"有人可训"。要提高地区教师培训管理能力，改革高级别培训招生方式，建立培训按需筛选机制，杜绝培训资源稀缺地区资源的过度集中，解决"想来的来不了，不想来的老来"的问题，杜绝"找人替培训"的问题，把培训机会送给真正需要培训的教师，实现"训到实处"。还要建立信息化教师培训资源共享系统，建立城乡教师交流机制，实现"训得灵活"。

第四，强化教师培训的智识性、专业性和一体化，重建教师形象。

传统上，教师被称为"教书匠"，似乎教师是个纯技术性的工种，靠贩卖知识维生，而这种知识，还往往只是知识性学科的知识。然而实际上，教师所面对的工作情境复杂多变，问题层出不穷，教师需要时刻动用脑力，基于所学知识——不只是学科知识，而是学科知识和教育教学知识的结合，对问题进行判断，并采取实际措施解决问题。一个学富五车的人未必能当好一个教师，优秀的教师一定是在学科知识和教育教学知识之外，有教学机智的。再者，一个职业之所以能成为专业，其首要条件就是要有非经长期训练难以掌握的知识和智能。从另一个角度说，高深知识守门人——大学既然接纳了教师教育，就不能"屈尊降贵"，把教师当作技术型工种来培训，而需强调教师自我反思能力、自我发展能力的建构，教育教学知识和智能的发展。因此，强化教师培训的智识性和专业性，是教师工作实践的需要，是教师职业内在属性的要求，也是大学化教师培训的天然使命。只有以大学为主的现代教师培训体系强调教师培训的智识性和专业性，在培训目标、培训课程与教学、培训评价等方面都相应做出调整，教师的内涵才会得到重新发现，教师的形象才有重建的可能。

---

① 朱旭东：《论我国农村教师培训系统的重建》，载《教师教育研究》，2011(6)。

　　而教师形象的重建，是个系统工程，教师培训须"继往开来""承上启下"，形成一体化格局。具体来说，教师培训应：回应教育发展史上遗留的问题，为重视数量时代产生的大量学历或水平不够的教师提供学历和智能补偿；回应新时代教育发展的新要求，采用新理念、新知识、新手段；回应教师培养中存在的问题，与教师培养互为补充；关照教师的终身发展，训练教师的自我发展能力。

（王　军）

# 区县教师教育体系构建

区县教师教育体系虽然不是中共中央、国务院《关于全面深化新时代教师队伍建设改革的意见》（以下简称《意见》）中的核心概念，但《意见》提出，要"建立健全地方教师发展机构和专业培训者队伍，依托现有资源，结合各地实际，逐步推进县级教师发展机构建设与改革，实现培训、教研、电教、科研部门有机整合"。显然健全地方教师发展机构、专业培训者队伍，推进县级教师发展机构建设和改革等的实质就是区县教师教育如何构建的问题，在这里我们基于《意见》的精神实质来讨论区县教师教育体系，它存在哪些问题？构建区县教师教育体系有何价值？如何理解区县教师教育体系？如何构建教师教育体系？对这些问题的回答有利于落实《意见》精神。

## 一、构建区县教师教育体系存在的问题

区县教师教育体系相对于国家教师教育体系来说在学术上探讨的力度是不足的，尽管有一些探讨，但主要集中在教师进修学校和教研中心，我们这里讨论的是区县教师教育体系。尽管我们已经构建了国培、省培、区县培、校培的四级教师培训层次，但这个层次只是从组织和资源提供来建构的，而不是从培养主体来建构的，从

培训主体的角度建构，主要是大学和区县进修学校两级培训，大学主要提高教师的学术能力，为国家培养种子教师、影子教师，学科带头人，而提升教师基本教学能力和改进教学质量的培训主体机构应该是区县教师进修学校。问题是从我们的观察来看，区县教师教育体系存在的问题主要体现在以下几个方面：一是教师教育机构不健全，这种不健全性既表现在经济欠发达区域的教师教育机构的缺位性，又表现在区县教师教育机构的单一性，只有教师进修学校一种机构。具体地说，旧三级向新三级教师教育体系转型过程中产生的问题还表现在中学教师的区县教师教育体系的缺位。中学教师的专业支持上移，离开了本土的中学教师专业发展支持体系使中学教师没有了本土的根。

二是区县教师教育机构运行所具有的制度缺失。这种制度缺失性表现在多个方面，如国家层面上的区县教师教育的政策缺失，区县教师教育机构内部的相关标准体系几乎没有建立起来，区县教师教育机构资源严重匮乏，它过度地依赖于区县经济发展水平的高低，那些经济欠发达的区县的教师教育机构存在着人力资源、财政资源等全面的资源匮乏。具体地说，我国区县教师教育体系体现出区县之间发展不平衡的状态。一线城市的区县教师教育体系发达，而贫困区县教师教育体系处于瘫痪状态。区县教师教育体系直接受到区县经济发展水平高低的制约。

显然，区县教师教育体系因不同区县表现出不同的状况。有的区县教师进修学校独立建制，发挥着非常积极的支持新教师专业成长的作用。但也有区县教师进修学校发展状况不良，如我们调研过的云南怒江白族自治州有些县的教师进修学校基本处于休眠状态。

没有构建区县教师教育体系带来了诸多问题，如解决不了工学矛盾，培养机会不均衡，培养内容不切合被培训者的专业发展实际，培训方式所产生的效果不佳。

从国家政策实施的角度来看，构建区县教师教育体系已经成为紧迫的任务。例如"国培计划"政策实施过程中明显地表现出"培训专业户"现象，产生这种现象的原因在于"工学矛盾"，为此应该给予地方政府和培训机构更多的自主性，发挥培训机构和专家的首创精神，探索符合地方教师专业发展规律的项目。就近地区的乡村名师工作室就可以作为一种在地化培训的创新方式，这种方式构建成为区县教师教育体系的一部分。

另外，国培项目和省培项目只是满足"精英"教师的专业需求，而解决不了"底部"的教师的专业需求。只有构建起区县教师教育体系才能与国家教师教育体系相呼应，并且也能落实国培和省培项目。

不过，北京、上海等城市区县教师教育体系已经初步建构，其完备性也已经显现出来。以北京市为例，北京已经建构了完整的区县教师教育体系，它是由北京教育学院及其区县分院、区县教师进修学校、教育研修学院或教师研修中心等构成的。在浙江省，杭州市有各区的教育学院，如上城教育学院。

区县教师教育体系不是单一的教师教育机构，而是与区县教育研究机构共存的一个体系，应该是区县教育研究机构和教师教育机构双轮驱动的一个体系。区县教师教育体系是一个区县教育人才发展支持体系，而区县教育研究机构及其制度是支持和保障教师教育体系的教育研究体系。

## 二、构建区县教师教育体系的价值

从教育发展的角度来说，构建区县教师教育体系是促进教育均衡发展、保障教育质量的需要。教育发展的根本在于区县教育的发展，尤其是全国贫困县的教师教育体系的建设是实现教育发展目标的根本基础。从教师对象来看，区县教师教育体系的价值既反映在师范生的培训，也体现在新教师入职教育，还表现在教师专业发展，因此区县教师教育体系既要服务于教师培养机构的师范生实践，也要服务于新教师入职后的适应性教育，更要服务于教师专业发展。

但我们更要认识到，区县教师教育体系建构的价值在于促进区县教师的教育自信养成，尤其是广大乡村学校所在的区县。通过区县教师教育体系的实施，培养区县范围内的教师的教育自信，这些教育自信包括文化自信、专业自信、创新自信、道路自信和身份自信。正如上述所表明的，四级培训体系存在的一个最大的问题在于无视区县教师教育资源的利用，被过度地实践城市化和专家化，城市化的实践和专家化的理论都难以满足区县教师教育的需要。

构建区县教师教育体系根本上解决的是师德如何养成的问题。师德师风建设仅仅靠远程培训、专家讲座、师德榜样等方式是不够的，还需要在地化、本地化的情境化培养。

区县教师教育体系的最大价值在于从根本上满足教师专业发展的需求。构建区县教师教育体系是教师专业发展的目标决定的。从宏观目标来看，区县教师教育体系必须培养适宜区县教育发展的高素质专业化创新型教师。从微观目标来看，区县教师教育体系关注区县的每一位教师，使区县教师专业发展体现个性化和在地化特征。这些特征决定了教师专业发展的支持重点以区县为主，这也决定了区县教师教育体系构建的必要性。

之所以构建区县教师教育体系，是因为通过构建区县教师教育体系为教师专业发展提供合适的支持，符合新教师专业成长规律。新教师，包括五年前的新教师，专业发展的主要场所在学校，以及学校所在区县环境和制度。新教师通过大学等教师教育机构的理论学习和实践掌握了初步的实践技能，但真正的实践能力，具体地说是专业能力，主要还是要在工作场域里提升，提升的路径主要是自我不断地实践—反思、向有经验教师学习、参加培训项目等。而所有这些路径中重要的是如何支持新教师专业实践能力的提升的路径，它需要通过区县教师教育体系的构建来实现新教师的专业能力提升。

区县教师教育体系的完善与否直接决定了区县教师发展的支持体系是否完善，同样区县教师教育体系的质量高低也直接决定了教师发展的质量高低。

只有构建了区县教师教育体系才能真正实现中国教育发展的目标。从大目标的实现来看，"中国教育现代化 2035"的目标的实现取决于区县教师教育的发展水平；从教育均衡发展来看，东西部、区域间、城乡间、校际教育均衡发展都取决于教师发展的均衡，而教师发展的均衡取决于教师教育体系的均衡，更取决于区县教师教育体系的均衡；从教师队伍建设来看，只有区县教师教育体系构建起来才能使每位教师的专业发展得到支持，从而实现每个儿童都能够得到高质量的教育。

## 三、区县教师教育体系的内涵

区县教师教育体系是指以区县教师教育机构、优质中小幼学校和省市区县名师工作室三层级构成的相互联系、互相补充的教师专业发展支持体系。

本文所要构建的区县教师教育体系主要是指为在职教师提供专业发展支持的体系，这个体系具有本地化的特征。区县教师教育体系是由三个部分构成的：一是区县教师教育的组织体系，它包括四种类型的组织——区县教师教育机构，区县域内以优质学校为基础的教师专业发展学校，学校教师校本培训中心，省市区县名师工作坊、工作室或工作站。二是区县教师教育的课程体系。三是区县教师教育的教学或活动体系。

### (一)区县教师教育的组织体系

1. 区县教师教育机构[①]

区县教师教育机构通常是传统上的教师进修学校。经过传统师范教育的老三级向新三级的转型，诸多的区县教师进修学校在名称、结构和功能上都发生了变化。从当前转型后的区县教师教育机构情况来看，包括教育大学[②]、教育学院、教师进修学院、教师进修学校、教师发展中心等。

2. 区县域内的教师专业发展学校[③]

学校发展水平的不均衡是这个时期中国学校发展的最大特点，每一所

---

①　教育部曾经发布一项政策，认定了47个国家示范性县级教师培训机构，但只占3875个区县的0.82％。显然国家建构的教师教育体系并不充分，也很不平衡。

②　我国台湾地区有"台湾教育大学系统"，我们可以借鉴建立一个"中国区县教师教育体系"或"中国区县教师教育系统"或总校系统。台湾作为中国的一个省，早期有8所教育大学，尽管现在只有台北教育大学和台中教育大学，但教育大学曾经为地方的教师培养做出了贡献。台湾现有台湾师范大学、彰化师范大学等师范大学。教师培养主要在综合大学里。笔者在以前的文章中曾经谈到，区县教师教育机构应该具有高等教育属性，具有高等教育属性意味着教师教育的学术性，它不只是一个教师培训或教师专业发展的支持机构，通过这个机构的高等教育属性来反映教师教育具有的学术水平，学术水平体现在教师教育者的素质上，他们不仅仅要教会教师教学，更重要的是拥有学术能力。学术能力既表现在教师教育者的研究能力，也表现在教师教育者的学术素质，如对教师教育领域的学术状况的了解，了解教育学研究领域的专家、学者、学者型的管理者等，有利于教师教育者的学术资源的整合和利用。

③　关于教师专业发展学校，在省级层面上，以河北和浙江为例，省政府制定并实施了教师专业发展学校的政策，确认了数量不等的学校。

学校都成为优质均衡的学校需要走很长一段路。现实情况是要利用好区县域内最好的学校成为教师专业发展学校，使区县域内的优质教师资源能够得到有效利用。而事实上经过改革开放已经涌现出一批优质学校。区县域内教师专业发展学校可以分为不同学段的学校，如幼儿园教师专业发展学校、小学教师专业发展学校、中学教师专业发展学校。

3. 校本教师发展中心

具有一定规模的学校都应该有教师发展的培训部。因为每一所学校的教师构成不同，教师发展的需求也不一样，甚至每一所学校的文化对教师发展提出的需求也不一样，只能通过校本教师培训部来设计、实施和评价教师专业发展活动。

4. 名师工作室(坊、站)

名师工作室(坊、站)是最接地气的教师教育体系的一个组成部分。通过设立名师工作室(坊、站)确立某教师的学科地位和专业地位，在政府的支持下带领一群教师开展专业活动，从而促进名师工作室(坊、站)的参与者的专业发展。省级、市级、区县级名师都可以在区县建立名师工作室。

**(二)区县教师教育的课程体系**

区县教师教育的课程体系既具有国家教师教育的课程体系所包含的内容和体现出来的特征，又具有符合区县所在地区的教师教育需要的课程体系包含的内容和体现出来的特征。国家教师教育的课程体系所包含的内容应该是普遍性的，有教育学、心理学、学科教学论、学习科学、学习理论等全国普遍学习的课程内容，但也应该有区县所在地区的教师教育课程内容，如大城市的区县，国际化和信息化需求随着城市化的发展不断提高，因此教师教育课程内容中需要融入国际理解、未来教室等内容，而西部贫困地区、精准扶贫地区的区县教师教育体系的课程内容更需要基于所在地区的文化的课程内容。区县教师教育体系还可以建立分层分类分科的教师研修课程体系。

**(三)区县教师教育的教学体系**

教师教育体系如何发挥作用和实现功能取决于区县教师教育的学与教的体系的建构。长期以来，区县教师教育并没有构建出适合区县的学与教的体系，因此教师教育的情境性和在场性始终没有得到更好的体现。区县教师教育体系必须为教师学习构建平台，再好的教师教育资源也解决不了教师问题解决的现场性需要。

区县教师教育体系的教学体系首先需要构建教师学习的体系。我们通过对中国教师学习的模式进行研究，构建了教师学习模式。

### (四)区县教师教育的师资体系

构建区县教师教育体系的关键在于教师教育师资队伍建设。没有一支专业化、高水平、研究型的教师教育者队伍是无法建立起区县教师教育体系的。既然在我们构建的区县教师教育体系中有区县教师发展中心、教师专业发展学校、学校教师发展中心和名师工作坊等组织，那么这些组织的师资队伍就应成为重点建设的对象。我们需要建立一个区县教师教育的师资体系，这个体系是由集学习专业、学科专业和教授专业的全专业属性于一身的分类和分层教师教育者体系构成的。要充分发挥高校教师教育的学术力量，对区县教师教育者进行有规划的培养，增加大学在国培项目中区县教师教育师资培育的项目，甚至要重点支持大学对区县教师教育师资的培养项目。

### (五)区县教师教育的网络体系

区县教师教育体系可以构建为线上线下两个部分，以上讨论的是线下部分，而我们需要同时构建线上教师教育的网络体系。为什么要构建线上教师教育网络体系？我们认为，教师教育网络体系具有的交互性、资源共享性等特征需要以情感为基础，通过线下的教师教育体系建立的区县域内教师交流的情感基础才能在网络体系中取得认同，从而保障以网络研修社区为主要交互的效果。区县教师教育的网络体系可以由区县教师发展网络中心、教师专业发展网络学校、学校教师发展网络中心和名师网络工作坊等构成。同时，可以基于线下的教师教育课程体系、教学体系和师资体系建立网络教师教育课程、教学和师资体系。

## 四、构建区县教师教育体系的关键：能力建设

构建区县教师教育体系的关键是区县教师教育能力。教师教育体系本

身的构建并不难，最难的是这个体系构建以后能否运转。这个问题的实质就是区县教师教育能力。因此提升区县教师教育体系的能力是亟须讨论的议题。这里涉及三个问题：一是什么是区县教师教育能力？二是为什么要提升区县教师教育能力？三是如何提升区县教师教育能力？由于区县教师教育这个概念是由"区县""教师教育"和"能力"构成的，因此区县教师教育能力既是区县教师教育组织、机构及其领导等方面的能力，又是教师教育者的能力。确实对于区县教师教育来说，组织、机构及其领导的教师教育能力很重要，因为有研究表明，教育领导与教师教育之间的关系很紧密，而教师教育的组织、机构及其领导是教育领导的一部分，尤其在我国，教育领导在一定意义上起到决定性作用；当然教师教育者的能力是区县教师教育的核心。从以上讨论的区县教师教育组织体系的各机构来看，每个机构的负责人的能力是区县教师教育能力重中之重，因为他们承担着教师教育的多种角色，发挥着多种功能和作用，教师的教师、研究者、教练、课程开发者、师范生进入教师职业的守门人、大学和中小幼合作的经纪人等都有可能是教师教育者①，因此区县教师教育者的能力也是多维度的。基于我国当前区县教师教育的现实，绝大多数的区县教师教育问题既是区县教师教育体系如何建构的问题，又是区县教师教育能力如何提升的问题，而不仅仅是培训、教研、电教、科研部门如何有机结合的问题，更不是简单的如何发展地方教师发展机构和专业培训者队伍的问题。

对于区县教育发展来说，教师教育只是教育发展的一部分，因此从顶层设计来看，区县政府应该成立教育发展机构，教师教育是教育发展机构的一部分，而我们讨论的是，在顶层设计基础上的区县教师教育的顶层设计。区县教师教育能力很重要，因为它是区县教师教育质量的保障，区县教师教育质量只能诉诸于区县教师教育的能力，与区县教师质量只能诉诸于区县教师教育质量的逻辑是一样的。国培、省培，甚至有一部分市培的项目应该致力于区县教师教育能力建设，而不是对于普遍教师的培训。为

---

① Lunenberg，Mieke，Dengerink，Jurrien and Korthagen，Fred，*The Professional Teacher Educator：Roles，Behavior，and Professional Development of Teacher Educators*，Rotterdam：Sense Publisher，2014.

此我们要指出的是，开展中小学教师全员培训的重心要下移，应该由区县教师教育体系来完成，显然国培计划、省培计划等应该促进区县教师教育能力的提升，对上文提到的教师教育体系中的不同机构的教师教育者开展能力提升计划，实施能力提升项目，把重点项目向区县教师教育能力提升倾斜。

为了提升区县教师教育能力还需要建构政府、中小幼、高校的协同联动合作机制。城市区县教师教育体系相对比较完善，而大部分的区县，尤其是经济欠发达省份的区县的教师教育体系建设需要得到高校的支持，但仅仅靠高校，如果得不到政府尤其是教育行政部门的支持，是无法实现的。因此从学术上说，教师教育如果得不到教育领导的支持是无法开展的，教师教育和教育领导是共生体，同样区县教师教育能力的提升需要得到区县所在的教育领导的支持，为此政府、中小幼和高校之间应建立协同机制、联运机制和合作机制，以实现区县教师教育能力的提升。

## 五、构建区县教师教育体系要成为国家教师教育政策

高素质教师培养是新时代教师教育的目标。我们认为，高素质教师培养包括职前高素质教师培养、入职高素质教师培育、职后高素质教师研修。而本文探讨的是，区县教师教育体系包括入职高素质教师培育和职后高素质教师研修，从国家教师教育政策层面来看，国培、省培等的教师研修体系已经初步形成，以国培和省培项目为龙头，构建国培机构和制度，形成了国培教师研修体系，通过建立省级教师发展中心，形成了省培教师研修体系①，而唯独区县教师教育体系缺位。为此我们提出构建区县教师教育体系要成为国家教师教育的政策，这个政策需要为构建教师教育体系提供制度等保障。

第一，标准制度。要建立教师发展中心、教师专业发展学校、教师校

---

① 例如，广东省建立了省级中小学教师发展中心，分布在华南师范大学、广东第二师范学院、岭南师范学院、广东外语职业技术学院、韶关学院、肇庆学院、韩山师范学院、嘉应学院和广东技术师范学院。这些中心一方面体现了省级职后教师研修体系的构建，另一方面反映出省级职后教师教育体系仍然建立在师范院校，而没有建立在教师专业成长的"现场"。

本培训中心、名师工作坊的标准，包括师资标准、资源标准、课程标准和教学标准。

第二，管理制度。由于区县教师教育的管理权属于所在区县的政府，因此区县教师教育机构、教师专业发展学校、名师工作室等的管理都由所在区县政府执行，为此，国家和省级政府需要制定宏观管理制度，为区县教师教育管理奠定宏观制度基础。

第三，经费制度。应该根据不同教师教育机构的规模对区县教师教育体系进行拨款，由省级财政转移支付，并根据区县经济发展水平把国培经费由中央财政统筹到区县教师教育体系的构建中。

第四，人事制度。区县教师教育体系的人事制度主要涉及区县教师教育机构的人员、教师专业发展学校的人员、名师工作室（坊）的人员。应当采取进修学校教师准入制度，通过评选等手段从教师队伍中招聘教师，要建立健全区县教师教育人事制度，包括编制、岗位、任用、职称评定等管理制度。

（朱旭东）

# 加快区县级教师专业发展中心建设

为贯彻落实教育规划纲要以及《教育部关于大力加强中小学教师培训工作的意见》精神，提高教师整体素质和专业水平，建设一支师德高尚、业务精湛、结构合理、充满活力的教师队伍，各省、市都相继出台了相关文件，就建设县级教师发展中心进行了指导。建设县级教师发展中心要坚持以科学发展观为指导，以适应素质教育和教育现代化发展为总要求，以全面提高教师队伍专业化水平和中小学、学前教育质量为目标，以服务教师发展为主题，坚持政府主导、逐步推进、务求实效的原则，改革创新，优化资源配置，发挥集成优势，把县级教师发展中心建设成为教、科、研、训一体化的教师专业发展新型机构，从区县教育政策执行层面为提升教育质量、推进素质教育、率先实现教育现代化提供有力保障。

## 一、区县教师发展现状及问题

### （一）当前区县培训重心与实践不相符

我国基础教育实行"以县为主"的管理模式，对于教师队伍管理实行"省市统筹＋以县为主"的管理模式。"以县为主"的基础教育管理模式下，区县的教育发展中心和管理重心是在县域层面上，针对国培、省培计划的培训政策引导，培训的针对性、实效性、全员性都受到挑战。中小学的管理职责上移到县级教育主管部门，教师专业发展的专业性和灵活性湮没在行政化的制度中。区县教师发展中心不健全，教师培训问题凸显，很多业务培训的重心和要求都与县域教育工作的实践不相符。

### （二）县域内教师发展与培训资源发展不均衡

教师教育是国民教育的工作母机，具有基础性地位，保障所有区县的教师发展资源均衡是教师教育政策的基本价值追求。县域内负责教师发展的相关部门条块化管理，有限资源被碎片化利用。县域内教师发展与培训资源难以形成合力，发展不均衡。教师教育科（师训科）、教研室、教育装备、教科所、电教仪器站各自负责一块教师发展业务，且多不能互通。

### （三）县域内教师培训内容、方法滞后于时代发展

相对大中城市，县域内教师教学能力水平不高，知识更新慢，政策接受能力弱，基层教师对国家教师政策的认知存在盲点，对教育政策的执行存在误区，尤其是以农村为主的县市区。以华北某县为例，截至 2017 年年底，共有 9160 位教师，其中民办教师转正的有 4800 多人，这些民办教师多为初中学历，难以维持正常教学，年与时驰，看得到的未来是他们与时代的距离持续拉大。

### （四）县域内教师培训机构的建立缺乏相应的标准

2002 年教育部颁布了县级教师培训机构建设的指导意见，然而并没有具体的指标，2005 年进行评估时出台了评估标准，有了一些量化的指标，但这些指标一不具有法律的性质，二则标准的水平也比较低，比如专任教师占当地中小学专任教师的 5‰就比较低。目前就各级教育而言，中小学和高等院校都有办学条件的标准，对场地、设备、师资、经费等均做出了具体规定。学校可以按照标准办学，唯有教师培训机构，包括省市级和县级的，均没有办学条件标准。既不能按照中小学进行建设，也不能按照高等院校进行建设，处于一个"边缘"地带，这就大大影响了教师培训机构的发展。

### （五）县域内教师培训经费不足

培训经费是教师培训提升活动顺利开展的基本前提。国家关于教师培

训经费有三个标准：一是教职工工资总额的 1.5%，二是地方教育费附加的 5%，三是义务教育公用经费的 5%。而调查统计表明，目前县级教师培训机构经费年度超百万元的仅占 27%，而在 10 万元以下的则占 40% 以上。人均培训经费上千元的比例仅为 10%，60% 的机构是几百元，还有 30% 的机构是人均几十元。这显然无法保障有质量的教师培训。

### (六)部分教师主观上职业认同感较低

县域内教育评价难以考虑可持续发展，区县各界均瞄准传统高考。县域内的教师评价体系不完善，多是通过成绩来衡量教师教学工作的质量，一定程度上倒逼着各级教师只能重视排名，国家所倡导的新型教育政策难以在县域环境下落实，从而形成闭塞的循环，同时导致较低的职业认同感。如何改造和创新县域内的教师评价体系，为教师创造一个多元化的公平发展环境，是促进区县教师专业发展的紧迫问题。

## 二、加快区县教师专业发展中心建设的路径

### (一)在区县成立综合性教师专业发展中心，重新对教师发展进行价值和功能定位

建议配合县管校聘政策，整合教师进修学校、教研室、教科所(室)、电教馆的职能和资源，建设四位一体的实体性县级教师发展中心，确定人员编制及稳定的财政经费。整合资源，合并机构，打通教师教育政策执行的最后一公里。通过整合，实现区域内教科研训一体化，实现管理统一、资源共享、信息贯通、人财物集中使用，更好地为教师专业发展服务，进一步提高教师实施素质教育的能力和水平。构建"小实体、多功能、大服务"的区域性教师学习与资源中心，实现对教师群体的管理、培训、研究和服务功能。

### (二)加大经费投入力度，专项列支教师发展培训经费

落实按标准拨款，确保教育公用经费中的 5% 真正用于教师专业发展与提升。把教师专业发展与培训经费纳入到政府的财政预算之中予以明确。对经济欠发达区县，国家采用转移支付的方式给予基础性支持。强化督导

监管，确保专项经费真正用于教师发展与培训，而不能挪作基础建设、水电等其他费用开支。

### (三)以人为本，提升教师培训研修内容专业性

配合县域教育发展战略和县管校聘政策，明确教师专业发展的维度和内容，教师专业发展的维度即专业理念与师德、专业知识、专业能力。强化提高教师发展的内容专业性，具体包括教师专业发展的政策培训：教育法律法规、宏观教育政策、教育管理政策等；教师专业发展的理论培训：教育基本理论、教学论、教学方法；教师专业发展的实践驾驭能力培训：落实到微观学科教学的新理念、新知识、新技术、新方法。

### (四)制定教师专业发展中的机构标准、运行规范

由教育行政部门会同编办、人社等部门，共同制定教师教育机构、县级培训机构的办学条件标准，包括场地、设备、经费、师资等方面，并且从教师教育的地位出发确立较高的标准，真正发挥区县教师培训机构的引领作用。

### (五)借鉴教育部国培计划中的培训者培训经验，区县层面重点针对农村教师专业发展提供精准培训和关照

县级教师培训机构的服务对象主要是农村义务教育阶段的教师，针对农村教师的发展需求，在培训目标、课程、方式等方面设计上，必须有针对性的方案和保障措施，提高培训的针对性和实效性。这是个长期的挑战，效果不像基础设施建设那么立竿见影。调查反映出一线教师培训的意愿不足，成为影响教师培训的重要因素。因此需要加强培训团队的能力建设，加强培训者培训，使他们掌握教师培训项目管理的规律和方法，特别是注重教师培训需求的调研，针对需求，采用科学有效的培训课程、培训方式、培训评估方法开展培训工作。

（杨玉春）

# 加快发挥教师发展中流砥柱作用的
# 教师教育师资队伍建设

　　教师教育是教育事业的工作母机，是提升教育质量的动力源泉。"兴国必先强师"，那"强师"的基础又是什么呢？从国际经验和本土现实来看，教师教育师资队伍是教师队伍发展的重要基础和主要推动力量。教师教育师资队伍类型多元，各方对教师教育师资队伍的范围界定不一，因此对教师教育师资队伍的类型进行梳理，并对《关于全面深化新时代教师队伍建设改革的意见》（以下简称《意见》）中所指的教师教育师资队伍主体进行明确和界定十分必要。我国目前教师教育师资队伍建设总体来说存在着缺乏学科平台的支撑，学界相关研究不足，尚未形成系统的理论基础，培养与培训实践刚刚起步，教师教育师资队伍专业性不足身份模糊，部分教师教育师资（特别是高校学科教育师资）在专业发展和职称晋升方面遭遇现实困境等一系列问题。鉴于此，《意见》明确提出："强化教师教育师资队伍建设，在专业发展、职称晋升和岗位聘用等方面予以倾斜支持"。

# 一、加快教师教育师资队伍建设的背景

## （一）教师教育师资队伍类型多元

教师教育师资队伍可以从不同角度进行划分。

根据教师教育师资的工作环境，分为大学教师教育者（Institute or University-based Educator and Trainer）与中小学教师教育者（School-based Educator and Trainer）。

根据教师教育师资所面对的教育对象群体，分为初等教育教师教育者、中等教育教师教育者。

根据学科内容和学科领域类型的不同，分为不同学科的教育教师教育者。

1996年，联合国教科文组织发表《教育：财富蕴藏其中》报告，提出终身教育理念，打破了教师教育的职前教育和继续教育分离的状态。此后，詹姆士·波特又提出"师资三段培训法"，认为教师的培养必须经历个人经验环节、师范初步训练环节和在职继续教育环节，教师教育开始涵盖职前教育、入职教育和职后教育三个基本阶段，这也就意味着在这三个基本的教师教育阶段，都需要有专业的师资力量完成相应的教育职责，教师教育师资的类型需要扩展到所有这些阶段。此外，教师教育师资队伍的类型也与教师教育的课程相关。从世界各国的实践来看，一般国家的教师教育课程都包括了普通教育类课程、学科专业类课程和教育专业类课程以及教育实习等实践环节，承担不同类型教师教育课程的教师教育师资也不同。

教师教育师资在研究中一般被称为教师教育者（Teacher Educator），教师教育者作为个体存在于这个领域内，不同的教师教育者承担着不同类型的工作，所以，存在着到底谁是教师教育者和怎么成为教师教育者的长期讨论。[①] 下文在引述与讨论中会使用"教师教育者"作为教师教育师资队伍中个体的概念。

## （二）教师教育师资队伍界定不一

教师教育师资队伍包括哪些人，教师教育者如何界定，这是研究和讨

---

① 韩琳琳：《英国教师教育者专业发展研究》，硕士学位论文，东北师范大学，2014。

论的基础。

1. 专业组织对于教师教育者的界定

(1)欧洲教育贸易联合委员会(European Trade Union Committee for Education)。该组织的文件综合了欧洲各国对于教师教育者的界定,认为教师教育者主要包括以下几类人:高等教育机构里教授教育类课程或学科课程的教师;教育研究者;承担其他教学法或普通课程的教师;与教师教育机构有密切联系的中小学的指导者;其他参与指导中小学实践的、受过训练又有经验的教师;"在职过程中"取得资格阶段进行指导的导师(辅导教师、合作教师、指导教师、引导教师等);"在职过程中"取得资格阶段提供支持的一系列人员。

(2)欧洲委员会(European Commission)。在该组织的文件里,教师教育者概括而言主要包括以下几类人:在中小学作为导师指导新教师的教师;为中小学教师和教育领导提供在职培训课程的专家;教授教学论或教学法的高等教育教师;各个不同学科中能够促进教师拓展与深化学习的大学教师;教育及相关领域的研究者。该组织认为以上这些教师教育者在教师教育中的作用包括:这些教师教育者存在于教师的整个生活圈里,教育和引导他们;在日常教学中,亲身示范如何专业地做到以学习者为中心;进行关键问题的研究,以促进教师对于教学的理解。

2. 各国对于教师教育者的界定

在美国,有一个专门的教师教育者团体——教师教育者协会(ATE)。该协会认为,对于教师教育者最简单的界定就是培养教师的人,具体可以划分为四类:从事课程教学与科研的高等教育里的教师;在中小学和高等教育机构里为准教师提供指导或监督临床实践的教师;在中小学和高等教育机构里为教师的高级专业学习实施或开展教学活动的教师;其他为教师的专业学习进行设计、实施与评价的机构人员。

在加拿大,有两类教师教育者:一类教师教育者是指向实践的,他们由于具有在中小学的从教经验而成为教师教育者,但他们往往是兼职的;另一类则指向高等教育里的专业教师,特别是那些终身教授,他们往往教的是研究生,拥有专门的研究项目。

在荷兰,教师教育者是指参与职前和在职教师教育的人,而且越来多地用教师教育者(Teacher Educator)一词来确认他们的专业地位和专业工作。但在国家的一般政策中，当探讨教师教育者的时候，主要关注的是参与职前教师教育的教师教育者。

在英国，对教师教育者的研究很大程度上与英国高等教育研究会(HEA)颁布的高等教育教学专业标准框架相结合，往往包括理论与实践两个领域。

在瑞典，有三类教师教育者：具有博士学位并且教育和科研并重的高级讲师和教授，带队到实践学校培养教师的讲师，以及实践学校的导师。

在克罗地亚，采用的是最狭义的教师教育者概念，只包括大学里的教授教育学和教学法的教师教育者。

对于教师教育者这一概念，当前国际上并没有统一的界定，但这一概念又是讨论教师教育师资队伍建设与发展的基础。从世界范围来看，教师教育者的来源可以分为两大类，一类是原来的中小学教师转变为教师教育者，另一类就是从研究型大学毕业直接进入高等教育从教的人员。我国教师教育发展的轨迹与很多国家比较相似，从独立师范院校的设置到这些院校逐渐地瓦解、合并、开放，从业人员也跟着发生一系列变化。不过我国教师教育师资队伍主要还是高学历毕业后直接从事高等教育的人员。参考专业组织、不同国家及研究者对于教师教育者的界定，结合我国的现实状态，我们认为《意见》所指的教师教育师资队伍主体为：首要或者主要承担教师教育的教学与研究工作，并努力达成相关的资质要求和促进自身专业发展的专业人员，就目前而言，该界定下的教师教育者主要是指高等教育中的教师教育者。[1]

## 二、加快教师教育师资队伍建设的现状与问题

### (一)教师教育师资队伍建设缺乏学科平台的支撑

高校教师的生存逻辑在于学科制度，其学科建设、专业设置、课程教

---

[1]　郑丹丹：《国际视野下教师教育者的界定》，载《现代教育管理》，2014(5)。

学、研究生培养、岗位设置、职称评审、课题申报等都与学科紧密相关。[①]
学科专业体系是教师专业发展的依托和基础，高校中教师教育者亦然。我
国的教师教育学科专业体系还没有建立，目前，部分师范大学在教育学一
级学科下自主设置了教师教育（学）二级学科博士点、硕士点，招收培养高
层次教师教育人才，但在我国现行的本科专业目录和研究生学科专业目录
中，均没有"教师教育（学）"的合法学科席位。

　　教师教育学科建设作为一种基础性建设，就学科本身的发展空间来讲，
是建立和完善教师教育学科知识体系、理论体系，凝聚学者力量、形成团
队集聚，构建教师教育学术共同体、增强学科持续发展能力的重要基础。
有了学科平台，教师教育师资队伍建设才具备坚实的基础。学科作为大学
教学、科研、师资等诸多要素的基本结合点，很大程度上决定着大学人力
资源、财力资源、物力资源的配置情况，直接关乎大学教师的生存和发展。
以学科建设为抓手来整合发展资源，是大学推进内涵式发展的重要途径。[②]
反之，没有学科地位或者学科建设水平不高，就没有争取资源配置的基础
和优势，也就没有进一步发展的基础。在开放型教师教育体系的转型与建
设过程中，之所以出现师范院校教师教育弱化、边缘化等问题，一个关键
的原因就是没有及时建立起教师教育学科制度，使师范院校的教师教育"失
去了大学内部资源按照学术组织机构和学科制度进行配置的资源获取机
会"[③]，也使其教师教育在与其他具备"合法身份"学科的资源竞争中处于明
显的弱势地位。

## （二）教师教育师资队伍建设尚未形成系统的理论基础

　　相对于目前国内外大量涌现的关于教师研究的文献，作为教师的教师，
教师教育者受到的关注并不多[④][⑤]，美国作为世界上第一个制定教师教育者

---

①　朱旭东、李琼：《论我国教师教育的二次转型》，载《教育学报》，2014(5)。

②　李元元：《持续抓好学科建设，不断推进高校内涵式发展》，载《中国高等教育》，2013(19)。

③　朱旭东：《再论我国师范院校教师教育存在的问题：认识误区、屏障和矛盾》，载《教育发展研究》，2016(2)。

④　Kosnik, C. & Beck, C. , "In the Shadows: Non-tenure-line Instructors in Pre-service Teacher Education," *European Journal of Teacher Education*, 2008, 31(2), pp. 185-202.

⑤　Loughran, J. & Berry, A. , "Modelling by Teacher Educators,"*Teaching and Teacher Education*, 2005, 21(2), pp. 193-203.

标准的国家，已有研究中却很少关注教师教育者的专业经验和诱导需求①，
也没有专门针对教师教育者培养与准备的课程。在西方，甚至有学者将教
师教育者研究称为教师质量背后的黑箱和缺失的一环。② 对教师教育者研究
的缺失在 21 世纪初受到国际上一些知名教师教育研究者的关注，在西方渐
渐出现了一批关于教师教育者知识构成及其培养的研究③④，一些学者通过
自我研究的方式结合自身成为教师教育者的经历试图去填补这个断层⑤⑥，
还有一些学者通过研究教师教育者的实践与生活试图去达到更深层次的理
解⑦。在我国，长期以来，关于教师教育者的专业发展并没有引起足够的重
视，其专业水平长期停滞不前……进入 21 世纪之后，我国才开始关注到教
师教育者队伍结构的不合理，素质结构的缺陷……总的来看，我国对教师
教育者的研究还很不全面，成果较少。⑧

　　综观国内外研究，教师教育者在西方国家已经开始得到关注并取得了
一些成果（仍比较有限），但尚未形成系统的理论基础，而我国教师教育者
研究则刚刚起步，涉及的范围包括教师教育者的内涵、角色、身份认同、
专业发展等几个方面。

---

　　① Goodwin，A. L. & Kosnik，C.，"Quality Teacher Educators＝Quality Teachers? Conceptu-
alizing Essential Domains of Knowledge for Those Who Teach Teachers," *Teacher Development*，
2013，17(3)，pp. 334-346.

　　② Hoban，G.，*The Missing Links in Teacher Education Design：Developing a Multi-linked
Conceptual Framework* (Vol. 1)，Springer Science & Business Media，2007.

　　③ Berry，A.，"Reconceptualizing Teacher Educator Knowledge as Tensions：Exploring the
Tension between Valuing and Reconstructing Experience," *Studying Teacher Education*，2007，3
(2)，pp. 117-134.

　　④ Korthagen，F.，Loughran，J. & Lunenberg，M.，"Teaching Teachers—Studies into the
Expertise of Teacher Educators：An Introduction to This Theme Issue,"*Teaching and Teacher Educa-
tion*，2005，21(2)，pp. 107-115.

　　⑤ Bullock，S. M. & Christou，T.，"Exploring the Radical Middle between Theory and Prac-
tice：A Collaborative Self-study of Beginning Teacher Educators," *Studying Teacher Education*，
2009，5(1)，pp. 75-88.

　　⑥ Wood，D. & Borg，T.，"The Rocky Road：The Journey from Classroom Teacher to Teacher
Educator," *Studying Teacher Education*，2010，6(1)，pp. 17-28.

　　⑦ Lunenberg，M.，Korthagen，F. & Swennen，A.，"The Teacher Educator as a Role Mod-
el,"*Teaching and Teacher Education*，2007，23(5)，pp. 586-601.

　　⑧ 李德菊：《教师教育者的专业发展研究》，硕士学位论文，曲阜师范大学，2012。

### （三）教师教育师资的培养与培训实践刚刚起步

教师教育者的专业发展状况影响着整个教师教育甚至教育的改革，因此需要立足教师教育自身，对教师教育者进行专业培养，促进其专业发展。美国 20 世纪 80 年代到 90 年代在研究中逐步明确了有效教师教育的特征，深刻揭示了教师教育改革的复杂性。到了 21 世纪初，教师教育的研究开始聚焦于教师教育中的关键要素，其中对教师教育者的研究也逐步深化。然而，世界各国围绕教师教育者开展研究发现，基本上教师教育者没能得到专业培养。"几乎所有欧洲国家的教师教育者都没有接受正式的培养，也得不到有经验同事的支持，十年后的研究还是发现教师教育者大多数没有获得教学方法论、合作以及成人学习方面的经验。"许多大学把教师教育作为一种不言而喻的活动，指派教师教育者而不进行任何准备与培训工作是基于这样的假设：教育教师不需要任何额外准备的东西，一名好教师可以自动将自己的专业知识转移到新手教师那里。[1] 加拿大学者也指出，在加拿大多数新教师教育工作者在学习之前几乎没有准备工作，而且在担任学术职位之后也只有很少的支持。[2][3] 如此现状使得教师教育者较多地采取了边工作边自我提升的自我专业发展模式，在专业实践过程中慢慢厘清自己的专业地位、专业角色与专业素养要求。

随着教师教育专业的建设与发展，教师教育者作为一个专业，需要有专门的培养途径，也需要专业的组织平台，实现专业对话与专业发展。2015 年秋季，美国哥伦比亚大学教师学院启动了一个全新的旨在培养教师教育者的博士生专业方向。该专业方向包括一套重点突出且具备一定弹性的课程群，通过组建非正式的教师与学生专业共同体，参与该专业方向学习的博士生致力于教师教育各个方面的实践、学习和改革。该项目追求的目标是塑造具有人文关怀的、有利于人类繁荣的教育方向和观念、教育环

---

[1]　Zeichner, K., "Becoming a Teacher Educator: A Personal Perspective," *Teaching and Teacher Education*," 2005, 21(2), pp. 117-124.

[2]　Kosnik, C. & Beck, C., "In the Shadows: Non-tenure-line Instructors in Pre-service Teacher Education," *European Journal of Teacher Education*, 2008, 31(2), pp. 185-202.

[3]　Wimmer, R. & da Costa, J., "The Academic Development of Education Faculty: Looking Back, Looking Ahead," *Alberta Journal of Educational Research*, 2007, 53(1), p. 77.

境和角色。①

这个新的专业方向是从 2013 年"教师学院转型计划"(TCTI)开始的一系列举措的最新进展,旨在应对高质量教师教育中被美国大学严重忽视的迫切需求:针对教师教育者的教育。教师学院在研究中发现并确定了教师教育者工作的四个基本要素为:(1)整合知识和实践;(2)自我导向,终身学习;(3)合作;(4)应对复杂与冲突的事项。通过研究教师学院逐渐将教师教育者的培养聚焦在四个方面:(1)关于教育理论的坚实基础;(2)有关教师教育领域的知识;(3)针对性的教学和研究指导与学徒制;(4)学术专业生涯指导。"教师学院转型计划"在进行教师教育者研究的基础上,致力于让更广泛的教师教育学界考虑并制定针对教师教育者的培育项目。2014—2015 年,教师学院在全美和国际知名教师教育学者的号召下,主办了"国家教师教育者准备园地"系列讲座和座谈会。这一系列活动使教师学院对这项持续推进的工作的相关结构、政治和知识背景有了进一步全方位的了解。社会迫切需要接受过严格学术训练和系统博士教育的教师教育者。尽管教师教育具有明显的重要性,存在一些缺点(实际的和所谓的),仍然处于困难和变化情境下,但教师教育者的专业教育一般都是被忽视的。对于很多新手教师教育者来说,这几乎是一个偶然并伴随孤独的过程。教师学院的做法是使教师教育者形成并深化专业认同,包括深入了解教师教育专业领域,娴熟与审慎地实践,培养学术探究的习惯和强烈的使命感。这个新的教师教育博士生专业方向是与学生学位课程所需的课程有机整合的严格、紧凑又灵活的课程群。它由四门必修课程和一门经批准同意选修的课程组成。课程探索学习教学的核心内容、问题、理论、经验和争议,以及教师教育的历史、设计、实践和挑战,关于公正和民主问题的探究与关注贯穿整个课程体系。教师教育的实践指导和学习如何教学的实证研究是这个专业方向的重要特征。

**(四)教师教育师资队伍专业性不足身份模糊**

目前,我国教师教育专业性不够,根源就在于教师教育者专业性不足。

---

① A Doctoral Specialization in Teacher Education in the Department of Curriculum and Teaching,https://tcforteachered.wordpress.com/,2018-03-01.

研究者在反思自己专业成长的历程中进行自我研究发现，我国教师教育者的专业成长存在职前培养重学历、轻资格；职前培养与职后培训缺乏连贯，重培养、轻培训；教育理论与教育实践相脱节等问题。[①] 南京师范大学指出："在传统的师范大学里，无序、分散开展的教师专业化教育活动，是附属于学科专业的活动，虽然有从事教师专业化教育活动的人，但是并没有一支以教师专业化教育为中心的专业团队。"[②]

随着我国高师院校教师教育改革实践的深入，"教师教育者"的身份问题也逐渐凸显。研究发现，改革压力及其对本体性安全感的破坏以及"教师教育"在大学学术架构中的边缘地位与"夹缝求生"的生存状态是影响教师教育者自我身份认同的重要因素。[③] 教师教育离不开学科专业与教育专业的双重滋养。教师职业与教师教育实践的特殊性使从事基础教育学科课程与教学论研究的学科教学论教师成为教师教育的重要力量。然而，从他们严峻的双重边缘化生存困境中不难窥见其身份认同的艰难与尴尬：与从事纯学科专业研究的学科专家相比，学科教学研究往往被认为是不上档次的非学术，在高校重视和追求学术科学研究的群体氛围中得不到应有的学术尊重，从而在相关文理学院的学科知识群体中处于边缘地位；而与从事教育科学研究的教育学者相比，又因其研究侧重理论之于实践的应用而同样被视为学术性不高、理论性不强，在强势的教育学术话语面前往往不自觉地丧失了教师教育的知识权与话语权，"先天性地处于一种不知是人为还是天造的夹缝中"进退两难，"理论不被看好，实践又觉得不上层次，直让人有无所适从之感"；只能"在这条崎岖路上……艰难跋涉……寻找自我……奋力填埋夹缝"。[④]

现代大学日益凸显的学科文化等级、积重难返的学术惯习以及无可奈何的个人学术资本是导致教师教育者身份认同内卷化困境的重要因素[⑤]，教

①　郑艳芳：《我国教师教育者的专业发展之自我研究》，载《继续教育研究》，2012(11)。
②　扶斌、李玲：《高师院校教师教育者师范性的追问》，载《学园》，2010(3)。
③　杨跃：《教师教育者身份认同困境的社会学分析》，载《当代教师教育》，2011(1)。
④　史晖：《"我"将何去何从——高师院校学科教学论教师的生存境》，载《教师教育研究》，2009(4)。
⑤　杨跃：《谁是教师教育者——教师教育改革主体身份建构的社会学分析》，载《南京师大学报（社会科学版）》，2011(6)。

师教育者模糊的身份认同是教师教育者专业发展的重要阻力之一[①]。有学者通过抽样调查发现，我国76.1%的高校教师教育者存在着对自身素质结构认识模糊、角色定位不明确等问题，85.2%的高校教师教育者迫切希望通过培训或自主发展提高胜任力。[②] 2000年欧洲教师教育绿皮书里提出，"尽管教师教育的质量与有效性很大程度上有赖于教师教育者的能力与专业知识技能，但在其专业化方面只做出了很少的努力"。在现实中，不但其他行业甚至教育行业也没有认真地将教师教育者视为一类特定的专业人员，连教师教育者也对自己所属群体认识不清，因此当前研究中需要特别关注教师教育者专业身份、专业职责、专业资质、专业发展等一系列有助于专业地位认定与强化的要素的建设。[③]

## 三、加强教师教育师资队伍建设的对策

### (一)构建教师教育学科专业体系，建立教师教育专业学院

优秀教师和未来教育家的培养，必须有一支数量充足、结构合理、业务精湛的教师教育师资队伍。但是，与现代大学教育体系相吻合的教师教育学科和专业体系尚未建立，学科教育教师在现代大学教育体系中往往被孤立、被边缘化。[④] 大学要真正把教师教育做优做强，就必须下大力气建设教师教育学科，以学科建设促进教师教育的资源汇聚与优化整合。

构建教师教育学科专业体系，可以在教育学一级学科下设置教师教育二级学科，使教师教育学获得合法席位，为教师教育者专业发展提供学科依托和支持。[⑤] 在教师教育二级学科内部设置研究取向的本科、硕士和博士层次的学术型教师教育学科专业，授予"教育学学士、硕士、博士"学术学

① 康晓伟：《教师教育者：内涵、身份认同及其角色研究》，载《教师教育研究》，2012(1)。

② 郭艳梅：《高校教师教育者胜任特征及其生成路径研究》，硕士学位论文，山东师范大学，2015。

③ 郑丹丹：《教师教育者及其专业标准的国际比较研究》，26页，杭州，浙江大学出版社，2015。

④ 刘义兵、常宝宁：《教师教育一体化师资队伍建设及其创新实践》，载《教育研究》，2015(8)。

⑤ 李铁绳、袁芳、郝文式：《基于教师专业化视角的教师教育专业建构》，载《广西社会科学》，2015(12)。

位，培养从事教师教育理论研究和实践的学术人员；同时设置实践取向的本科、硕士和博士层次的专业型教师教育学科，授予"教育学士、硕士、博士"专业学位①，学士和硕士层次主要培养基础教育师资，博士层次重点培养教师教育师资。同时，科学处理教师教育学科专业体系与教育学二级学科（课程与教学论、教育学原理、教育哲学等）、心理学二级学科（教育心理学、学习心理学等）的学科关系，构建各级教师教育学科的知识体系。②

此外，还需依托教师教育学科建设，建立教师教育专业学院。近年来师范大学中形成了文理学院模式、教育学院模式、不完全教师教育学院模式和完全教师教育学院模式等教师教育机构组织形式。研究发现，教师教育专业学院模式有利于形成明确和坚定的教师教育者认同③，并为其专业学习与交流提供理想的空间。教师教育师资队伍建设是一个系统工程，教师教育学科制度和教师教育专业学院是教师教育者专业发展的基础，是教师教育者专业发展的学科依托和组织载体。

### （二）加强教师教育者的交流与合作，深化教师教育理论研究

我国 2012 年 3 月《教育部关于全面提高高等教育质量的若干意见》提出，"鼓励高校聘用具有实践经验的专业技术人员担任专兼职教师，支持教师获得校外工作或研究经历"。这一规定对于丰富我国教师教育师资队伍有着很重要的指导意义。此外，2000 年 6 月，中组部、人事部、教育部《关于深化高等学校人事制度改革的实施意见》规定，"按照相对稳定、合理流动、专兼结合、资源共享的原则，探索建立相对稳定的骨干人员和出入有序的流动人员相结合、以教师为主的高等学校人才资源开发机制。鼓励校际之间互聘、联聘教师。"④

加强教师教育者的交流与合作，深化教师教育理论研究可以从以下三个层面展开。

---

① 朱旭东：《六所师范生免费教育的大学成立教师（教育）学院的价值研究——教师教育大学化的组织结构选择》，载《大学·研究与评价》，2008(9)。

② 李铁绳、袁芳、郝文武：《教师教育者专业发展的社会学分析》，载《高教探索》，2016(5)。

③ 赵明仁：《师范大学中学科教师教育者的身份认同》，载《高等教育研究》，2014(8)。

④ 郑丹丹：《教师教育者及其专业标准的国际比较研究》，20 页，杭州，浙江大学出版社，2015。

第一，基础教育学校教师参与高校教师教育课程与教学活动。通过兼职教师、双导师制，聘任基础教育优秀教师和管理者，共同指导师范生的教育见习、教育实习及教育研习；合作开展职前教师培养和职后教师培训等方面的教师教育课程建设、教材建设、教学改革等，建设一批职前职后一体化的教师教育课程教学资源；高校教师教育者可将部分学科教师教育课程的教学安排到专业发展学校开展，使基础教育学校教师参与教师培养培训活动，从而全面提高教师教育者的教学水平。

第二，教育行政部门管理者及基础教育学校教师参与教师教育研究活动。建设教师教育创新试验区，高校教师教育者、教育行政部门的管理者及专业发展学校教师形成协同体，构建教师教育学科研究范式，形成富有学科特色的研究方法；围绕基础教育和教师教育领域的基本理论及实践方向，集中开展重大课题研究，形成一批指导教师教育和基础教育改革发展的理论与实践成果，整体提升教师教育者的研究水平。

第三，建立对话合作的教师教育者发展空间。教师教育者的个体专业发展以自我研究为主，教师教育者的群体专业发展以专业标准为主。推动教师教育者个体的专业发展，要求自由宽松、充满信任的文化空间，使教师教育者反思研究自身的教学实践，解决教学中的实践问题，修正自身教学行为，生成自身的教学实践智慧。促进教师教育者的群体发展，应该基于教师教育者的专业标准，建立教师教育者协同体之间平等、共生的关系，促进其平等对话、合作、协商，实现教师教育者群体的整体专业发展。①

### (三)拓展教师教育者的发展路径，加强教师教育师资的培养与培训

教师教育者要能够帮助和促进教师的专业发展，其自身的专业发展是不可或缺的。② 教师教育者的专业发展状况影响着整个教师教育甚至教育的改革，因此需要立足教师教育自身，对教师教育者进行专业培养，促进其专业发展。目前教师教育者专业化发展包括自我研究专业化发展、培训课程专业化发展、学位课程专业化发展三种途径。③

---

① 李铁绳、袁芳、郝文武：《教师教育者专业发展的社会学分析》，载《高教探索》，2016(5)。
② 李学农：《论教师教育者的专业发展》，载《教育发展研究》，2012(12)。
③ 黄敏：《国外教师教育者的专业化发展研究综述》，载《外国教育研究》，2012(12)。

1. 自我研究专业化发展

20 世纪 90 年代早期，自我研究开始出现，它不仅适合于教师教育者的专业化发展，也适合于普通教师的专业化发展。自我研究是教师教育者通过自觉地反思，思考自身的教师教育实践活动，以更广阔的社会、政治和历史背景知识来审视自己的教学思想和行为。对于教师教育者来说，他们不仅应自己开展反思活动，也应集中起来分享自我研究的成果，甚至在刊物上公开发表研究文章。很多学者认为自我研究专业化发展是教师教育者实现其研究者和实践者双重角色最平衡的方法。

2. 培训课程专业化发展

根据不同类型教师教育者的需求和特征，开发设计符合其发展需求的培训课程。培训课程专业化发展一方面可以弥补自我研究专业化发展的不足，另一方面也可以为自我研究专业化发展提供基础。教师教育者通过参加培训机构组织的短期或长期培训实现知识、技能和意识方面的更新。高质量的教师教育者培训课程的设计与研发是以系统的教师教育者专业特征及其需求研究为基础的。以我国为例，目前能开展专业教师教育者培训的仅有北京师范大学教师教育研究中心等屈指可数的几家机构，因此，现阶段的教师教育者培训课程应最大限度地整合优势资源，并考虑借助现代教育技术实现资源共享。

3. 学位课程专业化发展

学位课程专业化发展是指教师教育者通过完成研究生课程与学位实现其专业发展。本文在第二部分专门介绍的哥伦比亚大学新开设的培养教师教育者的博士生项目可以为我国设计培养教师教育者的课程与学位项目提供一定的参考。北京师范大学教师教育研究中心自 2010 年开始招收教师教育专业学术型博士研究生，主要培养从事教师教育理论研究和实践的学术人员，但其规模非常有限，无法满足国家教育发展对于专业化教师教育师资的需求。进入 21 世纪以来，中国的教师教育已全面进入高等教育体系，建立培养教师教育者专业的条件已经成熟。目前研究生教育已经面向基础教育学校对教师的需求，在研究生教育层次及以上建立教师教育者教育的专业应顺理成章。依据我国社会的现状，教师教育者教育的专业，可以从硕士学位教育开始，向博士学位教育发展。① 本研究认为，我国自 2010 年开始试行的教育博士专业学位制度，从培养机构特点、生源特征、培养规模、培养目标等方面衡量，都应成为新时代中国教师教育师资队伍专业化发展的一条主要路径。

对于如何培养教师教育者这一更具体的问题，埃莉奥诺拉·维莱加斯-赖默斯在《教师专业发展——国际文献述评》中所引述的赫尔南德斯提出的七条原则（principles）可以为我们提供一定的参考：第一，教师教育者应当接受教育学（pedagogy）的教育，因为教师教育者的教育活动对学校教师们的活动有深刻的影响，教师教育者应当能够示范教学的方法、技术和过程。第二，教师教育者的教育应当基于学校课堂中每天产生的教育实际问题。第三，教师教育者不仅要会教学，而且要会对自己的教学专业实践领域进行研究。第四，教师教育者应当深入了解他们自己及他们的学生将要在其中工作的学校机构。第五，教师教育者应当深入了解一个国家的教育制度和这种制度得以实现的环境。第六，教师教育者应当懂得如何在团队中合作。第七，教师教育者应当热爱教学。这种品质会使他们的学生对教学产生积极的态度。这七条原则包含了教师教育者教育的内容，因而可以作为设计教师教育者专业教育内容的参照。

**（四）建立教师教育者专业标准，引领教师教育者专业发展**

从教师教育者专业标准对教师教育者的影响看，有这样三个方面的价值：首先是规范教师教育者队伍。由于教师教育仍处于改革的进程中，从业人员的规范性有待加强，教师教育者专业标准的出现有利于逐步使教师教育者成为有标准有认证的专业群体，体现专业的尊严。其次是促进对教师教育者专业身份的认同，使得教师教育者不仅仅认识到自己是教师，更要了解自己作为承担教师教育任务的教师，还有多种角色和相关的教师教育者专业标准要求。最后是专业发展的引领。美国、荷兰等国家出台的教师教育者专业标准虽然是针对有经验的优秀教师教育者的，但已经体现出教师教育者专业标准对于教师教育者个人与群体双重的专业引领，甚至影

---

① 李学农：《论教师教育者的专业发展》，载《教育发展研究》，2012(12)。

响教师教育的研究与发展。因为教师教育者专业标准或许有管理上的价值，但更需要体现在教师教育者专业发展方面，作为其专业发展的指引与对照。

当前我国教师教育领域还没有制定出专门的教师教育者专业标准，有关教师教育者的资格及资历等一般由开展教师教育的高校自行规定，这与当前我国教师教育的改革与发展不相适应。针对教师教育者这一群体的特点，制定符合教师教育发展趋势的教师教育者专业标准，理应成为当前我国教师教育改革与发展的重要工作。教师教育者专业标准的制定需要反映当代教师教育理念，需要顺应社会需求和未来教育改革与发展的新形势和新要求。教师教育者专业标准应当成为选拔、培养教师教育者的指南，同时也应是指导与评价教师教育者教育教学行为的标准。①

（高　鸢）

---

① 何李来、李森：《美国教师教育者专业标准述评》，载《现代教育论丛》，2016(3)。

# 构建规范统一的教师教育质量保障体系

中共中央、国务院印发的《关于全面深化新时代教师队伍建设改革的意见》（以下简称《意见》），首次明确提出"研究制定师范院校建设标准和师范类专业办学标准，重点建设一批师范教育基地，整体提升师范院校和师范专业办学水平""师范院校评估要体现师范教育特色""开展师范类专业认证，确保教师培养质量""切实提高生源质量""选拔有志于从教的优秀学生进入师范专业""完善中小学教师准入和招聘制度"。这些举措，其核心旨在健全新时代我国师范院校培养机构、师范专业认证与评估及教师资格制度相统一的教师教育质量保障体系，从本质上亦体现了教师教育的专业性，保障了教师队伍的高质量与专业化。

## 一、规范统一的教师教育质量保障体系的构成及其关系

从广义上说，教师教育涉及教师招生、培养、准入、培训等一体化环节的全过程，完整的教师教育质量保障体系包括教师培养、入职与职后教师队伍建设一体化的质量保障制度或措施。本文主要聚焦于职前教师培养阶段，因而这里讨论的教师教育质量保障体系通常是指为

确保职前教师培养达到一定的质量标准，在生源、认证、评估、投入等方面采取的系统性的教师教育政策或措施。从其承载对象来看，主要指向教师培养机构；从主体来看，可分为由教师教育机构开展的机构设置、专业认证与评估等组成的内部质量保障体系，以及由政府或者专业组织开展的标准发布、专业认证、资格认证等组成的外部质量保障体系；从环节来看，可分为由生源、课程、教学、实习等主导的过程保障和由专业标准、资格标准等导向的输出保障。① 从国际经验看，认证（accreditation）、资格证书（license）与进阶证书（certification）成为教师质量保障机制的三大支柱（three-legged stool）。② 其中，教师教育认证制度（包括教师培养机构认证、师范专业认证）作为教师教育外部质量保证的重要途径，与教师资格制度互为补充，到在职教师专业发展的逐步提升而获得的认可，形成从教师职前培养、入职到在职一体化上下衔接和完整的教师质量保障体系。《意见》详细论述了教师从职前到在职以及职后教师队伍质量的全面提升。本文主要聚焦于从教师培养机构认证到师范专业认证再到教师资格制度相统一的教师教育质量保障体系。

### （一）教师教育质量保障的起点：建立教师培养机构认证制度

教师培养机构作为教师教育认证的对象，意指专门负责教师培养的院校机构，是教师教育的组织机制，承担着教师培养重要职能，是教师教育质量保障的起点。③ 教师教育机构认证制度作为一种教师成长和发展的保障安排，是指对教师教育机构所进行的资质认定，按照一定的标准或规范，对合格者给予认可地位，承认其已经具备从事教师教育的能力和资格。教师教育机构认证制度是促进教师专业化的一个重要保障机制，有了良好的教师教育机构认证制度，可以有效地监控教师教育的质量。④ 从国际经验看，构建教师教育机构认证制度，首先需要规范与统一教师培养机构的认

---

① 王薇：《国际教师教育质量保障体系的构建及其启示》，载《教师教育研究》，2017(3)。

② 黄嘉莉：《中小学教师证照制度的社会学分析：社会藩篱论观点》，载《台湾教育社会学研究》，2016(2)。

③ 郭赟嘉、闫建璋：《教师教育机构资质认证研究》，载《教师教育学报》，2017(6)。

④ 陆晓燕：《开放式教师教育背景下中国教师教育机构认证制度研究》，硕士学位论文，华东师范大学，2008。

证标准，主要包括认证评估的机构、对象、模式、程序、办学指导思想、办学条件、师资队伍、课程设置与实施、教学实施、机构管理与质量保障、评估等方面。① 教师培养机构资质认证标准包括：一是教师培养的现代大学的机构认证，也就是教育部高等学校本科教学评估合格以上的院校以及（教师）教育学院机构认证；二是建立了现代大学制度，尤其是现代大学的行政和学术的治理结构的院校制度；三是专业学院的专业评估标准，即教师（教育）学院的专业标准。② 考虑到我国大学建制具有历史积淀下的复杂性，研究者指出需要把以现代大学为统一机构作为前提条件。③

**（二）教师教育质量的过程性保障：建立师范专业认证与评估制度**

专业认证与评估涉及教师教育内部的招生、课程、教学、师资、实践环节等主导的过程保障。建立内在统一的标准是师范专业的认证与评估的关键。教师教育效能的研究表明，有效教师教育的共同特点表现在：明晰的专业愿景或目标，并体现招生、课程和实践环节的各个方面；以强有力的标准来指导课程和实践，提供广泛的基于课程的实践经验，对实践和理论以及相互整合进行评估；课程理解以儿童发展为核心，同时关照核心课程、学生学习环境以及社会文化敏感；关注处理学生发展差异等策略；具有适应性专业知识（adaptive professional knowledge）和反思实践（reflective practice）是成功毕业生的特点等。④ 可以看出，认证与评估标准紧紧围绕培养什么样的学生以及与之相适用的培养什么样的教师为核心目标，贯穿于培养的课程、教学、师资以及实践环节的全部过程。

建立教师教育本身各个环节的认证、标准与评估指标之间的有机联系，从入口选拔适教乐教的优秀生源标准，到培养过程中院校办学标准、专业认证与质量评估包括教师教育的课程、教学、师资与师范生的教育实践标准，到培养结果环节的教师资格认证各阶段的贯通与有机协调，可以说，

---

① 洪明：《美国教师培养质量保障机制的改革与创新——TEAC 教师教育专业的认证标准和程序探析》，载《中国高教研究》，2010(1)。

② 朱旭东：《教师教育标准体系的建立：未来教师教育的方向》，载《教育研究》，2010(6)。

③ 朱旭东：《教师教育标准体系的建立：未来教师教育的方向》，载《教育研究》，2010(6)。

④ Darling-Hammond，L.，"Constructing 21st-century Teacher Education,"*Journal of Teacher Education*，2006，57(3)，pp.300-314.

教师专业认证是教师教育专业化的产物，也是教师教育专业化的起点保障和提高教师质量的有力手段。

### （三）教师教育质量的结果性保障：建立教师资格考试与认定制度

作为一门专业性职业，为保障教师的专业地位，国家对从业人员的资格进行严格限制。教师资格是国家规定的从事教育教学工作的人员应当具备的特定条件和身份，标志着从事教师职业所必需的品德、知识和能力，是国家和社会对"准专业从业者"的最基本要求。教师资格证书制度在保障教师质量方面所表现出的不可替代性作用，与教师教育机构认定制度、教师专业认证等共同组成了教师教育质量保障体系。国际经验表明，教师资格证书的取得，一般包括修习教师教育课程、参加教育教学实践、通过教师资格考试与认定等程序。① 教师的起点学历已实现大学本科以上，同时对教师资格证书做出了分级和定期更新的规定，体现了教师专业化的程度，将教师的职前培养、入职培训与在职专业发展进行了统筹制度设计。

总之，教师培养机构认证是教师教育保障的起点，如同只有生产线与生产车间符合标准，才可能生产出合格产品。师范专业认证是教师质量的过程性保障，通过生源准入、课程体系、师资、实践、学生评价等环节实现对一名合格未来教师的培养。教师资格证制度是职前教师质量的终结性保障，是国家对从事教师职业、专业或教育教学活动的人所应具备的条件或身份的一种强制性规定。推行教师资格制度是把住教师入口关、全面提高教师素质的有效途径。

## 二、健全规范统一的教师教育质量保障体系的迫切性

从我国现有教师教育质量保障体系的建设看，特别是 20 世纪 90 年代末以来，随着对高质量教师教育要求的日益提高与教师教育改革的深化，随着我国教师教育体系逐渐从封闭走向开放，国家相继出台了一系列法律法规、标准与指导意见，如颁布《教师专业标准（试行）》《教师教育课程标准

---

① 冯慧、饶从满：《美国教师培养外部质量保障体系探究》，载《外国教育研究》，2017(12)。

（试行）《中小学教师资格考试暂行办法》《教育部关于加强师范生教育实践的意见》以及最新的《普通高等学校师范类专业认证实施办法（暂行）》等，这些政策或措施为教师的专业身份与角色、教师资格与素质要求、教师教育课程与教学以及教育实践提出了明确的方向引导与规范要求。但是，教师教育在走向开放化与综合化改革过程中出现了发展的不平衡与不充分问题。

一是教师教育开放化过程中师范院校的主体地位受到冲击，教师培养机构良莠不齐。目前教师培养机构主要包括师范院校、综合院校（综合大学与综合学院）与职业院校（高职与中职）。从近年本专科师范生毕业人数看，综合院校与职业院校培养量远远超过了师范院校，特别是职业院校以学前与小学教育教师培养的"托底性"生源现象突出，办学不规范，培养层次低，质量评估与监管缺乏制度依据。① 针对教师培养机构良莠不齐的现象，《意见》强调提出"研究制定师范院校建设标准和师范类专业办学标准，重点建设一批师范教育基地，整体提升师范院校和师范专业办学水平"，从师范院校、师范专业以及师范教育基地的建设方面对教师培养机构的标准提出了要求。

二是综合院校在教师教育办学中内涵发展不足，师范专业趋于边缘化，表现在大学内部学科建设不完善，教师教育学科建设亟待加强，教师教育资源分散，职前职后分离，师范生实践性课程的内容和方法缺乏指导标准，教师教育适应基础教育改革与高素质专业化教师队伍发展的需求迟缓，师范专业建设亟待加强。为加强师范专业的培养质量，《意见》指出，"开展师范类专业认证，确保教师培养质量""切实提高生源质量""选拔有志于从教的优秀学生进入师范专业""完善中小学教师准入制度"。2017 年 11 月教育部出台印发《普通高等学校师范类专业认证实施办法（暂行）》，旨在建立师范类专业认证制度，健全教师教育质量保障体系，加强培养质量检测评估，促进不断提升教师培养质量。在教师教育实践方面，《意见》提出了具体的要求，指出大力推动研究生层次教师培养，建立以实践为导向优化教师教育课程体系，强化"钢笔字、毛笔字、粉笔字和普通话"等教学基本功和教学技能训练，师范生教育实践不少于半年。

---

① 朱旭东：《中国现代教师教育体系构建研究》，北京，北京师范大学出版社，2014。

三是缺乏高水平综合大学参与教师教育，院校内部协同不足。高水平综合大学参与教师教育的数量不足，低层次职业院校数量和培养量剧增，学科专业院系与教育专业院系各自为政，缺乏在课程建设、师资等方面的相互支持和协同发展。对此，《意见》明确提出，"实施教师教育振兴行动计划，建立以师范院校为主体、高水平非师范院校参与的中国特色师范教育体系，推进地方政府、高等学校、中小学'三位一体'协同育人""支持高水平综合大学开展教师教育。创造条件，推动一批有基础的高水平综合大学成立教师教育学院""发挥专业优势，开设厚基础、宽口径、多样化的教师教育课程"。

四是教师资格准入低，注重考试，忽视教师培育过程。我国自 2011 年实施中小学教师资格考试改革，实施国家统一的教师资格考试，对于提高教师准入的门槛、建立开放灵活的教师教育培养体系是非常必要的，但问题是，缺乏对教师资格相应的规范，仅仅通过考试环节就能获得教师资格证，对教育类的课程教师教育训练以及教育实习都没有要求，准入门槛低，注重"考"，忽视"育"。[①] 这导致一些院校为学生开设的课程只有教师资格证考试内容，必要的教育学、教师素养、教师实践能力不考虑。政府与教师教育院校在教师资格准入环节，缺少教师培养起始质量、过程质量和结果质量的一体性规范，教师资格考试往往"沦陷"为简单的"培训"，变成应试的教师教育。对此，《意见》强调提出："完善教师资格考试政策，逐步将修习教师教育课程、参加教育教学实践作为认定教育教学能力、取得教师资格的必备条件。新入职教师必须取得教师资格。"

随着我国教师教育综合改革的深入，如何在开放化与规范化协同发展的教师教育体系中健全教师教育质量保障体系，如何在综合化背景下强化教师教育特色引导教师教育内涵式发展，这一系列的新情况和新问题，成为我国新时代教师教育综合改革的关键任务。其中尽快健全与完善新时代我国师范院校培养机构、师范专业认证与评估及教师资格制度相统一的教师教育质量保障体系，成为推动教师教育综合改革"牵一发而动全身"的突

---

① 李琼、裴丽：《深化教师教育改革的突破口：创建政府、大学与中小学的协同一体化》，载《教育理论与实践》，2017(5)。

破口和着力点，是从源头上对高素质专业化教师队伍的保障。

## 三、健全我国新时代规范统一的教师教育质量保障体系的建议

追求公平而高质量的教育，已成为新时代教育强国建设的方向；培育高质量专业化的教师队伍则是教育强国建设的关键之所在，而专业化教师队伍的建设需要质量导向的教师教育体系来保障和助推。为深化我国教师教育综合改革，回应《意见》提出的新时代加强教师队伍建设的各项举措，健全新时代我国师范院校培养机构、师范专业认证与评估及教师资格制度相统一的教师教育质量保障体系，本文进一步提出如下建议。

一是注重系统与整体设计思路，确保教师教育质量保障体系在各环节、各主体之间的相互贯通与有机衔接。教师教育的质量保障，应始终围绕培养什么样的学生与培养什么样的教师为中心，一方面要建立教师教育本身各个环节的认证、标准与评估指标之间的有机联系，从入口选拔适教乐教的优秀生源标准，到培养过程中院校办学标准、专业认证与质量评估包括教师教育的课程、教学、师资与师范生的教育实践标准，到培养结果环节的教师资格认证各阶段的贯通与有机协调。另一方面教师教育质量保障在政府、专业认证组织与教师培养院校主体之间形成良性互动。政府作为制度建设者、资源配置者与统筹协调者，要为培养院校与专业认证组织提供教师教育核心价值观的引领、质量保障的政策出台与运转机制；专业认证组织负责对教师培养机构及专业的认证与评估，在提供规范性质量监控的同时，要为教师教育机构的办学提供自主空间，倡导教师教育培养的特色与多元化；倡导教师教育机构建立自身内部的质量监测与保障系统，如持续自我改进的教师教育质量监测年度报告。

二是以标准建设与绩效证据考察为抓手，引领我国新时代教师教育质量保障体系建设的方向。借鉴美国、澳大利亚等发达国家教师质量保障体系的经验，基于标准本位与绩效证据建立质量保障体系。[①] 首先成立专门的教师教育认证委员会，主要负责教师教育办学质量的评估工作，评估全国

---

① 王薇：《国际教师教育质量保障体系的构建及其启示》，载《教师教育研究》，2017(3)。

高校所开设的教师教育课程是否在专业层次上符合办学指标。其次以法律、法规的形式颁布全国统一的招生、机构认证、质量评估等各方面的专业标准，旨在强调不管学生在何种性质的学校接受教育，都应该由高质量教师提供优质教育。标准应从职业因素和专业因素两个维度来构建教师专业标准，两个维度的结合强调了教师职业的专业性、实践性和发展性，比如《教师教育专业的招生标准》《教师教育机构资质认证标准》《师范院校建设标准》《教师教育质量评估标准》《教师教育者标准》以及重视教师教育专业实践性的《师范生的教学实践标准》《师范生的实践基地标准》《实习指导教师标准》等建设。考虑到我国教师教育体系中培养机构的层次化与类型多样化特点，需要在国家层面顶层设计的基础上，进一步发挥各地方政府和教育行政部门的主观能动性，并让教师教育中的各个主体参与到政策制定和实施过程中。

三是重视教师培养与基础教育师资队伍的整体规划，建立教师教育院校与地方政府、中小学教学实践联系紧密的师范生培养体系。师范生的培养最终要服务于基础教育实践一线，质量保障体系需要教师教育机构立足国家或地方教师队伍的规划布局，与中小幼学校在课程、教学、师资、实习实践的协同合作，提高师范生的教育理论与实践结合的专业能力，同时高质量的教师教育要引领与保障教师教育改革走在基础教育前列。教师培养院校应切实加强落实以实践为导向优化教师教育课程体系，培养适合中小学需要的师范毕业生，包括：需要有共同的、清晰的教学愿景贯穿于所有课程和临床经验中；用界定清晰的实践和成绩标准指导和评价课程与临床工作；课程围绕儿童的知识和青少年的发展、学习、社会背景、内容教学法，且在实践背景中教学；广泛的临床经验以支持理论观念和实践同时呈现，与课程紧密结合；帮助学生制定清晰的策略；了解自身关于学习与学生的深层信念和假设；从不同于自身的人们那里学习经验；紧密的关系、共同知识、分享的信念、中小学与大学的合作；案例研究的方法、教师研究、表现评估、档案袋评估，将学习应用于真实的实践问题等。[1]

---

[1] Darling-Hammond，L.，"Constructing 21st-century Teacher Education,"*Journal of Teacher Education*，2006，57(3)，pp.300-314.

　　四是切实发挥政府的作用，建立政府和大学、专业组织协同合作的良性互动。从教师教育的属性来看，它兼具学术性、专业性与公共性三种基本属性①，这就决定了高质量的教师教育质量保障体系，包括由政府作为主体的出台国家政策与经费支持的保障，由教师教育机构作为培养主体的从生源、培养过程到结果进行的内部质量保障，由专业组织作为主体的对教师教育机构、专业认证以及教师资格认证进行的专业评估保障。不同主体之间的协同、合力、支撑与良性互动，从源头上共同保障高质量的教师队伍。

　　政府的责任在于教师教育立法、拨款、审批和资格认证。首先，从源头上不断提高地位待遇，提高教师职业的吸引力，真正让教师成为令人羡慕的职业；其次，组织研制与出台保障教师教育质量的各项标准与制度；再次，遴选专业组织对教师培养机构与专业进行认证与质量评估；最后，加大教师教育的专项经费投入，保障教师教育质量的财政支持。总之，要加大对师范院校的支持力度，在专业认证与评估的基础上，将教师教育专业单列进行国家"双一流"建设，不断增加师范院校建设的专项经费支持，保障高质量教师教育的健康运行。

（李　琼）

---

　　① 钟秉林、宋萑：《专业化与去专业化：美国教师教育改革悖论——中美教师教育比较研究之一》，载《高等教育研究》，2011(5)。

# 教师教育学科是大学教师教育改革的动力源泉

## ——加强教师教育学科建设

中共中央、国务院印发的《关于全面深化新时代教师队伍建设改革的意见》（以下简称《意见》）正式提出了"加强教师教育学科建设"的时代命题，第一次以中央文件的形式确立了教师教育学科的法定地位，这必将为新时代大学的教师教育改革提供新的动能、新的机遇。从国际经验和本土现实来看，加强教师教育学科建设，是大学提升教师教育专业化水平、匡正教师教育弱化之谬、构建现代教师教育体系、回应一流教师重大需求的必然选择。加强教师教育学科建设的综合路径，包括学位点建设路径、组织建设路径、项目建设路径、队伍建设路径、专业与课程建设路径、学科文化建设路径。

## 一、教师教育学科建设的内涵

学科是大学的基本元素、基本组织、基本建设。对于学科的理解一般有两种，一是作为一种相对独立的知识体系的学科，二是作为一种学术组织结构的学科。那么，从这两个角度出发所理解的教师教育学科既可以理解为教师教育的知识体系或教育学术中的一个分支，也可以理解为为培养教师专门人才而设立的教师教育教学科目。① 基于对教师教育学科的理解，综合相关文献考察，特别是结合"双一流"建设方案的"五大建设任务"，教师教育学科建设可以界定为基于专门、系统、相对独立的教师教育知识体系，综合统筹运用政策、人力、物力等各种资源，并通过组织、制度、文化等系统变革，形成并提升教师教育学科的人才培养力、学术生产力、资源汇聚力、服务支撑力、文化引领力的实践活动和实践过程。因此，教师教育学科建设既涉及教师教育知识体系的建设，也涉及以培养高素质、专业化教师人才为目标的教学科目建设。

从上述界定出发，教师教育学科建设具有如下三个特性。

### (一)功能的基础性

教师教育学科建设是一种基础性建设。就学科本身的发展空间来讲，教师教育学科建设，是建立和完善学科知识体系、理论体系，凝聚学者力量、形成团队集聚，构建教师教育学术共同体、增强学科持续发展能力的重要基础。从大学的功能承载来讲，教师教育学科建设，是大学高质量开展教师培养培训、教师问题研究、教师专业服务以及教师教育文化创新的重要基础；是大学获取、整合、优化教师教育资源，巩固、夯实、强化教师教育基础，形成、保持、凸显教师教育特色的重要基础。没有一流的教师教育学科支撑，大学的教师教育就不可能做到一流。从另一角度看，这种基础性，其实就是大学教师教育学科建设的重要性和必要性之所在。

### (二)内容的综合性

教师教育学科建设是一种综合性建设。从学科的基本要素来看，教师教育学科建设包括知识体系建设、学科制度建设、学科方向建设、学科梯队建设、学科组织建设、学科文化建设、学科资源建设等多项内容。从大学工作的维度来看，教师教育学科建设涉及优秀师资的引进与培养以及相应的人才培养、科学研究、社会服务、文化传承创新等多项内容。从学科管理的角度看，教师教育学科建设又涉及学校的行政管理、人事管理、财务管理、科研管理等多个领域，并要充分运用规划、政策、人力、物力、

---

① 朱旭东、周钧：《论我国教师教育学科制度建设——教师教育大学化的必然选择》，载《教师教育研究》，2007(1)。

财力等多种因素。因此，教师教育学科建设的综合性、系统性特点非常明显，需要多方共进，共同发力。这也正是大学教师教育学科建设面临的难点和挑战，凸显了教师教育学科建设的复杂性。

### （三）目标的多元性

教师教育学科建设是一种目标取向的建设。从"双一流"建设的逻辑来看，教师教育学科建设的目标指向就是建成一流学科，形成并提升人才培养、科学研究和服务社会的综合实力。教师教育学科建设的成效至少要体现在四个关键的层面。一是建设一流的教师教育学科队伍，形成优势突出、结构合理、具有可持续发展力的学科发展梯队；二是提高教师培养培训质量，持续不断地为区域基础教育培养造就高素质、专业化的教师队伍；三是提高科研和决策服务水平，形成较强的学术生产力和服务支撑力，高质量地研究解决教师专业发展、队伍建设的重大理论与现实问题，提高教师专业发展服务的针对性和有效性；四是传承、培育、创新教师教育文化，包括教师教育学科文化、教师教育专业文化以及优秀的师德文化。

## 二、教师教育学科建设的价值

《意见》提出"加强教师教育学科建设"，既是对国际教师教育发展趋势的科学把握，也是对本土教师教育现实问题的理性回应，其价值具体体现在以下四个方面。

### （一）教师教育学科建设是大学提升教师教育专业化水平及教师培养培训质量的必然前提

学科是大学教学科研的基本功能单位。现代大学体系下的人才培养必须在学科制度内开展，教师培养、培训也不例外。进一步说，大学教师培养培训的质量，取决于教师教育的专业化水平；教师教育的专业化水平则取决于教师教育学科建设的水平。所谓教师教育专业化水平是教师培养和培训应当遵循的师范生成长和在职教师专业发展的规律而实施的一系列的培养目标、课程和教学、实践等专业性的程度。而专业性主要体现在教师培养和培训中所反映出来的"内容、学和教"的科学的逻辑关系的建立。但是，由于我国长期以来没有确立教师教育学科制度，因此相应的教师教育的专业性、科学性等无法体现，从而长期以来处在"非专业"的困境。特别是，在职教师培训的问题更为突出，其专业性水平太低，从方案设计到整个实施过程，再到最后的评估都处在低水平状态，这与没有学科依托，没有一支专门的研究队伍，没有相对完善的知识体系，没有相应的专业课程设置是紧密相关的。因此，加强教师教育学科建设，是大学提升教师教育专业化水平的一个必然前提。

**（二）教师教育学科建设是师范院校匡正教师教育弱化之谬、凸显教师教育特色的必由之路**

学科是大学教学、科研、师资等诸多要素的基本结合点，很大程度上决定着大学人力资源、财力资源、物力资源的配置情况。以学科建设为抓手来整合发展资源，是大学推进内涵式发展的重要途径。[①] 反之，没有学科地位或者学科建设水平不高，就没有争取资源配置的基础和优势，也就没有进一步发展的基础。在开放型教师教育体系的转型与建设过程中，之所以出现师范院校教师教育弱化、边缘化等问题，一个关键的原因就是没有及时建立起教师教育学科制度，使师范院校的教师教育"失去了大学内部资源按照学术组织机构和学科制度进行配置的资源获取机会"[②]，也使其教师教育在与其他具备"合法身份"学科的资源竞争中处于明显的弱势地位。所以，师范院校要真正把教师教育做优做强，就必须下大力气建设教师教育学科，以学科建设促进教师教育的资源汇聚与优化整合，不仅要获得与其他学科的"同等待遇"以及"同台竞技"的基础，而且要"异军突起"成为师范院校的一流学科，才能建设一流的师范院校。

**（三）教师教育学科建设是师范院校推进教师教育二次转型、主体性参与现代教师教育体系的必然要求**

当前，我国教师教育发展的宏观目标就是推进二次转型，建立现代体系，这两个目标的基本指向都是建立现代大学体系下的教师教育专业学院

---

① 李元元：《持续抓好学科建设，不断推进高校内涵式发展》，载《中国高等教育》，2013(19)。

② 朱旭东：《再论我国师范院校教师教育存在的问题：认识误区、屏障和矛盾》，载《教育发展研究》，2016(2)。

体系。建立教师教育专业学院体系的根基或者前提必然是教师教育学科制度的确立以及教师教育学科建设的支撑。正如斯坦福大学荣誉校长卡斯帕尔所说："一所高校面临许多学科方向发展的选择，重要的是结合学校的实际进行合理规划……如果你要设立医学院，病理学系是必不可少的；如果你要设立人文科学学院，那艺术系科是绝不可少的。"相对应的，如果要设立教师教育的专业学院，那么教师教育学科就是必不可少的。具体而言，所谓教师教育二次转型，就是在我国师范院校综合化这一转型的基础上，推动教师教育基于学科基础实现组织结构的实质性转型，这种实质性转型必然要依托于合法的教师教育学科建制以及成熟的教师教育学科体系。再者，构建开放灵活的现代教师教育体系，无非是两条路径：一是激励师范院校继续保持和优化教师教育，发挥教师培养的主体作用；二是吸引一流和高水平综合大学参与教师教育，扩大高质量教师的来源。而这两条路径均以教师教育学科建设为基本前提。没有教师教育学科制度和学科体系作为基础，一流大学和高水平综合大学不可能实质性参与教师教育，而且师范院校的教师教育也会继续面临空间挤压、资源流失、特色弱化的客观困境，建立现代教师教育体系就会处于制度缺失的现实之中。

### (四)教师教育学科建设是师范院校回应国家、区域对一流教师重大需求的必然举措

回应国家、区域和行业的发展战略，在满足其重大需求的过程中孕育产生，是一流学科培育发展的一条重要路径。[①] 有教必有师，教师作为教学专业人士，是教育事业发展的基石，是教育质量提升的关键。一流的教育，必须要有一流的教师。对此，习近平总书记曾指出，"努力培养造就一大批一流教师，不断提高教师队伍整体素质，是当前和今后一段时间我国教育事业发展的紧迫任务……各级党委和政府要从战略高度来认识教师工作的极端重要性"[②]。在政策和实践领域，2011年以来，国家颁布实施了中学、小学、幼儿园教师与特殊教育教师的专业标准以及教师教育课程标准，密

---

[①]　胡仁东：《试论世界一流水平学科的生成机理》，载《中国人民大学教育学刊》，2013(1)。

[②]　《习近平同北京师范大学师生代表座谈时的讲话》，http://politics.people.com.cn/n/2014/0910/c70731-25629093-3.html，2016-06-12。

集出台了加强教师队伍建设、深化教师教育改革的系列意见，相继实施了国家级教师培训计划、卓越教师培养计划、乡村教师支持计划等重大举措，目的就是解决制约我国教师质量提升的难点、热点问题，切实提升我国教师队伍的整体质量。可以说，国家对一流教师的重大需求是非常迫切的、持续的，这种重大需求是师范院校建设一流教师教育学科的现实要求和重要驱动，也是我们提出教师教育学科建设这一命题的重大现实背景。

## 三、教师教育学科建设的困境

当前，我国教师教育学科建设还面临着多种困境，既有组织困境，也有制度困境，还有学科缺位困境，更有认识困境。

### (一)组织困境

就师范院校而言，长期以来是以培养教师的一个整体的大学而存在的，其办学目标就是教师培养，它涉及师范院校内部的各个二级人才培养机构，尤其是与中小学各学科课程相关的学科院系。因此，当政策上以学科建设为目标来理解师范院校的时候，与教师培养相关的学科既包括中文、数学、物理、化学……又包括教育学的各二级学科，还包括心理学的教育心理学……几乎囊括了师范院校的所有学科。另一方面，教师培养的直接涉事院系关注的都是自身学术逻辑的学科建设，比如化学学院的化学学科、物理学院的物理学科，而不是化学教育、物理教育学科的建设，这实际上又使教师教育学科建设落入"表面人人关注，实际无人关注"的境地。

### (二)制度困境

教师培养与其他人才培养最大的不同在于培养好教师惠及的是整个社会，会推动整个国家的发展。因此，高水平大学参与到教师教育当中是非常重要的。但是，在以学科为基本组织单元及资源汇集方式的大学结构中，因为之前没有正式的学科建制，一流大学和高水平综合大学自然难以产生举办或参与教师教育的内生动力，进而导致"吸引一流大学和高水平综合大学进入教师教育"成为一个不具备现实制度基础的政策命题。相关研究显示，我国非师范类的"985""211"院校参与教师教育的热情不高、基础薄弱、贡献有限，即使建有教育学院或教育研究院也以学术研究为发展重点，培养中小学教师并不是其主要目标。[①] 而在美国却有 228 所具有博士学位授权的研究型大学举办教师教育，这些高水平大学培养的教师数量占到全美的 33％。[②] 诸如美国哥伦比亚大学、密歇根州立大学等高水平大学都建设有专门的教师学院（Teachers College）或教育学院（College of Education），扎扎实实从事高质量教师的培养。这与我国一流大学和高水平综合大学参与教师教育的情况形成鲜明的对比和反差。

### （三）认识困境

当前，大学还存在诸多的认识误区，不利于教师教育学科建设。这些认识误区体现在以下四个方面。一是没有认识到教师的专业属性，把教师教育的目标定位于职业技术人才培养而非专业人才培养，进而遮蔽了大学对于建设教师教育学科、建立教师教育专业学院等一系列重大问题的科学认知，这种认识误区在当前高校应用型转型的政策背景下更为突出。二是师范院校将教师教育弱化的根源归因于自身的综合化，而无视综合化过程中教师教育学术组织、学科制度没有顺势建立、及时转型才是导致教师教育弱化、边缘化的根本原因，也没有认识到教师教育成为综合大学专业教育的一部分是一种普遍存在和改革方向。三是将教师教育简单理解为学科教育加专业教育的二元"拼盘"，没有认识到教师教育本身就是一种专业教育，而这种专业教育就是教师的教学专业教育。四是把教师教育特色理解为院校特色而非专业特色，并没有把教师教育真正当作特色来做，教师教育特色也没有真正落实在师范专业上。这些认识误区不消除、不改变，大学就不会真正意识到教师教育学科建设的重要性，自然也就难以真正步入教师教育学科建设的正确轨道。

## 四、教师教育学科建设的路径

在明确了教师教育学科建设的内涵、价值和困境之后，在综合考察的

---

① 康晓伟：《我国高水平综合大学参与教师教育的现状、问题及对策研究》，载《大学教育科学》，2013(2)。

② 周钧：《当前美国大学教育学院教师教育改革》，载《教师教育研究》，2010(1)。

基础上，教师教育学科建设应该从以下六个路径进行。

### (一)学位点建设路径

学位点是汇聚研究团队、开展科学研究、实施人才培养的重要平台，是助推和加强学科建设的有效载体。在教师教育学科法定地位确立的基础上，大学可以在其教育学一级学科下申报设置教师教育二级博士点和硕士点，通过学位点建设牵引教师教育学科建设，即以学位点为平台整合教师教育的研究方向和资源，培养和建立教师教育学科梯队，推动教师教育知识和理论创新，并通过硕士生和博士生的培养为学科建设提供持续和稳定的人力资源储备，进而带动和促进教师教育学科建设各项内容的综合发展。

在《意见》出台之前，国内部分师范院校已经充分意识到教师教育学科建设的重要价值，以学位点建设牵引教师教育学科建设。比如，北京师范大学分别于2007年、2010年自主设置了教师教育二级硕士点和博士点，启动招收"教师教育专业"的硕士生与博士生；东北师范大学、云南师范大学、南京师范大学等高校也自主设置了教师教育二级硕士点或交叉学科硕士点，部分师范大学已将教师教育学科作为重点学科进行培育建设。① 但是，总的来看，自主设置教师教育二级博士点、硕士点的师范院校还非常少，而且仅限于有相应学位授予权的院校，仅限于研究生层次，难以拓展至未获得博士、硕士学位授予权的院校，难以打通至本科生培养的层面，因而无法引起教师教育专业、课程、教学和人才培养模式的彻底变革。因此，包括师范院校在内的举办教师教育的院校，应该及早准备申报设置教师教育二级学位点并确定若干教师教育学科方向进行重点建设。这是大学加强教师教育学科建设可以探索的一条路径，需要尽快起步，形成教师教育学科建设的基础力量。

### (二)组织建设路径

所谓组织建设路径，就是通过学科组织结构的变革来带动教师教育学科的建设。学科组织是学科发展的基本载体，设置合理、运行良好的学科

---

① 杨林、李辉、荼世俊：《省属师范大学教师教育学科建设：价值、目标与路径》，载《云南师范大学学报(哲学社会科学版)》，2013(3)。

组织是加强学科建设的有效载体。建设一流的教师教育学科，必须建立相应的学科组织，否则教师教育学科就没有发展的平台、空间和载体。在现实条件下，可以有两种选择路径。第一种路径是建立教师教育的专业学院，即教育学院（部）、教师教育学院、教师发展学院。第二种路径是建立教师教育研究中心、所或基地。也可以根据实际情况，二者同步建设。这是教师教育学科建设发展的专业学院或专业机构。有了组织结构才可能创设学科发展的空间，才可能发挥教师培养的功能，这也是增强师范院校教师教育者对教师教育学科认同感、归属感的必然空间。

但是，建立教师教育专业学院或专业机构只是学科组织建设的第一步。更重要的是，要按照学科逻辑实施教师教育，即通过改革，实现由专业机构来配置教师教育各个环节的资源，完成教师教育的任务，专业学院的内在治理结构要以教师专业逻辑来建构。这就需要改革教务处和研究生（学）院在教师教育管理中的屏障，将教师教育真正纳入到学科的逻辑之中，按照学科的逻辑来建构学士及学士后的教师培养体系和相应的学位制度，这是教师培养培训质量的根本保障。这种组织变革以及资源格局的调整不仅要求把教师教育的事、权下放到教育学院、教师教育学院，由专业学院来负责教师教育实施的全过程；而且，从根本上提出了确立教师教育学科制度、加强教师教育学科建设这一重大需求。因此，建立教师教育的专业学院并按照学科逻辑建构教师培养体系，既是促发教师教育学科建设的内生动力，也是构建学科发展空间的重要前提。

### （三）队伍建设路径

一流的学科必须有一流的学科人。教师教育学科建设必然需要一批有志于教师教育研究的专业团队，承担起教师教育学科拓荒者、建设者、引领者的角色。一要建立教师教育教授职称，并推动教师教育学院教师的身份从学科教学论教授向教师教育教授转型。传统上与教师教育相关的师资以学科教学论教授为主，附之以公共教育学和公共心理学或教育心理学的师资，而给师范生上公共教育学和公共心理学课的教师的学科归属在于教育学科和心理学科，因此传统上没有一支教师教育的师资队伍，这种师资格局对于师范生而言接收到的知识是碎片化的，只是在接受教育学和心理学的学科知识，无法形成一种成为一个教师的专业认同；而且，这种师资格局也难以形成教师教育的学科认同，难以形成整合化的教师教育团队，不利于教师教育学科的建设。因此，组建一支教师教育教授师资队伍是师范院校加强教师教育学科建设的一个基本内容。

二是加强教师教育学科梯队建设，特别是要重视教师教育专业博士生的培养，使其成为教师教育学科建设的有力承载者；并引导有志于教师教育研究的中青年教师进入教师教育的研究领域，充实教师教育研究团队。与此同时，要加强年轻团队的培养，优化其成长发展、脱颖而出的制度环境，关键是要打通其专业发展通道，即确立教师教育教授职称。这是从根本上吸引、培养、发展教师教育学科梯队的一个制度前提。

### （四）项目建设路径

学科建设的一条重要路径，就是要与当下社会需求结合起来，通过项目研究和科研攻关的形式，解决国家和社会急需解决的重大现实问题。项目建设路径，可以最大限度地体现学术逻辑，使教师教育学科能在一个确定的目标引领下，实现学术资源分配、师资队伍建设、科研能力提高、人才培养提升等综合的学科建设目标。不可否认，当前我国的教师专业发展、教师队伍建设所面临的理论、实践、政策问题纷繁复杂，教师教育学科的知识体系也亟待完善，有太多的科研课题需要通过项目的形式进行研究。这既为教师教育学科提供了大量的科研生长点，也是教师教育学科提升科研水平、证明学科价值、彰显学科声誉的重要途径。可喜的是，部分省级教育科学规划课题已将"教师教育"作为一个单独的"学科分类"进行申报，部分师范院校也设立了教师教育科研专项。但是，在全国教育科学规划课题的申报中尚没有把"教师教育"作为一个专门的学科分类，这不能不说是一种遗憾。因此，大学可以围绕国家或区域教师教育中的理论和现实问题，设立或申报教师教育项目，按照项目管理的形式整合教师教育学科建设发展的各类资源，进而推进教师教育人才培养、学科研究、基地建设、国际交流等综合提升。

### （五）专业及课程建设路径

目前的教师教育课程体系是按照广义的教师教育学科体系建构的，是以教育学的知识逻辑为基础设置课程并建构课程内容体系的，因此对于大多数学习者来说，它们太学科化、学术化和学科体系化，与教师教育的需要具有一定的距离。普遍认为，它们不能与教师专业联系在一起，从而使课程实施存在诸多问题，如与基础教育实践没有联系，不能促进教师社会化等。

教师教育学科体系应该是以学段和教师类型为逻辑而构建的。根据学科建构逻辑，教师教育学科是由专业和方向构成的。因此，在教师教育学科下可以设置幼儿园教师教育专业、小学教师教育专业、中学教师教育专业、艺术教师教育专业、体育教师教育专业、信息技术教师教育专业、学校咨询教师教育专业、心理健康教师教育专业、特殊教师教育专业、中职教师教育专业。在每个专业下又可以设置若干方向，如中学教师教育专业可以设置语文教师教育方向、数学教师教育方向、外语教师教育方向、科学教师教育方向等；艺术教师教育专业又可以设置美术教师教育方向、音乐教师教育方向、动漫教师教育方向等。这种学科体系的构建为教师教育课程的设置提供了基本依据，与国家教师资格统一考试制度是一致的，是一种符合教师教育逻辑的专业和课程体系。

### （六）学科文化建设路径

学科建设离不开学科文化，学科文化为学科建设营造一种氛围①，有益于增进学科的认同感、归属感，提升学科人的学科意识。而且，只有更多的教师教育者拥有自觉的学科意识，教师教育学科发展才能有坚实的思想基础。② 因此，可以从以下几个方面努力，即整合现有学会力量，建立全国性、有影响的教师教育学术共同体；定期举办高层次的教师教育学术会议；创办高质量的教师教育学术刊物，建设和扩大教师教育学科的"朋友圈"。这些都是促进大学教师教育学科建设的有效途径。目前，中国高等教育学会下设师范教育分会和教师教育分会两个分支机构，分别开展相关活动。其中，教师教育分会于 2003 年成立，又称全国教师教育学会，是"国内唯一的教师教育学术团体"，但是与其他教育类学科的学会相比，其学术影响力

---

① 王恩华：《大学学科建设——学科发展的动力分析》，载《科学学与科学技术管理》，2002(5)。

② 杨跃：《关于教师教育学科构建的理性思考》，载《教师教育研究》，2007(1)。

还有待提升。此外，教师教育学科领域的高层次学术会议较少，目前的会议多集中于教师教育的实践领域和政策领域，对学术议题关注不够，教师教育学者进行学术表达、学术交流的机会有限。这些都导致教师教育研究者的学科认同感、归属感不强，教师教育学科意识不强。因此，营造教师教育学科文化，形成教师教育学科的向心力、凝聚力，对于教师教育学科的建设和发展而言至关重要。

在师范院校综合化的背景下，教师教育学科建设应该成为师范院校的头等大事，抓实抓好。只有这样才是最符合师范院校作为大学发展的逻辑的。退一步讲，"双一流"建设逻辑中的师范院校，不一定都要以建设一流大学为追求目标，但必须有勇气建设若干一流的学科。而教师教育学科是其最具历史积淀和人才、资源支撑的传统优势学科，也是其进一步做强做优教师教育的重要基础。因此，师范院校完全可以基于自身的历史积淀、优秀团队以及与中小学校之间密切的伙伴关系，下大力气建设一流的教师教育学科，使自身的教师教育获得体系化的知识和理论支撑。否则，师范院校的教师教育会继续遭遇学科发展的困境，在人员、经费、设备等资源配置上处于边缘化地位。这与"双一流"建设的目标和逻辑是背道而驰的。

（赵　英）

# 推进教师培养供给侧结构性改革①

　　"百年大计，教育为本；教育大计，教师为本。"教师队伍在教育事业乃至整个国家和民族发展中具有重大战略意义。在知识引领经济发展、教育促进社会进步的当下，教师在这其中发挥的作用越来越关键。建设高质量、高水平的教师队伍，以提供充足的人才资源服务于新时代党和国家的教育事业，是教师培养的应有之义也是最高目标。按照"供给自动创造它的需求"的逻辑，教师培养供给侧结构性改革就是"培养自动创造它的就业需求"，即通过提高教师培养质量来创造新的需求。教师培养供给侧结构性改革的最终目的是提升教师教育质量，从而发展高水平的国民教育。中共中央、国务院印发的《关于全面深化新时代教师队伍建设改革的意见》（以下简称《意见》）指出，要通过实施教师培养供给侧结构性改革，建设一支高素质专业化的教师队伍，全面提升中小学教师质量。推进教师培养供给侧结构性改革，是提升教师培养质量、促进师资配置均衡、实现教师队伍现代化的必然选择。推进教师培养供给侧结构性改革的主要路径包括：强化师德教育，培养教师坚定的职业信念；深化教

---

师培养课程改革，提高教师教育质量；大力推广本科和研究生教育，提升教师培养层次；构建协作共同体，建设新型教师教育者队伍。

## 一、教师培养供给侧结构性改革的含义

教师培养供给侧结构性改革是"教师培养"和"供给侧结构性改革"这一术语的结合。教师培养一般指的是职前教师在校接受正规教师教育的阶段。教师教育包括职前教师、新教师和在职教师的教育，强调教师接受教育的连续性、终身性、一体化和系统性。供给侧结构性改革作为一个经济学概念，通过使供给体系有效适应需求结构变化，从而使"发展"与"需要"相互联通并且有效匹配。供给侧结构性改革从生产端入手，提高要素配置效率、全要素生产率，推动产业结构优化升级，全面提升产业素质和质量，为经济持续增长培育新动力、打造新引擎。[①] 实施供给侧结构性改革的重点在于：减少低端和无效供给、扩大有效和中高端供给，用供给带动需求。所谓低端供给是指低水平的，处于事物等级排序最低点的，只能满足最简单、最基本需要而不能进一步满足可持续发展需求的供给。与此相对，高端供给则是指符合时代发展诉求的，与需求相契合并能够进一步带动需求发展的供给。

据此，教师培养供给侧结构性改革主要是指，提高师资供应资源的有效性和高端契合性，减少无效低端供给，从培养阶段提高师资队伍的质量，优化教师队伍的结构。教师培养供给侧结构性改革主要包括条件端和培养端的改革。条件端是指外部的资源配置，如政策支持和培养层次等宏观层面的指导要求。培养端涉及的主要是培养内容和教师教育者。培养内容包括课程结构和内容以及教师职业信念的养成。课程是教师培养的核心，是教师教育改革的重点；职业信念贯穿于教师的从教生涯，规制着教师道德行为取向，从职业信念的养成入手，帮助准教师树立崇高的职业信念，为教师今后的职业生涯发展提供思想向导。教师教育者，即教师之教师，是教师培养的落实者和实施者，教学的主导者。只有优秀的教师教育者才能

---

① 刘伟：《以供给侧结构性改革为主线建设现代化经济体系》，载《人民日报》，2018-01-26。

培养出更优秀的教师。推动教师培养供给侧结构性改革，有利于建立教师教育与教师需求有效衔接的培养新机制，实现由规模扩张向质量提升的转化，是逐步化解供需矛盾、促进教育公平的关键。[①]

## 二、推进教师培养供给侧结构性改革的意义

### (一)推进教师培养供给侧结构性改革是促进师资配置均衡的重要途径

2018 年的政府工作报告提到要发展公平而有质量的教育，让每个人都有平等机会通过教育改变自身命运、成就人生梦想。教育公平不仅包含教学设备、实验器械等硬件方面的公平投入，还包括师资队伍、教学质量等软性条件的公平。[②] 师资配置是教育资源配置中最关键、最复杂的环节，师资力量配置失衡是义务教育均衡发展的重要掣肘。然而目前我国农村地区和西部地区义务教育基础薄弱，师资队伍的区域、城乡、校际差距普遍存在，优质教师资源整体向中东部和城市地区倾斜。

推进教师培养供给侧结构性改革可以改善教师资源的配置。首先，教师资源相对匮乏的地区在政策和资金支持下，通过实施自主办学，不断推进本土化教师培养。各地因地制宜制定相关办学标准，建设教师培养和培训基地，为本地区教师需求市场提供一定数量的教师后备队伍，缩小城乡、区域之间教师资源配置的数量和质量差距。其次，发挥高水平师范院校的示范引领作用，采取定向招生，进行本土化选拔，培养乡村和西部教师的教育情怀；实施定向培养，为乡村学校培育"一专多能"教师。同时增加本科师范生和教育硕士招生名额，向西部和农村地区倾斜。这样不仅可以优化教师培养的生源结构、满足农村和西部地区基本教师需求，还可以培养一批高质量教师，为义务教育精准扶贫提供师资保障，促进城乡、区域之间教师资源配置均衡。推进教师培养供给侧结构性改革，有助于缓解城乡、区域之间教师配置的数量和质量差距，进一步实现师资配置均衡，促进义

---

① 智学、徐爱新：《教师供给侧结构性改革背景下构建教师教育培养新机制》，载《教师教育研究》，2017(6)。

② 《发展公平而有质量的教育必须激活教师》，载《中国教师报》，2018-03-07。

务教育均衡发展。

**(二)推进教师培养供给侧结构性改革是提升教师培养质量的关键举措**

当前，我国教育已踏上促公平、求质量的新征程，由外延发展转向内涵发展、由强调硬件建设转向重视软件建设已成为新时代教育发展进步的鲜明特征。教师在提高教育质量的过程中起着不可替代的作用。《意见》高度重视教师培养的质量，指出要定向发力，重视专业发展，培养一批教师；加大资源供给，补充一批教师；创新体制机制，激活一批教师；优化队伍结构，调配一批教师。紧接着《教师教育振兴行动计划（2018—2022年）》（以下简称《计划》）指出要以提升教师教育质量为核心，以教师教育供给侧结构性改革为动力，从源头上加强教师队伍建设。其核心是希望通过优化教师培养结构和内容，促进教师专业发展，为教育的发展输送高质量的教师队伍，从而打造高质量教育。

从教师培养端入手，通过系统的、有效的和高质量的教师教育，提高教师资源的供应质量，使准教师具备崇高的职业信念，扎实的专业知识，高水平的教学能力，在"教书育人"上拥有更高的专业素养。同时优化教师队伍结构，提高教师队伍整体水平，让更多优秀的教师去培养更多优秀的学生。时代呼唤高素质专业化的教师队伍，迫切需要深化教师培养供给侧结构性改革。

**(三)推进教师培养供给侧结构性改革是实现教师队伍现代化的必由之路**

"教育现代化"是指"转变成现代教育"，是指"与教育形态变迁相伴的教育现代性不断增长和实现的过程"。教育现代化不仅包括教育理念、教育内容、教育手段的现代化，还包括教师队伍、教育管理等方面的现代化。教师的现代化是教育现代化的重要内容和前提条件，教师队伍的现代化把控着教育现代化发展的脉搏。教师队伍的现代化需要在教师培养改革的过程中，从培养端入手，注重教师现代化基本素养的培养，包括现代化的理性，自由开放、尊重自尊的人格特点，科学文化素养，现代教育科学理念和素养以及现代教育具体技能和技术。① 通过革新教师培养的理念、内容和方

---

① 项贤明：《教师现代化的四个层次》，载《中国教师》，2017(20)。

式，优化教师队伍的现代化能力素养结构。

信息社会是一个以彰显人的个性化为特色的社会，所需的人才是个性鲜明、极具创造性的新兴人才。我们应在保证系统化、高水平教师专业知识基础的同时，培养师范生的现代化教学理念；建构多样化、个性化教师培养内容，丰富师范生的知识储备，培养个性化新教师；此外，通过改革教师培养的方式，在教学中融入现代化、信息化的教学手段，不仅有利于优化教学模式，还有助于师范生掌握与时俱进的现代教育技术，养成现代化的信息素养和伦理，为实施现代化的教学奠定基础。从教师培养端改善教师培养的教学内容和形式，提高准教师的现代化教育素养，促进教师队伍的现代化，是实现教育现代化必不可少的环节。

## 三、教师培养供给侧面临的困境

### （一）职业信念培养的缺失

我国在教师培养过程中，不够重视职业信念的养成。教师有其特有的专业素养要求，一般包括专业知识、专业能力以及专业情意三个方面。其中教师的专业情意可理解为"教师对教育教学工作倾注情感的浓度与深度"。教师的职业信念是教师专业情意的重要组成部分，是指教师对其职业工作的认知和情感体验，由此产生的具有意志力和积极性的观念，即对教师职业价值的认同感和对职业的坚定感。师范生职业信念在教师培养阶段建立，有助于准教师在真正进入教育场所、从事日常教学工作后迅速地丰富和完备起来。坚定的职业信念能使教师在日常教学工作中体验到成就感，并对自身工作的价值进行肯定，从而不断激发教师的职业使命感和工作热情，从思想到行动全身心地投入到教师工作中来。

但是从当前我国教师的培养来看，教师教育关注的重点在于传授理论知识和培养教学技能，不够重视在此过程中职业信念的熏陶和培养。师范生对教师职业很难树立坚定的信念，对教师职业的热情不够，走上职业岗位后极易出现倦怠情绪或是产生不端正的教学态度。必须看到的是，教师的职业信念虽不是一日形成的，但也不容忽视。然而，当前在教师培养过程中，仍然将职业信念的养成置于次要位置，没有意识到职业信念在师范生今后职业生涯中对其职业坚定性和专业发展所起的重要作用。

当前重点强调的师德师风建设与职业信念密切相关。然而部分高师院校职业信念培养方式陈旧单一，强制灌输职业信念教育，以及师德教育具体开展被淹没在大学生思想政治教育的内容之中，缺少专门师德培养课程和实践的现象普遍。职业信念教育变成了单调枯燥的说教，未考虑学生的真实情感需要和切实体会，不能引起思想层面的共鸣。职业信念教育缺乏科学性、长期性和系统性，导致职业信念教育难以渗透进学生的内心，更难以进一步影响他们的行为。因此，要着力提升师范生的专业情怀，全面加强师德师风建设。这就需要在教师培养过程中，通过师德理论课程培养师范生的师德信念；在社会实践活动中提升师范生的师德践行能力，使准教师认识到教师职业的价值，形成对职业的信念感。

### （二）教师培养的课程内容和结构困境

在教师培养的课程结构方面，我国的教师教育一直存在着重理论而轻实践的取向。教师职前培养课程一般开设理论课程与实践课程，理论课程又可以分为通识教育课程、专业课程和教育学科课程。专业课程根据学生的所选专业不同而有所差异，教育学科课程则是所有师范生都必须接受的、具有师范性的课程。实践课程主要是教育实习和见习，大多数高等师范院校选择在第四学年开展教育实习，将师范生分配到各合作中小学实践，为期 5～10 周。反映到理论课程和实践课程的课时比重分配上，理论课程的课时占比远远高于实践课程。教师教育把理论知识置于实践教学之上，造成了过于注重知识传授而忽视技能培养的缺陷。教育实习的时间过短，学生教学操作能力的训练缺乏，必然会造成专业素养低下、教学能力不佳的情况，影响师资队伍的质量。

另外，在具体课程内容上，一是多数高师院校的教育学科课程科目仍以传统的"老三门"（教育学、心理学、学科教学法）为主，没有基于学生专业发展和终身发展的需要设置课程。虽然近几年部属六所高师院校已经在关注课程的多元化问题，并开始寻求革新，但由于其他很多师范院校的人力、物质和制度资源短缺，课程改革相对滞后。二是部分教学内容陈旧，缺乏针对我国教育改革发展的系统研究，且集中在理论传授，脱离教育事实，与中小学实际联系不紧密。全面改革教师培养的课程，不仅是剔除教师教育弊病、提升教师培养质量的有效措施，还是满足基础教育课程改革的重要体现。从教师培养的课程出发推进教师培养供给侧结构性改革，其目标在于促进教师的专业发展和终身发展，为基础教育培育高素质的现代化教师。

### （三）教师培养层次的困境

在教师培养层次方面，存在培养层次偏低的问题。教师教育的培养层次在一定程度上反映了教师培养的质量，体现了教师培养供给侧的现状和问题。进入 21 世纪后，中等师范学校逐步被取消，升为大学专科或是本科院校，我国教师教育从传统的"中师—师专—师范本科"三级结构转变为"师专—师范本科"二级结构。当前师专毕业生的专业技能较低，社会认可程度不高，往往只能到教师资源较为匮乏的偏远地区、农村地区就职，根本不能达到发达地区或是城市中小学校的基本要求。师专的生源质量较差，师专培养的教学资源和教师资源有限，导致培养的质量远远低于层次较高的师范本科和研究生培养，不能满足时代发展对教师教育提出的新要求。这反映出师专教育在供给链上是低水平的，是教师培养的低端供给。与师专教育相反，教师的研究生层次培养处于教师培养的高水平阶段，能够提供高质量的教学内容和教学手段，是教师教育结构的高端供给。

一方面，位于教师培养供给链上低水平的师专层次准教师往往会流动到偏远、农村地区，这在一定程度上加剧了教育不公平。经济欠发达地区接收低层次的教师资源，教育质量低下的境况一时难以改善。另一方面，由于教育硕士、博士的招生规模小，教师培养的中高端供给尤其是高端供给匮乏。只有少部分师范毕业生有机会直接进入更高层次的硕士培养，攻读博士学位的机会更小。大多数师范生是就业后再回到高师院校攻读在职学位，而由于教师职前职后教育一体化没有落实到位，目前在职学位还存在质量不高、含金量较低等问题。总之，通过减少教师培养的低端无效供给、扩大有效中高端供给，推广本科和研究生教育，进而全面提升教师的培养层次，可以为基础教育提供更多接受过高质量教师教育的教师，夯实国民教育保障基础，这也是世界各国教师培养的共同趋势。

### (四)教师教育者的困境

在教师教育者方面，存在管理和质量问题。有两大管理屏障横亘在我国师范院校教师教育发展面前：一是行政管理在教师教育中高度垄断的屏障，师范院校普遍缺少专门管理教师教育工作的部门；二是学科教育和专业教育在管理中互不往来的屏障。[①] 管理的混乱影响着教师教育者专业的发展，而教师教育者作为培养教师的教师，其专业发展成为提高教师质量的关键。参与师范生培养的教师一般包括通识教育教师、学科专业教师、教育专业教师和学科教学论教师。一般来说，学科专业教师由各相关专业学院的教师担任，教育专业教师和学科教学论教师则任职于教育学院，这样就造成了教师教育者师资队伍缺乏统一的管理。组织管理的混乱，导致高校教师教育者缺乏学术组织或者专业团体的归属感，割裂了教师教育者之间的交流联系，阻碍了教师教育者的专业发展；学术性与师范性之争对课程的设置和实施产生直接影响，这些教师教育者之间缺少合作。[②] 从而导致学科课程与教育课程只是简单拼凑，两类课程之间缺少内在理念的沟通，不利于师范生对相关课程理解的融会贯通，影响教师培养的质量。

与此同时，虽然当前高校教师教育者普遍学历较高，但是大多缺乏基础教育一线教学的实践经验，教师教育者的整体综合质量不高。而教师教育者作为教师的教师，其示范者的身份要求教师教育者践行自身所研究和倡导的教学理念。只有这样，教师教育者的所思与所为是一致的，理论与实践是统一的，教师教育者所教授的理论就会具有较强的说服力和感召力。[③] 解决好教师教育者队伍的管理和质量问题，可以为师范生提供优质的示范教育，改善教师培养的供给质量，以建设高素质的专业化教师队伍。

---

① 朱旭东：《再论我国师范院校教师教育存在的问题：认识误区、屏障和矛盾》，载《教育发展研究》，2016(2)。

② 刘径言：《高校教师教育者的专业成长：特征、困境与路径》，载《教师教育研究》，2015(3)。

③ 赵明仁：《教师教育者的身份内涵、困境与建构路径》，载《教育研究》，2017(6)。

## 四、推进教师培养供给侧结构性改革的路径

### (一)强化师德教育，培养坚定的职业信念

在新时代进一步强调"加强师德师风建设"的背景下，对准教师进行信念养成和师德教育显得尤为重要。"师德"，即教师的职业道德，指的是教师在从事教育教学活动时的基本行为规范，是教师自己对职业行为的自觉要求。教师对其职业的价值认同和道德素养影响着教师的从教信念和职业坚定性，并深刻影响着教师的具体教学行为。《意见》指出要全面加强师德师风建设。这虽是对在职教师提出的要求，但应注重在职前培养阶段就对准教师进行师德培养。在职前培养过程中，注重准教师专业知识和专业能力积累与提升的同时，还要渗入职业信念与师德教育，使师范生养成崇高的专业情怀。

一方面，高师院校要在社会主义核心价值观的引导下广泛开展师德师风教育：(1)把握课堂教学渠道，开设"教师道德修养""教师伦理学"等专门师德培养系统课程，将师德教育作为师范生培养的必修模块贯穿于教师教育的全过程。(2)采取多样化的教学形式开展师德教育，可将师德楷模请入课堂，借助媒体网络平台力量做好宣传教育，加强职前教师的师风师德培养。(3)师范生对教师职业价值和职业道德的认识是在实践中形成并不断完善的。师范生通过实践活动领悟和学习，什么是教师的职业道德规范，以及如何遵守。坚持知行统一，在实践中规范行为。师范院校要充分利用专业见习、教育实习、实训等实践环节，让师范生进行教师角色体验，初步产生教师角色意识，形成对自己所从事教师职业的认同，体验到职业的魅力，在锻炼教育教学专业能力的同时逐步树立对教师职业的信念。

另一方面，要发挥教师教育者在师范生师德培养和信念养成过程中的言传身教作用。《意见》指出广大教师要以德立身、以德立学、以德施教、以德育德，言传与身教相统一，强调教师在学生思想道德品质培养方面的重要作用。在师范生师德培养和职业信念形成过程中，教师教育者要以身作则发挥思想信念引路人的作用。这就意味着要加强对教师教育者的思想政治素质、师德师风等方面的监督。强化师德作风监测和考评机制，奖罚

分明。设立师德师风弘扬和激励机制，表彰先进单位和个人，并作为职称评审、晋升的重要依据，以增强开展师德师风建设工作的积极性和主动性。

### (二)深化教师培养课程改革，提高教学质量

教师教育课程存在诸多问题，要深化教师教育课程改革，以提高教师培养质量。首先，教师培养课程结构方面，打破实践课程和理论课程的边界，使学生的理论知识和实践知识在互动融合中积累提升。理论知识和实践知识之间是平等、辩证的关系，在理论课程中融入教学实践，加强教育学科课程和中小学实践之间的联系，实现理论和实践知识的交叉、融合、转化。① 高校与地方教育行政部门依托优质中小学建设一批教育实践基地，开展师范生见习实习，把教育实习融入本科四年课程的始终。延长教育实习的时长，使师范生教育实践不少于半年，强化"钢笔字、毛笔字、粉笔字和普通话"等教学基本功和教学技能训练，让学生在实践中发现教学问题、反思教学问题最后完善个人教学，提升专业素养。

其次，在教师培养课程内容方面，各类师范院校要注意突破传统，推陈出新，开设厚基础、宽口径、多样化的教师教育课程。设置学习科学、认知科学以及基于学习科学的教与学等发展性课程，打破"老三门"学科传统，突出教师教育的专业性和师范性，使学生掌握广泛而深厚的基础学科知识和教师教育知识，促进师范生的专业发展和终身发展。同时开设多样化的通识教育课程，拓宽知识领域，开阔视野，培养复合型的高素质教师。课程设置要与《教师教育课程标准(试行)》中育人为本、实践取向、终身学习的基本观念相适应，与中小学相联系，在教育改革实践的基础上选编各类教材。聘请学科和课程专家组织编写或精选推荐一批精品教材资源，及时更新教材内容，突出教师培养课程的时代性、发展性。

最后，高师院校还要积极调整学科结构，改革培养方案，以适应社会和教育随时代发展变化而不断提出的新要求。教师培养课程的质量是教师培养质量的核心，是决定人才培养质量最重要的环节。因此实施教师培养供给侧结构性改革，要以革新教师教育课程的结构和内容为核心，构建现

---

① 戴伟芬：《职前教师教育理论与实践融合的第三空间研究》，载《教育研究》，2014(7)。

代化教师教育课程体系，建设高素质专业化师资队伍。

### （三）大力推广本科和研究生教育，提升教师培养层次

在供给上提供更高层次的教师教育不仅是我国教育发展和改革的客观要求，也符合世界教育整体发展的时代趋势。《意见》指出，"推进教师培养供给侧结构性改革，为义务教育学校侧重培养素质全面、业务见长的本科层次教师，为高中阶段教育学校侧重培养专业突出、底蕴深厚的研究生层次教师"，旨在全面提升中小学教师学历层次。通过促进教师教育结构重心进一步上移，实现师资培养从"师专—师范本科"到"师范本科—师范研究生"的转型。转型主要有两个方面的内容。

一是从根源上减少甚至取消层次、水平偏低的供给：将专科师范学校纳入师范本科教育体系，把中小学教师的培养层次整体提升到本科阶段，为西部落后地区和农村地区输送更多本科及以上学历的教师。

二是扩大层次、质量较高的供给：（1）扩大本科师范生招生计划，提高师范生生源质量，将更多优质学生纳入教师教育体系，为基础教育建立庞大的后备军；（2）由教育部门领头、各高等师范院校落实，增加教育硕士及博士的招生名额，重点培养教育硕士，适度培养教育博士，为更多的优秀本科师范毕业生提供更高质量的研究生教育，进一步提高师范生的专业素养。增加一批教育硕士、博士学位授予单位和授权点，向师范院校倾斜，推动一批有基础的高水平综合大学成立教师教育学院，设立师范专业，积极参与教师培养工作。

对于《意见》中中小学教师的学历要达到本科及以上学历、研究生学历者应达到一定比例的要求，教师教育必须进行结构性改革。通过大力推动本科和研究生教师教育，推进教师教育结构重心进一步上移，全面提升教师培养层次，从而提高中小学教师的学历层次，满足保障国民教育发展的需要。

### （四）构建协作共同体，建设新型教师教育者队伍

提高教师教育者的研究与教学素养，构建新型的教师教育者队伍。优化教师教育者队伍的结构，是培养高质量教师的必然路径。通过建立兼具行政职能与教师培养任务的教师教育学院，加强教师教育学科建设，由教

师教育学院统一管理协调各类教师教育者的相关教学工作。整合资源，凝聚高水平的教学队伍打造专门化的教师教育者队伍。为教师教育者搭建合作与交流平台，组织研修活动，以方便开展教学研究与指导活动。在合作交往的过程中，加强彼此的学术认同，打破学科壁垒，有利于统筹全校教师教育工作，促进教师教育者的专业发展。

针对教师教育者普遍存在的缺少中小学教学实践经验的问题，《意见》指出要构建以师范院校为主体、高水平非师范院校参与的中国特色教师教育体系，推进地方政府、高等学校、中小学"三位一体"协同育人。这要充分发挥政府在统筹教师工作方面的功能与上位优势，建立政府、高校、中小学校三方联动机制；要让高校和中小学的课堂有效对接，实现中小学、高校教师教育者与师范生的多元互动、相互沟通；通过协同教研，推进团队合作，促进多元主体共同发展。① 也就是说由政府牵头，建立高等院校与基础教育单位的交流与合作机制，将具有丰富教学经验的一线教师吸纳到教师培养过程中来，实施大学与中小学教师双向互聘，加强高校教师教育者与基础教育教师的联系。高校教师教育者与中小学教师两大群体之间相互沟通，让基础教育的一线教师进入高校指导教学实践，把中小学课堂的实时信息带入师范教学，有利于及时更新教师培养的内容和方式；此外，高校教师教育者进入中小学，能够了解基础教育教学的实际情况，结合教学实际改善对师范生的课堂教学。这样有利于培养兼具学术性和师范性、既能做研究又能搞教学的高质量教师教育者队伍，共同促进教师培养供给侧结构性改革的发展。

（戴伟芬）

---

① 胡青、李中国：《教师教育供给侧改革：问题盘点与破解路径——庆祝第 32 个教师节活动暨 2016·中国教师发展论坛述要》，载《教育与教学研究》，2017(5)。

# 优化教师队伍建设经费投入机制

《关于全面深化新时代教师队伍建设改革的意见》（以下简称《意见》）明确提出要"强化经费保障""各级政府要将教师队伍建设作为教育投入重点予以优先保障，完善支出保障机制，确保党和国家关于教师队伍建设重大决策部署落实到位"。从强化保障教师队伍建设改革经费的目标出发，《意见》在投入结构、来源渠道、监管机制三方面进一步明确了优化投入机制的关键问题。

首先，教师队伍建设经费投入具有结构上的复杂性，为确保教师队伍建设经费投入的效用最大化，必须制订严格的经费投入计划。一方面，教师队伍结构多样，按照层级划分，可分为学前教师、义务教育阶段教师、高中教师、职业教育教师和高校教师，而按照所在区域划分，则可分为城镇地区教师和乡村教师；另一方面，教师队伍建设经费需求的类型多元，总体上分为教师工资福利保障经费和教师专业发展经费两类，每类经费具体的类型也很复杂，例如，专业发展经费又可细分为职前师范教育投入和职后教师培训投入。为此，《意见》明确提出必须"优化经费投入结构，优先支持教师队伍建设最薄弱、最紧迫的领域"。

其次，教师队伍建设经费投入同样具有来源上的多样性，为保障教师队伍建设经费投入的充足性，必须拓宽经费投入渠道。要打造一支高水平的教师队伍,其经费投入需求非常大,需要依靠全社会的力量共同投入。为此,《意见》明确提出必须"健全以政府投入为主、多渠道筹集教育经费的体制,充分调动社会力量投入教师队伍建设的积极性"。

最后,经费投入水平的不断提升、来源口径的不断增大,决定了加强经费监管的必要性和复杂性。一方面,教育经费在支出和使用环节的问题层出不穷,经费不足与浪费严重等问题并存;另一方面,教育系统内部经济腐败易发、高发的态势令人担忧。为此,《意见》提出要"制定严格的经费监管制度,规范经费使用,确保资金使用效益"。

笔者将围绕《意见》就强化教师队伍建设经费保障所涉及的三个关键问题——优化投入结构、健全多渠道筹集教育经费机制、完善监管机制——依次进行解读。

# 一、优化经费投入结构,优先支持最薄弱、最紧迫的领域

## (一)提高中小学教师待遇保障水平

为了吸引更多优秀人才进入教师队伍长期从教,必须使教师成为受人尊敬的职业。从国际经验和本土现实来看,职业地位的保障必须以经济地位的保障为基础。可以说,教师待遇保障水平是影响劳动力市场中教师队伍供给的重要因素,是吸引和保留高素质人才的根本。因此,教师队伍建设的经费必须优先投入到教师待遇保障水平。

自 2000 年以来,全国中小学教师工资和福利支出总额呈现稳定增长的趋势(见图 1)。从中小学教师工资和福利支出变化趋势来看,2006 年前后出现一个明显的向上波动趋势,教师待遇保障水平的增速明显增加。其原因在于,2006 年中央推行了第四次机关事业单位工资体制改革。在 2006—2015 年的十年间,小学和初中阶段教师工资福利总支出的增长规模分别为 1174 亿元和 1788 亿元,年度增长率分别达到了 11.4% 和 12.4%。

尽管普通初中和小学学校教师的待遇保障水平在总体规模上稳定增长,但从人均水平上看,教师的工资水平并不算高。尽管 1994 年的《中华人民共

和国教师法》已经提出"教师的平均工资水平应当不低于或者高于国家公务员的平均工资水平",此后,2006年新《中华人民共和国义务教育法》、2016年《县域义务教育优质均衡发展督导评估办法》都明确要求中小学教师的人均工资水平应不低于公务员水平,然而,直至2014年,中小学教师人均工资水平与公务员工资相比仍然存在很大差距。[①]

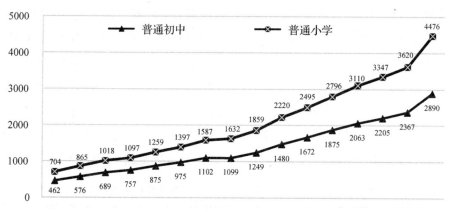

**图1　2000—2015年全国各级各类学校教师工资和福利支出总额(单位:亿元)[②]**

只有切实保障教师待遇保障水平的稳步提升,才能吸引更多优秀人才进入教师队伍,且能够留得下。为此,《意见》明确指出,必须"健全中小学教师工资长效联动机制,核定绩效工资总量时统筹考虑当地公务员实际收入水平,确保中小学教师平均工资收入水平不低于或高于当地公务员平均工资收入水平"。

### (二)加大乡村地区教师队伍建设投入的倾斜力度

在中国教育进入内涵式发展的新阶段,乡村地区的义务教育是国家基础教育向更高水平迈进的短板。当前乡村教师队伍面临着质量低、数量少的突出问题,教师流失严重。要让更多乡村教师留得住、用得上、教得好,造就一支素质优良、扎根乡村的教师队伍,全面提高其经济地位和待遇水

---

①　安雪慧:《我国中小学教师工资水平变化及差异特征研究》,载《教育研究》,2014(12)。

②　需要说明,2000—2006年《中国教育经费统计年鉴》数据统计方式在2006年前后并不相同,2007—2015年的年鉴直接报告了教师工资和福利数据,2000—2006年的数据则是分别报告了基本工资、补助工资、其他工资以及职工福利费四项,本部分将其加总得到。

平是关键。因此，教师队伍建设经费投入应当加大对乡村地区的倾斜力度，这也是落实"高度重视农村义务教育"十九大报告精神的具体措施。

在过去十年里，中国政府为提高乡村教师待遇水平，已经相继实施一系列以倾斜农村地区教师为目标的教育经费投入政策（见表1）。其中最为突出的是2013年实施的农村艰苦学校教师岗位补贴改革和2015年实施的乡村教师支持计划。相关政策的核心思想是，通过实施农村艰苦学校教师岗位补贴改革，使得农村教师收入过低、工资拖欠的问题得到一定程度缓解。根据《教育部办公厅关于2016年连片特困地区乡村教师生活补助实施情况的通报》，截至2016年年底，共有684个县实施了乡村教师生活补助，覆盖率为97％，比2015年提高15％；684个县中共有乡村学校8.3万所，乡村教师135.5万人，其中8.1万所学校的129.5万名教师享受补助，学校和乡村教师的覆盖率分别为98％和96％，比2015年分别提高2％和4％。

表1　以倾斜农村地区教师为目标的教育经费投入项目文本

| 时间 | 发布部门 | 政策名称 | 向农村倾斜的描述 |
|---|---|---|---|
| 2008 | 人社部、财政部、教育部 | 《关于义务教育学校实施绩效工资的指导意见》 | 设置艰苦边远地区津贴。 |
| 2010 | 教育部、财政部 | 中小学教师国家级培训计划（"国培计划"） | "国培计划"95％以上的培训经费投向农村教师，培训教师95％以上为农村教师。各地开展"置换脱产研修"，选派优秀师范生或城镇教师到农村顶岗实习支教，置换出农村骨干教师参加3个月长期脱产研修。 |
| 2013 | 教育部、财政部 | 《关于落实2013年中央1号文件要求对在连片特困地区工作的乡村教师给予生活补助的通知》 | 对在连片特困地区义务教育乡、村学校和教学点工作的教师给予生活补助。考虑到各地情况复杂、差异性较大，该政策按照"地方自主实施，中央综合奖补"的原则实施，具体实施时间、补助范围和对象、补助标准和资金来源等，均由各地结合实际情况确定。 |
| 2015 | 国务院办公厅 | 《乡村教师支持计划（2015—2020年）》 | 全面落实集中连片特困地区乡村教师生活补助政策，根据学校的艰苦和边远程度，中央财政予以奖补。各地要按规定将符合条件的乡村教师住房纳入当地住房保障范围，统筹予以解决。 |

此外，2016 年各地共投入补助资金 44.3 亿元，比 2015 年增加 9.9 亿元，提高 28.8%；各地人均月补助标准为 284 元，比 2015 年增加 22 元，提高 8.3%。

表 2、表 3 进一步呈现了"十三五"期间城乡初中和小学阶段教师工资和福利支出总额以及差距比。从表中的数据可以看出，"十三五"期间农村地区中小学教师工资和福利支出始终高于城镇地区，且农村地区教师工资和福利的增长幅度总体高于城镇地区。根据差距比指标，初中阶段农村地区超过城镇地区教师工资和福利支出的幅度从 27% 提高到 66%，其中财政预算内教师工资和福利支出的幅度从 44% 提高到 86%；小学阶段农村地区超过城镇地区教师工资和福利支出的幅度从 87% 提高到 104%，其中财政预算内教师工资和福利支出的幅度从 103% 提高到 123%。这再次说明，在国家财政的强有力保障下，教师队伍经费投入向农村地区倾斜的政策得到了较好的落实，且倾斜程度呈现不断上升的趋势。

**表 2 "十三五"期间城乡初中阶段教师工资和福利支出**

| | | 2011 年 | 2012 年 | 2013 年 | 2014 年 | 2015 年 |
|---|---|---|---|---|---|---|
| 总支出 | 城镇初中(亿元) | 824 | 917 | 1005 | 903 | 1086 |
| | 农村初中(亿元) | 1051 | 1147 | 1200 | 1464 | 1804 |
| | 差距比 | 0.27 | 0.25 | 0.19 | 0.62 | 0.66 |
| 财政预算内支出 | 城镇初中(亿元) | 692 | 775 | 850 | 754 | 913 |
| | 农村初中(亿元) | 1000 | 1095 | 1142 | 1368 | 1694 |
| | 差距比 | 0.44 | 0.41 | 0.34 | 0.81 | 0.86 |

注：1. 差距比计算公式为：(农村初中支出－城镇初中支出)÷城镇初中支出；
2. 数据来源于相应年份《中国教育经费统计年鉴》。

**表 3 "十三五"期间城乡小学阶段教师工资和福利支出**

| | | 2011 年 | 2012 年 | 2013 年 | 2014 年 | 2015 年 |
|---|---|---|---|---|---|---|
| 总支出 | 城镇小学(亿元) | 974 | 1093 | 1213 | 1208 | 1474 |
| | 农村小学(亿元) | 1821 | 2017 | 2134 | 2411 | 3002 |
| | 差距比 | 0.87 | 0.84 | 0.76 | 1.00 | 1.04 |

续表

| | | 2011 年 | 2012 年 | 2013 年 | 2014 年 | 2015 年 |
|---|---|---|---|---|---|---|
| 财政预算内支出 | 城镇小学(亿元) | 861 | 966 | 1067 | 1049 | 1284 |
| | 农村小学(亿元) | 1745 | 1937 | 2042 | 2293 | 2858 |
| | 差距比 | 1.03 | 1.01 | 0.91 | 1.19 | 1.23 |

注：1. 差距比计算公式为：(农村小学支出－城镇小学支出)÷城镇小学支出；
2. 数据来源于相应年份《中国教育经费统计年鉴》。

尽管乡村教师待遇水平在一定程度得到提高，但与城镇地区教师相比差距仍然明显。以 2013 年的数据为例，乡村初中教师工资收入仅为城镇初中教师的 69.16％，乡村小学教师工资收入仅为城镇小学教师的 67.04％。2014 年至 2015 年的调研发现，东、中、西部乡村小学教师津贴分别占本地区城镇小学教师津贴的 50％、89％、82％；乡村中学教师津贴分别占本地区城镇中学教师津贴的 67％、75％、55％。[①]

加快提升乡村教师待遇保障水平，才能实现巩固乡村教师队伍建设、促进教育均衡的目标。要做到这一点，必须继续加大对乡村教师的投入倾斜力度，不断完善补偿性工资制度。为此，《意见》明确指出，必须"深入实施乡村教师支持计划，关心乡村教师生活。认真落实艰苦边远地区津贴等政策，全面落实集中连片特困地区乡村教师生活补助政策，依据学校艰苦边远程度实行差别化补助""鼓励有条件的地方提高补助标准，努力惠及更多乡村教师"。

### (三)加大教师职后专业发展的经费投入力度

教师职后专业发展是提升教师队伍质量非常重要的路径。尤其是在现有教师队伍质量水平不均衡程度大的背景下，加强职后专业发展是薄弱地区、乡村学校教师质量和业务水平提升的重要手段。因此，教师队伍建设经费必须优先考虑教师职后专业发展的投入。

随着一系列政策/项目的出台(见表 4)，各级政府对在职教师的培训经

---

① 庞丽娟、金志峰、杨小敏：《新时期乡村教师队伍建设政策研究》，载《中国行政管理》，2017(5)。

费财政支持逐年加大，目前我国已经建立起"国家级培训—省级培训—市级培训—区（县）级培训—校本培训"的纵向全覆盖的教师继续教育组织和管理体系。例如，1999 年教育部《中小学教师继续教育规定》的下发，标志着中小学教师继续教育由学历补偿性教育到全员培训时代的重要转变。2001 年教育部开始实施中小学教师继续教育工程，财政部拨款 1 亿元予以支持，自此启动了以五年为一个周期的教师培训，财政部在 2001—2007 年每年拨款1000 万元支持新课程改革的教师培训工程。2006 年财政部下发的《农村义务教育经费保障机制》文件中，明确提出中小学教师公用经费中的 5％要用于教师培训。这一政策对各地教师培训都有积极的推进作用，尤其是东部一些省份针对中小学教师培训（尤其是农村教师培训）进行了专项经费投入。

在诸多支持教师专业发展的项目中，尤为值得一提的是教育部在中央财政的支持下组织实施的一系列国家级培训项目。国培项目在五年间累计培训中小学教师 100 多万人，其中农村中小学教师占 90％以上，覆盖了 31个省（区、市）的 1000 多个县。2010 年国家正式启动"中小学教师国家级培训计划"，将 5 亿元的专项资金转移支付到中西部 23 个省区，为地方教师培训提供直接的支持。截至 2016 年 11 月 30 日，中央财政累计投入国培计划资金达到 107 亿元，累计培训中小学教师 1006 万人，农村教师占比 95.2％（见图 2）。

**表 4　提升教师专业素质能力的教育经费投入政策文本**

| 时间 | 发布部门 | 政策名称 | 有教育经费投入的描述 |
|---|---|---|---|
| 1999 | 教育部 | 《中小学教师继续教育规定》 | 中小学教师继续教育经费以政府财政拨款为主，多渠道筹措，在地方教育事业费中专项列支。地方教育费附加应有一定比例用于义务教育阶段的教师培训，省、自治区、直辖市人民政府教育行政部门要制定中小学教师继续教育人均基本费用标准。中小学教师继续教育经费由县级及县级以上教育行政部门统一管理，不得截留或挪用。社会力量举办的中小学和其他教育机构教师的培训经费，由举办者自筹。 |

续表

| 时间 | 发布部门 | 政策名称 | 有关教育经费投入的描述 |
|------|---------|---------|----------------------|
| 2001 | 教育部 | 中小学教师继续教育工程 | 拓宽经费渠道，加大经费投入。中央投入专项资金支持中小学教师继续教育，主要用于骨干教师国家级培训和教材建设；"九五"期间中央师范教育补助专款主要用于中小学教师培训；"贫困地区义务教育工程"专款有一定比例用于中小学教师培训。积极争取国际双边、多边合作项目的援助资金，支持中小学教师培训。 |
| 2006 | 教育部、财政部 | 《农村义务教育经费保障机制》 | 规定中小学公用经费中的5%要用于教师培训。 |
| 2010 | 教育部 | 《国家中长期教育改革和发展规划纲要（2010—2020)》 | 完善教师培训制度，将教师培训经费列入政府预算，对教师实行每五年一个周期的全员培训。 |
| 2010 | 教育部、财政部 | 中小学教师国家级培训计划 | 包括"中小学教师示范性培训"和"中西部农村骨干教师培训"两项内容。 |

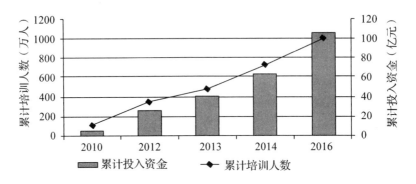

**图2　2010—2016年国培计划历年成果**

数据来源：中国教育部官网，缺2011年、2015年数据。

尽管近年来教师专业发展经费的保障水平不断提升，但在教师在职培训经费制度采用政府主导模式下，中央财政投入的教师培训经费目前主要用于骨干教师的培训，全员教师培训机会整体不足，农村教师培训机会仍偏少。同时，教师培训发展不平衡，区域差异和城乡差异较大。由于经济发展水平和财政能力的差异，中央财政的投入不足以弥补教师培训发展的不均衡。与中央投入相比，省级及以下财政对教师培训的经费投入差别是造成各省教师培训经费投入不均衡的主要原因。从提升教师质量、促进教师质量的均衡性出发，应持续加强教师对教师职后专业发展的经费投入力度。为此，《意见》明确指出，教师经费应重点用于提升教师专业素质能力，通过充足的经费投入提高教师培训活动的质量，并且保障更多教师都能获得参与专业发展活动的机会。

### (四)加大师范教育的投入力度

师范生是未来国家师资力量的首要储备，师范生招生、培养质量的高低决定了一个国家师资力量的高下。把更多优秀的学生吸引到师范院校中来，提高师范学校的硬软件办学条件，是保障未来各级各类学校拥有充足高素质教师的重要前提和基础。经历了近十年的改革和调整，师范教育形成了以师范院校为主体、综合大学共同参与的格局，呈现出综合化、开放化、大学化的特点，一定程度上提高了办学层次和学术水平。但当前师范教育也面临着严峻的形势。

一方面，由于师范院校以文理和教育等基础性学科为主，长期以来获得的资源和支持不足。高等师范院校经费投入虽逐年增加，但增长速度低于全部高校经费投入的平均增长速度。与其他类型高等学校相比，师范院校不仅在生均经费投入上是最低的，而且在财政预算内拨款占全部收入比例上也明显低于其他院校。尤其是我国西部地区师范院校的条件更加落后，经费投入、生均占有财力和物力资源、师资水平等都明显低于其他地区。在没有充足经费支持的背景下，不少师范院校的基本设施设备条件老化落后，与未来教师的需要差距较大。

另一方面，由于长期以来获得的资源和支持不足，部分师范院校减少了师范专业及其招收规模或者向综合性大学转型，而一些综合大学为了一流大学建设，将教育学院边缘化，甚至撤销了教育学院。

在师范教育被淡化和边缘化的背景下，我国不断增长的基础教育优秀师资需求难以得到满足。为了扶持和加强师范院校建设，提升师范院校和师范专业办学水平，《意见》特别提出，政府要加大师范教育投入力度。

## 二、健全以政府投入为主、多渠道筹集教育经费的体制

### (一)确保政府财政投入主渠道的同时充分调动社会力量投入的积极性

近年来，中国政府对教师队伍建设的财政性教育经费投入不断增加，有力地保障了教师队伍建设经费投入。一方面，财政性经费教师收入稳定提升。根据图 3 所呈现全国财政预算内各类学校教师工资和福利支出(2000—2015 年)以及图 4 所呈现各类学校教师工资和福利支出中预算内经费所占比例可以发现：在义务教育阶段，财政提供了充足保障，2006 年之后政府预算内教师工资和福利支出规模快速增长，占总支出的比例稳定在90%以上；在普通高中和中等职业学校，财政性教师工资和福利支出的规模稳定提升，在总支出中所占比例呈现稳定上升趋势，到 2015 年超过83%；在高等学校，财政性教师工资和福利支出的规模稳定提升，在总支出中所占比例稳定在 55%～57%；幼儿园阶段财政性教师工资和福利支出的规模在 2009 年之后呈缓慢增长趋势，"十三五"期间在总支出中所占比例稳定在 33%～36.9%。另一方面，从上文表 4 所列各项旨在提升教师素质能力的教师培训经费投入来看，各项专项财政经费的投入为教师培训提供了坚实保障。

需要指出，伴随我国经济进入形态更高级、分工更复杂、结构更合理的新常态，各级政府财政收支压力将越来越大，以往自上而下"运动式"的资源调动改革模式已很难复制，财政性教育经费增量在"后 4%"阶段存在着较大的不确定性。[1] 为了保证教师队伍建设的可持续性，必须促使"政府之手"与"市场之手"在教师队伍建设中形成合力，有效发挥社会筹资的功能和作用。但是，从当前教育领域的经费投入来看，社会力量兴办教育的积极性没有得到充分调动，难以促进教育生态多样化，难以形成各具特色和活跃开放的现代教育投资市场。为此，《意见》提出，要健全以政府投入为主、多渠道筹集教育经费的体制，充分调动社会力量投入教师队伍建设的积极性。

---

① 王善迈：《"后 4%"时代财政教育投入的长效机制》，载《光明日报》，2015-12-08。

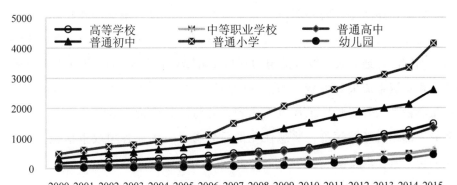

**图3 2000—2015年全国财政预算内各类学校教师工资和福利支出总额(单位:亿元)**

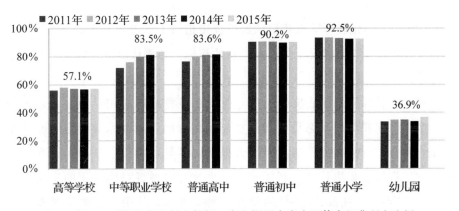

**图4 "十三五"期间各级教育教师工资和福利支出中预算内经费所占比例**

### (二)制定严格的经费监管制度

随着教师队伍建设经费投入的快速增长,经费投入和使用管理当中的一些问题也相继暴露。一是中央财政投入增加的同时,地方财政投入增速有限。由于教育经费投入并未被纳入地方政府的政绩考核范围,中央财政在安排财政资金时虽然安排了部分奖补资金,但力度和效果不足以实现约束地方政府行为和激励地方政府投入的目的。受制于自身财力状况和财政投入努力程度,在中央政府加大投入的同时,部分地方政府生均教育经费增速有限。二是经费使用效益不高突出。例如,国培计划的培训内容和课程设置没有充分考虑不同地区、不同学科教师需求,不能满足一线教师需求。三是学校或项目内部经费使用效益不高,还存在铺张浪费、违规支出、资产流失等问题。

针对上述问题，需要制定严格的经费监管制度，规范经费使用，确保资金使用效益。即需要完善经费投入考核制度，确保在中央政府增加投入力度的同时，地方政府投入的努力程度不降低，以效益指标作为考核指标，严格避免资金流失和浪费。为此，《意见》指出，各级党委和政府要将教师队伍建设列入督查督导工作重点内容，并将结果作为党政领导班子和有关领导干部综合考核评价、奖惩任免的重要参考，确保各项政策措施全面落实到位，真正取得实效。

### 三、落实《意见》精神的路径与建议

《意见》为强化教师队伍建设的经费保障指明了方向。为落实《意见》所提出各项优化教师队伍建设经费投入机制的目标，必须从以下方面进一步细化和完善。

第一，教师工资标准核算以及专业发展经费标准应相对稳定，切实建立与实际情况联动的动态稳定增长机制。一方面，工资标准设定应改变全国统一基本工资标准的做法，而转为根据地区具体物价水平和工资水平设定基本工资标准和津补贴福利标准，中央政府需做好对地区间的工资总体差异进行"限高、托低、稳中"的调控。另一方面，鼓励基层单位根据满足实际办学需求和地区物价上涨水平制定教师专业发展经费预算，确保学校获得充足经费满足教师专业发展需要。

第二，明确中央和地方政府的支出责任划分，采取中央与地方"分项目、按比例"的方法，构建农村教师队伍建设经费的长效保障机制。一方面，现有农村艰苦学校教师岗位补贴采取的"由地方政府自行出台政策，中央财政给予奖补"分权化做法，带来了政策落实上的地区差异，中西部地区的部分省级财政对于此项政策的实施缺乏积极性，在中央奖补资金之外不愿意追加配套资金。[①] 考虑基层政府财政差异以及省级财政责任，必须将中央财政奖补与省级统筹体制相结合，合理分担责任比例。另一方面，提高农

---

① 赵俊婷、刘明兴：《教师工资体制的宏观运转机理与基层实施效果分析》，载《北京大学教育评论》，2017(2)。

村教师收入不是一个贫困地区乡、村学校和教学点的局部问题，而是一个整体性问题。要推广乡村教师补助改革，必须强化中央调控和省级政府的配套。

第三，充分考虑学生适龄人口结构的时间和空间变化，提前制定教师队伍建设经费需求预算，建立更加科学合理的转移支付制度，在保证教师工资和专业发展经费标准逐步增长的前提下，避免经费出现结构性和地域性短缺。受生育政策调整的影响，学前教育、义务教育和高中教育阶段布局规划的波动将分别出现在"十三五"期间、"十四五"期间以及2030年前后。此外，城镇化发展对教育投资特别是义务教育阶段的教育资源配置提出了新的要求和挑战，越来越多的农村儿童会选择到城市学校就读，这会给城市学校的教师队伍建设带来很大压力。为了保证教师人员经费的充足，需要对教师队伍建设经费配置做好前瞻性规划，并建立以学生就读所在地和所在学校为拨款对象的更加科学合理的转移支付制度，实现教育资源配置的可携带。

第四，针对优先支持最薄弱、最紧迫的部分专项经费，建立法定的长效拨款机制。只有从法律上建立长效拨款机制，才能避免各项专项经费投入因政策、政府财政情况、人事变动等多种因素影响而波动，影响教师队伍建设的可持续性发展。

第五，提高师范学校的师范生生均拨款标准，建立师范教育专项经费拨款制度，通过财政支持改善师范学校办学条件，确保师范学校的吸引力。完善制度，确保师范院校将新增财政性收入优先用于保证师范类学科的发展。

第六，充分调动社会力量投入教师队伍建设的积极性。通过政府的有效引导和制度设计，建设对民办教育财政分类补助机制，形成有利于社会捐赠的宏观氛围和制度环境，有效激励民间资本和企业投入教师队伍建设。

第七，明确教师队伍经费投入和使用过程中相关部门的责任，完善领导问责机制，保证经费投入的达标和落实，真正提高经费使用效益。同时，上级部门定期督查经费投入和使用情况，根据执行效果给予相应的奖励或处罚，避免标准在落实过程中出现暗箱操作甚至多样化寻租的现象，切实解决地方政府及相关的教育管理部门推脱责任等问题，消除监督部门监督不到位甚至没有履行监督职责的现象。

（梁文艳）

# 全面加强党的领导，保障新时代教师队伍建设再创辉煌

2018 年 1 月 20 日，中共中央、国务院印发了《关于全面深化新时代教师队伍建设改革的意见》（以下简称《意见》）。这是中华人民共和国成立以来党中央出台的第一个专门面向教师队伍建设的文件，将教师队伍建设工作提升到前所未有的政治高度，标志着我国教师队伍建设迎来了前所未有的战略机遇期。

《意见》涉及教师队伍建设的方方面面，包括师德建设、专业发展、管理改革、待遇提升、组织保障等诸多领域，其有效执行需要教育行政部门、编制管理部门、人力资源和社会保障部门、财政部门、各级各类学校等公共部门以及全社会的协同和支持。这是一项极其复杂的系统工程，单一的政府部门难以胜任，迫切需要依靠党的领导，发挥党总揽全局、协调各方的核心作用。

## 一、党的领导是教师队伍建设伟大成就最基本的中国经验

在我国，党是领导一切公共事务、总揽全局的。党的十九大报告提出，"党政军民学，东西南北中，党是领导一切的"，这种表述已被写入最新修订的《中国共产党章程》。以党领政，党和国家相互嵌入，这是我国政治生

态的最重要特征。党通过军事委员会、纪律检查委员会、政法委员会、组织部、宣传部等制度安排，直接掌握中国军事、立法、司法、公共安全、行政、干部任命、信息传播等核心权力。通过组织部门任命干部，实现对干部个人政治前景的直接影响。党的领导具有高度的权威，而且这种权威已经成为我国公共部门和全社会的共识。

改革开放以来，尤其是党的十八大以来，党对教师队伍建设改革高度重视。2013年教师节，远在乌兹别克斯坦进行国事访问的中共中央总书记习近平向全国广大教师致以节日问候。习近平总书记充分肯定了广大教师为我国教育事业发展、为国家发展和民族振兴做出的突出贡献，他对全国广大教师提出了"三个牢固树立"的殷切希望：牢固树立中国特色社会主义理想信念，带头践行社会主义核心价值观，自觉增强立德树人、教书育人的荣誉感和责任感，学为人师，行为世范，做学生健康成长的指导者和引路人；牢固树立终身学习理念，加强学习，拓宽视野，更新知识，不断提高业务能力和教育教学质量，努力成为业务精湛、学生喜爱的高素质教师；牢固树立改革创新意识，踊跃投身教育创新实践，为发展具有中国特色、世界水平的现代教育做出贡献。2014年教师节前夕，习近平总书记在北京师范大学发表《做党和人民满意的好老师》重要讲话，要求各级党委和政府要从战略高度来认识教师工作的极端重要性，深刻论述了做党和人民满意的好教师要有理想信念、道德情操、扎实学识和仁爱之心的"四有"标准。2015年9月9日，习近平总书记给"国培计划（2014）"北京师范大学贵州研修班全体参训教师回信，对他们提出殷切希望，并向全国广大教师致以节日的祝贺和诚挚的祝福。信中，习近平总书记强调：到2020年全面建成小康社会，最艰巨的任务在贫困地区，我们必须补上这个短板。扶贫必扶智。让贫困地区的孩子们接受良好教育，是扶贫开发的重要任务，也是阻断贫困代际传递的重要途径。希望你们牢记使命、不忘初衷，扎根西部、服务学生，努力做教育改革的奋进者、教育扶贫的先行者、学生成长的引导者，为贫困地区教育事业发展、为祖国下一代健康成长继续做出自己的贡献。2016年教师节前夕，习近平总书记到北京市八一学校，看望慰问师生，对广大教师提出做学生锤炼品格的引路人、学习知识的引路人、创新思维的引路人、奉献祖国的引路人的"四个引路人"期望，并要求各级党委和政府要满腔热情关心教师，让广大教师安心从教、热心从教、舒心从教、静心从教，让广大教师在岗位上有幸福感、事业上有成就感、社会上有荣誉感，让教师成为让人羡慕的职业。中央全面深化改革领导小组第 11 次会议、国家教育体制改革领导小组第 14 次会议，分别审议通过《乡村教师支持计划（2015—2020 年）》，这是中华人民共和国成立以来第一份专门指向乡村教师队伍建设的政策文件，为乡村教师队伍建设指明了方向。党的十九大报告提出，加强师德师风建设，培养高素质教师队伍，倡导全社会尊师重教。此次中共中央直接出台《意见》，更显示了党对教师工作的高度重视。

党的报告、文件和领导人讲话集中传达了党的意志，是我国教育政策供给和教育发展改革的基本方向和依据，也是党领导教育事业的重要方式。在党的领导下，我国有各级各类专任教师 1578 万人，有力地支撑起全世界规模最大的教育体系。建成以 187 所师范院校为主体、383 所非师范院校参与、教师发展中心为纽带、优质中小学为实践基地的开放、协同的现代教师教育体系。形成包括待遇保障、培养补充、质量提升等在内的乡村教师政策体系，保障 330 万乡村教师坚守在边远贫困地区岗位上，成为推动脱贫攻坚战略的重要力量。构建起全国性的系统、连续、规范的教师专业发展制度体系，发挥着促进教师专业发展、调动教师工作积极性的重要作用。

## 二、党的领导是深化教师队伍建设改革最宝贵的政治资源

当前，教师队伍建设改革进入深水区，涉及多领域、多部门的复杂改革不断涌现，政府部门之间的跨部门合作日益成为常态。但由于各个部门之间的部门规章有各自的逻辑和规则，甚至有时存在冲突，跨部门合作并不顺畅。《意见》中关于教师编制、职称、工资等的举措均涉及复杂的政府跨部门合作。编制制度是我国教师队伍建设的生命线。过去，教师编制总量不足、存量调整困难一直是制约教师队伍建设的瓶颈。尤其在"财政供养人员只减不增"的政策约束下，编制成为极为稀缺的行政资源，也是政府部门之间、学校之间、教师之间博弈的焦点。《国家中长期教育改革和发展规划纲要（2010—2020 年）》教师队伍建设中期评估课题组调查发现，仅 5.37%的受访校长、教师表示满意，其中最核心的问题是缺编严重，其次是编制

核定滞后、存量调整困难。随着城镇化进程的持续推进，农村小规模学校结构缺编和城镇寄宿制学校后勤管理工作量大等问题愈发突出，为保证教育公平发展和质量提升，需要适当增加教师数量。而且，2014 年的编制改革规定将县镇、农村中小学教职工编制标准放宽，统一到城市标准，这客观上需要大幅增加编制数量，应配备的中小学教师需在原有基础上增加91.11 万人。加之全面"二孩"政策的实施，我国将迎来新的入学高峰，客观上需要更多教师。与 2012 年相比，我国学前教育专任教师增加 75.3 万人，普通高校专任教师增加 16.2 万人，义务教育专任教师增加 18.7 万人，但编制总量并未增加，新增教师多数为编外聘用，这些教师工作稳定性差、待遇得不到保障；少数从其他系统调整而来，但由于缺乏政策依据，困难重重。为此，《意见》提出，"盘活事业编制存量，优化编制结构，向教师队伍倾斜，采取多种形式增加教师总量，优先保障教育发展需要"。编制存量调整以及总量向教师倾斜需要编制管理部门、财政部门和教育行政部门的密切合作。

职称直接决定教师工资水平和专业地位，关系教师的切身利益，是调动广大教师积极性、促进教师专业发展的基础性制度。过去，中、高级职称岗位稀缺是教师职称改革中最突出的矛盾。课题组在全国 14 个省 59 个县（区、旗）的调查研究发现，89.5％的校长、教师认为中、高级职称岗位"非常缺乏"或"比较缺乏"。与此同时，评聘衔接使职称聘任实际上变为终身制，教师职称缺乏能上能下的动态调整机制，教师一旦聘任高级岗位，便终身享受相应待遇。现实中存在很多高级岗位教师职业倦怠的现象。由于岗位限制，相当一部分中小学教师无论如何努力直至退休都无法聘任高级岗位。《意见》提出，"适当提高中小学中级、高级教师岗位比例，畅通教师职业发展通道"。职称岗位设置的管理权限主要在人力资源和社会保障部门，在职称岗位结构总量控制的前提下，中、高级岗位向教师队伍倾斜同样面临复杂的政府跨部门合作。

工资是保障教师待遇和职业吸引力的关键。根据国家统计局发布的《中国统计年鉴 2017》，2016 年，我国 19 个行业就业人员的分行业年平均工资，教育行业为 74498 元，排在第 9 位，虽然相比前几年排名有所提升，但不仅明显低于排名前两位的信息技术和金融业，也低于科学研究、卫生和社会工作、文化和体育等行业。教师工资增长一直以来受事业单位工资结构的制约，很难做出实质性地调整或者根据教师工作的实际情况做出完善。比如增加班主任工资、管理岗位工资、超课时工资等。完善教师工资结构，提高教师待遇水平，迫切需要教育行政部门、人社部门和财政部门的密切合作。

教师政策的有效执行涉及政府各个部门的协同合作。但是，与人社部门、财政部门、编制管理部门相比，教育行政部门在政府部门的权力序列中处于弱势地位，跨部门合作中的话语权较弱。我国行政管理体制有一个重要的特点，就是各级政府正职领导主持全局、副职领导分管特定领域的具体工作。分管具体工作的政府领导与具体的职能部门有着密切的关系，是该工作的代言人和跨部门合作的重要协调者。一般来说，排名越靠前、越有资历和话语权的政府领导分管的工作越重要。对全国 288 个城市政府领导的特征进行统计发现，分管教育工作的市政府领导在政府领导中的排名平均处在 50%～60%，仅 14.4% 是市委常委；分管编制工作的市政府领导排名处在 10%～20%，97.6% 是市委常委；分管人力资源和社会保障工作的市政府领导排名处在 50%～60%，67.1% 是市委常委；分管财政工作的市政府领导排名处在 20%～30%，95.3% 是市委常委。统计检验结果显示，分管教育的政府领导在排名上较其他几个部门靠后，且市委常委的比例显著低于其他部门，导致部际协同执行教师政策方面处于被动地位。这是一直以来制约我国教师队伍建设的体制机制瓶颈，也是影响教师队伍建设改革举措落地的制约因素。

党的领导具有高度的权威，而且这种权威已经成为我国公共部门和全社会的共识。在教师队伍建设任务艰巨且复杂、传统跨部门合作面临困境的背景下，必须依靠党的领导。《意见》提出："各级党委和政府要满腔热情关心教师，充分信任、紧紧依靠广大教师。要切实加强领导，实行一把手负责制，紧扣广大教师最关心、最直接、最现实的重大问题，找准教师队伍建设的突破口和着力点，坚持发展抓公平、改革抓机制、整体抓质量、安全抓责任、保证抓党建，把教师工作记在心里、扛在肩上、抓在手中，摆上重要议事日程，细化分工，确定路线图、任务书、时间表和责任人。主要负责同志和相关责任人要切实做到实事求是、求真务实，善始善终、善作善成，把准方向、敢于担当，亲力亲为、抓实工作。"同时提出："各省、自治区、直辖市党委常委会每年至少研究一次教师队伍建设工作。建立教师工作联席会议制度，解决教师队伍建设重大问题。相关部门要制定切实提高教师待遇的具体措施。研究修订教师法。统筹现有资源，壮大全国教师工作力量，培育一批专业机构，专门研究教师队伍建设重大问题，为重大决策提供支撑。"在教师队伍建设改革问题上实行"一把手负责制"，并将其纳入各级党委常委会的常规议事日程，实际上是以党的最高权威总揽全局、协调各方。在中国，只有党才能发挥这样的核心领导作用，促使各部门充分认识到教师作为"国家富强、民族振兴、人民幸福的重要基石"的战略意义，以大局为重，勇于突破部门规章，在党的领导下有效开展跨部门合作，形成合力，从根本上破解制约教师队伍建设的体制机制障碍，共同推进教师队伍建设。

## 三、新时代兴师强国，迫切需要进一步加强党对教师队伍建设的领导

在我国社会主要矛盾转化的历史时期，人民对公平而有质量的教育的向往更加迫切，对教师队伍建设也提出了新的要求。要不断加强党的领导，以体制机制创新破解一切制约教师队伍建设改革的因素，不断提高教师的政治地位、社会地位、职业地位，吸引和稳定优秀人才长期从教、终身从教。

建议各级地方党委按照《意见》要求，明确党委书记一把手在教师队伍建设上的责任义务，形成省—市—县三级书记抓教师队伍建设的新格局。将辖区内教师队伍建设情况作为组织部门考核一把手工作的重要指标。由党委书记主持教师工作联席会议，协调教育行政部门、编制管理部门、财政部门、人力资源和社会保障等部门，逐步解决制约教师队伍建设的体制机制问题。实现编制优先保障教师队伍需求，中、高级职称岗位优先满足教师发展需要，教育经费优先保障教师队伍建设。在编制总量和职称结构控制压力较大的地区，可探索采用政府购买的方式，将编制和职称附带的工资性收入、社会保障等纳入购买范围，保证在岗教师无论在编与否同工

同酬、教师具备职称晋升资格可不受岗位结构限制提高待遇。

分管教育工作的地方政府领导对于辖区内教育事业发展具有重要作用，是教育工作的代言人和跨部门合作的重要协调者。建议改变当前的政府领导分工惯例，各级地方党委委任一位常务委员直接分管教育工作，在党委书记的领导下组织教师工作联席会议，将教师队伍建设工作提上党委常委会的议事日程，负责各部门的日常协调工作，督导教师政策的贯彻落实。

（李廷洲）

# 加强教师党支部和党员队伍建设

　　教师党员队伍建设是党的政治建设的重要组成部分，教师承担着立德树人、传播思想与真理的使命，肩负着塑造人的重任，要兴国，就必须先强师。因此，加强教师党员队伍建设，将全面从严治党要求落实到每个教师党支部和教师党员身上，用习近平新时代中国特色社会主义思想武装头脑，充分发挥教师党支部教育管理监督党员和宣传引导凝聚师生的战斗堡垒作用，充分发挥党员教师的先锋模范作用，在党的政治建设中发挥着不可或缺的重要作用。

　　在全球化的新形势下，世界处于大发展大变革的时期，国际关系更加纷繁复杂、形势多变，为了在充满竞争的环境下实现中华民族伟大复兴的目标，我们要培养出更多人才、更多有竞争力的人才，就需要我们培养出更多的优秀教师，其中党员教师更应发挥模范先锋作用。为了让教师党员的培养与发展更加有效率、有方向性，培育党性强、业务精、有威信、肯奉献的优秀教师，有必要开展全方面、多形式、重内涵、有效果的教师党员队伍建设活动，形成完善的教师党员队伍建设机制。

　　从教师个人层面上来讲，教师党员队伍建设有利于提升教师的思想政治素质，形成良好的师德师风，同时也激励着教师们发展与培育更好的专业素质能力；从学校学院管理层面上来讲，教师党员队伍建设有利于团结教师集体，深化教师管理综合改革，形成合理有效的教师党员队伍建设与管理体制机制；从国家发展层面上来讲，教师党员队伍建设有利于培养爱岗敬业的优秀教师，从而为培养德智体美全面发展的社会主义建设者和接班人，全面提升国民素质和人力资源质量，乃至实现中华民族伟大复兴的中国梦奠定坚实基础。

## 一、把党的政治建设摆在首位

《关于全面深化新时代教师队伍建设改革的意见》（以下简称《意见》）指出："将全面从严治党要求落实到每个教师党支部和教师党员，把党的政治建设摆在首位，用习近平新时代中国特色社会主义思想武装头脑，充分发挥教师党支部教育管理监督党员和宣传引导凝聚师生的战斗堡垒作用，充分发挥党员教师的先锋模范作用。"习近平总书记在纪念建党95周年大会上强调：严肃党内政治生活是全面从严治党的基础。党要管党，首先要从党内政治生活管起；从严治党，首先要从党内政治生活严起。在教师党员队伍建设中，从严治党，就是要将全面从严治党的要求落实到每个教师党支部和教师党员，要从基层党员自身做起，发挥党支部的战斗堡垒作用，使党组织具有强大的吸引力与凝聚力，为党组织和学校提供人才保障和组织保障。

### （一）严格落实全面从严治党的要求

将全面从严治党要求落实到每个教师党支部和教师党员，是办好中国特色、世界水平的现代教育的根本保证。最大的特色就是我们要坚持党的教育方针、坚持社会主义办学方向，就是要始终秉承"兴学强国"的重要使命，践行教育为国家和社会服务的重要职能。落实全面从严治党要求，要始终坚持党委领导下的校长负责制，这是加强党对学校领导的根本制度保障。要从严管理党员领导干部，坚持思想建设与制度建设相结合。要不断强化基层党组织整体功能，基层党组织处在各项工作的第一线，建设成效直接决定和影响学校党建工作的整体水平。

将全面从严治党要求落实到每个教师党支部和教师党员，是增强党对青年教师和学生吸引力的重要法宝。<sup>①</sup> 贯彻落实全面从严治党要求，必须坚持立德树人根本任务，不断加强和改进思想政治工作，赢得广大青年教师和学生的信赖和支持，切实掌握意识形态工作的主导权。坚持突出重点，抓好青年教师队伍建设这个关键，重点加强青年教师政治信仰、理想信念、职业情感、职业道德、服务意识等方面。发挥党建带群团建设作用，切实保持和增强群团组织的政治性、先进性、群众性，努力将广大师生凝聚到党和学校事业的周围。

将全面从严治党要求落实到每个教师党支部和教师党员，是全面加强师德师风建设的有力措施。习近平总书记在与北京师范大学师生代表座谈会上强调，合格的老师首先应该是道德上的合格者，好老师首先应该是以德施教、以德立身的楷模。党和政府高度重视师德师风建设，颁布印发了《教育部关于进一步加强和改进师德建设的意见》《教育部关于建立健全中小学师德建设长效机制的意见》，划定教师禁礼"6 条红线"，《关于建立健全高校师德建设长效机制的意见》划出了针对高校教师具有警示教育意义的师德禁行行为"红七条"。教育部针对师德走样现象不断亮剑，狠抓师德师风建设。

严格落实从严治党的要求，教师要把践行社会主义核心价值观贯穿到教育教学的全过程，处处育人、时时育人，引导和把握好人生方向，特别是引导和帮助青少年学生扣好人生的第一粒扣子。要通过读书来修身养性，提高文化修养、思想品位、高尚情操。要树立严谨治学的学风，反对浮躁，反对急功近利、追名逐利的思想；反对导师霸权主义的老板思想，把学生当雇员，只使用不培养。<sup>②</sup>

### （二）发挥教师党支部战斗堡垒作用

在全面从严治党的总体要求下，党中央高度重视加强基层党支部建设，严格党内生活，将全面从严治党延伸到每个支部、每位党员，使全面从严

---

① 李家俊：《落实全面从严治党要求　努力建设中国特色世界一流大学》，载《中国高等教育》，2016(11)。

② 顾明远：《自尊自律，为人师表——谈〈关于建立健全高校师德建设长效机制的意见〉》，http://www.edu.cn/renwu/pinglun_6057/20141010/t20141010_1187867.shtml，2014-10-10。

治党的要求在基层党支部特别是教师党支部落地生根。党中央高度重视教师党支部建设，尤其是高校教师党支部，2010 年 8 月颁布的《中国共产党普通高等学校基层组织工作条例》对高校教师党支部的主要职责做出了清晰界定，主要包括宣传执行党的路线方针政策和决议，加强党员教育、管理、监督和服务，做好发展党员工作，有针对性地做好思想政治工作，这是我们加强教师党支部建设总的遵循。① 2017 年 8 月，教育部党组印发《关于加强新形势下高校教师党支部建设的意见》，这是推进全面从严治党向高校基层延伸的重要举措，明确了高校教师党支部在高校党的建设和学校基层治理体系中的职能定位，是把党的路线方针政策落实到高校基层的战斗堡垒，是党团结和联系广大教师的桥梁纽带，是办好中国特色社会主义大学的重要支撑。要求牢固树立党的一切工作到支部的鲜明导向，把党支部建设作为学校党建工作最重要的基本建设，着力发挥党支部在政治引领、规范党的组织生活、团结凝聚师生和促进学校中心工作等方面的主体作用。

发挥教师党支部的战斗堡垒作用，要选优配强教师党支部书记。党支部书记的选优配强对于高校基层党建工作的顺利开展，党的路线、方针、政策的学习和落实，学校的教学、科研工作的配合起着重要作用。《意见》指出："选优配强教师党支部书记，注重选拔党性强、业务精、有威信、肯奉献的优秀教师党员担任教师党支部书记。"既要充分考虑支部书记的政治理论水平、思想道德修养、人格魅力品质、工作能力素质，也要充分考虑教师党支部书记其他业务工作的包容性和可协调性，避免教师的教学、科研工作与支部工作割裂、背离或者精力分散，有效激发党支部书记支部工作领导的激情。同时，按照《意见》要求实施教师党支部书记"双带头人"培育工程，定期开展教师党支部书记轮训，建立长效培训机制，促进支部书记创新工作能力。对于教师党支部书记有针对性地进行培训，从培训方式、内容设置、体系设置等方面进行系统的建立和完善。有针对性地进行工作方法和工作技巧的实务指导，促使教师党支部书记能够及时掌握党务工作的专业知识，积极开展业务交流，经常进行专题研讨和经验交流活动，利

---

① 蔺伟、王雪：《全面从严治党背景下加强高校教师党支部建设的原则和路径探析》，载《思想教育研究》，2017(1)。

用新媒体，搭建新平台，创新思路，提升创新能力和工作能力，带动支部组织建设。①

发挥教师党支部的战斗堡垒作用，要激发教师党员的先锋模范作用。教师党员发挥先锋模范作用，既是共产党员先进性的集中体现，又是教师这一崇高、神圣的职业的要求。基层党组织要根据形势不断出现变化的要求，关心教师党员的政治进步和业务发展，了解他们的思想动态，努力为教师党员营造自觉发挥先锋模范作用的良性环境。引导教师党员在理想信念、师德师风、勤于学习、勤奋工作、以人为本、关爱学生、以身作则等方面做好表率，树立和宣传正面典型，对教师党员在各方面提出更高要求，通过调动教师党员积极性，达到以点带面的效果，在全校形成良好的教风学风，进而促进学校全面、协调、稳定、可持续又好又快地发展。改革教师考核制度和机制，增加教师党员发挥先锋模范作用的相关内容。

严格落实全面从严治党，发挥党支部的战斗堡垒作用，使党组织在广大教职工群众中产生强大的吸引力、凝聚力，产生团结一致的震撼力，为学校的又好又快发展提供人才保障和组织保障。打造高素质的党员队伍和党支部，使党的组织资源转化为学校的发展资源、组织优势转化为学校的发展优势、组织活力转化为学校的发展活力，党组织和党员逐渐成为学校应对教育挑战、教育创新的主心骨和主力军。

## 二、坚持党组织生活各项制度

《意见》指出："坚持党的组织生活各项制度，创新方式方法，增强党的组织生活活力。健全主题党日活动制度，加强党员教师日常管理监督。推进'两学一做'学习教育常态化制度化。"党组织生活各项制度是对党支部组织活动和党员参加组织生活的规范，是对党员进行教育管理的组织形式，是党员教育管理工作中的一项重要组织制度。坚持党的组织生活制度，根本目的是落实党要管党、从严治党要求，严格规范党内政治生活，加强党员教育管理，保持党员的先进性、纯洁性，增强党组织的凝聚力、战斗力

① 马婧智闻：《新时期高校教师党支部书记选配工作的思考》，载《人才资源开发》，2016(2)。

和创造力，发挥党组织战斗堡垒作用和党员先锋模范作用，同时也为党员队伍的建设与发展提供了坚实的组织基础。

## （一）增强党的组织生活活力

党的十八届六中全会提出，党的组织生活是党内政治生活的重要内容和载体，是党组织对党员进行教育管理监督的重要形式。必须坚持党的组织生活各项制度，创新方式方法，增强党的组织生活活力。这为我们抓好党的组织生活、加强党的建设提供了遵循，为加强和规范新形势下党内政治生活、净化党内政治生态提供有力保证。[①]

第一，敢于坚持组织生活原则。学校党组织要求全体党员必须参与组织生活，一个也不能少；必须坚持民主集中制，尊重党员主体地位，畅通党员参与讨论党内事务的途径，拓宽党员表达意见的渠道；必须以党章为根本遵循，着力增强党内政治生活的政治性、时代性、原则性、战斗性。第二，严格落实组织生活制度。学校党组织要严抓严管，落实制度不打折扣，坚持"三会一课"制度、民主生活会和组织生活会制度；要真督实查，检查制度落实不留死角，确保党的组织生活经常化、规范化、制度化；要监督执纪，严肃问责不留情面，落实主体责任，把严格党的组织生活纳入党建工作考评体系。第三，全面规范组织生活过程。学校党组织生活程序要严谨细致，教师党员参加组织生活要真心真意，组织生活氛围要庄重严肃。第四，注重实化组织生活内容。学校党组织要紧密联系实际，有实打实的内容；突出教师党员的党性教育，有实打实的锤炼；增强时代意识，有实打实的创新。第五，切实提高组织生活质量。强调教师党员参与理论学习必须真学真信，参与民主评议必须真刀真枪，开展批评必须红脸出汗。

## （二）健全主题党日活动制度

支部主题党日制度是落实"三会一课"、加强党员教育管理、促进党员发挥先锋模范作用的有效载体。作为一项制度安排，一般由市、县或基层党委根据不同类型党支部特点，每月相对固定1天，每次确定主题，组织党

---

① 高建民：《创新方式方法　增强党的组织生活活力》，http://cpc.people.com.cn/n1/2017/0203/c227126-29056501.html，2017-02-03。

员集中学习、听党课、交纳党费，开展民主议事和志愿服务等活动。主题党日制度以"全覆盖、增活力、见实效"为总体目标，以"有固定的时间、有明确的主题、有活泼的形式、有突出的特色、有良好的成效、有浓厚的氛围"为基本要求，着力严肃组织生活，严格党员管理，促进作用发挥。主题党日活动要紧扣"两学一做"，突出政治学习和教育，突出党性锻炼，注意与本单位所担负的工作任务相结合。主题党日活动要有"党味"，党员活动室悬挂党旗，党员佩戴党徽，营造庄重氛围和仪式感，坚决防止表面化、形式化、娱乐化、庸俗化。通过定期开展活动，让教师党员养成经常参加组织生活的习惯，加强对党的路线、方针、政策和决议，科学、文化、法律和业务知识等的学习，不断提高教师党员素质能力，确保学习教育常态化。

2016年2月，中共中央办公厅印发了《关于在全体党员中开展"学党章党规、学系列讲话，做合格党员"学习教育方案》，开展"两学一做"学习教育，是面向全体党员深化党内教育的重要实践，是推动党内教育从"关键少数"向广大党员拓展、从集中性教育向经常性教育延伸的重要举措。实践证明，支部开展"两学一做"学习教育的主题党日活动接地气、有实效，是党的组织生活方式的重要创新。

教师党支部要推进"两学一做"学习教育常态化制度化。支部主题党日活动要明确主题，紧扣"两学一做"内容，结合支部和党员实际，把思想和工作摆进去，让党员每次都有收获。作为教师党员，必须将思想和行动统一到中央要求和学校党委的部署安排上来，自觉践行"两学一做"，就是要围绕立德树人、教书育人的根本任务和促进学生德智体美全面发展的事业要求，学党章党规，学系列讲话，做合格党员、做党和人民满意教师。教师承担教书育人、培养社会主义事业建设者和接班人、打造中华民族"梦之队"筑梦人的使命，学习党章党规具有重要的政治意义和现实意义。教师党员学系列讲话，尤其是要重点学习习近平总书记同北京师范大学师生座谈会时的讲话《做党和人民满意的好老师》，坚定理想信念，保持党的先进性，做有理想信念、道德情操、扎实学识和仁爱之心的"四有"好老师。"两学一做"学习教育要注重主题党日的政治性和庄重感，让党员从中得到锻炼、受到熏陶，要通过定期开展活动，让党员养成经常参加组织生活的习惯和自党，增强对党组织的归属感，使党组织更有凝聚力、影响力、战斗力。

## 三、重视教师党员发展和培养

《意见》指出："重视做好在优秀青年教师、海外留学归国教师中发展党员工作。健全把骨干教师培养成党员，把党员教师培养成教学、科研、管理骨干的'双培养'机制。""双培养"机制有利于进一步发挥学校党组织的政治核心作用和战斗堡垒作用，有利于推进学校持续发展，有利于建设一支德才兼备的教师队伍。

### （一）重视教师的党员发展工作

长期以来，各级党组织认真做好党员发展和管理工作，一大批优秀分子加入到党组织中来，为党注入了新鲜血液。广大党员在推动科学发展、促进社会和谐、服务人民群众中充分发挥先锋模范作用，生动诠释了党的先进性和纯洁性。在新形势下，做好在优秀青年教师、海外留学归国教师和骨干教师中发展党员工作，是新时期落实立德树人根本任务，加强教师思想政治工作，优化党员队伍结构，提高党员整体素质的一项重大举措，具有重要意义。

入党积极分子队伍的建立、教育和培养考察是发展党员工作的基础。学校党委应高度重视优秀青年教师、海外留学归国教师和骨干教师中入党积极分子队伍的建设，把优秀青年教师、海外留学归国教师和骨干教师入党积极分子的确定、培训教育和培养考察作为发展党员工作的重点，强化主动介入、积极引导、重在培养。建立党内联系人制度，早发现、早培养，主动做好尚未申请入党的中青年骨干教师的思想转变工作，主动在政治上、业务上关心他们的成长，主动关心他们的思想、工作和生活。建立入党积极分子培养联系人责任制，确保入党积极分子培养工作落到实处。建立入党积极分子集中培训制度，定期举办适合优秀青年教师、海外留学归国教师和骨干教师入党积极分子的专属性培训班，增强对提高自身思想政治素质重要性的认识，更加全面、系统、深入地了解党、认识党，进一步坚定共产主义理想信念，坚定走有中国特色社会主义道路的信心和决心。

加强在优秀青年教师、海外留学归国教师和骨干教师中发展党员工作，既应积极主动，增强紧迫感，又应认真慎重，增强责任感，力戒片面追求发展数量、降低党员标准的现象出现。学校党组织应抓优秀青年教师、海外留学归国教师和骨干教师入党积极分子的确定、发展对象的确定以及预备党员的接收这三个环节，注意严把"入口关"，保证新发展的教师党员的质量。加强在优秀青年教师、海外留学归国教师和骨干教师中发展党员工作，关键在于落实工作责任，建立工作机制。学校各级党组织应各负其责，各级党组织和各级行政应密切配合、协同联动、形成合力，协同推进教师发展党员工作。①

**（二）重视教师党员的培养工作**

积极在学校中推行"双培养"党建工作模式，一方面可以把优秀人才确定为党员的培养对象，将思想政治素质提高较快、群众公认度较高的优秀人才及时列为入党积极分子，吸收到党组织中来；另一方面可以把教师党员培养成骨干教师，让青年教师在思想觉悟、政治修养、业务能力等方面不断取得进步，进一步增强青年教师的先进性，有助于其在引领学生思想道德方面、提高教育教学水平等方面更好地发挥模范带头作用。②

把教师党员培养成教学、科研、管理骨干，有利于使党的组织资源转化为学校的发展资源、组织优势转化为学校的发展优势、组织活力转化为学校的发展活力，党组织和党员逐渐成为学校应对教育挑战、教育创新的主心骨和主力军。

学校党组织应发挥领导核心作用，高度重视教师党员的发展和培养。一是在政治上引导教师党员积极上进，认识到教师党员自身所担负的责任与使命，激发发展的内动力，充分利用支部大会、新老党员"一对一"帮扶等渠道，组织青年教师学习理论，提高思想政治素质，树立正确的世界观、人生观、价值观。二是在业务上帮助教师党员提高，给予更多学习提升的机会和平台，根据教师党员的成长需求制定生涯发展规划方案，针对不同

---

① 林善园：《加强在高校中青年骨干教师中发展党员》，载《中国高等教育》，2016(24)。

② 《推进"双培养"工作，发挥党员先锋模范作用》，http://dangjian.fznews.com.cn/html/11/2014-06-30/0945443843.shtml，2014-06-30。

类型的教师制定不同的成长标准，提出不同的成长要求，通过自我反思、同伴互助、示范引领等不同方式，促进教师的专业成长和教师队伍整体水平的全面提高。三是在机制上激励教师党员奋进。建立合理的物质激励，在考核评定、专业技术职称评定上，给每位教师党员合理的激励；建立相应的荣誉激励机制，根据学校的情况制定"德育标兵""教学能手"评价系列，在教师党员中开展"评十佳、创品牌"系列活动，在实际工作中营造创先争优的良好氛围，表彰先进，树立典型，加强宣传，激励教师党员努力成长为骨干教师。

## 四、开展教师党员的主题教育

《意见》指出："开展'不忘初心、牢记使命'主题教育，引导党员教师增强政治意识、大局意识、核心意识、看齐意识，自觉爱党护党为党，敬业修德，奉献社会，争做'四有'好教师的示范标杆。"对教师，尤其是教师党员不断开展主题教育，有利于帮助广大教师认清肩负的使命和责任，努力为发展具有中国特色、世界水平的现代教育，培养社会主义事业建设者和接班人做出更大贡献。

### （一）开展"不忘初心、牢记使命"主题教育

习近平总书记在党的报告中指出，"不忘初心，方得始终。中国共产党人的初心和使命，就是为中国人民谋幸福，为中华民族谋复兴。"初心和使命就是理想、信念、宗旨，就是最高纲领和奋斗目标，就是奋斗精神和优良作风。所以，初心和使命就是激励中国共产党人不断前进的动力。而教师党员的初心和使命就是把全部精力和满腔真情献给教育事业，在教书育人的工作中不断创造业绩，做中华民族"梦之队"的筑梦人。

党的十九大报告指出，"在全党开展'不忘初心、牢记使命'主题教育，用党的创新理论武装头脑，推动全党更加自觉地为实现新时代党的历史使命不懈奋斗"。"不忘初心、牢记使命"主题教育是推动全党更加自觉地为实现新时代党的历史使命不懈奋斗的重要内容。要想开展好这次主题教育，各级党委、广大党员就必须深刻领会这次主题教育的重大意义，真学真做

真改真干，切实让这次主题教育取得实效。

作为教师党员，"不忘初心、牢记使命"，就是要牢固树立"一切为了学生、为了一切学生、为了学生的一切"教育理念，把一颗忠心献给学校，一颗爱心献给学生，一颗痴心献给教育，一颗信心留给自己。在任何时候、任何情况下，都将牢记全心全意为人民服务的宗旨，为学校、学生服务的积极态度，始终把党的教育事业、人民群众的根本利益放在首位。"不忘初心、牢记使命"，就是要永远保持建党时中国共产党人的奋斗精神，永远保持永不懈怠的精神状态和一往无前的奋斗姿态，要求老师始终处于学习状态，站在知识发展的前沿，刻苦钻研、严谨笃学，不断充实、拓展、提高自己。"不忘初心、牢记使命"，就是要始终保持谦虚谨慎、不骄不躁的作风，把自己的温暖和情感倾注到每一个学生身上，用欣赏增强学生的信心，用信任树立学生的自尊，让每一个学生都健康成长，让每一个学生都享受成功的喜悦。为做好筑梦人，守好一段渠，种好责任田，为实现"两个一百年"奋斗目标、实现中华民族伟大复兴的中国梦而不懈奋斗。

### （二）开展争做"四有"好教师主题教育

2014年9月，习近平总书记视察北京师范大学，发表了"四有"好老师重要讲话，专门强调，今天的学生就是未来实现中华民族伟大复兴中国梦的主力军，广大教师就是打造这支中华民族"梦之队"的筑梦人，要打造一支有理想信念、有道德情操、有扎实学识、有仁爱之心的"四有"好老师队伍。

习近平总书记强调，做好老师，要有理想信念。广大教师要始终同党和人民站在一起，自觉做中国特色社会主义的坚定信仰者和忠实实践者，忠诚于党和人民的教育事业。做好老师，要有道德情操。好老师应该取法乎上、见贤思齐，不断提高道德修养，提升人格品质，并把正确的道德观传授给学生。做好老师，要有扎实学识。好老师应该是智慧型的老师，要有扎实的知识功底、过硬的教学能力、勤勉的教学态度、科学的教学方法等基本素质。做好老师，要有仁爱之心。好老师要用爱培育爱、激发爱、传播爱，通过真情、真心、真诚拉近同学生的距离，滋润学生心田。

各教育单位要按照相关政策文件要求开展争做"四有"好教师主题教育

活动，通过多种形式展示"四有"好老师时代风采，不断提高教师师德水平和业务能力，造就高素质专业化教师队伍，进一步树立教书育人、为人师表的意识，进一步形成向上向善、争创一流的氛围，进一步强化团结互助、和谐融洽的师生关系。通过争做"四有"好教师主题教育活动，如组织理论学习、开展读书活动、专题交流讨论、自查自纠活动、师德主题演讲、师德评议等活动进一步坚定理想信念，引导教师忠诚教育事业，以良好的思想政治素质影响和引领学生；进一步培养道德情操，提高教师的职业道德水平，增强教师职业责任感、使命感、光荣感，敬业乐业、甘于奉献、廉洁从教、依法执教；进一步夯实学识素养，提高自身专业能力水平，牢固树立终身学习理念，能够站在知识发展前沿，刻苦钻研、严谨笃学，不断充实、拓展、提高自己；进一步唤醒仁爱之心，使教师真正关爱学生，真正走进学生家庭，走进学生心灵，用爱培育爱、激发爱、传播爱，尊重、理解和宽容学生，平等对待每一名学生，尊重学生个性，理解学生情感，让所有学生全面健康成长，成为学生的好朋友和贴心人。

## 五、配齐建强高校思政和党务工作队伍

《意见》指出："配齐建强高等学校思想政治工作队伍和党务工作队伍，完善选拔、培养、激励机制，形成一支专职为主、专兼结合、数量充足、素质优良的工作力量。把从事学生思想政治教育计入高等学校思想政治工作兼职教师的工作量，作为职称评审的重要依据，进一步增强开展思想政治工作的积极性和主动性。"配齐建强高校思政和党务工作队伍，是牢牢把握社会主义办学方向，坚持党对高校的领导，增强道路自信、理论自信、制度自信、文化自信，培养中国特色社会主义合格建设者和可靠接班人的有力保障。

### (一)配齐建强高校思政工作队伍

习近平总书记在全国高校思想政治工作会议上强调，高校思想政治工作关系高校培养什么样的人、如何培养人以及为谁培养人这个根本问题。要坚持把立德树人作为中心环节，把思想政治工作贯穿于教育教学全过程，

实现全程育人、全方位育人，努力开创我国高等教育事业发展新局面。

中共中央、国务院印发的《关于进一步加强和改进大学生思想政治教育的意见》指出："思想政治教育工作队伍是加强和改进大学生思想政治教育的组织保证。大学生思想政治教育工作队伍主体是学校党政干部和共青团干部，思想政治理论课和哲学社会科学课教师，辅导员和班主任。"学校党政干部和共青团干部负责学生思想政治教育的组织、协调、实施；思想政治理论和哲学社会科学课教师根据学科和课程的内容、特点，负责对学生进行思想理论教育、思想品德教育和人文素质教育；辅导员、班主任是大学生思想政治教育的骨干力量，辅导员按照党委的部署有针对性地开展思想政治教育活动，班主任负有在思想、学习和生活等方面指导学生的职责。

教育部印发的《关于进一步加强高等学校学生思想政治工作队伍建设的若干意见》指出，采取切实措施，建设一支精干、高素质的高等学校学生思想政治工作队伍，"是保证学校坚持社会主义办学方向，全面贯彻党的教育方针，培养德智体美等全面发展的社会主义事业建设者和接班人的一支不可缺少的重要力量"。为此，能否建设一支具有马克思主义理论素养，政治坚定、学识渊博、结构合理、爱岗敬业的思政工作队伍，是大学生思想政治工作成败的关键。

当前高校思政工作队伍建设存在一些问题，部分高校重教学、重科研、重成果等硬指标，轻思想政治工作等软指标的现象仍比较严重，导致一些高校思政工作人员对思想政治工作的重要性普遍认识不足，开展思想政治工作缺乏思考、缺乏研究、缺少热情。体制不够健全，部分高校对思政工作队伍的管理没有明确的标准和要求。队伍结构不合理，队伍趋于年轻化，缺乏工作经验，难以做到理论结合实践。培训不够深入，思政工作涉及心理、文秘、管理、就业指导等多方面，没有专业的培训和学习，思政工作者只能凭个人的悟性和敬业精神完成任务。队伍不够稳定，思政工作队伍中的辅导员工作事无巨细、责任大、付出多而收获少、待遇低，导致从业状态不稳定。

高校应该严格按照相关政策文件的要求落实思政工作队伍建设。一是按照政治强、业务精、纪律严、作风正的要求，通过基层推荐、素质考核、专家评审、精心留选的程序严把入口关，把那些素质好、水平高、作风正的同志配备到思政工作队伍上来，努力建设一支素质较高、专兼结合、热爱思想政治工作的思政工作队伍。二是高校党委要从思政工作队伍的现状出发，有针对性地加强对思政工作队伍的培训和教育，全面提高他们的素质，要求思政工作者应具备较高的马克思主义理论素养和政策理论水平，使思想政治工作职业化、专家化，以更好地稳定队伍、积累经验。三是合理科学考评，激发思政工作活力。高校要站在战略的高度，制定民主、科学、务实的思政工作制度，使思政工作有章可循，同时还必须建立行之有效、科学规范、操作性强、公平公正的考评体系和竞争机制。把从事学生思想政治教育计入高等学校思想政治工作兼职教师的工作量，作为职称评审的重要依据。四是设置合理结构，畅通思政工作干部出口。要把开展党的建设、精神文明创建和学生德育工作的情况，与政工干部的职务提升、职称评聘、工资晋升、先进评选等紧密结合起来，增强其工作的压力和动力，激发其创造性和主动性。要建立完善利益机制，保障思政工作人员的福利待遇，其生活待遇不应当低于水平相当、同期从事教学科研和行政管理业务的人员。①

### (二)配齐建强高校党务工作队伍

高等学校肩负着为党和国家培养社会主义事业合格建设者和可靠接班人的重要任务，其基层党务工作队伍的建设情况将直接决定党的未来接班人的质量，也直接决定我国社会主义的发展方向。高素质高校基层党务工作队伍是确保社会主义事业长治久安的坚强保障，是培养社会主义事业合格建设者和可靠接班人的重要保证，是做好高校党建工作的有力抓手，是确保高校各项事业顺利开展的关键。

新形势下高校基层党务工作队伍需要具备坚定的政治立场、较高的理论素养、高度的事业心和责任感、大局意识等政治素质②，还要具备高尚的职业道德素质、扎实的理论文化素质、健康的身体心理素质、熟练的业务能力素质。在党务工作能力上也有较高要求，如准确分析决策的能力、良好的沟通协调能力、坚决的行动执行能力、扎实的语言文字表达能力、较

---

① 严丽纯：《加强高校思政队伍建设的思考》，载《思想理论教育导刊》，2010(4)。
② 程远：《高校党务工作机制创新之道》，载《人民论坛》，2011(1)。

强的实践创新能力。

　　党的十九大报告指出，中国特色社会主义进入新时代，我们党一定要有新气象新作为。打铁还需自身硬。在以习近平同志为核心的党中央领导下，高校党务工作队伍要与时俱进，更新观念，突出能力建设，注重加强工作队伍的选拔、招聘、培养、考核工作，逐步完善人员奖惩制度，规范工作职责，健全保障体系。一是强化高校党务工作队伍的思想意识，重点强化有为意识、学习意识和责任意识。二是强化高校党务工作队伍的管理制度，完善人才招聘、选拔和培训制度，规范工作职责制度，改进绩效考核制度，强化人员奖惩制度。三是强化高校党务工作队伍的保障机制，要给予经费保障、薪资待遇保障和职称晋升保障。

（邱化民）

# 唱响新时代教师队伍建设新征程

2018 年 1 月 20 日是一个值得纪念的日子，中共中央、国务院发布了《关于全面深化新时代教师队伍建设改革的意见》(以下简称《意见》)，这是中华人民共和国成立以来党中央出台的第一个专门面向教师队伍建设的里程碑式政策文件。《意见》旗帜鲜明地提出"百年大计，教育为本；教育大计，教师为本"，把教师队伍建设放在"教育发展的第一资源，是国家富强、民族振兴、人民幸福的重要基石"的国家战略地位上。《意见》还着眼于现代化强国建设，布局 2035 年教育新未来，在优化顶层设计、破解发展瓶颈上做出前瞻性政策创新，在确保方向和强化保障的前提下，以管理体制改革和机制创新为突破口，在高素质专业化创新型教师培养与培训、教师教育供给侧结构性改革、综合协同创新型教师管理制度等方面提出针对性的政策举措，定向发力。

《意见》全文不足万字却涵盖了新时代教师队伍建设的方方面面，涉及从战略价值、目标定位、师德师风、教师培养、教师培训，到教师管理、待遇保障、尊师氛围。既有立足民族复兴、国家富强的宏观布局，更有对教师专业工作、生活保障的切身关注。作为我国教育发展改革历史进程中一份具有划时代意义和价值的政策文件，《意见》是党中央对广大教师队伍的殷殷重托和切切期望。而对于从事教师教育和教师队伍建设的教育研究者而言，《意见》更是提出了未来教师教育和教师队伍建设的改革方向和研究重任。

北京师范大学教师教育研究中心作为教育部普通高校人文社会科学重点基地，是全国唯一从事教师教育研究的国家重点研究单位，自2004年成立以来就秉持"良师善邦、启师致远"的价值传承，以中国教师教育和教师队伍建设的政策、理论与实践研究为己任，持续关注中国教师及教师教育发展中的重大问题，努力为国家制定重大教师及教师教育政策提供咨询建议。中心成立十五年来为党和国家重大教师和教育教育政策的出台提供了百余份研究报告和政策建议。此次《意见》出台之前，北京师范大学教师教育中心的研究团队就撰写多份相关研究咨询报告，提交教育部和党中央，为《意见》研制撰写提供有力的研究支持。

因此在《意见》出台之后，北京师范大学教师教育研究中心旋即邀请国内教师教育和教师队伍建设领域的专家学者进行研讨，逐一梳理《意见》中的重要指示和政策意见，并决定组织撰写《新时代中国教师队伍建设的顶层设计——〈关于全面深化新时代教师队伍建设改革的意见〉解读三十二条》一书，深入剖析《意见》提出的新时代教师队伍建设新方向、新战略、新思路和新路径，并从教师教育理论与实践层面予以回应、丰富和拓展。

《意见》解读写作团队由北京师范大学教师教育研究中心主任朱旭东教授牵头组建，由一批中青年学者组成，包括：北京师范大学王雁教授、李琼教授、薛二勇教授、杨玉春副教授、庄榕霞副教授、梁文艳副教授、杜瑞军副教授、宋萑副教授、袁丽副教授、赵萍副教授、叶菊艳副教授、邱化民老师、廖伟博士、史志乐博士、单成蔚博士、靳伟博士生、吴会会博士生、赵获博士生、徐知宇同学；西北师范大学赵明仁教授；华东师范大学李廷洲副研究员；华中师范大学戴伟芬副教授；南京师范大学乐先莲副教授；首都师范大学康晓伟副教授；山西师范大学赵英博士、付钰博士生；杭州师范大学陈思颖副教授；新疆师范大学毛菊副教授；伊犁师范学院李秀云老师；湖州师范学院高鸾博士；广州大学李育球博士；北京教育学院王军博士；湖北幼儿师范高等专科学校李娜老师。

整个解读写作团队细致阐释各项政策举措的内涵深意，并从教师教育和教师专业发展的理论层面进行回应和分析，进而为贯彻落实《意见》提供了更为具体的路径、方法、建议。通过《意见》政策解读团队近 3 个月的研讨、剖析、撰写，形成有关《意见》的三十二条解读，基本上实现对《意见》中重点内容的全覆盖，既立足我国国情又借鉴国际经验，既渗透理论学术前沿又回应政策实际需要。希望为地方政府、教育行政部门、教师教育院校机构、一线中小学进一步落实《意见》精神和要求提供指南、提供方法、提供借鉴，最终为我国新时代高素质专业化创新型教师队伍建设贡献我们的绵薄之力。在此谨向参与《意见》解读写作的各位专家学者表示诚挚的谢意！同时，本书作为《意见》解读，有极强的时效性，由于专家团队在撰写书稿过程中就花费了不少时间，所以留给审稿出版的时间就更短。但北京师范大学出版社及其陈红艳编辑所领衔的出版团队却能克服时间短、任务重的困难，最终拿出高质量的成书，体现出一流出版人的品质与速度。在此，谨代表写作团队向北京师范大学出版社和陈红艳编辑出版团队表示衷心的感谢！

最后，我们坚信，在不久的未来会涌现出数以百万计的骨干教师、数以十万计的卓越教师、数以万计的教育家型教师。广大教师能够在岗位上有幸福感、事业上有成就感、社会上有荣誉感。教师成为人人羡慕的职业。而《意见》正为我们筑立出走向新时代教师队伍美好前景的康庄大道，吹响了新时代教师队伍建设改革的号角。我们广大教育工作者更要紧密围绕在以习近平同志为核心的党中央周围，牢记使命、不忘初衷、爱岗敬业、教书育人，改革创新、服务社会，努力办好人民满意的教育，真正肩负起立德树人、服务国家富强和民族复兴的时代重任。

**图书在版编目（CIP）数据**

新时代中国教师队伍建设的顶层设计 / 朱旭东，宋萑等著. —
北京：北京师范大学出版社，2018.9（2020.5 重印）
ISBN 978-7-303-24012-8

Ⅰ. ①新… Ⅱ. ①朱… ②宋… Ⅲ. ①师资队伍建设－研究－
中国 Ⅳ. ①G451.2

中国版本图书馆 CIP 数据核字（2018）第 182467 号

营 销 中 心 电 话 010-58802135 010-58802786
北师大出版社教师教育分社微信公众号 京师教师教育

XINSHIDAI ZHONGGUO JIAOSHI DUIWU JIANSHE DE DINGCENG SHEJI
出版发行：北京师范大学出版社 www.bnupg.com
北京市西城区新街口外大街 12-3 号
邮政编码：100088
印 刷：保定市中画美凯印刷有限公司
经 销：全国新华书店
开 本：787 mm×1092 mm 1/16
印 张：24.5
字 数：380 千字
版 次：2018 年 9 月第 1 版
印 次：2020 年 5 月第 2 次印刷
定 价：98.00 元

策划编辑：陈红艳 鲍红玉 责任编辑：戴 轶
美术编辑：李向昕 装帧设计：李向昕
责任校对：段立超 王志远 责任印制：马 洁